ŒUVRES COMPLÈTES

DE

M. LE C^{TE} ALFRED DE VIGNY

DE L'ACADÉMIE FRANÇAISE

THÉATRE

CALMANN LÉVY, ÉDITEUR

ŒUVRES COMPLÈTES

DE

M. LE C^{TE} ALFRED DE VIGNY

DE L'ACADÉMIE FRANÇAISE

NOUVELLE ÉDITION FORMAT GRAND IN-18

Chaque volume se vend séparément

Cinq-Mars ou une conjuration sous Louis XIII. . . . . Un volume.
Poésies complètes . . . . Un volume.
Servitude et grandeur militaires. . . . . Un volume.
Stello. . . . . Un volume.
Théâtre complet. . . . . Un volume.

ÉDITION FORMAT IN-8 EN SIX VOLUMES

Chaque volume se vend séparément

F. Aureau. — Imp. de Lagny

LE C.ᵗᵉ ALFRED DE VIGNY

DE L'ACADÉMIE FRANÇAISE

THÉATRE

COMPLET

CHATTERTON, LA MARÉCHALE D'ANCRE
QUITTE POUR LA PEUR
LE MORE DE VENISE, SHYLOCK

DOUZIÈME ÉDITION

REVUE ET CORRIGÉE

PARIS
CALMANN LÉVY, ÉDITEUR
ANCIENNE MAISON MICHEL LÉVY FRÈRES
3, RUE AUBER, 3

1882
Droits de reproduction et de traduction réservés

CHATTERTON

DRAME EN TROIS ACTES

REPRÉSENTÉ POUR LA PREMIÈRE FOIS, A PARIS,
SUR LE THÉATRE-FRANÇAIS

Le 12 février 1835

>   Despair and die.
>   SHAKSPEARE
>   Désespère et meurs.

DERNIÈRE NUIT DE TRAVAIL

DU 29 AU 30 JUIN 1834

Ceci est la question.

Je viens d'achever cet ouvrage austère dans le silence d'un travail de dix-sept nuits. Les bruits de chaque jour l'interrompaient à peine, et, sans s'arrêter, les paroles ont coulé dans le moule qu'avait creusé ma pensée.

A présent que l'ouvrage est accompli, frémissant encore des souffrances qu'il m'a causées, et dans un recueillement aussi saint que la prière, je le considère avec tristesse, et je me demande s'il sera inutile ou s'il sera écouté des hommes. — Mon âme s'effraye pour eux en considérant combien il faut de temps à la plus simple idée d'un seul pour pénétrer dans le cœur de tous.

Déjà, depuis deux années, j'ai dit par la bouche de *Stello* ce que je vais répéter bientôt par celle de *Chatterton*, et quel bien ai-je fait? Beaucoup ont lu mon livre et l'ont aimé comme livre; mais peu de cœurs, hélas! en ont été changés.

Les étrangers ont bien voulu en traduire les mots par les mots de leur langue, et leurs pays m'ont ainsi prêté l'oreille. Parmi les hommes qui m'ont écouté, les uns ont applaudi la composition des trois drames suspendus à un même principe, comme trois tableaux à un même support; les autres ont approuvé la manière dont se nouent les arguments aux preuves, les règles aux exemples, les corollaires aux propositions ; quelques-uns se sont attachés particulièrement à considérer les pages où se pressent les idées laconiques, serrées comme les combattants d'une épaisse phalange ; d'autres ont souri à la vue des couleurs chatoyantes ou sombres du style ; mais les cœurs ont-ils été attendris ? — Rien ne me le prouve. L'endurcissement ne s'amollit point tout à coup par un livre. Il fallait Dieu lui-même pour ce prodige. Le plus grand nombre a dit en jetant ce livre : « Cette idée pouvait en effet se défendre. Voilà qui est un assez bon plaidoyer ! » Mais la cause, ô grand Dieu ! la cause pendante à votre tribunal, ils n'y ont plus pensé !

La cause, c'est le martyre perpétuel et la perpétuelle immolation du Poëte. — La cause, c'est le droit qu'il aurait de vivre. — La cause, c'est le pain qu'on ne lui donne pas. — La cause, c'est la mort qu'il est forcé de se donner.

D'où vient ce qui se passe ? Vous ne cessez de vanter l'intelligence, et vous tuez les plus intelligents. Vous les tuez, en leur refusant le pouvoir de vivre selon les conditions de leur nature. — On croirait, à vous voir en faire si bon marché, que c'est une chose commune qu'un Poëte. — Songez donc que, lorsqu'une nation en a deux en dix siècles, elle se trouve heureuse et s'enorgueillit. Il y a tel peuple qui n'en a pas un, et n'en aura jamais. D'où vient donc ce qui se passe ? Pourquoi tant d'astres éteints dès qu'ils commençaient à poindre ? C'est que vous ne savez pas ce que c'est qu'un Poëte, et vous n'y pensez pas.

Auras-tu donc toujours des yeux pour ne pas voir,
Jérusalem !

Trois sortes d'hommes, qu'il ne faut pas confondre, agissent sur les sociétés par les travaux de la pensée, mais se remuent dans des régions qui me semblent éternellement séparées.

L'homme habile aux choses de la vie, et toujours apprécié, se voit, parmi nous, à chaque pas. Il est convenable à tout et convenable en tout. Il a une souplesse et une facilité qui tiennent du prodige. Il fait justement ce qu'il a résolu de faire, et dit proprement et nettement ce qu'il veut dire. Rien n'empêche que sa vie soit prudente et compassée comme ses travaux. Il a l'esprit libre, frais et dispos, toujours présent et prêt à la risposte. Dépourvu d'émotions réelles, il renvoie promptement la balle élastique des bons mots. Il écrit les affaires comme la littérature, et rédige la littérature comme les affaires. Il peut s'exercer indifféremment à l'œuvre d'art et à la critique, prenant dans l'une la forme à la mode, dans l'autre la dissertation sentencieuse. Il sait le nombre des paroles que l'on peut réunir pour faire les apparences de la passion, de la mélancolie, de la gravité, de l'érudition et de l'enthousiasme. Mais il n'a que de froides velléités de ces choses, et les devine plus qu'il ne les sent ; il les respire de loin comme de vagues odeurs de fleurs inconnues. Il sait la place du mot et du sentiment, et les chiffrerait au besoin. Il se fait le langage des genres, comme on se fait le masque des visages. Il peut écrire la comédie et l'oraison funèbre, le roman et l'histoire, l'épître et la tragédie, le couplet et le discours politique. Il monte de la grammaire à l'œuvre, au lieu de descendre de l'inspiration au style ; il sait façonner tout dans un goût vulgaire et joli, et peut tout ciseler avec agrément, jusqu'à l'éloquence de la passion. — C'est l'HOMME DE LETTRES.

Cet homme est toujours aimé, toujours compris, toujours en vue ; comme il est léger et ne pèse à personne, il est porté dans tous les bras où il veut aller ; c'est l'aimable roi du moment, tel que le dix-huitième siècle en a tant couronné. — Cet homme n'a nul besoin de pitié.

Au-dessus de lui est un homme d'une nature plus forte et meilleure. Une conviction profonde et grave est la source où il puise ses œuvres et les répand à larges flots sur un sol dur et souvent ingrat. Il a médité dans la retraite sa philosophie entière ; il la voit tout d'un coup d'œil ; il la tient dans sa main comme une chaîne, et peut dire à quelle pensée il va suspendre son premier anneau, à laquelle aboutira le dernier, et quelles œuvres pourront s'attacher à tous les autres dans l'avenir. Sa mémoire est riche, exacte et presque infaillible ; son jugement est sain, exempt de troubles autres que ceux qu'il cherche, de passions autres que ses colères contenues; il est studieux et calme. Son génie, c'est l'attention portée au degré le plus élevé, c'est le bon sens à sa plus magnifique expression. Son langage est juste, net, franc, grand dans son allure et vigoureux dans ses coups. Il a surtout besoin d'ordre et de clarté, ayant toujours en vue le peuple auquel il parle et la voie où il conduit ceux qui croient en lui. L'ardeur d'un combat perpétuel enflamme sa vie et ses écrits. Son cœur a de grandes révoltes et des haines larges et sublimes qui le rongent en secret, mais que domine et dissimule son exacte raison. Après tout, il marche le pas qu'il veut, sait jeter des semences à une grande profondeur, et attendre qu'elles aient germé, dans une immobilité effrayante. Il est maître de lui et de beaucoup d'âmes qu'il entraîne du nord au sud, selon son bon vouloir; il tient un peuple dans sa main, et l'opinion qu'on a de lui le tient dans le respect de lui-même et l'oblige à surveiller sa vie. — C'est le véritable, LE GRAND ÉCRIVAIN.

Celui-là n'est pas malheureux ; il a ce qu'il a voulu avoir ; il sera toujours combattu, mais avec des armes courtoises ; et, quand il donnera des armistices à ses ennemis, il recevra les hommages des deux camps. Vainqueur ou vaincu, son front est couronné. Il n'a nul besoin de votre pitié.

Mais il est une autre sorte de nature, nature plus passionnée, plus pure et plus rare. Celui qui vient d'elle est inhabile à tout ce qui n'est pas l'œuvre divine, et vient au monde à de rares intervalles, heureusement pour lui, malheureusement pour l'espèce humaine. Il y vient pour être à charge aux autres, quand il appartient complétement à cette race exquise et puissante qui fut celle des grands hommes inspirés. — L'émotion est née avec lui si profonde et si intime, qu'elle l'a plongé, dès l'enfance, dans des extases involontaires, dans des rêveries interminables, dans des inventions infinies. L'imagination le possède par-dessus tout. Puissamment construite, son âme retient et juge toute chose avec une large mémoire et un sens droit et pénétrant ; mais l'imagination emporte ses facultés vers le ciel aussi irrésistiblement que le ballon enlève la nacelle. Au moindre choc, elle part ; au plus petit souffle, elle vole et ne cesse d'errer dans l'espace qui n'a pas de routes humaines. Fuite sublime vers des mondes inconnus, vous devenez l'habitude invincible de son âme ! Dès lors, plus de rapports avec les hommes qui ne soient altérés et rompus sur quelques points. Sa sensibilité est devenue trop vive ; ce qui ne fait qu'effleurer les autres la blesse jusqu'au sang ; les affections et les tendresses de sa vie sont écrasantes et disproportionnées ; ses enthousiasmes excessifs l'égarent ; ses sympathies sont trop vraies ; ceux qu'il plaint souffrent moins que lui, et il se meurt des peines des autres. Les dégoûts, les froissements et les résistances de la société humaine le jettent dans des abattements profonds, dans de noires indignations, dans des désolations insurmontables, parce qu'il comprend tout trop complétement et trop profondément, et parce que son œil va droit aux causes qu'il déplore ou dédaigne, quand d'autres yeux s'arrêtent à l'effet qu'ils combattent. De la sorte, il se tait, s'éloigne, se retourne sur lui-même et s'y renferme comme dans un cachot. Là, dans l'intérieur de sa tête brûlée, se forme et s'accroît quelque chose de pareil à un volcan. Le feu couve sourdement et lentement dans ce cratère, et laisse échapper ses laves harmonieuses, qui d'elles-mêmes sont jetées dans la divine forme des vers. Mais le jour de l'éruption, le sait-il ? On dirait qu'il assiste en étranger à ce qui se passe en lui-même, tant cela est imprévu et céleste ! Il marche consumé par des ardeurs secrètes et des langueurs inexplicables. Il va comme un malade et ne sait où il va ; il s'égare trois jours, sans savoir où il s'est traîné, comme fit jadis celui qu'aime le mieux la France ; il a besoin de *ne rien faire*, pour faire quelque chose en son art. Il faut qu'il ne fasse rien d'utile et de journalier pour avoir le temps d'écouter les accords qui se forment lentement dans son âme, et que le bruit grossier d'un travail positif et régulier interrompt et fait infailliblement évanouir. — C'est LE POETE. — Celui-là est retranché dès qu'il se montre : toutes vos larmes, toute votre pitié pour lui !

Pardonnez-lui et sauvez-le. Cherchez et trouvez pour lui

une vie assurée, car à lui seul il ne saura trouver que la mort ! — C'est dans la première jeunesse qu'il sent sa force naître, qu'il pressent l'avenir de son génie, qu'il étreint d'un amour immense l'humanité et la nature, et c'est alors qu'on se défie de lui et qu'on le repousse.

Il crie à la multitude : « C'est à vous que je parle, faites que je vive ! » Et la multitude ne l'entend pas ; elle répond : « Je ne te comprends point ! » Et elle a raison.

Car son langage choisi n'est compris que d'un petit nombre d'hommes choisi lui-même. Il leur crie . « Écoutez-moi, et faites que je vive ! » Mais les uns sont enivrés de leurs propres œuvres, les autres sont dédaigneux et veulent dans l'enfant la perfection de l'homme, la plupart sont distraits et indifférents, tous sont impuissants à faire le bien. Ils répondent : « Nous ne pouvons rien ! » Et ils ont raison.

Il crie au pouvoir : « Écoutez-moi, et faites que je ne meure pas. » Mais le pouvoir déclare qu'il ne protége que les intérêts positifs, et qu'il est étranger à l'intelligence, dont il a ombrage ; cela hautement déclaré et imprimé, il répond : « Que ferais-je de vous ? » Et il a raison. Tout le monde a raison contre lui. Et lui, a-t-il tort ? — Que faut-il qu'il fasse ? Je ne sais ; mais voici ce qu'il peut faire.

Il peut, s'il a de la force, se faire soldat et passer sa vie sous les armes ; une vie agitée, grossière, où l'activité physique *tuera* l'activité morale. Il peut, s'il en a la patience, se condamner aux travaux du chiffre, où le calcul *tuera* l'illusion. Il peut encore, si son cœur ne se soulève pas trop violemment, courber et amoindrir sa pensée, et cesser de chanter pour écrire. Il peut être Homme de lettres, ou mieux encore ; si la philosophie vient à son aide et s'il peut se dompter, il deviendra utile et grand écrivain ; mais, à la longue, le jugement aura *tué* l'imagination, et avec elle, hélas ! le vrai Poëme qu'elle portait dans son sein.

Dans tous les cas, il *tuera* une partie de lui même ; mais, pour ces demi-suicides, pour ces immenses résignations, il faut encore une force rare. Si elle ne lui a pas été donnée, cette force, ou si les occasions de l'employer ne se trouvent pas sur sa route, et lui manquent, même pour s'immoler ; si, plongé dans cette lente destruction de lui-même, il ne s'y peut tenir, quel parti prendre?

Celui que prit Chatterton : se tuer tout entier ; il reste peu à faire.

Le voilà donc criminel! criminel devant Dieu et les hommes. Car LE SUICIDE EST UN CRIME RELIGIEUX ET SOCIAL. Qui veut le nier? qui pense à dire autre chose? — C'est ma conviction, comme c'est, je crois, celle de tout le monde. Voilà qui est bien entendu. — Le devoir et la raison le disent. Il ne s'agit que de savoir si le désespoir n'est pas quelque chose d'un peu plus fort que la raison et le devoir.

Certes, on trouverait des choses bien sages à dire à Roméo sur la tombe de Juliette ; mais le malheur est que personne n'oserait ouvrir la bouche pour les prononcer devant une telle douleur. Songez à ceci! la Raison est une puissance froide et lente qui nous lie peu à peu par les idées qu'elle apporte l'une après l'autre, comme les liens subtils, déliés et innombrables de Gulliver ; elle persuade, elle impose quand le cours ordinaire des jours n'est que peu troublé ; mais le Désespoir véritable est une puissance dévorante, irrésistible, hors des raisonnements, et qui commence par la pensée d'un seul coup. Le Désespoir n'est pas une idée ; c'est une chose, une chose qui torture, qui serre et qui broie le cœur d'un homme comme une tenaille, jusqu'à ce qu'il soit fou et se jette dans la mort comme dans les bras d'une mère.

Est-ce lui qui est coupable, dites-le-moi? ou bien est-ce la société qui le traque ainsi jusqu'au bout?

Examinons ceci ; on peut trouver que c'en est la peine.

Il y a un jeu atroce, commun aux enfants du Midi ; tout le monde le sait. On forme un cercle de charbons ardents ; on saisit un scorpion avec des pinces et on le pose au centre. Il demeure d'abord immobile jusqu'à ce que la chaleur le brûle ; alors il s'effraye et s'agite. On rit. Il se décide vite, marche droit à la flamme, et tente courageusement de se frayer une route à travers les charbons ; mais la douleur est excessive, il se retire. On rit. Il fait lentement le tour du cercle et cherche partout un passage impossible. Alors il revient au centre et rentre dans sa première mais plus sombre immobilité. Enfin, il prend son parti, retourne contre lui-même son dard empoisonné, et tombe mort sur-le-champ. On rit plus fort que jamais.

C'est lui sans doute qui est cruel et coupable, et ces enfants sont bons et innocents.

Quand un homme meurt de cette manière, est-il donc Suicide ? C'est la société qui le jette dans le brasier.

Je le répète, la religion et la raison, idées sublimes, sont des idées cependant, et il y a telle cause de désespoir extrême qui tue les idées d'abord et l'homme ensuite : la faim, par exemple. — J'espère être assez positif. Ceci n'est pas de l'idéologie.

Il me sera donc permis peut-être de dire timidement qu'il serait bon de ne pas laisser un homme arriver jusqu'à ce degré de désespoir.

Je ne demande à la société que ce qu'elle peut faire. Je ne la prierai point d'empêcher les peines de cœur et les infortunes idéales, de faire que Werther et Saint-Preux n'aiment ni Charlotte ni Julie d'Étanges ; je ne la prierai pas d'empêcher qu'un riche désœuvré, roué et blasé, ne quitte la vie par dégoût de lui-même et des autres. Il y a, je le sais, mille idées de désolation auxquelles on ne peut rien. — Raison de plus, ce me semble, pour penser à celles auxquelles on peut quelque chose.

L'infirmité de l'inspiration est peut-être ridicule et malséante ; je le veux. Mais on pourrait ne pas laisser mourir cette sorte de malades. Ils sont toujours peu nombreux, et je ne puis me refuser à croire qu'ils ont quelque valeur, puisque l'humanité est unanime sur leur grandeur, et les déclare immortels sur quelques vers : quand ils sont morts, il est vrai.

Je sais bien que la rareté même de ces hommes inspirés et malheureux semblera prouver contre ce que j'ai écrit. — Sans doute, l'ébauche imparfaite que j'ai tentée de ces natures divines ne peut retracer que quelques traits des grandes figures du passé. On dira que les symptômes du génie se montrent sans enfantement ou ne produisent que des œuvres avortées; que tout homme jeune et rêveur n'est pas poëte pour cela ; que des essais ne sont pas des preuves ; que quelques vers ne donnent pas des droits. — Et qu'en savons-nous ? Qui donc nous donne à nous-même le droit d'étouffer le gland en disant qu'il ne sera pas chêne?

Je dis, moi, que quelques vers suffiraient à les reconnaître de leur vivant, si l'on savait y regarder. Qui ne dit à présent qu'il eût donné tout au moins une pension alimentaire à André Chénier sur l'ode de *la Jeune Captive* seulement, et l'eût déclaré poëte sur les trente vers de *Myrto ?* Mais je suis assuré que, durant sa vie (et il n'y a pas longtemps de cela), on ne pensait pas ainsi; car il disait :

> Las du mépris des sots qui suit la pauvreté,
> Je regarde la tombe, asile souhaité.

Jean La Fontaine a gravé pour vous d'avance sur sa pierre avec son insouciance désespérée :

> Jean s'en alla comme il était venu,
> Mangeant son fonds avec son revenu.

Mais, sans ce *fonds*, qu'eût-il fait? à quoi, s'il vous plaît, *était-il bon ?* Il vous le dit : à dormir et ne rien faire. Il fût infailliblement mort de faim.

Les beaux vers, il faut dire le mot, sont une marchandise qui ne plaît pas au commun des hommes. Or, la multitude seule multiplie le salaire; et, dans les plus belles des nations, la multitude ne cesse qu'à la longue d'être *commune* dans ses goûts et d'aimer ce qui est *commun*. Elle ne peut arriver qu'après une lente instruction donnée par les esprits d'élite; et, en attendant, elle écrase sous tous ses pieds les talents naissants, dont elle n'entend même pas les cris de détresse.

Eh! n'entendez-vous pas le bruit des pistolets solitaires? Leur explosion est bien plus éloquente que ma faible voix. N'entendez-vous pas ces jeunes désespérés qui demandent le pain quotidien, et dont personne ne paye le travail? Eh quoi! les nations manquent-elles à ce point de superflu? Ne prendrons-nous pas, sur les palais et les milliards que nous donnons, une mansarde et un pain pour ceux qui tentent sans cesse d'idéaliser leur nation malgré elle? Cesserons-nous de leur dire : « Désespère et meurs; *despair and die?* » — C'est au législateur à guérir cette plaie, l'une des plus vives et des plus profondes de notre corps social; c'est à lui qu'il appartient de réaliser dans le présent une partie des jugements meilleurs de l'avenir, en assurant quelques années d'existence seulement à tout homme qui aurait donné un seul gage du talent divin. Il ne lui faut que deux choses : la vie et la rêverie; le PAIN et le TEMPS.

Voilà le sentiment et le vœu qui m'a fait écrire ce drame; je ne descendrai pas de cette question à celle de la forme d'art que j'ai créée. La vanité la plus vaine est peut-être celle des théories littéraires. Je ne cesse de m'étonner qu'il y ait eu des hommes qui aient pu croire de bonne foi durant un jour entier, à la durée des règles qu'ils écrivaient. Une idée vient au monde tout armée, comme Minerve; elle revêt en naissant la seule armure qui lui convienne et qui doive dans l'avenir être sa forme durable : l'une, aujourd'hui, aura un vêtement composé de mille pièces ; l'autre, demain, un vêtement simple. Si elle paraît belle à tous, on se hâte de calquer sa forme et de prendre sa mesure ; les rhéteurs notent ses dimensions pour qu'à l'avenir on en taille de semblables. Soin puéril ! — Il n'y a ni maître ni école en poésie ; le seul maître, c'est celui qui daigne faire descendre dans l'homme l'émotion féconde, et faire sortir les idées de nos fronts, qui en sont brisés quelquefois.

Puisse cette forme ne pas être renversée par l'assemblée qui la jugera dans six mois ! avec elle périrait un plaidoyer en faveur de quelques infortunés inconnus ; mais je crois trop pour craindre beaucoup. — Je crois surtout à l'avenir et au besoin universel de choses sérieuses ; maintenant que l'amusement des yeux par des surprises enfantines fait sourire tout le monde au milieu même de ses grandes aventures, c'est, ce me semble, le temps du DRAME DE LA PENSÉE.

Une idée qui est l'examen d'une blessure de l'âme devait avoir dans sa forme l'unité la plus complète, la simplicité la plus sévère. S'il existait une intrigue moins compliquée que celle-ci, je la choisirais. L'action matérielle est assez peu de chose pourtant. Je ne crois pas que personne la réduise à une plus simple expression que, moi-même, je ne le vais faire : — C'est l'histoire d'un homme qui a écrit une lettre le matin, et qui attend la réponse jusqu'au soir ; elle arrive, et le tue. — Mais ici l'action morale est tout. L'action est dans cette âme livrée à de noires tempêtes ; elle est dans les cœurs de cette jeune femme et de ce vieillard qui assistent à la tourmente, cherchant en vain à retarder le naufrage, et luttent contre un ciel et une mer si terribles que le bien est impuissant, et entraîné lui-même dans le désastre inévitable.

J'ai voulu montrer l'homme spiritualiste étouffé par une société matérialiste, où le calculateur avare exploite sans pitié l'intelligence et le travail. Je n'ai point prétendu justifier les actes désespérés des malheureux, mais protester contre l'indifférence qui les y contraint. Peut-on frapper trop fort sur l'indifférence si difficile à éveiller, sur la distraction si difficile à fixer? Y a-t-il un autre moyen de toucher la société que de lui montrer la torture de ses victimes ?

Le Poëte était tout pour moi ; Chatterton n'était qu'un nom d'homme, et je viens d'écarter à dessein des faits exacts de sa vie pour ne prendre de sa destinée que ce qui la rend un exemple à jamais déplorable d'une noble misère.

Toi que tes compatriotes appellent aujourd'hui *merveilleux enfant !* que tu aies été juste ou non, tu as été malheureux ; j'en suis certain, et cela me suffit. — Ame désolée, pauvre âme de dix-huit ans! pardonne-moi de prendre pour symbole le nom que tu portais sur la terre, et de tenter le bien en ton **nom.**

Écrit du 29 au 30 juin 1834.

CARACTÈRES ET COSTUMES

DES ROLES PRINCIPAUX

Epoque : 1770

LA SCÈNE EST A LONDRES

CHATTERTON

CARACTÈRE

Jeune homme de dix-huit ans, pâle, énergique de visage, faible de corps, épuisé de veilles et de pensée, simple et élégant à la fois dans ses manières, timide et tendre devant Kitty Bell, amical et bon avec le quaker, fier avec les autres, et sur la défensive avec tout le monde; grave et passionné dans l'accent et le langage.

COSTUME

Habit noir, veste noire, pantalon gris, bottes molles, cheveux bruns, sans poudre, tombant un peu en désordre; l'air à la fois militaire et ecclésiastique.

KITTY BELL

CARACTÈRE

Jeune femme de vingt-deux ans environ, mélancolique, gracieuse, élégante par nature plus que par éducation, réservée religieuse, timide dans ses manières, tremblante devant son mari, expansive et abandonnée seulement dans son amour maternel. Sa pitié pour Chatterton va devenir de l'amour, elle le sent, elle en frémit ; la réserve qu'elle s'impose en devient plus grande ; tout doit indiquer, dès qu'on la voit, qu'une douleur imprévue et une subite terreur peuvent la faire mourir tout à coup.

COSTUME

Chapeau de velours noir, de ceux qu'on nomme à la Paméla ; robe longue, de soie grise ; rubans noirs ; longs cheveux bouclés dont les repentirs flottent sur le sein.

LE QUAKER

CARACTÈRE

Vieillard de quatre-vingts ans, sain et robuste de corps et d'âme, énergique et chaleureux dans son accent, d'une bonté paternelle pour ceux qui l'entourent, les surveillant en silence et les dirigeant sans vouloir les heurter ; humoriste et misanthropique lorsqu'il voit les vices de la société ; irrité contre elle et indulgent pour chaque homme en particulier, il ne se sert de son esprit mordant que lorsque l'indignation l'emporte ; son regard est pénétrant, mais il feint de n'avoir rien vu pour être maître de sa conduite ; ami de la maison et attentif à l'accomplissement de tous les devoirs et au maintien de l'ordre et de la paix, chacun en secret l'avoue pour directeur de son âme et de sa vie.

COSTUME

Habit, veste, culotte, bas couleur noisette, brun clair ou gris ; grand chapeau rond à larges bords ; cheveux blancs aplatis et tombants.

JOHN BELL

CARACTÈRE

Homme de quarante-cinq à cinquante ans, vigoureux, rouge de visage, gonflé d'ale, de porter et de roastbeef, étalant dans sa démarche l'aplomb de sa richesse ; le regard soupçonneux, dominateur; avare et jaloux, brusque dans ses manières, et faisant sentir le maître à chaque geste et à chaque mot.

COSTUME

Cheveux plats sans poudre, large et simple habit brun.

LORD BECKFORD

CARACTÈRE

Vieillard riche, important; figure de protecteur sot; les joues orgueilleuses, satisfaites, pendant sur une cravate brodée; un pas ferme et imposant. Rempli d'estime pour la richesse et de mépris pour la pauvreté.

COSTUME

Collier de lord maire au cou; habit riche, veste de brocart, grande canne à pomme d'or.

LORD TALBOT

CARACTÈRE

Fat et bon garçon à la fois, joyeux compagnon, étourdi et vif de manières, ennemi de toute application et heureux surtout d'être délivré de tout spectacle triste et de toute affaire sérieuse.

COSTUME

Habit de chasse rouge, ceinture de chamois, culotte de peau, cheveux à grosse queue légèrement poudrés, casquette noire vernie.

NOTA. — Les personnages sont placés sur le théâtre dans l'ordre de l'inscription de leurs noms en tête de chaque scène, et il est entendu que les termes de *droite* et de *gauche* s'appliquent au spectateur.

PERSONNAGES

ET DISTRIBUTION DES ROLES

TELLE QU'ELLE EUT LIEU A LA COMÉDIE-FRANÇAISE

Le 12 février 1835.

CHATTERTON	M. GEFFROY.
UN QUAKER	M. JOANNY.
KITTY BELL	Mme DORVAL.
JOHN BELL	M. GUIAUD.
LORD BECKFORD (lord maire de Londres)	M. DUPARAY.
LORD TALBOT	M. MIRECOUR.
LORD LAUDERDALE	M. MATHIEN.
LORD KINGSTON	M. WELSCH.
UN GROOM	M. MONLAUR.
UN OUVRIER	M. FAURE.

Rachel, fille de Kitty Bell, âgée de six ans.
Son frère, jeune garçon de quatre ans.
Trois Jeunes Lords.
Douze Ouvriers de la fabrique de John Bell.
Domestiques du lord maire.
Domestique de John Bell.
Un Groom.

CHATTERTON

ACTE PREMIER

Un vaste appartement; arrière-boutique opulente et confortable de la maison de John Bell. A gauche du spectateur, une cheminée pleine de charbon de terre allumé. A droite, la porte de la chambre à coucher de Kitty Bell. Au fond, une grande porte vitrée: à travers les petits carreaux, on aperçoit une riche boutique; un grand escalier tournant conduit à plusieurs portes étroites et sombres, parmi lesquelles se trouve la porte de la petite chambre de Chatterton. Le quaker lit dans un coin de la chambre, à gauche du spectateur. A droite est assise Kitty Bell; à ses pieds un enfant assis sur un tabouret; une jeune fille debout à côté d'elle.

SCÈNE PREMIÈRE

LE QUAKER, KITTY BELL, RACHEL

KITTY BELL, à sa fille qui montre un livre à son frère.

Il me semble que j'entends parler monsieur; ne faites pas de bruit, enfants.

Au quaker.

Ne pensez-vous pas qu'il arrive quelque chose?

Le quaker hausse les épaules.

Mon Dieu! votre père est en colère! certainement, il est fort en colère; je l'entends bien au son de sa voix. — Ne jouez pas, je vous en prie, Rachel.

Elle laisse tomber son ouvrage et écoute.

Il me semble qu'il s'apaise, n'est-ce pas, monsieur?

Le quaker fait signe que oui, et continue sa lecture.

N'essayez pas ce petit collier, Rachel ; ce sont des vanités du monde que nous ne devons pas même toucher. — Mais qui donc vous a donné ce livre-là ? C'est une Bible ; qui vous l'a donnée, s'il vous plaît ? Je suis sûre que c'est le jeune monsieur qui demeure ici depuis trois mois.

RACHEL.

Oui, maman.

KITTY BELL.

Oh ! mon Dieu ! qu'a-t-elle fait là ! — Je vous ai défendu de rien accepter, ma fille, et rien surtout de ce pauvre jeune homme. — Quand l'avez-vous vu, mon enfant ? Je sais que vous êtes allée ce matin, avec votre frère, l'embrasser dans sa chambre. Pourquoi êtes-vous entrés chez lui, mes enfants ? C'est bien mal !

Elle les embrasse.

Je suis certaine qu'il écrivait encore ; car, depuis hier au soir, sa lampe brûlait toujours.

RACHEL.

Oui, et il pleurait.

KITTY BELL.

Il pleurait ! Allons, taisez-vous ! ne parlez de cela à personne. Vous irez rendre ce livre à M. Tom quand il vous appellera ; mais ne le dérangez jamais, et ne recevez de lui aucun présent. Vous voyez que, depuis trois mois qu'il loge ici, je ne lui ai même pas parlé une fois, et vous avez accepté quelque chose, un livre. Ce n'est pas bien. — Allez... allez embrasser le bon quaker. — Allez, c'est bien le meilleur ami que Dieu nous ait donné.

Les enfants courent s'asseoir sur les genoux du quaker.

LE QUAKER.

Venez sur mes genoux tous deux, et écoutez-moi bien. — Vous allez dire à votre bonne petite mère que son cœur est simple, pur et véritablement chrétien, mais qu'elle est plus enfant que vous dans sa conduite, qu'elle n'a pas assez réfléchi à ce qu'elle vient de vous ordonner, et que je la prie de considérer que rendre à un malheureux le cadeau qu'il a fait, c'est l'humilier et lui faire mesurer toute sa misère.

KITTY BELL s'élance de sa place.

Oh! il a raison! il a mille fois raison! — Donnez, donnez-moi ce livre Rachel. — Il faut le garder, ma fille! le garder toute ta vie. — Ta mère s'est trompée. — Notre ami a toujours raison.

LE QUAKER, ému et lui baisant la main.

Ah! Kitty Bell! Kitty Bell! âme simple et tourmentée! — Ne dis point cela de moi. — Il n'y a pas de sagesse humaine. — Tu le vois bien, si j'avais raison au fond, j'ai eu tort dans la forme. — Devais-je avertir les enfants de l'erreur légère de leur mère? Il n'y a pas, ô Kitty Bell, il n'y a pas si belle pensée à laquelle ne soit supérieur un des élans de ton cœur chaleureux, un des soupirs de ton âme tendre et modeste.

On entend une voix tonnante.

KITTY BELL, effrayée.

Oh! mon Dieu! encore en colère. — La voix de leur père me répond là!

Elle porte la main à son cœur.

Je ne puis plus respirer. — Cette voix me brise le cœur. — Que lui a-t-on fait? Encore une colère comme hier au soir. —

Elle tombe sur un fauteuil.

J'ai besoin d'être assise. — N'est-ce pas comme un orage qui vient? et tous les orages tombent sur mon pauvre cœur.

LE QUAKER.

Ah! je sais ce qui monte à la tête de votre seigneur et maître; c'est une querelle avec les ouvriers de sa fabrique. — Ils viennent de lui envoyer, de Norton à Londres, une députation pour demander la grâce d'un de leurs compagnons. Les pauvres gens ont fait bien vainement une lieue à pied! Retirez-vous tous les trois... Vous êtes inutiles ici. — Cet homme-là vous tuera... c'est une espèce de vautour qui écrase sa couvée.

Kitty Bell sort, la main sur son cœur, en s'appuyant sur la tête de son fils, qu'elle emmène avec Rachel.

SCÈNE II

LE QUAKER, JOHN BELL, un groupe d'ouvriers.

LE QUAKER, regardant arriver John Bell.

Le voilà en fureur... Voilà l'homme riche, le spéculateur heureux ; voilà l'égoïste par excellence, le juste selon la loi.

JOHN BELL. Vingt ouvriers le suivent en silence et s'arrêtent contre la porte. Aux ouvriers, avec colère.

Non, non, non, non ! — Vous travaillerez davantage, voilà tout.

UN OUVRIER, à ses camarades.

Et vous gagnerez moins, voilà tout.

JOHN BELL.

Si je savais qui a répondu cela, je le chasserais sur-le-champ comme l'autre.

LE QUAKER.

Bien dit, John Bell ! tu es beau précisément comme un monarque au milieu de ses sujets.

JOHN BELL.

Comme vous êtes quaker, je ne vous écoute pas, vous ; mais, si je savais lequel de ceux-là vient de parler ! Ah ! l'homme sans foi que celui qui a dit cette parole ! Ne m'avez-vous pas tous vu compagnon parmi vous ? Comment suis-je arrivé au bien-être que l'on me voit ? Ai-je acheté tout d'un coup toutes les maisons de Norton avec sa fabrique ? Si j'en suis le seul maître à présent, n'ai-je pas donné l'exemple du travail et de l'économie ? N'est-ce pas en plaçant les produits de ma journée que j'ai nourri mon année ? Me suis-je montré paresseux ou prodigue dans ma conduite ? — Que chacun agisse ainsi, et il deviendra aussi riche que moi. Les machines diminuent votre salaire, mais elles augmentent le mien ; j'en suis très-fâché pour vous, mais très-content pour moi. Si les machines vous appartenaient, je trouverais très-bon que leur production vous appartînt ; mais j'ai acheté les mécaniques avec l'argent que mes bras ont gagné : faites de même, soyez laborieux, et surtout économes. Rappelez-vous bien ce sage proverbe de nos pères : *Gardons bien les sous, les schellings se gardent eux-mêmes.* Et à présent, qu'on ne me parle plus de Tobie ; il est chassé pour toujours. Retirez-vous sans rien dire, parce que le premier qui parlera sera chassé, comme lui, de la fabrique, et n'aura ni pain, ni logement, ni travail dans le village.

Ils sortent.

LE QUAKER.

Courage, ami ! je n'ai jamais entendu au parlement un raisonnement plus sain que le tien.

JOHN BELL revient encore irrité et s'essuyant le visage.

Et vous, ne profitez pas de ce que vous êtes quaker pour troubler tout, partout où vous êtes. — Vous parlez rarement, mais vous devriez ne parler jamais. Vous jetez au milieu des actions des paroles qui sont comme des coups de couteau.

LE QUAKER.

Ce n'est que du bon sens, maître John ; et quand les hommes sont fous, cela leur fait mal à la tête. Mais je n'en ai pas de remords ; l'impression d'un mot vrai ne dure pas plus que le temps de le dire ; c'est l'affaire d'un moment.

JOHN BELL.

Ce n'est pas là mon idée : vous savez que j'aime assez à raisonner avec vous sur la politique ; mais vous mesurez tout à votre toise, et vous avez tort. La secte de vos quakers est déjà une exception dans la chrétienté, et vous êtes vous-même une exception parmi les quakers. — Vous avez partagé tous vos biens entre vos neveux ; vous ne possédez plus rien qu'une chétive subsistance, et vous achevez votre vie dans l'immobilité et la méditation. — Cela vous convient, je le veux ; mais ce que je ne veux pas, c'est que, dans ma maison, vous veniez, en public, autoriser mes inférieurs à l'insolence.

LE QUAKER

Eh ! que te fait, je te prie, leur insolence ? Le bêlement de tes moutons t'a-t-il jamais empêché de les tondre et de les manger ? — Y a-t-il un seul de ces hommes dont tu ne puisses vendre le lit ? Y a-t-il dans le bourg de Norton une seule famille qui n'envoie ses petits garçons et ses filles tousser et pâlir en travaillant tes laines? Quelle maison ne t'appartient pas et n'est chèrement louée par toi? Quelle minute de leur existence ne t'est pas donnée? Quelle goutte de sueur ne te rapporte un schelling? La terre de Norton, avec les maisons et les familles, est portée dans ta main comme le globe dans la main de Charlemagne. — Tu es le baron absolu de ta fabrique féodale.

JOHN BELL.

C'est vrai, mais c'est juste. — La terre est à moi, parce que je l'ai achetée; les maisons, parce que je les ai bâties; les habitants, parce que je les loge; et leur travail, parce que je le paye. Je suis juste selon la loi.

LE QUAKER.

Et ta loi est-elle juste selon Dieu?

JOHN BELL.

Si vous n'étiez quaker, vous seriez pendu pour parler ainsi.

LE QUAKER.

Je me pendrais moi-même plutôt que de parler autrement, car j'ai pour toi une amitié véritable.

JOHN BELL.

S'il n'était vrai, docteur, que vous êtes mon ami depuis vingt ans et que vous avez sauvé un de mes enfants, je ne vous reverrais jamais.

LE QUAKER.

Tant pis, car je ne te sauverais plus toi-même, quand tu es plus aveuglé par la folie jalouse des spéculateurs que les enfants par la faiblesse de leur âge. — Je désire que tu ne chasses pas ce malheureux ouvrier. — Je ne te le demande pas, parce que je n'ai jamais rien demandé à personne, mais je te le conseille.

JOHN BELL.

Ce qui est fait est fait. — Que n'agissent-ils tous comme moi! — Que tout travaille et serve dans leur famille. — Ne fais-je pas travailler ma femme, moi? — Jamais on ne la voit, mais elle est ici tout le jour; et, tout en baissant les yeux, elle s'en sert pour travailler beaucoup. — Malgré mes ateliers et fabriques aux environs de Londres, je veux qu'elle continue à diriger du fond de ses appartements cette maison de plaisance, où viennent les lords, au retour du parlement, de la chasse ou de Hyde-Park. Cela me fait de bonnes relations que j'utilise plus tard. — Tobie était un ouvrier habile, mais sans prévoyance. — Un calculateur véritable ne laisse rien subsister d'inutile autour de lui. — Tout doit rapporter, les choses animées et inanimées. — La terre est féconde et l'argent est aussi fertile, et le temps rapporte l'argent. — Or, les femmes ont des années comme nous ; donc, c'est perdre un bon revenu que de laisser passer ce temps sans emploi. — Tobie a laissé sa femme et ses filles dans la paresse ; c'est un malheur très-grand pour lui, je n'en suis pas responsable.

LE QUAKER.

Il s'est rompu le bras dans une de tes machines.

JOHN BELL.

Oui, et même il a rompu la machine.

LE QUAKER.

Et je suis sûr que dans ton cœur tu regrettes plus le ressort de fer que le ressort de chair et de sang : va, ton cœur est d'acier comme tes mécaniques. — La Société deviendra comme ton cœur, elle aura pour dieu un lingot d'or et pour souverain pontife un usurier juif. — Mais ce n'est pas ta faute, tu agis fort bien selon ce que tu as trouvé autour de toi en venant sur la terre ; je ne t'en veux pas du tout, tu as été conséquent, c'est une qualité rare. — Seulement, si tu ne veux pas me laisser parler, laisse-moi lire.

Il reprend son livre et se retourne dans son fauteuil.

JOHN BELL *ouvre la porte de sa femme avec force.*

Mistress Bell ! venez ici.

SCÈNE III

Les Mêmes, KITTY BELL.

KITTY BELL, *avec effroi, tenant ses enfants par la main. Ils se cachent dans la robe de leur mère par crainte de leur père.*

Me voici.

JOHN BELL.

Les comptes de la journée d'hier, s'il vous plaît ? — Ce jeune homme qui loge là-haut n'a-t-il pas d'autre nom que Tom ? ou Thomas ?... J'espère qu'il en sortira bientôt.

KITTY BELL.

<small>Elle va prendre un registre sur une table, et le lui apporte.</small>

Il n'a écrit que ce nom-là sur nos registres en louant cette petite chambre. — Voici mes comptes du jour avec ceux des derniers mois.

JOHN BELL.

<small>Il les compte sur le registre.</small>

Catherine ! vous n'êtes plus aussi exacte.

<small>Il s'interrompt et la regarde en face avec un air de défiance.</small>

Il veille toute la nuit, ce Tom? — C'est bien étrange. — Il a l'air fort misérable.

<small>Revenant au registre, qu'il parcourt des yeux.</small>

Vous n'êtes plus aussi exacte.

KITTY BELL.

Mon Dieu! pour quelle raison me dire cela?

JOHN BELL.

Ne la soupçonnez-vous pas, mistress Bell?

KITTY BELL.

Serait-ce parce que les chiffres sont mal disposés?

JOHN BELL.

La plus sincère met de la finesse partout. Ne pouvez-vous pas répondre droit et regarder en face?

KITTY BELL.

Mais enfin, que trouvez-vous là qui vous fâche?

JOHN BELL.

C'est ce que je ne trouve pas qui me fâche, et dont l'absence m'étonne...

KITTY BELL, <small>avec embarras.</small>

Mais il n'y a qu'à voir, je ne sais pas bien.

JOHN BELL

Il manque là cinq ou six guinées; à la première vue, j'en suis sûr.

KITTY BELL.

Voulez-vous m'expliquer comment?...

JOHN BELL, <small>la prenant par le bras.</small>

Passez dans votre chambre, s'il vous plaît, vous serez moins distraite. — Les enfants sont désœuvrés, je n'aime pas cela. —

Ma maison n'est plus si bien tenue. Rachel est trop décolletée : je n'aime pas cela...

Rachel court se jeter entre les jambes du quaker. John Bell poursuit en s'adressant à Kitty Bell, qui est entrée dans sa chambre à coucher avant lui.

Me voici, me voici; recommencez cette colonne et mulpliez par sept.

Il entre dans la chambre après Kitty Bell.

SCÈNE IV

LE QUAKER, RACHEL.

RACHEL.

J'ai peur !

LE QUAKER.

De frayeur en frayeur, tu passeras ta vie d'esclave. Peur de ton père, peur de ton mari un jour, jusqu'à la délivrance.

Ici on voit Chatterton sortir de sa chambre et descendre lentement l'escalier. Il s'arrête et regarde le vieillard et l'enfant.

Joue, belle enfant, jusqu'à ce que tu sois femme ; oublie jusque-là, et, après, oublie encore si tu peux. Joue toujours et ne réfléchis jamais. Viens sur mon genou. — Là ! — Tu pleures ! tu caches ta tête dans ma poitrine. Regarde, regarde, voilà ton ami qui descend.

SCÈNE V

LE QUAKER, RACHEL, CHATTERTON.

CHATTERTON, *après avoir embrassé Rachel, qui court au devant de lui, donne la main au quaker.*

Bonjour, mon sévère ami.

LE QUAKER.

Pas assez comme ami et pas assez comme médecin. Ton âme te ronge le corps. Tes mains sont brûlantes et ton visage est pâle. — Combien de temps espères-tu vivre ainsi ?

CHATTERTON.

Le moins possible. — Mistress Bell n'est-elle pas ici ?

LE QUAKER.

Ta vie n'est-elle donc utile à personne ?

CHATTERTON.

Au contraire, ma vie est de trop à tout le monde.

LE QUAKER.

Crois-tu fermement ce que tu dis ?

CHATTERTON.

Aussi fermement que vous croyez à la charité chrétienne.
Il sourit avec amertume.

LE QUAKER.

Quel âge as-tu donc ? Ton cœur est pur et jeune comme celui de Rachel, et ton esprit expérimenté est vieux comme le mien.

CHATTERTON.

J'aurai demain dix-huit ans.

LE QUAKER.

Pauvre enfant !

CHATTERTON.

Pauvre, oui. — Enfant, non... J'ai vécu mille ans !

LE QUAKER.

Ce ne serait pas assez pour savoir la moitié de ce qu'il y a de mal parmi les hommes. — Mais la science universelle c'est l'infortune.

CHATTERTON.

Je suis donc bien savant !... Mais j'ai cru que mistress Bell était ici. — Je viens d'écrire une lettre qui m'a bien coûté.

LE QUAKER.

Je crains que tu ne sois trop bon. Je t'ai bien dit de prendre garde à cela. Les hommes sont divisés en deux parts : martyrs et bourreaux. Tu seras toujours martyr de tous, comme la mère de cette enfant-là.

CHATTERTON, *avec un élan violent.*

La bonté d'un homme ne le rend victime que jusqu'où il le veut bien, et l'affranchissement est dans sa main.

LE QUAKER.

Qu'entends-tu par là ?

CHATTERTON, *embrassant Rachel, dit de la voix la plus tendre.*

Voulons-nous faire peur à cette enfant ? et si près de l'oreille de sa mère.

LE QUAKER.

Sa mère a l'oreille frappée d'une voix moins douce que la tienne, elle n'entendrait pas. — Voilà trois fois qu'il la demande !

CHATTERTON, s'appuyant sur le fauteuil où le quaker est assis.

Vous me grondez toujours ; mais dites-moi seulement pourquoi on ne se laisserait pas aller à la pente de son caractère, dès qu'on est sûr de quitter la partie quand la lassitude viendra ? Pour moi, j'ai résolu de ne me point masquer et d'être moi-même jusqu'à la fin, d'écouter, en tout, mon cœur dans ses épanchements comme dans ses indignations, et de me résigner à bien accomplir ma loi. A quoi bon feindre le rigorisme, quand on est indulgent ? On verrait un sourire de pitié sous ma sévérité factice, et je ne saurais trouver un voile qui ne fût transparent. — On me trahit de tout côté, je le vois, et me laisse tromper par dédain de moi-même, par ennui de prendre ma défense. J'envie quelques hommes en voyant le plaisir qu'ils trouvent à triompher de moi par des ruses grossières ; je les vois de loin en ourdir les fils, et je ne me baisserais pas pour en rompre un seul, tant je suis devenu indifférent à ma vie. Je suis d'ailleurs assez vengé par leur abaissement, qui m'élève à mes yeux, et il me semble que la Providence ne peut laisser aller longtemps les choses de la sorte. N'avait-elle pas son but en me créant ? Ai-je le droit de me roidir contre elle pour réformer la nature ? Est-ce à moi de démentir Dieu ?

LE QUAKER.

En toi, la rêverie continuelle a tué l'action.

CHATTERTON.

Eh ! qu'importe, si une heure de cette rêverie produit plus d'œuvres que vingt jours de l'action des autres ! Qui peut juger entre eux et moi ? N'y a-t-il pour l'homme que le travail du corps ? et le labeur de la tête n'est-il pas digne de quelque pitié ? Eh ! grand Dieu ! la seule science de l'esprit, est-ce la science des nombres ? Pythagore est-il le dieu du monde ? Dois-je dire à l'inspiration ardente : « Ne viens pas, tu es inutile ? »

LE QUAKER.

Elle t'a marqué au front de son caractère fatal. Je ne te blâme pas, mon enfant, mais je te pleure.

CHATTERTON.
Il s'assied.

Bon quaker, dans votre société fraternelle et spiritualiste, a-t-on pitié de ceux que tourmente la passion de la pensée? Je le crois; je vous vois indulgent pour moi, sévère pour tout le monde; cela me calme un peu.

Ici Rachel va s'asseoir sur les genoux de Chatterton.

En vérité, depuis trois mois, je suis presque heureux ici : on n'y sait pas mon nom, on ne m'y parle pas de moi, et je vois de beaux enfants sur mes genoux.

LE QUAKER.

Ami, je t'aime pour ton caractère sérieux. Tu serais digne de nos assemblées religieuses, où l'on ne voit pas l'agitation des papistes, adorateurs d'images, où l'on n'entend pas les chants puérils des protestants. Je t'aime, parce que je devine que le monde te hait. Une âme contemplative est à charge à tous les désœuvrés remuants qui couvrent la terre : l'imagination et le recueillement sont deux maladies dont personne n'a pitié ! — Tu ne sais seulement pas les noms des ennemis secrets qui rôdent autour de toi ; mais j'en sais qui te haïssent d'autant plus qu'ils ne te connaissent pas.

CHATTERTON, *avec chaleur.*

Et cependant n'ai-je pas quelque droit à l'amour de mes frères, moi qui travaille pour eux nuit et jour ; moi qui cherche avec tant de fatigues, dans les ruines nationales, quelques fleurs de poésie dont je puisse extraire un parfum durable ; moi qui veux ajouter une perle de plus à la couronne d'Angleterre, et qui plonge dans tant de mers et de fleuves pour la chercher?

Ici Rachel quitte Chatterton; elle va s'asseoir sur un tabouret aux pieds du quaker et regarde des gravures.

Si vous saviez mes travaux !... J'ai fait de ma chambre la cellule d'un cloître ; j'ai béni et sanctifié ma vie et ma pensée ; j'ai raccourci ma vue, et j'ai éteint devant mes yeux les lumières de notre âge ; j'ai fait mon cœur plus simple ; je me suis appris le parler enfantin du vieux temps ; j'ai écrit, comme le roi Harold au duc Guillaume, en vers à demi saxons et francs ; et ensuite, cette muse du dixième siècle, cette muse religieuse, je l'ai placée dans une châsse comme une sainte. — Ils l'auraient brisée s'ils l'avaient crue faite de ma main : ils l'ont adorée comme l'œuvre d'un moine qui n'a jamais existé, et que j'ai nommé Rowley.

LE QUAKER.

Oui, ils aiment assez à faire vivre les morts et mourir les vivants.

CHATTERTON.

Cependant on a su que ce livre était fait par moi. On ne pouvait plus le détruire, on l'a laissé vivre ; mais il ne m'a donné qu'un peu de bruit, et je ne puis faire d'autre métier que celui d'écrire. — J'ai tenté de me ployer à tout, sans y parvenir. — On m'a parlé de travaux exacts ; je les ai abordés, sans pouvoir les accomplir. — Puissent les hommes pardonner à Dieu de m'avoir ainsi créé ! — Est-ce excès de force, ou n'est-ce que faiblesse honteuse ? Je n'en sais rien, mais jamais je ne pus enchaîner dans des canaux étroits et réguliers les débordements tumultueux de mon esprit, qui toujours inondait ses rives malgré moi. J'étais incapable de suivre les lentes opérations des calculs journaliers, j'y renonçai le premier. J'avouai mon esprit vaincu par le chiffre, et j'eus dessein d'exploiter mon corps. Hélas ! mon ami ! autre douleur ! autre humiliation ! — Ce corps, dévoré dès l'enfance par les ardeurs de mes veilles, est trop faible pour les rudes travaux de la mer ou de l'armée ; trop faible même pour la moins fatigante industrie.

Il se lève avec une agitation involontaire.

Et d'ailleurs, eussé-je les forces d'Hercule, je trouverais toujours entre moi et mon ouvrage l'ennemie fatale née avec moi ; la fée malfaisante trouvée sans doute dans mon berceau, la Distraction, la Poésie ! — Elle se met partout ; elle me donne et m'ôte tout ; elle charme et détruit toute chose pour moi ; elle m'a sauvé... elle m'a perdu !

LE QUAKER.

Et à présent que fais-tu donc ?

CHATTERTON.

Que sais-je ?... J'écris. — Pourquoi ? Je n'en sais rien... Parce qu'il le faut.

Il tombe assis et n'écoute plus la réponse du quaker. Il regarde Rachel et l'appelle près de lui.

LE QUAKER.

La maladie est incurable !

CHATTERTON.

La mienne ?

LE QUAKER.

Non, celle de l'humanité. — Selon ton cœur, tu prends en bienveillante pitié ceux qui te disent : « Sois un autre homme que celui que tu es ; » moi, selon ma tête, je les ai en mépris, parce qu'ils veulent dire : « Retire-toi de notre soleil ; il n'y a pas de place pour toi. Les guérira qui pourra. » J'espère peu en moi ; mais, du moins, je les poursuivrai.

CHATTERTON, continuant de parler à Rachel, à qui il a parlé bas pendant la réponse du quaker.

Et vous ne l'avez plus, votre Bible ? où est donc votre maman ?

LE QUAKER, se levant.

Veux-tu sortir avec moi ?

CHATTERTON, à Rachel.

Qu'avez-vous fait de la Bible, miss Rachel ?

LE QUAKER.

N'entends-tu pas le maître qui gronde ? Écoute !

JOHN BELL, dans la coulisse.

Je ne le veux pas. — Cela ne se peut pas ainsi. — Non, non, madame.

LE QUAKER, à Chatterton, en prenant son chapeau et sa canne à la hâte.

Tu as les yeux rouges, il **faut prendre l'air**. Viens, la fraîche **matinée te guérira de ta nuit brûlante.**

CHATTERTON, regardant venir Kitty Bell.

Certainement cette jeune femme est fort malheureuse.

LE QUAKER.

Cela ne regarde personne. Je voudrais que personne ne fût ici quand elle sortira. Donne la clef de ta chambre. — Elle la trouvera tout à l'heure. Il y a des choses d'intérieur qu'il ne faut pas avoir l'air d'apercevoir. — Sortons. — La voilà.

CHATTERTON.

Ah ! comme elle pleure ! — Vous avez raison... je ne pourrais pas voir cela. — Sortons.

SCÈNE VI

KITTY BELL entre en pleurant, suivie de **JOHN BELL.**

KITTY BELL, à Rachel, en la faisant entrer dans la chambre d'où elle sort.

Allez avec votre frère, Rachel, et laissez-moi ici.

A son mari.

Je vous le demande mille fois, n'exigez pas que je vous dise pourquoi ce peu d'argent vous manque ; six guinées, est-ce quelque chose pour vous ? Considérez bien, monsieur, que j'aurais pu vous le cacher dix fois en altérant mes calculs. Mais je ne ferais pas un mensonge, même pour sauver mes enfants, et j'ai préféré vous demander la permission de garder le silence là-dessus, ne pouvant ni vous dire la vérité, ni mentir, sans faire une méchante action.

JOHN BELL.

Depuis que le ministre a mis votre main dans la mienne, vous ne m'avez pas résisté de cette manière.

KITTY BELL.

Il faut donc que le motif en soit sacré.

JOHN BELL.

Ou coupable, madame.

KITTY BELL, avec indignation.

Vous ne le croyez pas !

JOHN BELL.

Peut-être.

KITTY BELL.

Ayez pitié de moi ! vous me tuez par de telles scènes.

JOHN BELL.

Bah ! vous êtes plus forte que vous ne le croyez.

KITTY BELL.

Ah ! n'y comptez pas trop... Au nom de nos pauvres enfants !

JOHN BELL.

Où je vois un mystère, je vois une faute.

KITTY BELL.

Et si vous n'y trouviez qu'une bonne action, quel regret pour vous !

JOHN BELL.

Si c'est une bonne action, pourquoi vous être cachée ?

KITTY BELL.

Pourquoi, John Bell ? Parce que votre cœur s'est endurci, et que vous m'auriez empêchée d'agir selon le mien. Et cependant, qui donne au pauvre prête au Seigneur.

JOHN BELL.

Vous feriez mieux de prêter à intérêts sur de bons gages.

KITTY BELL.

Dieu vous pardonne vos sentiments et vos paroles !

JOHN BELL, marchant dans la chambre à grands pas.

Depuis quelque temps, vous lisez trop ; je n'aime pas cette manie dans une femme... Voulez-vous être une *bas bleu ?*

KITTY BELL.

Oh ! mon ami ! en viendrez-vous jusqu'à me dire des choses méchantes, parce que, pour la première fois, je ne vous obéis pas sans restrictions ? — Je ne suis qu'une femme simple et faible ; je ne sais rien que mes devoirs de chrétienne.

JOHN BELL.

Les savoir pour ne pas les remplir, c'est une profanation.

KITTY BELL.

Accordez-moi quelques semaines de silence seulement sur ces comptes, et le premier mot qui sortira de ma bouche sera le pardon que je vous demanderai pour avoir tardé à vous dire la vérité. Le second sera le récit exact de ce que j'ai fait.

JOHN BELL.

Je désire que vous n'ayez rien à dissimuler.

KITTY BELL.

Dieu le sait ! il n'y a pas une minute de ma vie dont le souvenir puisse me faire rougir.

JOHN BELL.

Et cependant jusqu'ici vous ne m'avez rien caché.

KITTY BELL.

Souvent la terreur nous apprend à mentir.

JOHN BELL.

Vous savez donc faire un mensonge ?

KITTY BELL.

Si je le savais, vous prierais-je de ne pas m'interroger ? — Vous êtes un juge impitoyable.

JOHN BELL.

Impitoyable ! vous me rendrez compte de cet argent.

KITTY BELL.

Eh bien, je vous demande jusqu'à demain pour cela.

JOHN BELL.

Soit, jusqu'à demain je n'en parlerai plus.

KITTY BELL lui baise la main.

Ah ! je vous retrouve. — Vous êtes bon. — Soyez-le toujours.

JOHN BELL.

C'est bien ! c'est bien ! songez à demain.

Il sort.

KITTY BELL, seule.

Pourquoi, lorsque j'ai touché la main de mon mari, me suis-je reproché d'avoir gardé ce livre ? — La conscience ne peut pas avoir tort.

Elle rêve.

Je le rendrai.

Elle sort à pas lents.

ACTE DEUXIÈME

Même décoration.

SCÈNE PREMIÈRE

LE QUAKER, CHATTERTON.

CHATTERTON entre vite et comme on se sauvant
Enfin, nous voilà au port !
LE QUAKER.
Ami, est-ce un accès de folie qui t'a pris ?
CHATTERTON.
Je sais très-bien ce que je fais.
LE QUAKER.
Mais pourquoi rentrer ainsi tout à coup ?
CHATTERTON, agité.
Croyez-vous qu'il m'ait vu ?
LE QUAKER.
Il n'a pas détourné son cheval, et je ne l'ai pas vu tourner la tête une fois. Ses deux grooms l'ont suivi au grand trot. Mais pourquoi l'éviter, ce jeune homme ?
CHATTERTON.
Vous êtes sûr qu'il ne m'a pas reconnu ?
LE QUAKER.
Si le serment n'était un usage impie, je pourrais le jurer.
CHATTERTON.
Je respire. — C'est que vous savez bien qu'il est de mes amis. C'est lord Talbot.
LE QUAKER.
Eh bien, qu'importe ? un ami n'est guère plus méchant qu'un autre homme.

CHATTERTON, marchant à grands pas avec humeur.

Il ne pouvait rien m'arriver de pis que de le voir. Mon asile était violé, ma paix était troublée, mon nom était connu ici.

LE QUAKER.

Le grand malheur !

CHATTERTON.

Le savez-vous, mon nom, pour en juger ?

LE QUAKER.

Il y a quelque chose de bien puéril dans ta crainte. Tu n'es que sauvage, et tu seras pris pour un criminel si tu continues.

CHATTERTON.

O mon Dieu, pourquoi suis-je sorti avec vous ? Je suis certain qu'il m'a vu.

LE QUAKER.

Je l'ai vu souvent venir ici après ses parties de chasse.

CHATTERTON.

Lui ?

LE QUAKER.

Oui, lui, avec de jeunes lords de ses amis.

CHATTERTON.

Il est écrit que je ne pourrai poser ma tête nulle part. Toujours des amis ?

LE QUAKER.

Il faut être bien malheureux pour en venir à dire cela.

CHATTERTON, avec humeur.

Vous n'avez jamais marché aussi lentement qu'aujourd'hui.

LE QUAKER.

Prends-toi à moi de ton désespoir. Pauvre enfant ! rien n'a pu t'occuper dans cette promenade. La nature est morte devant tes yeux.

CHATTERTON.

Croyez-vous que mistress Bell soit très-pieuse ? Il me semble lui avoir vu une Bible dans les mains.

LE QUAKER, brusquement.

Je n'ai point vu cela. C'est une femme qui aime ses devoirs et qui craint Dieu. Mais je n'ai pas vu qu'elle eût aucun livre dans les mains. (A part.) Où va-t-il se prendre ! à quoi ose-t-il penser ! J'aime mieux qu'il se noie que de s'attacher à cette branche. — (Haut.) C'est une jeune femme très-froide, qui n'est émue que pour ses enfants, quand ils sont malades. Je la connais depuis sa naissance.

CHATTERTON.

Je gagerais cent livres sterling que cette rencontre de lord Talbot me portera malheur.

LE QUAKER.

Comment serait-ce possible?

CHATTERTON.

Je ne sais comment cela se fera, mais vous verrez si cela manque. — Si cette jeune femme aimait un homme, il ferait mieux de se faire sauter la cervelle que de la séduire. Ce serait affreux, n'est-ce pas?

LE QUAKER.

N'y aura-t-il jamais une de tes idées qui ne tourne au désespoir?

CHATTERTON.

Je sens autour de moi quelque malheur inévitable. J'y suis tout accoutumé. Je ne résiste plus. Vous verrez cela; c'est un curieux spectacle. — Je me reposais ici, mais mon ennemie ne m'y laissera pas.

LE QUAKER.

Quelle ennemie?

CHATTERTON.

Nommez-la comme vous voudrez : la Fortune, la Destinée; que sais-je, moi?

LE QUAKER.

Tu t'écartes de la religion.

CHATTERTON va à lui et lui prend la main.

Vous avez peur que je ne fasse du mal ici? — Ne craignez rien. Je suis inoffensif comme les enfants. Docteur, vous avez vu quelquefois des pestiférés ou des lépreux? Votre premier désir était de les écarter de l'habitation des hommes. — Écartez-moi, repoussez-moi, ou bien laissez-moi seul; je me séparerai moi-même plutôt que de donner à personne la contagion de mon infortune.

Cris et coups de fouet d'une partie de chasse finie.

Tenez, voilà comme on dépiste le sanglier solitaire!

SCÈNE II

CHATTERTON, LE QUAKER, JOHN BELL, KITTY BELL.

JOHN BELL, à sa femme.

Vous avez mal fait, Kitty, de ne pas me dire que c'était un personnage de considération.

Un domestique apporte un thé.

KITTY BELL.

En est-il ainsi? En vérité, je ne le savais pas.

JOHN BELL.

De très-grande considération. Lord Talbot m'a fait dire que c'était son ami, et un homme distingué qui ne veut pas être connu.

KITTY BELL.

Hélas! il n'est donc plus malheureux? — J'en suis bien aise. Mais je ne lui parlerai pas, je m'en vais.

JOHN BELL.

Restez, restez. Invitez-le à prendre le thé avec le docteur en famille; cela fera plaisir à lord Talbot.

Il va s'asseoir à droite, près de la table à thé.

LE QUAKER, à Chatterton qui fait un mouvement pour se retirer chez lui.

Non, non, ne t'en va pas, on parle de toi.

KITTY BELL, au quaker.

Mon ami, voulez-vous avoir la bonté de lui demander s'il veut déjeuner avec mon mari et mes enfants?

LE QUAKER.

Vous avez tort de l'inviter, il ne peut pas souffrir les invitations.

KITTY BELL.

Mais c'est mon mari qui le veut.

LE QUAKER.

Sa volonté est souveraine. (A Chatterton.) Madame invite son hôte à déjeuner et désire qu'il prenne le thé en famille ce matin...

(Bas) Il ne faut pas accepter; c'est par ordre de son mari qu'elle fait cette démarche; mais cela lui déplaît.

JOHN BELL, assis, lisant le journal, s'adresse à Kitty.

L'a-t-on invité ?

KITTY BELL.

Le docteur lui en parle.

CHATTERTON, au quaker.

Je suis forcé de me retirer chez moi.

LE QUAKER, à Kitty.

Il est forcé de se retirer chez lui.

KITTY BELL, à John Bell.

Monsieur est forcé de se retirer chez lui.

JOHN BELL.

C'est de l'orgueil : il croit nous honorer.

Il tourne le dos et se remet à lire.

CHATTERTON, au quaker.

Je n'aurais pas accepté : c'était par pitié qu'on m'invitait.

Il va vers sa chambre, le quaker le suit et le retient. Ici un domestique amène les enfants et les fait asseoir à table. Le quaker s'assied au fond, Kitty Bell à droite, John Bell à gauche, tournant le dos à la chambre, les enfants près de leur mère.

SCÈNE III

LES MÊMES, LORD TALBOT, LORD LAUDERDALE, LORD KINGSTON, et TROIS JEUNES LORDS, en habits de chasse.

LORD TALBOT, un peu ivre.

Où est-il ? où est-il ? Le voilà, mon camarade ! mon ami ! Que diable fais-tu ici ? Tu nous as quittés ? Tu ne veux plus de nous ? c'est donc fini ? Parce que tu es illustre à présent, tu nous dédaignes. Moi, je n'ai rien appris de bon à Oxford, si ce n'est à boxer, j'en conviens ; mais cela ne m'empêche pas d'être ton ami. — Messieurs, voilà mon bon ami...

CHATTERTON, voulant l'interrompre

Milord...

LORD TALBOT.

Mon ami Chatterton.

CHATTERTON, sérieusement, lui pressant la main.

George, George ! toujours indiscret !

LORD TALBOT.

Est-ce que cela te fait de la peine ? — L'auteur des poëmes qui font tant de bruit! le voilà! Messieurs, j'ai été à l'Université avec lui. — Ma foi, je ne me serais pas douté de ce talent-là. Ah! le sournois, comme il m'a attrapé! — Mon cher, voilà lord Lauderdale et lord Kingston, qui savent par cœur ton poëme d'*Harold*. Ah! si tu veux souper avec nous, tu seras content d'eux, sur mon honneur. Ils disent les vers comme Garrick. — La chasse au renard ne t'amuse pas ; sans cela, je t'aurais prêté Rébecca, que ton père m'a vendue. Mais tu sais que nous venons tous souper ici après la chasse. Ainsi, à ce soir. Ah ! par Dieu! nous nous amuserons. — Mais tu es en deuil ! Ah! diable!

CHATTERTON, avec tristesse.

Oui, de mon père.

LORD TALBOT.

Ah! il était bien vieux aussi. Que veux-tu ! te voilà héritier.

CHATTERTON, amèrement.

Oui. De tout ce qu'il lui restait.

LORD TALBOT.

Ma foi, si tu dépenses aussi noblement ton argent qu'à Oxford, cela te fera honneur ; cependant tu étais déjà bien sauvage. Eh bien, je deviens comme toi à présent, en vérité. J'ai le spleen, mais ce n'est que pour une heure ou deux. — Ah! mistress Bell, vous êtes une puritaine. Touchez là, vous ne m'avez pas donné la main aujourd'hui. Je dis que vous êtes une puritaine ; sans cela, je vous aurais recommandé mon ami.

JOHN BELL.

Répondez donc à milord, Kitty! Milord, Votre Seigneurie sait comme elle est timide. (A Kitty.) Montrez de bonnes dispositions pour son ami.

KITTY BELL.

Votre Seigneurie ne doit pas douter de l'intérêt que mon mari prend aux personnes qui veulent bien loger chez lui.

JOHN BELL.

Elle est si sauvage, milord, qu'elle ne lui a pas adressé la parole une fois, le croiriez-vous ? pas une fois depuis trois mois qu'il loge ici !

LORD TALBOT.

Oh! maître John Bell, c'est une timidité dont il faut la corriger. Ce n'est pas bien. Allons, Chatterton, que diable! corrige-la, toi aussi, corrige-la.

LE QUAKER, sans se lever.

Jeune homme, depuis cinq minutes que tu es ici, tu n'as pas dit un mot qui ne fût de trop.

LORD TALBOT.

Qu'est-ce que c'est que ça? Quel est cet animal sauvage?

JOHN BELL.

Pardon, milord, c'est un quaker.

Rires joyeux.

LORD TALBOT.

C'est vrai. Oh! quel bonheur! un quaker! (Le lorgnant.) Mes amis, c'est un gibier que nous n'avions pas fait lever encore.

Éclats de rires des lords.

CHATTERTON va vite à lord Talbot.

(A demi-voix.) George, tout cela est bien léger; mon caractère ne s'y prête pas... Tu sais cela, souviens-toi de Primerose-Hill!... J'aurai à te parler à ton retour de la chasse.

LORD TALBOT, consterné.

Ah! si tu veux jouer encore du pistolet, comme tu voudras! Mais je croyais t'avoir fait plaisir, moi. Est-ce que je t'ai affligé? Ma foi, nous avons bu un peu sec ce matin. — Qu'est-ce que j'ai donc dit, moi? J'ai voulu te mettre bien avec eux tous. Tu viens ici pour la petite femme, hein? J'ai vu ça, moi.

CHATTERTON.

Ciel et terre! Milord, pas un mot de plus.

LORD TALBOT.

Allons, il est de mauvaise humeur ce matin. Mistress Bell, ne lui donnez pas de thé vert; il me tuerait ce soir, en vérité.

KITTY BELL, à part.

Mon Dieu, comme il me parle effrontément!

LORD LAUDERDALE vient serrer la main à Chatterton.

Pardieu! je suis bien aise de vous connaître; vos vers m'ont fort diverti.

CHATTERTON.

Diverti, milord?

LORD LAUDERDALE.

Oui, vraiment, et je suis charmé de vous voir installé ici ; vous avez été plus adroit que Talbot, vous me ferez gagner mon pari.

LORD KINGSTON.

Oui, oui, il a beau jeter ses guinées chez le mari, il n'aura pas la petite Catherine, comment?... Kitty...

CHATTERTON.

Oui, milord, Kitty, c'est nom en abrégé.

KITTY BELL, à part.

Encore ! Ces jeunes gens me montrent au doigt, et devant lui !

LORD KINGSTON.

Je crois bien qu'elle aurait eu un faible pour lui ; mais vous l'avez, ma foi, supplanté. Au surplus, George est un bon garçon et ne vous en voudra pas. — Vous me paraissez souffrant.

CHATTERTON.

Surtout en ce moment, milord.

LORD TALBOT.

Assez, messieurs, assez ; n'allez pas trop loin.

Deux grooms entrent à la fois.

UN GROOM.

Les chevaux de milord sont prêts.

LORD TALBOT, frappant sur l'épaule de John Bell.

Mon bon John Bell, il n'y a de bons vins de France et d'Espagne que dans la maison de votre petite dévote de femme. Nous voulons les boire en rentrant, et tenez-moi pour un maladroit si je ne vous rapporte dix renards pour lui faire des fourrures. — Venez donc nous voir partir. — Passez, Lauderdale, passez donc. A ce soir tous, si Rébecca ne me casse pas le col.

JOHN BELL.

Monsieur Chatterton, je suis vraiment heureux de faire connaissance avec vous.

Il lui serre la main à lui casser l'épaule.

Toute ma maison est à votre service.

A Kitty, qui allait se retirer.

Mais, Catherine, causez donc un peu avec ce jeune homme. Il faut lui louer un appartement plus beau et plus cher.

####### KITTY BELL.

Mes enfants m'attendent.

####### JOHN BELL.

Restez, restez ; soyez polie ; je le veux absolument.

####### CHATTERTON, au quaker.

Sortons d'ici. Voir sa dernière retraite envahie, son unique repos troublé, sa douce obscurité trahie ; voir pénétrer dans sa nuit de si grossières clartés ! O supplice ! — Sortons d'ici. — Vous l'avais-je dit ?

####### JOHN BELL.

J'ai besoin de vous, docteur ; laissez monsieur avec ma femme : je vous veux absolument, j'ai à vous parler. Je vous racommoderai avec Sa Seigneurie.

####### LE QUAKER.

Je ne sors pas d'ici.

Tous sortent. Il reste assis au milieu de la scène. Kitty et Chatterton debout, les yeux baissés et interdits.

SCÈNE IV

CHATTERTON, LE QUAKER, KITTY BELL.

####### LE QUAKER, à Kitty Bell.
Il prend la main gauche de Chatterton et met sa main sur le cœur de ce jeune homme.

Les cœurs jeunes, simples et primitifs ne savent pas encore étouffer les vives indignations que donne la vue des hommes. — Mon enfant, mon pauvre enfant, la solitude devient un amour bien dangereux. A vivre dans cette atmosphère, on ne peut plus supporter le moindre souffle étranger. La vie est une tempête, mon ami ; il faut s'accoutumer à tenir la mer. — N'est-ce pas une pitié, mistress Bell, qu'à son âge il ait besoin du port ? Je vais vous laisser lui parler et le gronder.

####### KITTY BELL, troublée.

Non, mon ami, restez, je vous prie. John Bell serait fâché de ne plus vous trouver. Et d'ailleurs, ne tarde-t-il pas à monsieur de rejoindre ses amis d'enfance ? Je suis surprise qu'il ne les ait pas suivis.

LE QUAKER.

Le bruit t'a importunée bien vivement, ma chère fille?

KITTY BELL.

Ah! leur bruit et leurs intentions! monsieur n'est-il pas dans leurs secrets?

CHATTERTON, à part.

Elle les a entendus! elle est affligée! Ce n'est plus la même femme.

KITTY BELL, au quaker, avec une émotion mal contenue.

Je n'ai pas vécu encore assez solitaire, mon ami : je le sens bien.

LE QUAKER, à Kitty Bell.

Ne sois pas trop sensible à des folies.

KITTY BELL.

Voici un livre que j'ai trouvé dans les mains de ma fille. Demandez à monsieur s'il ne lui appartient pas.

CHATTERTON.

En effet, il était à moi! et à présent, je serais bien aise qu'il revînt dans mes mains.

KITTY BELL, à part.

Il a l'air d'y attacher du prix. O mon Dieu! je n'oserai plus le rendre à présent, ni le garder.

LE QUAKER, à part

Ah! la voilà bien embarrassée.

Il met la Bible dans sa poche, après avoir examiné à droite et à gauche leur embarras. A Chatterton.

Tais-toi, je t'en prie; elle est prête à pleurer.

KITTY BELL, se remettant.

Monsieur a des amis bien gais et sans doute aussi très-bons.

LE QUAKER.

Ah! ne les lui reprochons point; il ne les cherchait pas.

KITTY BELL.

Je sais bien que M. Chatterton ne les attendait pas ici.

CHATTERTON.

La présence d'un ennemi mortel ne m'eût pas fait tant de mal; croyez-le bien, madame.

3.

KITTY BELL.

Ils ont l'air de connaître si bien M. Chatterton ! et nous, nous le connaissons si peu !

LE QUAKER, à demi-voix, à Chatterton.

Ah ! les misérables ! ils l'ont blessée au cœur.

CHATTERTON, au quaker.

Et moi, monsieur !

KITTY BELL.

M. Chatterton sait leur conduite comme ils savent ses projets. Mais sa retraite ici, comment l'ont-ils interprétée ?

LE QUAKER, se lève.

Que le Ciel confonde à jamais cette race de sauterelles qui s'abat à travers champs, et qu'on appelle les hommes aimables ! Voilà bien du mal en un moment.

CHATTERTON, faisant asseoir le quaker.

Au nom de Dieu ! ne sortez pas que je ne sache ce qu'elle a contre moi. Cela me trouble affreusement.

KITTY BELL.

M. Bell m'a chargée d'offrir à M. Chatterton une chambre plus convenable.

CHATTERTON.

Ah ! rien ne convient mieux que la mienne à mes projets.

KITTY BELL.

Mais, quand on ne parle pas de ses projets, on peut inspirer, à la longue, plus de crainte que l'on n'inspirait d'abord d'intérêt, et je...

CHATTERTON.

Et ?...

KITTY BELL.

Il me semble...

LE QUAKER.

Que veux-tu dire ?

KITTY BELL.

Que ces jeunes lords ont, en quelque sorte, le droit d'être surpris que leur ami les ait quittés pour cacher son nom et sa vie dans une famille aussi simple que la nôtre.

LE QUAKER, à Chatterton.

Rassure-toi, ami ; elle veut dire que tu n'avais pas l'air, en arrivant, d'être le riche compagnon de ces riches petits lords.

CHATTERTON, avec gravité.

Si l'on m'avait demandé ici ma fortune, mon nom et l'histoire de ma vie, je n'y serais pas entré... Si quelqu'un me les demandait aujourd'hui, j'en sortirais.

LE QUAKER.

Un silence qui vient de l'orgueil peut être mal compris; tu le vois.

CHATTERTON va pour répondre, puis y renonce et s'écrie.

Une torture de plus dans un martyre, qu'importe!

Il se retire en fuyant.

KITTY BELL, effrayée.

Ah! mon Dieu! pourquoi s'est-il enfui de la sorte? Les premières paroles que je lui adresse lui causent du chagrin!... mais en suis-je responsable aussi?... Pourquoi est-il venu ici?... je n'y comprends plus rien! je veux le savoir! Toute ma famille est troublée pour lui et par lui! Que leur ai-je fait à tous? Pourquoi l'avez-vous amené ici et non ailleurs, vous? — Je n'aurais jamais dû me montrer, et je voudrais ne les avoir jamais vus.

LE QUAKER, avec impatience et chagrin.

Mais c'était à moi seul qu'il fallait dire cela. Je ne m'offense ni ne me désole, moi. Mais à lui, quelle faute!

KITTY BELL.

Mais, mon ami, les avez-vous entendus, ces jeunes gens? — O mon Dieu! comment se fait-il qu'ils aient la puissance de troubler ainsi une vie que le Sauveur même eût bénie? — Dites, vous qui êtes un homme, vous qui n'êtes point de ces méchants désœuvrés, vous qui êtes grave et bon, vous qui pensez qu'il y a une âme et un Dieu; dites, mon ami, comment donc doit vivre une femme? Où donc faut-il se cacher? Je me taisais, je baissais les yeux, j'avais étendu sur moi la solitude comme un voile, et ils l'ont déchiré. Je me croyais ignorée, et j'étais connue comme une de leurs femmes; respectée, et j'étais l'objet d'un pari. A quoi donc m'ont servi mes deux enfants toujours à mes côtés comme des anges gardiens? A quoi m'a servi la gravité de ma retraite? Quelle femme sera honorée, grand Dieu! si je n'ai pu l'être, et s'il suffit aux jeunes gens de la voir passer dans la rue pour s'emparer de son nom et s'en jouer comme d'une balle qu'ils se jettent l'un à l'autre !

La voix lui manque. Elle pleure.

O mon ami, mon ami ! obtenez qu'ils ne reviennent jamais dans ma maison.

LE QUAKER.

Qui donc ?

KITTY BELL.

Mais eux... eux tous... tout le monde.

LE QUAKER.

Comment ?

KITTY BELL.

Et lui aussi... oui, lui.

Elle fond en larmes.

LE QUAKER.

Mais tu veux donc le tuer ? Après tout, qu'a-t-il fait ?

KITTY BELL, avec agitation.

O mon Dieu ! moi, le tuer ! — moi qui voudrais..... O Seigneur, mon Dieu ! vous que je prie sans cesse, vous savez si j'ai voulu le tuer ! mais je vous parle et je ne sais si vous m'entendez. Je vous ouvre mon cœur, et vous ne me dites pas que vous y lisez. — Et si votre regard y a lu, comment savoir si vous n'êtes pas mécontent ! Ah ! mon ami... j'ai là quelque chose que je voudrais dire... Ah ! si mon père vivait encore !

Elle prend la main du quaker.

Oui, il y a des moments où je voudrais être catholique, à cause de leur confession. Enfin ! ce n'est autre chose que la confidence ; mais la confidence divinisée... j'en aurais besoin !

LE QUAKER.

Ma fille, si ta conscience et la contemplation ne te soutiennent pas assez, que ne viens-tu donc à moi ?

KITTY BELL.

Eh bien, expliquez-moi le trouble où me jette ce jeune homme ! les pleurs que m'arrache malgré moi sa vue, oui, sa seule vue !

LE QUAKER.

O femme ! faible femme ! au nom de Dieu, cache tes larmes, car le voilà.

KITTY BELL.

O Dieu ! son visage est renversé !

CHATTERTON, rentrant comme un fou, sans chapeau. Il traverse la chambre et marche en parlant sans voir personne.

... Et d'ailleurs, et d'ailleurs, ils ne possèdent pas plus leurs richesses que je ne possède cette chambre. — Le monde n'est qu'un mot. — On peut perdre ou gagner le monde sur parole, en un quart d'heure ! Nous ne possédons tous que nos six pieds, c'est le vieux Will qui l'a dit. — Je vous rendrai votre chambre quand vous voudrez ; j'en veux une encore plus petite. Pourtant je voulais encore attendre le succès d'une certaine lettre. Mais n'en parlons plus.

Il se jette dans un fauteuil.

LE QUAKER se lève et va à lui, lui prenant la tête.

A demi-voix.

Tais-toi, ami, tais-toi, arrête. — Calme, calme ta tête brûlante. Laisse passer en silence tes emportements, et n'épouvante pas cette jeune femme qui t'est étrangère.

CHATTERTON se lève vivement sur le mot *étrangère*, et dit avec une ironie frémissante.

Il n'y a personne sur la terre à présent qui ne me soit étranger. Devant tout le monde je dois saluer et me taire. Quand je parle, c'est une hardiesse bien inconvenante, et dont je dois demander humblement pardon... Je ne voulais qu'un peu de repos dans cette maison, le temps d'achever de coudre l'une à l'autre quelques pages que je dois ; à peu près comme un menuisier doit à l'ébéniste quelques planches péniblement passées au rabot. — Je suis ouvrier en livres, voilà tout. — Je n'ai pas besoin d'un plus grand atelier que le mien, et M. Bell est trop attendri de l'amitié de lord Talbot pour moi, on peut l'aimer ici, cela se conçoit. — Mais son amitié pour moi, ce n'est rien. Cela repose sur une ancienne idée que je lui ôterai d'un mot ; sur un vieux chiffre que je rayerai de sa tête, et que mon père a emporté dans le pli de son linceul ; un chiffre assez considérable, ma foi, et qui me valait beaucoup de révérences et de serrements de main. — Mais tout cela est fini, je suis ouvrier en livres. — Adieu, madame; adieu, monsieur. Ha! ha! — Je perds bien du temps! A l'ouvrage! à l'ouvrage!

Il monte à grands pas l'escalier de sa chambre et s'y enferme.

SCÈNE V

LE QUAKER, KITTY BELL, consternés.

LE QUAKER.
Tu es remplie d'épouvante, Kitty?

KITTY BELL.
C'est vrai.

LE QUAKER.
Et moi aussi.

KITTY BELL.
Vous aussi! — Vous si fort, vous que rien n'a jamais ému devant moi! — Mon Dieu! qu'y a-t-il donc ici que je ne puis comprendre? Ce jeune homme nous a tous trompés; il s'est glissé ici comme un pauvre, et il est riche. Ces jeunes gens ne lui ont-ils pas parlé comme à leur égal? Qu'est-il venu faire ici? qu'a-t-il voulu en se faisant plaindre? Pourtant, ce qu'il dit a l'air vrai, et lui, il a l'air bien malheureux.

LE QUAKER.
Il serait bon que ce jeune homme mourût.

KITTY BELL.
Mourir! pourquoi?

LE QUAKER.
Parce que mieux vaut la mort que la folie.

KITTY BELL,
Et vous croyez...? Ah! le cœur me manque.
Elle tombe assise.

LE QUAKER.
Que la plus forte raison ne tiendrait pas à ce qu'il souffre. — Je dois te dire toute ma pensée, Kitty Bell. Il n'y a pas d'ange au ciel qui soit plus pur que toi. La vierge mère ne jette pas sur son enfant un regard plus chaste que le tien. Et pourtant, tu as fait, sans le vouloir, beaucoup de mal autour de toi.

KITTY BELL.

Puissances du ciel! est-il possible?

LE QUAKER.

Écoute, écoute, je t'en prie. — Comment le mal sort du bien, et le désordre de l'ordre même, voilà ce que tu ne peux t'expliquer, n'est-ce pas? Eh bien, sache, ma chère fille, qu'il a suffi pour cela d'un regard de toi, inspiré par la plus belle vertu qui siége à la droite de Dieu, la pitié. — Ce jeune homme, dont l'esprit a trop vite mûri sous les ardeurs de la poésie, comme dans une serre brûlante, a conservé le cœur naïf d'un enfant. Il n'a plus de famille, et, sans se l'avouer, il en cherche une ; il s'est accoutumé à te voir vivre près de lui et peut-être s'est habitué à s'inspirer de ta vue et de ta grâce maternelle. La paix qui règne autour de toi a été aussi dangereuse pour cet esprit rêveur que le sommeil sous la blanche tubéreuse ; ce n'est pas ta faute si, repoussé de tous côtés, il s'est cru heureux d'un accueil bienveillant ; mais enfin cette existence de sympathie silencieuse et profonde est devenue la sienne. — Te crois-tu donc le droit de la lui ôter?

KITTY BELL.

Hélas ! croyez-vous donc qu'il ne nous ait pas trompés?

LE QUAKER.

Lovelace avait plus de dix-huit ans, Kitty. Et ne lis-tu pas sur le front de Chatterton la timidité de la misère? Moi, je l'ai sondée, elle est profonde.

KITTY BELL.

O mon Dieu! quel mal a dû lui faire ce que j'ai dit tout à l'heure !

LE QUAKER.

Je le crois, madame.

KITTY BELL.

Madame? — Ah! ne vous fâchez pas. Si vous saviez ce que j'ai fait et ce que j'allais faire !

LE QUAKER.

Je veux bien le savoir.

KITTY BELL.

Je me suis cachée de mon mari, pour quelques sommes que j'ai données pour M. Chatterton. Je n'osais pas les lui demander et je ne les ai pas reçues encore. Mon mari s'en est aperçu. Dans ce moment même, j'allais peut-être me déterminer à en parler à ce jeune homme. Oh! que je vous remercie de m'avoir épargné cette mauvaise action! Oui, c'eût été un crime assurément, n'est-ce pas?

LE QUAKER.

Il en aurait fait un, lui, plutôt que de ne pas vous satisfaire. Fier comme je le connais, cela est certain. Mon amie, ménageons-le. Il est atteint d'une maladie toute morale et presque incurable, et quelquefois contagieuse; maladie terrible qui se saisit surtout des âmes jeunes, ardentes et toutes neuves à la vie, éprises de l'amour du juste et du beau, et venant dans le monde pour y rencontrer, à chaque pas, toutes les iniquités et toutes les laideurs d'une société mal construite. Ce mal, c'est la haine de la vie et l'amour de la mort : c'est l'obstiné Suicide.

KITTY BELL.

Oh! que le Seigneur lui pardonne! serait-ce vrai?
Elle se cache la tête pour pleurer.
LE QUAKER.

Je dis obstiné, parce qu'il est rare que ces malheureux renoncent à leur projet quand il est arrêté en eux-mêmes.

KITTY BELL.

En est-il là? En êtes-vous sûr? Dites-vous vrai? Dites-moi tout. Je ne veux pas qu'il meure! — Qu'a-t-il fait? que veut-il? Un homme si jeune! une âme céleste! la bonté des anges! la candeur des enfants! une âme tout éclatante de pureté, tomber ainsi dans le crime des crimes; celui que le Christ hésiterait lui-même à pardonner! Non, cela ne sera pas, il ne se tuera pas. Que lui faut-il? est-ce de l'argent? Eh bien, j'en aurai. — Nous en trouverons bien quelque part pour lui. Tenez, tenez, voilà des bijoux, que jamais je n'ai daigné porter, prenez-les, vendez tout. — Se tuer! là, devant moi et et mes enfants! — Vendez, vendez, je dirai ce que je pourrai. Je recommencerai à me cacher; enfin je ferai mon crime aussi, moi; je mentirai : voilà tout.

LE QUAKER.

Tes mains! tes mains! ma fille, que je les adore.
Il baise les deux mains réunies.

Tes fautes sont innocentes, et, pour cacher ton mensonge miséricordieux, les saintes tes sœurs étendraient leurs voiles ; mais garde tes bijoux, c'est un homme à mourir vingt fois devant un or qu'il n'aurait pas gagné ou tenu de sa famille. J'essayerais bien inutilement de lutter contre sa faute unique, vice presque vertueux, noble imperfection, péché sublime : l'orgueil de la pauvreté.

KITTY BELL.

Mais n'a-t-il pas parlé d'une lettre qu'il aurait écrite à quelqu'un dont il attendrait du secours?

LE QUAKER.

Ah! c'est vrai! Cela était échappé à mon esprit, mais ton cœur avait entendu. Oui, voilà une ancre de miséricorde. Je m'y appuierai avec lui.

Il veut sortir.

KITTY BELL.

Mais... que voulait-il dire en parlant de lord Talbot : « On peut l'aimer ici, cela se conçoit ! »

LE QUAKER.

Ne songe point à ce mot-là! Un esprit absorbé comme le sien dans ses travaux et ses peines, est inaccessible aux petitesses d'un dépit jaloux, et plus encore aux vaines fatuités de ces coureurs d'aventures. Que voudrait dire cela? Il faudrait donc supposer qu'il regarde ce Talbot comme essayant ses séductions près de Kitty Bell et avec succès, et supposer que Chatterton se croit le droit d'en être jaloux ; supposer que ce charme d'intimité serait devenu en lui une passion?... Si cela était...

KITTY BELL.

Oh! ne me dites plus rien... laissez-moi m'enfuir.

Elle se sauve en fermant ses oreilles, et il la poursuit de sa voix.

LE QUAKER.

Si cela était, sur ma foi ! j'aimerais mieux le laisser mourir !

ACTE TROISIÈME

La chambre de Chatterton, sombre, petite, pauvre, sans feu; un lit misérable et en désordre.

SCÈNE PREMIÈRE

CHATTERTON, seul.

Il est assis sur le pied de son lit et écrit sur ses genoux.

Il est certain qu'elle ne m'aime pas. — Et moi... je n'y veux plus penser. — Mes mains sont glacées, ma tête est brûlante. — Me voilà seul en face de mon travail. — Il ne s'agit plus de sourire et d'être bon! de saluer et de serrer la main! toute cette comédie est jouée : j'en commence une autre avec moi-même. — Il faut, à cette heure, que ma volonté soit assez puissante pour saisir mon âme et l'emporter tour à tour dans le cadavre ressuscité des personnages que j'évoque et dans le fantôme de ceux que j'invente! Ou bien il faut que, devant Chatterton malade, devant Chatterton qui a froid, qui a faim, ma volonté fasse poser avec prétention un autre Chatterton, gracieusement paré pour l'amusement du public, et que celui-là soit décrit par l'autre; le troubadour par le mendiant. Voilà les deux poésies possibles, ça ne va pas plus loin que cela! Les divertir ou leur faire pitié; faire jouer de misérables poupées, ou l'être soi-même et faire trafic de cette singerie! Ouvrir son cœur pour le mettre en étalage sur un comptoir! S'il a des blessures, tant mieux! il a plus de prix; tant soit peu mutilé, on l'achète plus cher !

Il se lève.

Lève-toi, créature de Dieu, faite à son image, et admire-toi encore dans cette condition!
Il rit et se rassied.
Une vieille horloge sonne une demi-heure, deux coups.

Non, non!

L'heure t'avertit; assieds-toi, et travaille, malheureux! Tu perds ton temps en réfléchissant: tu n'as qu'une réflexion à faire, c'est que tu es un pauvre. — Entends-tu bien? un pauvre!

Chaque minute de recueillement est un vol que tu fais; c'est une minute stérile — Il s'agit bien de l'idée! grand Dieu! ce qui rapporte, c'est le mot. Il y a tel mot qui peut aller jusqu'à un schelling; la pensée n'a pas cours sur la place.

Oh! loin de moi, — loin de moi, je t'en supplie, découragement glacé! mépris de moi-même, ne viens pas achever de me perdre! détourne-toi! détourne-toi! car, à présent, mon nom et ma demeure, tout est connu; et, si demain ce livre n'est pas achevé, je suis perdu! oui, perdu! sans espoir!

— Arrêté, jugé, condamné! jeté en prison!

O dégradation! ô honteux travail!
Il écrit.

Il est certain que cette jeune femme ne m'aimera jamais. — Eh bien, ne puis-je cesser d'avoir cette idée?
Long silence.

J'ai bien peu d'orgueil d'y penser encore. — Mais qu'on me dise donc pourquoi j'aurais de l'orgueil. De l'orgueil de quoi? Je ne tiens aucune place dans aucun rang. Et il est certain que ce qui me soutient, c'est cette fierté naturelle. Elle me crie toujours à l'oreille de ne pas ployer et de ne pas avoir l'air malheureux. — Et pour qui donc fait-on l'heureux quand on ne l'est pas? Je crois que c'est pour les femmes. Nous posons tous devant elles. — Les pauvres créatures, elles te prennent pour un trône, ô Publicité! vile Publicité! toi qui n'es qu'un pilori où le profane passant peut nous souffleter. En général, les femmes aiment celui qui ne s'abaisse devant personne. Eh bien, par le Ciel, elles ont raison. — Du moins celle-ci qui a les yeux sur moi ne me verra pas baisser la tête.
— Oh! si elle m'eût aimé!
Il s'abandonne à une longue rêverie dont il sort violemment.

Écris donc, malheureux, évoque donc ta volonté ! — Pourquoi est-elle si faible ? N'avoir pu encore lancer en avant cet esprit rebelle qu'elle excite et qui s'arrête ! — Voilà une humiliation toute nouvelle pour moi ! — Jusqu'ici, je l'avais toujours vu partir avant son maître ; il fallait un frein, et, cette nuit, c'est l'éperon qu'il lui faut. — Ah ! ah ! l'immortel ! ah ! ah ! le rude maître du corps ! Esprit superbe, seriez-vous paralysé par ce misérable brouillard qui pénètre dans une chambre délabrée ? suffit-il, orgueilleux, d'un peu de vapeur froide pour vous vaincre ?

Il jette sur ses épaules la couverture de son lit.

L'épais brouillard ! il est tendu au dehors de ma fenêtre comme un rideau blanc, comme un linceul. — Il était pendu ainsi à la fenêtre de mon père la nuit de sa mort.

L'horloge sonne trois quarts.

Encore ! le temps me presse ; et rien n'est écrit !

Il lit.

« Harold ! Harold !... ô Christ ! Harold... le duc Guillaume... »

Eh ! que me fait cet Harold, je vous prie ? — Je ne puis comprendre comment j'ai écrit cela.

Il déchire le manuscrit en parlant. — Un peu de délire le prend.

J'ai fait le catholique ; j'ai menti. Si j'étais catholique, je me ferais moine et trappiste. Un trappiste n'a pour lit qu'un cercueil, mais au moins il y dort. — Tous les hommes ont un lit où ils dorment : moi, j'en ai un où je travaille pour de l'argent.

Il porte la main à sa tête.

Où vais-je ? où vais-je ? Le mot entraîne l'idée malgré elle... O Ciel ! la folie ne marche-t-elle pas ainsi ? Voilà qui peut épouvanter le plus brave... Allons ! calme-toi. — Je relisais ceci... Oui !... Ce poëme-là n'est pas assez beau !... Écrit trop vite ! — Écrit pour vivre ! — O supplice ! La bataille d'Hastings !... Les vieux Saxons !... Les jeunes Normands !... Me suis-je intéressé à cela ? Non. Et pourquoi donc en as-tu parlé ? — Quand j'avais tant à dire sur ce que je vois.

Il se lève et marche à grands pas.

Réveiller de froides cendres, quand tout frémit et souffre autour de moi ; quand la Vertu appelle à son secours et se meurt à force de pleurer ; quand le pâle Travail est dédaigné ; quand l'Espérance a perdu son ancre ; la Foi, son calice ; la Charité, ses pauvres enfants ; quand la Loi est athée et corrompue comme une courtisane ; lorsque la Terre crie et demande justice au Poëte de ceux qui la fouillent sans cesse pour avoir son or, et lui disent qu'elle peut se passer du Ciel.

Et moi ! qui sens cela, je ne lui répondrais pas ! Si ! par le Ciel ! je lui répondrai. Je frapperai du pied les méchants et les hypocrites. Je dévoilerai Jérémiah-Miles et Warton.

Ah ! misérable ! Mais... c'est la Satire ! tu deviens méchant.

Il pleure longtemps avec désolation.

Écris plutôt sur ce brouillard qui s'est logé à ta fenêtre comme à celle de ton père.

Il s'arrête.

Il prend une tabatière sur sa table.

Le voilà, mon père ! — Vous voilà ! Bon vieux marin ! franc capitaine de haut bord, vous dormiez la nuit, vous, et, le jour, vous vous battiez ! vous n'étiez pas un Paria intelligent comme l'est devenu votre pauvre enfant. Voyez-vous, voyez-vous ce papier blanc ? s'il n'est pas rempli demain, j'irai en prison, mon père, et je n'ai pas dans la tête un mot pour noircir ce papier, parce que j'ai faim. — J'ai vendu, pour manger, le diamant qui était là, sur cette boîte, comme une étoile sur votre beau front. Et à présent, je ne l'ai plus et j'ai toujours la faim. Et j'ai aussi votre orgueil, mon père, qui fait que je ne le dis pas. — Mais, vous qui étiez vieux et qui saviez qu'il faut de l'argent pour vivre et que vous n'en aviez pas à me laisser, pourquoi m'avez-vous créé ?

Il jette la boîte. — Il court après, se met à genoux et pleure.

Ah ! pardon, pardon, mon père ! mon vieux père en cheveux blancs ! — Vous m'avez tant embrassé sur vos genoux ! — C'est ma faute ! j'ai cru être poëte ! C'est ma faute ; mais je vous assure que mon nom n'ira pas en prison ! Je vous le jure, mon vieux père. Tenez, tenez, voilà de l'opium ! si j'ai par trop faim... je ne mangerai pas, je boirai.

Il fond en larmes sur la tabatière où est le portrait.

Quelqu'un monte lourdement mon escalier de bois. — Cachons ce trésor

Cachant l'opium.

Et pourquoi? ne suis-je donc pas libre? plus libre que jamais?

— Caton n'a pas caché son épée. Reste comme tu es, Romain, et regarde en face.

Il pose l'opium au milieu de sa table.

SCÈNE II

CHATTERTON, LE QUAKER.

LE QUAKER, jetant les yeux sur la fiole.

Ah!

CHATTERTON.

Eh bien?

LE QUAKER.

Je connais cette liqueur. — Il y a là au moins soixante grains d'opium. Cela te donnerait une certaine exaltation qui te plairait d'abord assez comme poëte, et puis un peu de délire, et puis un bon sommeil bien lourd et sans rêve, je t'assure. — Tu es resté bien longtemps seul, Chatterton.

Le quaker pose le flacon sur la table. Chatterton le reprend à la dérobée.

CHATTERTON.

Et si je veux rester seul pour toujours, n'en ai-je pas le droit?

LE QUKAER.
Il s'assied sur le lit; Chatterton reste debout, les yeux fixes et hagards.

Les païens disaient cela.

CHATTERTON.

Qu'on me donne une heure de bonheur et je redeviendrai un excellent chrétien. Ce que... ce que vous craignez, les stoïciens l'appelaient *sortie raisonnable*.

LE QUAKER.

C'est vrai; et ils disaient même que, les causes qui nous retiennent à la vie n'étant guère fortes, on pouvait bien en sortir pour des causes légères. Mais il faut considérer, ami, que la Fortune change souvent et peut beaucoup, et que, si elle peut faire quelque chose pour quelqu'un, c'est pour un vivant.

CHATTERTON.

Mais aussi elle ne peut rien contre un mort. Moi, je dis qu'elle fait plus de mal que de bien, et qu'il n'est pas mauvais de la fuir.

LE QUAKER.

Tu as bien raison : mais seulement c'est un peu poltron. — S'aller cacher sous une grosse pierre, dans un grand trou, par frayeur d'elle, c'est de la lâcheté.

CHATTERTON.

Connaissez-vous beaucoup de lâches qui se soient tués?

LE QUAKER.

Quand ce ne serait que Néron.

CHATTERTON.

Aussi, sa lâcheté, je n'y crois pas. Les nations n'aiment pas les lâches, et c'est le seul nom d'empereur populaire en Italie.

LE QUAKER.

— Cela fait bien l'éloge de la popularité. — Mais, du reste, je ne te contredis nullement. Tu fais bien de suivre ton projet, parce que cela va faire la joie de tes rivaux. Il s'en trouvera d'assez impies pour égayer le public par d'agréables bouffonneries sur le récit de ta mort, et ce qu'ils n'auraient jamais pu accomplir, tu le fais pour eux; tu t'effaces. Tu fais bien de leur laisser ta part de cet os vide de la gloire que vous rongez tous. C'est généreux.

CHATTERTON.

Vous me donnez plus d'importance que je n'en ai. Qui sait mon nom?

LE QUAKER, à part.

Cette corde vibre encore. Voyons ce que j'en tirerai.
A Chatterton.
On sait d'autant mieux ton nom que tu l'as voulu cacher.

CHATTERTON.

Vraiment? Je suis bien aise de savoir cela. — Eh bien, on le prononcera plus librement après moi.

LE QUAKER, à part.

Toutes les routes le ramènent à son idée fixe. (Haut.) Mais il m'avait semblé, ce matin, que tu espérais quelque chose d'une lettre?

CHATTERTON.

Oui, j'avais écrit au lord maire, M. Beckford, qui a connu

mon père assez intimement. On m'avait souvent offert sa protection, je l'avais toujours refusée, parce que je n'aime pas être protégé. — Je comptais sur des idées pour vivre. Quelle folie! — Hier, elles m'ont manqué toutes ; il ne m'en est resté qu'une, celle d'essayer du protecteur.

LE QUAKER.

M. Beckford passe pour le plus honnête homme et l'un des plus éclairés de Londres. Tu as bien fait. Pourquoi y as-tu renoncé depuis?

CHATTERTON.

Il m'a suffi depuis de la vue d'un homme.

LE QUAKER.

Essaye de la vue d'un sage après celle d'un fou. — Que t'importe?

CHATTERTON.

Eh! pourquoi ces retards? Les hommes d'imagination sont éternellement crucifiés ; le sarcasme et la misère sont les clous de leur croix. Pourquoi voulez-vous qu'un autre soit enfoncé dans ma chair, le remords de s'être inutilement abaissé? — Je veux *sortir raisonnablement*. J'y suis forcé.

LE QUAKER se lève.

Que le Seigneur me pardonne ce que je vais faire. Écoute! Chatterton, je suis très-vieux, je suis chrétien et de la secte la plus pure de la république universelle du Christ. J'ai passé tous mes jours avec mes frères dans la méditation, la charité et la prière. Je vais te dire, au nom de Dieu, une chose vraie, et, en la disant, je vais, pour te sauver, jeter une tache sur mes cheveux blancs.

Chatterton! Chatterton! tu peux perdre ton âme, mais tu n'as pas le droit d'en perdre deux. — Or, il y en a une qui s'est attachée à la tienne et que ton infortune vient d'attirer comme les Écossais disent que la paille attire le diamant radieux. Si tu t'en vas, elle s'en ira ; et cela, comme toi, sans être en état de grâce et indigne pour l'éternité de paraître devant Dieu.

Chatterton! Chatterton! tu peux douter de l'éternité, mais elle n'en doute pas ; tu seras jugé selon tes malheurs et ton désespoir, et tu peux espérer miséricorde ; mais non pas elle, qui était heureuse et toute chrétienne. Jeune homme, je te demande grâce pour elle, à genoux, parce qu'elle est pour moi sur la terre comme mon enfant.

CHATTERTON.

Mon Dieu! mon ami, mon père, que voulez-vous dire?... serait-ce donc...? Levez-vous !... vous me faites honte... Serait-ce...?

LE QUAKER.

Grâce! car, si tu meurs, elle mourra...

CHATTERTON.

Mais qui donc?

LE QUAKER.

Parce qu'elle est faible de corps et d'âme, forte de cœur seulement.

CHATTERTON.

Nommez-la! aurais-je osé croire!...

LE QUAKER.

Il se relève.

Si jamais tu lui dis ce secret, malheureux! tu es un traître, et tu n'auras pas besoin de suicide ; ce sera moi qui te tuerai.

CHATTERTON.

Est-ce donc...?

LE QUAKER.

Oui, la femme de mon vieil ami, de ton hôte... la mère des beaux enfants.

CHATTERTON.

Kitty Bell!

LE QUAKER.

Elle t'aime, jeune homme. Veux-tu te tuer encore?

CHATTERTON, *tombant dans les bras du quaker.*

Hélas! je ne puis donc plus vivre ni mourir?

LE QUAKER, *fortement.*

Il faut vivre, te taire et prier Dieu!

SCÈNE III

L'arrière-boutique.

KITTY BELL, LE QUAKER

KITTY sort seule de sa chambre et regarde dans la salle.

Personne ! — Venez, mes enfants !
Il ne faut jamais se cacher, si ce n'est pour faire le bien.
Allez vite chez lui ! portez-lui... Je (Au quaker.) reviens, mon ami, je reviens vous écouter. (A ses enfants.) Portez-lui tous vos fruits. — Ne dites pas que je vous envoie, et montez sans faire de bruit. — Bien ! Bien !

Les deux enfants, portant un panier, montent doucement l'escalier et entrent dans la chambre de Chatterton.

Quand ils sont en haut.

Eh bien, mon ami, vous croyez donc que le bon lord maire, lui fera du bien ? Oh ! mon ami, je consentirai à tout ce que vous voudrez me conseiller !

LE QUAKER.

Oui, il sera nécessaire que, dans peu de temps, il aille habiter une autre maison, peut-être même hors de Londres.

KITTY BELL.

Soit à jamais bénie la maison où il sera heureux, puisqu'il ne peut l'être dans la mienne ! mais qu'il vive, ce sera assez pour moi.

LE QUAKER.

Je ne lui parlerai pas à présent de cette résolution ; je l'y préparerai par degrés.

KITTY BELL, *ayant pour que le quaker n'y consente.*

Si vous voulez, je lui en parlerai, moi.

LE QUAKER.

Pas encore : ce serait trop tôt.

KITTY BELL.

Mais si, comme vous le dites, ce n'est pour lui qu'une habitude à rompre ?

LE QUAKER.

Sans doute... il est fort sauvage. — Les auteurs n'aiment que

leurs manuscrits... Il ne tient à personne, il n'aime personne...
Cependant ce serait trop tôt.

KITTY BELL.

Pourquoi donc trop tôt, si vous pensez que sa présence soit si fatale?

LE QUAKER.

Oui, je le pense, je ne me rétracte pas.

KITTY BELL.

Cependant, si cela est nécessaire, je suis prête à le lui dire à présent ici.

LE QUAKER.

Non, non, ce serait tout perdre.

KITTY BELL, satisfaite.

Alors, mon ami, convenez-en, s'il reste ici, je ne puis pas le maltraiter ; il faut bien que l'on tâche de le rendre moins malheureux. J'ai envoyé mes enfants pour le distraire ; et ils ont voulu absolument lui porter leur goûter, leurs fruits, que sais-je? Est-ce un grand crime à moi, mon ami ? en est-ce un à mes enfants?

Le quaker, s'asseyant, se détourne pour essuyer une larme.

KITTY BELL.

On dit donc qu'il a fait de bien beaux livres? Les avez-vous lus, ses livres?

LE QUAKER, avec une insouciance affectée.

Oui, c'est un beau génie.

KITTY BELL.

Et si jeune ! est-ce possible? — Ah ! vous ne voulez pas me répondre, et vous avez tort, car jamais je n'oublie un mot de vous. Ce matin, par exemple, ici même, ne m'avez-vous pas dit que *rendre à un malheureux un cadeau qu'il a fait, c'est l'humilier et lui faire mesurer toute sa misère?* — Aussi, je suis bien sûre que vous ne lui avez pas rendu sa Bible? — N'est-il pas vrai? avouez-le.

LE QUAKER, lui donnant sa Bible, en la lui faisant attendre.

Tiens, mon enfant, comme c'est moi qui te la donne, tu peux la garder.

KITTY BELL.

Elle s'assied à ses pieds à la manière des enfants qui demandent une grâce.

Oh! mon ami, mon père, votre bonté a quelquefois un air méchant, mais c'est toujours la bonté la meilleure. Vous êtes au-dessus de nous par votre prudence ; vous pourriez voir à vos pieds tous nos petits orages que vous méprisez, et cependant, sans être atteint, vous y prenez part ; vous en souffrez par indulgence, et puis vous laissez tomber quelques mots, et les nuages se dissipent, et nous vous rendons grâces, et les larmes s'effacent, et nous sourions, parce que vous l'avez permis.

LE QUAKER l'embrasse sur le front.

Mon enfant! ma chère enfant! avec toi, du moins, je suis sûr de n'en avoir pas de regret. (On parle.) — On vient !... Pourvu que ce ne soit pas un de ses amis. — Ah! c'est ce Talbot, j'en étais sûr.

On entend le cor de chasse.

SCÈNE IV

Les Mêmes, LORD TALBOT, JOHN BELL.

LORD TALBOT.

Oui, oui, je vais les aller joindre tous, qu'ils se réjouissent! moi, je n'ai plus le cœur à leur joie. J'ai assez d'eux, laissez-les souper sans moi. Je me suis assez amusé à les voir se ruiner pour essayer de me suivre ; à présent, ce jeu-là m'ennuie. Monsieur Bell, j'ai à vous parler. — Vous ne m'aviez pas dit les chagrins et la pauvreté de mon ami, de Chatterton.

JOHN BELL, à Kitty Bell.

Mistress Bell, votre absence est nécessaire... pour un instant.

Kitty Bell se retire lentement dans sa chambre.

Mais, milord, ses chagrins, je ne les vois pas ; et, quant à sa pauvreté, je sais qu'il ne doit rien ici.

LORD TALBOT.

O Ciel! comment fait-il? Oh! si vous saviez et vous aussi, bon quaker, si vous saviez ce que l'on vient de m'apprendre! D'abord ses beaux poëmes ne lui ont pas donné un morceau de pain. — Ceci est tout simple ; ce sont des poëmes, et ils sont beaux : c'est le cours naturel des choses. Ensuite, une espèce d'érudit, un misérable inconnu et méchant, vient de publier (Dieu fasse qu'il l'ignore !) une atroce calomnie. Il a prétendu prouver qu'*Harold* et tous ses poëmes n'étaient pas de lui. Mais, moi, j'attesterai le contraire, moi qui l'ai vu les inventer à mes côtés, là, encore enfant ; je l'attesterai, je l'imprimerai, et je signerai Talbot.

LE QUAKER.

C'est bien, jeune homme.

LORD TALBOT.

Mais ce n'est pas tout. N'avez-vous pas vu rôder chez vous un nommé Skirner ?

JOHN BELL.

Oui, oui, je sais ; un riche propriétaire de plusieurs maisons dans la Cité.

LORD TALBOT.

C'est cela.

JOHN BELL.

Il est venu hier.

LORD TALBOT.

Eh bien, il le cherche pour le faire arrêter, lui, trois fois millionnaire, pour quelque pauvre loyer qu'il lui doit. Et Chatterton... — Oh ! voilà qui est horrible à penser. — Je voudrais, tant cela fait honte au pays, je voudrais pouvoir le dire si bas que l'air ne pût l'entendre. — Approchez tous deux. — Chatterton, pour sortir de chez lui, a promis par écrit et signé... — oh ! je l'ai lu... — il a signé que, tel jour (et ce jour approche), il payerait sa dette, et que, s'il mourait dans l'intervalle, il vendait à l'École de chirurgie... on n'ose pas dire cela... son corps pour la payer ; et le millionnaire a reçu l'écrit !

LE QUAKER.

O misère ! misère sublime !

LORD TALBOT.

Il n'y faut pas songer ; je donnerai tout à son insu ; mais sa tranquillité, la comprenez-vous ?

LE QUAKER.

Et sa fierté, ne la comprends-tu pas, toi, ami ?

LORD TALBOT.

Eh ! monsieur, je le connaissais avant vous, je le veux voir.

4.

— Je sais comment il faut lui parler. Il faut le forcer de s'occuper de son avenir... et, d'ailleurs, j'ai quelque chose à réparer.

JOHN BELL.

Diable! diable! voilà une méchante affaire; à le voir si bien avec vous, milord, j'ai cru que c'était un vrai gentleman, moi; mais tout cela pourra faire chez moi un esclandre. Tenez, franchement, je désire que ce jeune homme soit averti par vous qu'il ne peut demeurer plus d'un mois ici, milord.

LORD TALBOT, avec un rire amer.

N'en parlons plus, monsieur; j'espère, s'il a la bonté d'y venir, que ma maison le dédommagera de la vôtre.

KITTY BELL revient timidement.

Avant que Sa Seigneurie se retire, j'aurais voulu lui demander quelque chose, avec la permission de M. Bell.

JOHN BELL, se promenant brusquement au fond de la chambre.

Vous n'avez pas besoin de ma permission. Dites ce qu'il vous plaira.

KITTY BELL.

Milord connaît-il M. Beckford, le lord maire de Londres?

LORD TALBOT.

Parbleu! madame, je crois même que nous sommes un peu parents; je le vois toutes les fois que je crois qu'il ne m'ennuiera pas, c'est-à-dire une fois par an. — Il me dit toujours que j'ai des dettes, et pour mon usage je le trouve sot; mais en général on l'estime.

KITTY BELL.

M. le docteur m'a dit qu'il était plein de sagesse et de bienfaisance.

LORD TALBOT.

A vrai dire, et à parler sérieusement, c'est le plus honnête homme des trois royaumes. Si vous désirez de lui quelque chose... j'irai le voir ce soir même.

KITTY BELL.

Il y a, je crois, ici quelqu'un qui aura affaire à lui, et...

Ici Chatterton descend de sa chambre avec les deux enfants.

JOHN BELL.

Que voulez-vous dire? Êtes-vous folle?

KITTY BELL, *saluant.*

Rien que ce qu'il vous plaira.

LORD TALBOT.

Mais laissez-la parler, au moins.

LE QUAKER.

La seule ressource qui reste à Chatterton, c'est cette protection.

LORD TALBOT.

Est-ce pour lui ? J'y cours.

JOHN BELL, *à sa femme.*

Comment donc savez-vous si bien ses affaires ?

LE QUAKER.

Je les lui ai apprises, moi.

JOHN BELL, *à Kitty.*

Si jamais !...

KITTY BELL.

Oh ! ne vous emportez pas, monsieur ! nous ne sommes pas seuls.

JOHN BELL.

Ne parlez plus de ce jeune homme.

Ici, Chatterton, qui a remis les deux enfants entre les mains de leur mère, revient vers la cheminée.

KITTY BELL.

Comme vous l'ordonnerez.

JOHN BELL.

Milord, voici votre ami, vous saurez de lui-même ses sentiments.

SCÈNE V

CHATTERTON, LORD TALBOT, LE QUAKER, JOHN BELL, KITTY BELL.

Chatterton a l'air calme et presque heureux. Il jette sur un fauteuil quelques manuscrits.

LORD TALBOT.

Tom, je reviens pour vous rendre un service ; me le permettez-vous ?

CHATTERTON, avec la douceur d'un enfant dans la voix et ne cessant de regarder Kitty Bell pendant toute la scène.

Je suis résigné, George, à tout ce que l'on voudra, à presque tout.

LORD TALBOT.

Vous avez donc une mauvaise affaire avec ce fripon de Skirner? Il veut vous faire arrêter demain.

CHATTERTON.

Je ne le savais pas, mais il a raison.

JOHN BELL, au quaker.

Milord est trop bon pour lui ; voyez son air de hauteur...

LORD TALBOT.

A-t-il raison?

CHATTERTON.

Il a raison selon la loi. C'était hier que je devais le payer, ce devait être avec le prix d'un manuscrit inachevé, j'avais signé cette promesse; si j'ai eu du chagrin, si l'inspiration ne s'est pas présentée à l'heure dite, cela ne le regarde pas.

Oui, je ne devais pas compter à ce point sur mes forces et dater l'arrivée d'une muse et son départ comme on calcule la course d'un cheval. — J'ai manqué de respect à mon âme immortelle, je l'ai louée à l'heure et vendue. — C'est moi qui ai tort, je mérite ce qu'il en arrivera.

LE QUAKER, à Kitty.

Je gagerais qu'il leur semble fou ! c'est trop beau pour eux.

LORD TALBOT, en riant, mais un peu piqué.

Ah çà! c'est de peur d'être de mon avis que vous le défendez.

JOHN BELL.

C'est bien vrai, c'est pour contredire

CHATTERTON.

Non... Je pense à présent que tout le monde a raison, excepté les Poëtes. La Poésie est une maladie du cerveau. Je ne parle plus de moi, je suis guéri.

LE QUAKER, à Kitty.

Je n'aime pas qu'il dise cela.

CHATTERTON

Je n'écrirai plus un vers de ma vie, je vous le jure; quelque chose qui arrive, je n'en écrirai plus un seul.

LE QUAKER, ne le quittant pas des yeux.

Hum! il retombe.

LORD TALBOT.

Est-il vrai que vous comptiez sur M. Beckford, sur mon vieux cousin? Je suis surpris que vous n'ayez pas compté sur moi plutôt.

CHATTERTON.

Le lord maire est à mes yeux le gouvernement, et le gouvernement est l'Angleterre, milord : c'est sur l'Angleterre que je compte.

LORD TALBOT.

Malgré cela, je lui dirai ce que vous voudrez.

JOHN BELL.

Il ne le mérite guère.

LE QUAKER.

Bien! voilà une rivalité de protections. Le vieux lord voudra mieux protéger que le jeune. Nous y gagnerons peut-être.

On entend un roulement sur le pavé.

KITTY BELL.

Il me semble que j'entends une voiture.

SCÈNE VI

Les Mêmes, M. BECKFORD.

Les jeunes lords descendent avec leurs serviettes à la main et en habit de chasse pour voir le lord maire. Six domestiques portant des torches entrent et se rangent en haie. On annonce le lord maire.

KITTY BELL.

Il vient lui-même, le lord maire, pour M. Chatterton! Rachel! mes enfants! quel bonheur! embrassez-moi.

Elle court à eux et les baise avec transport.

JOHN BELL.

Les femmes ont des accès de folie inexplicables!

LE QUAKER, à part.

La mère donne à ses enfants un baiser d'amante sans le savoir.

M. BECKFORD, parlant haut et s'établissant pesamment et pompeusement dans un grand fauteuil.

Ah! ah! voici, je crois, tous ceux que je cherchais réunis. — Ah! John Bell, mon féal ami, il fait bon vivre chez vous, ce me semble! car j'y vois de joyeuses figures qui aiment le bruit et le désordre plus que de raison. — Mais c'est de leur âge.

JOHN BELL.

Milord, Votre Seigneurie est trop bonne de me faire l'honneur de venir dans ma maison une seconde fois.

M. BECKFORD.

Oui, pardieu! Bell, mon ami; c'est la seconde fois que j'y viens... Ah! les jolis enfants que voilà! Oui, c'est la seconde fois, car la première ce fut pour vous complimenter sur le bel établissement de vos manufactures; et aujourd'hui je trouve cette maison nouvelle plus belle que jamais: c'est votre petite femme qui l'administre, c'est très-bien. — Mon cousin, Talbot, vous ne dites rien! Je vous ai dérangé, George; vous étiez en fête avec vos amis, n'est-ce pas? Talbot, mon cousin, vous ne serez jamais qu'un libertin; mais c'est de votre âge.

LORD TALBOT.

Ne vous occupez pas de moi, mon cher lord.

LORD LAUDERDALE.

C'est ce que nous lui disons tous les jours, milord.

M. BECKFORD.

Et vous aussi, Lauderdale, et vous, Kingston? toujours avec lui? toujours des nuits passées à chanter, à jouer et à boire? Vous ferez tous une mauvaise fin; mais je ne vous en veux pas, chacun a le droit de dépenser sa fortune comme il l'entend. — John Bell, n'avez-vous pas chez vous un jeune homme nommé Chatterton, pour qui j'ai voulu venir moi-même?

CHATTERTON.

C'est moi, milord, qui vous ai écrit.

M. BECKFORD.

Ah! c'est vous, mon cher! Venez donc ici un peu, que je

vous voie en face. J'ai connu votre père, un digne homme s'il en fut; un pauvre soldat, mais qui avait bravement fait son chemin. Ah! c'est vous qui êtes Thomas Chatterton? Vous vous amusez à faire des vers, mon petit ami; c'est bon pour une fois, mais il ne faut pas continuer. Il n'y a personne qui n'ait eu cette fantaisie. Hé! hé! j'ai fait comme vous dans mon printemps, et jamais Littleton, Swift et Wilkes n'ont écrit pour les belles dames des vers plus galants et plus badins que les miens.

CHATTERTON.

Je n'en doute pas, milord.

M. BECKFORD.

Mais je ne donnais aux Muses que le temps perdu. Je savais bien ce qu'en dit Ben Johnson: que la plus belle muse du monde ne peut suffire à nourrir son homme, et qu'il faut avoir ces demoiselles-là pour maîtresses, mais jamais pour femmes.

Lauderdale, Kingston et les lords rient.

LAUDERDALE.

Bravo, milord! c'est bien vrai!

LE QUAKER, à part.

Il veut le tuer à petit feu.

CHATTERTON.

Rien de plus vrai, je le vois aujourd'hui, milord.

M. BECKFORD.

Votre histoire est celle de mille jeunes gens; vous n'avez rien pu faire que vos maudits vers, et à quoi sont-ils bons, je vous prie? Je vous parle en père, moi, à quoi sont-ils bons? — Un bon Anglais doit être utile au pays. — Voyons un peu, quelle idée vous faites-vous de nos devoirs à tous, tant que nous sommes?

CHATTERTON, à part

Pour elle! pour elle! je boirai le calice jusqu'à la lie. (*Haut.*) Je crois les comprendre, milord. — L'Angleterre est un vaisseau. Notre île en a la forme: la proue tournée au nord, elle est comme à l'ancre, au milieu des mers, surveillant le continent. Sans cesse elle tire de ses flancs d'autres vaisseaux faits à son image, et qui vont la représenter sur toutes les côtes du monde. Mais c'est à bord du grand navire qu'est notre ouvrage à tous.

Le roi, les lords, les communes sont au pavillon, au gouvernail et à la boussole ; nous autres, nous devons tous avoir les mains aux cordages, monter aux mâts, tendre les voiles et charger les canons : nous sommes tous de l'équipage, et nul n'est inutile dans la manœuvre de notre glorieux navire.

M. BECKFORD.

Pas mal ! pas mal ! quoi qu'il fasse encore de la Poésie; mais en admettant votre idée, vous voyez que j'ai encore raison. Que diable peut faire le Poëte dans la manœuvre ?

Un moment d'attente.

CHATTERTON.

Il lit dans les astres la route que nous montre le doigt du Seigneur.

LORD TALBOT.

Qu'en dites-vous, milord ? lui donnez-vous tort ? Le pilote n'est pas inutile.

M. BECKFORD.

Imagination, mon cher ! ou folie, c'est la même chose ; vous n'êtes bon à rien, et vous vous êtes rendu tel par ces billevesées. — J'ai des renseignements sur vous... à vous parler franchement... et...

LORD TALBOT.

Milord, c'est un de mes amis, et vous m'obligerez en le traitant bien...

M. BECKFORD.

Oh ! vous vous y intéressez, George ? Eh bien, vous serez content ; j'ai fait quelque chose pour votre protégé, malgré les recherches de Bale... Chatterton ne sait pas qu'on a découvert ses petites ruses de manuscrit ; mais elles sont bien innocentes, et je les lui pardonne de bon cœur. Le *Magisterial* est un bien bon écrit ; je vous l'apporte pour vous convertir, avec une lettre où vous trouverez mes propositions : il s'agit de cent livres sterling par an. Ne faites pas le dédaigneux, mon enfant ; que diable ! votre père n'était pas sorti de la côte d'Adam, il n'était pas frère du roi, votre père ; et vous n'êtes bon à rien qu'à ce qu'on vous propose, en vérité. C'est un commencement ; vous ne me quitterez pas, et je vous surveillerai de près.

Kitty Bell supplie Chatterton, par un regard, de ne pas refuser.
Elle a deviné son hésitation.

CHATTERTON, il hésite un moment; puis, après avoir regardé Kitty.

Je consens à tout, milord.

LORD LAUDERDALE.

Que milord est bon!

JOHN BELL.

Voulez-vous accepter le premier toast, milord?

KITTY BELL, à sa fille.

Allez lui baiser la main.

LE QUAKER, serrant la main à Chatterton.

Bien, mon ami, tu as été courageux.

LORD TALBOT.

J'étais sûr de mon gros cousin Tom. — Allons, j'ai fait tant, qu'il est à bon port.

M. BECKFORD.

John Bell, mon honorable Bell, conduisez-moi au souper de ces jeunes fous, que je les voie se mettre à table. — Cela me rajeunira.

LORD TALBOT.

Parbleu! tout ira, jusqu'au quaker. — Ma foi, milord, que ce soit par vous ou par moi, voilà Chatterton tranquille; allons, — n'y pensons plus.

JOHN BELL.

Nous allons tous conduire milord.

A Kitty Bell.

Vous allez revenir faire les honneurs, je le veux.

Elle va vers sa chambre.

CHATTERTON, au quaker.

N'ai-je pas fait tout ce que vous vouliez?

Tout haut, à M. Beckford.

Milord, je suis à vous tout à l'heure, j'ai quelques papiers à brûler.

M. BECKFORD.

Bien, bien!... Il se corrige de la poésie, c'est bien.

Ils sortent.

JOHN BELL, revient à sa femme brusquement.

Mais rentrez donc chez vous, et souvenez-vous que je vous attends.

Kitty Bell s'arrête sur la porte un moment et regarde Chatterton avec inquiétude.

KITTY BELL, à part.

Pourquoi veut-il rester seul, mon Dieu?

<small>Elle sort avec ses enfants et porte le plus jeune dans ses bras.</small>

SCÈNE VII

CHATTERTON, seul, se promenant.

Allez, mes bons amis. — Il est bien étonnant que ma destinée change ainsi tout à coup. J'ai peine à m'y fier; pourtant les apparences y sont. — Je tiens là ma fortune. — Qu'a voulu dire cet homme en parlant de mes ruses? Ah! toujours ce qu'ils disent tous. Ils ont deviné ce que je leur avouais moi-même, que je suis l'auteur de mon livre. Finesse grossière! je le reconnais là! Que sera cette place? quelque emploi de commis? Tant mieux, cela est honorable! Je pourrai vivre sans écrire les choses communes qui font vivre. — Le quaker rentrera dans la paix de son âme que j'ai troublée, et elle! Kitty Bell, je ne la tuerai pas, s'il est vrai que je l'eusse tuée. — Dois-je le croire? J'en doute : ce que l'on renferme toujours ainsi est peu violent; et, pour être si aimante, son âme est bien maternelle. N'importe, cela vaut mieux, et je ne la verrai plus. C'est convenu... autant eût valu me tuer. Un corps est aisé à cacher. — On ne le lui eût pas dit. Le quaker y eût veillé, il pense à tout. Et à présent, pourquoi vivre? pour qui?... — Pour qu'elle vive, c'est assez... Allons... arrêtez-vous, idées noires, ne revenez pas... Lisons ceci...

<small>Il lit le journal.</small>

« Chatterton n'est pas l'auteur de ses œuvres... Voilà qui est bien prouvé. — Ces poëmes admirables sont réellement d'un moine nommé Rowley, qui les avait traduits d'un autre moine du dixième siècle, nommé Turgo... Cette imposture, pardonnable à un écolier, serait criminelle plus tard... Signé... *Bale...* » Bale? Qu'est-ce que cela? que lui ai-je fait? — De quel égout sort ce serpent?

Quoi! mon nom est étouffé! ma gloire éteinte! mon honneur

perdu ! —Voilà le juge !... le bienfaiteur ! voyons, qu'offre-t-il ?
Il décachète la lettre, lit... et s'écrie avec indignation.

Une place de premier valet de chambre dans sa maison !...
Ah ! pays damné ! terre du dédain : sois maudite à jamais !
Prenant la fiole d'opium.

O mon âme, je t'avais vendue ! je te rachète avec ceci.
Il boit l'opium.

Skirner sera payé ! —Libre de tous ! égal à tous, à présent !
— Salut, première heure de repos que j'aie goûtée ! — Dernière heure de ma vie, aurore du jour éternel, salut ! — Adieu, humiliation, haines, sarcasmes, travaux dégradants, incertitudes, angoisses, misères, tortures du cœur, adieu ! Oh ! quel bonheur, je vous dis adieu ! — Si l'on savait ! si l'on savait ce bonheur que j'ai... on n'hésiterait pas si longtemps !
Ici, après un instant de recueillement durant lequel son visage prend une expression de béatitude, il joint les mains et poursuit :

O Mort, ange de délivrance, que ta paix est douce ! j'avais bien raison de t'adorer, mais je n'avais pas la force de te conquérir. —Je sais que tes pas seront lents et sûrs. Regarde-moi, ange sévère, leur ôter à tous la trace de mes pas sur la terre.
Il jette au feu tous ses papiers.

Allez, nobles pensées écrites pour tous ces ingrats dédaigneux, purifiez-vous dans la flamme et remontez au ciel avec moi.
Il lève les yeux au ciel et déchire lentement ses poëmes, dans l'attitude grave et exaltée d'un homme qui fait un sacrifice solennel.

SCÈNE VIII

CHATTERTON, KITTY BELL.

Kitty Bell sort lentement de sa chambre, s'arrête, observe Chatterton, et va se placer entre la cheminée et lui.—Il cesse tout à coup de déchirer ses papiers.

KITTY BELL, à part.

Que fait-il donc ? Je n'oserai jamais lui parler ! Que brûle-t-il ? Cette flamme me fait peur, et son visage éclairé par elle est lugubre.
A Chatterton.

N'allez-vous pas rejoindre milord?

CHATTERTON laisse tomber ses papiers; tout son corps frémit.

Déjà! — Ah! c'est vous! — Ah! madame! à genoux! par pitié! oubliez-moi.

KITTY BELL.

Eh! mon Dieu! pourquoi cela? qu'avez-vous fait?

CHATTERTON.

Je vais partir. — Adieu! — Tenez, madame, il ne faut pas que les femmes soient dupes de nous plus longtemps. Les passions des poëtes n'existent qu'à peine. On ne doit pas aimer ces gens-là; franchement, ils n'aiment rien; ce sont tous des égoïstes. Le cerveau se nourrit aux dépens du cœur. Ne les lisez jamais et ne les voyez pas; moi, j'ai été plus mauvais qu'eux tous.

KITTY BELL.

Mon Dieu! pourquoi dites-vous : « J'ai été? »

CHATTERTON.

Parce que je ne veux plus être poëte; vous le voyez, j'ai déchiré tout. — Ce que je serai ne vaudra guère mieux, mais nous verrons. Adieu! — Écoutez-moi! Vous avez une famille charmante; aimez-vous vos enfants?

KITTY BELL.

Plus que ma vie, assurément.

CHATTERTON.

Aimez donc votre vie pour ceux à qui vous l'avez donnée.

KITTY BELL.

Hélas! ce n'est que pour eux que je l'aime.

CHATTERTON.

Eh! quoi de plus beau dans le monde, ô Kitty Bell! Avec ces anges sur vos genoux, vous ressemblez à la divine Charité.

KITTY BELL.

Ils me quitteront un jour.

CHATTERTON

Rien ne vaut cela pour vous! — C'est là le vrai dans la vie! Voilà un amour sans trouble et sans peur. En eux est le sang de votre sang, l'âme de votre âme : aimez-les, madame, uniquement et par-dessus tout. Promettez-le-moi!

KITTY BELL.

Mon Dieu! vos yeux sont pleins de larmes, et vous souriez.

CHATTERTON.

Puissent vos beaux yeux ne jamais pleurer et vos lèvres sourire sans cesse! O Kitty! ne laissez entrer en vous aucun chagrin étranger à votre paisible famille.

KITTY BELL.

Hélas! cela dépend-il de nous?

CHATTERTON.

Oui! oui!... Il y a des idées avec lesquelles on peut fermer son cœur. — Demandez au quaker, il vous en donnera. — Je n'ai pas le temps, moi; laissez-moi sortir.

Il marche vers sa chambre.

KITTY BELL.

Mon Dieu! comme vous souffrez!

CHATTERTON.

Au contraire. — Je suis guéri. — Seulement, j'ai la tête brûlante. Ah! bonté! bonté! tu me fais plus de mal que leurs noirceurs.

KITTY BELL.

De quelle bonté parlez-vous? Est-ce de la vôtre?

CHATTERTON.

Les femmes sont dupes de leur bonté. C'est par bonté que vous êtes venue. On vous attend là-haut! J'en suis certain. Que faites-vous ici?

KITTY BELL, *émue profondément et l'œil hagard.*

A présent, quand toute la terre m'attendrait, j'y resterais.

CHATTERTON.

Tout à l'heure je vous suivrai. — Adieu! adieu!

KITTY BELL, *l'arrêtant.*

Vous ne viendrez pas?

CHATTERTON.

J'irai. — J'irai.

KITTY BELL.

Oh! vous ne voulez pas venir.

CHATTERTON.

Madame, cette maison est à vous, mais cette heure m'appartient.

KITTY BELL.

Qu'en voulez-vous faire?

CHATTERTON.

Laissez-moi, Kitty. Les hommes ont des moments où ils ne peuvent plus se courber à votre taille et s'adoucir la voix pour vous... Kitty Bell, laissez-moi.

KITTY BELL.

Jamais je ne serai heureuse si je vous laisse ainsi, monsieur.

CHATTERTON.

Venez-vous pour ma punition? Quel mauvais génie vous envoie?

KITTY BELL.

Une épouvante inexplicable.

CHATTERTON.

Vous serez épouvantée si vous restez.

KITTY BELL.

Avez-vous de mauvais desseins, grand Dieu?

CHATTERTON.

Ne vous en ai-je pas dit assez? Comment êtes-vous là?

KITTY BELL.

Eh! comment n'y serais-je plus?

CHATTERTON.

Parce que je vous aime, Kitty.

KITTY BELL.

Ah! monsieur, si vous me le dites, c'est que vous voulez mourir.

CHATTERTON.

J'en ai le droit, de mourir. —Je le jure devant vous, et je le soutiendrai devant Dieu!

KITTY BELL.

Et moi, je vous jure que c'est un crime; ne le commettez pas.

CHATTERTON.

Il le faut, Kitty, je suis condamné.

KITTY BELL.

Attendez seulement un jour pour penser à votre âme.

CHATTERTON.

Il n'y a rien que je n'aie pensé, Kitty.

KITTY BELL.

Une heure seulement pour prier.

CHATTERTON.

Je ne peux plus prier.

KITTY BELL.

Et moi! je vous prie pour moi-même. Cela me tuera.

CHATTERTON.

Je vous ai avertie! il n'est plus temps.

KITTY BELL.

Et si je vous aime, moi!

CHATTERTON.

Je l'ai vu, et c'est pour cela que j'ai bien fait de mourir; c'est pour cela que Dieu peut me pardonner.

KITTY BELL.

Qu'avez-vous donc fait?

CHATTERTON.

Il n'est plus temps, Kitty; c'est un mort qui vous parle.

KITTY BELL, à genoux, les mains au ciel.

Puissances du ciel! grâce pour lui.

CHATTERTON.

Allez-vous-en... Adieu!

KITTY BELL, tombant.

Je ne le puis plus...

CHATTERTON.

Eh bien donc! prie pour moi sur la terre et dans le ciel.

Il la baise au front et remonte l'escalier en chancelant; il ouvre sa porte et tombe dans sa chambre.

KITTY BELL.

Ah! — Grand Dieu!

Elle trouve la fiole.

Qu'est-ce que cela? — Mon Dieu! pardonnez-lui.

SCÈNE IX

KITTY BELL, LE QUAKER.

LE QUAKER, *accourant.*

Vous êtes perdue... Que faites-vous ici ?

KITTY BELL, *renversée sur les marches de l'escalier.*

Montez vite ! montez, monsieur, il va mourir ; sauvez-le... s'il est temps.

Tandis que le quaker s'achemine vers l'escalier, Kitty Bell cherche à voir, à travers les portes vitrées, s'il n'y a personne qui puisse donner du secours ; puis, ne voyant rien, elle suit le quaker avec terreur, en écoutant le bruit de la chambre de Chatterton.

LE QUAKER, *en montant à grands pas, à Kitty Bell.*

Reste, reste, mon enfant, ne me suis pas.

Il entre chez Chatterton et s'enferme avec lui. On devine des soupirs de Chatterton et des paroles d'encouragement du quaker. Kitty Bell monte, à demi évanouie, en s'accrochant à la rampe de chaque marche : elle fait effort pour tirer à elle la porte, qui résiste et s'ouvre enfin. On voit Chatterton mourant et tombé sur le bras du quaker. Elle crie, glisse à demi morte sur la rampe de l'escalier et tombe sur la dernière marche.

On entend John Bell appeler de la salle voisine.

JOHN BELL.

Mistress Bell !

Kitty se lève tout à coup comme par ressort

JOHN BELL, *une seconde fois.*

Mistress Bell !

Elle se met en marche et vient s'asseoir, lisant sa Bible et balbutiant tout bas des paroles qu'on n'entend pas. Ses enfants accourent et s'attachent à sa robe.

LE QUAKER, *du haut de l'escalier.*

L'a-t-elle vu mourir ? l'a-t-elle vu ?

Il va près d'elle.

Ma fille ! ma fille !

JOHN BELL, *entrant violemment et montant deux marches de l'escalier.*

Que fait-elle ici ? Où est ce jeune homme ? Ma volonté est qu'on l'emmène !

LE QUAKER.

Dites qu'on l'emporte, il est mort.

JOHN BELL.

Mort?

LE QUAKER.

Oui, mort à dix-huit ans! Vous l'avez tous si bien reçu, étonnez-vous qu'il soit parti!

JOHN BELL.

Mais...

LE QUAKER.

Arrêtez, monsieur, c'est assez d'effroi pour une femme.

Il regarde Kitty et la voit mourante.

Monsieur, emmenez ses enfants! Vite, qu'ils ne la voient pas.

Il arrache les enfants des pieds de Kitty, les passe à John Bell, et prend leur mère dans ses bras. John Bell les prend à part et reste stupéfait. Kitty Bell meurt dans les bras du quaker.

JOHN BELL, avec épouvante,

Eh bien! eh bien! Kitty! Kitty! qu'avez-vous?

Il s'arrête en voyant le quaker s'agenouiller.

LE QUAKER, à genoux.

Oh! dans ton sein! dans ton sein, Seigneur, reçois ces deux martyrs!

Le quaker reste à genoux, les yeux tournés vers le ciel, jusqu'à ce que le rideau soit baissé.

SUR

LES REPRÉSENTATIONS

DU

DRAME

JOUÉ LE 12 FÉVRIER 1835 A LA COMÉDIE-FRANÇAISE.

Ce n'est pas à moi qu'il appartient de parler du succès de ce drame ; il a été au delà des espérances les plus exagérées de ceux qui voulaient bien le souhaiter. Malgré la conscience qu'on ne peut s'empêcher d'avoir de ce qu'il y a de passager dans l'éclat du théâtre, il y a aussi quelque chose de grand, de grave et presque religieux dans cette alliance contractée avec l'assemblée dont on est entendu, et c'est une solennelle récompense des fatigues de l'esprit. — Aussi serait-il injuste de ne pas nommer les interprètes à qui l'on a confié ses idées dans un livre qui sera plus durable que les représentations du drame qu'il renferme. Pour moi, j'ai toujours pensé que l'on ne saurait rendre trop hautement justice aux acteurs, eux dont l'art difficile s'unit à celui du poëte dramatique, et complète son œuvre. — Ils parlent, ils combattent pour lui, et offrent leur poitrine aux coups qu'il va recevoir, peut-être ; ils vont à la conquête de la gloire solide qu'il conserve, et n'ont pour eux que celle d'un moment. Séparés du monde qui leur est bien sévère, leurs travaux sont perpétuels, et leur triomphe va peu au delà de leur existence. Comment ne pas constater le souvenir des effort qu'ils font tous, et ne pas écrire ce que signerait chacun de ces spectateurs qui les applaudissent avec ivresse?

Jamais aucune pièce de théâtre ne fut mieux jouée, je crois, que ne l'a été celle-ci, et le mérite en est grand; car, derrière le drame écrit, il y a comme un second drame que l'écriture n'atteint pas, et que n'expriment pas les paroles. Ce drame repose dans le mystérieux amour de Chatterton et de Kitty Bell; cet amour qui se devine toujours et ne se dit jamais; cet amour de deux êtres si purs, qu'ils n'oseront jamais se parler, ni rester seuls qu'au moment de la mort; amour qui n'a pour expression que de timides regards, pour message qu'une Bible, pour messagers que deux enfants, pour caresses que la trace des lèvres et des larmes que ces fronts innocents portent de la jeune mère au poëte; amour que le quaker repousse toujours d'une main tremblante et gronde d'une voix attendrie. Ces rigueurs paternelles, ces tendresses voilées, ont été exprimées et nuancées avec une perfection rare et un goût exquis. Assez d'autres se chargeront de juger et de critiquer les acteurs; moi, je me plais à dire ce qu'ils avaient à vaincre, et en quoi ils ont réussi.

L'onction et la sérénité d'une vie sainte et courageuse, la douce gravité du quaker, la profondeur de sa prudence, la chaleur passionnée de ses sympathies et de ses prières, tout ce qu'il y a de sacré et de puissant dans son intervention paternelle, a été parfaitement exprimé par le talent savant et expérimenté de M. Joanny. Ses cheveux blancs, son aspect vénérable et bon, ajoutaient à son habileté consommée la naïveté d'une réalisation complète.

Un homme très-jeune encore, M. Geffroy, a accepté et hardiment abordé les difficultés sans nombre d'un rôle qui, à lui seul, est la pièce entière. Il a dignement porté ce fardeau, regardé comme pesant par les plus savants acteurs. Avec une haute intelligence, il a fait comprendre la fierté de Chatterton dans sa lutte perpétuelle, opposée à la candeur juvénile de son caractère; la profondeur de ses douleurs et de ses travaux, en contraste avec la douceur paisible de ses penchants; son accablement, chaque fois que le rocher qu'il roule retombe sur lui pour l'écraser ; sa dernière indignation et sa résolution subite de mourir, et par-dessus tous ces traits, exprimés avec un talent souple, fort et plein d'avenir, l'élévation de sa joie lorsque enfin il a délivré son âme et la sent libre de retourner dans sa véritable patrie.

Entre ces deux personnages s'est montrée, dans toute la pureté idéale de sa forme, Kitty Bell, l'une des rêveries de Stello. On savait quelle tragédienne on allait revoir dans madame Dorval ; mais avait-on prévu cette grâce poétique avec laquelle elle a dessiné la femme nouvelle qu'elle a voulu devenir? Je ne le crois pas. Sans cesse elle fait naître le souvenir des Vierges maternelles de Raphaël et des plus beaux tableaux de la Charité ; — sans efforts elle est posée comme elles ; comme elles aussi, elle porte, elle emmène, elle assied ses enfants, qui ne semblent jamais pouvoir être séparés de leur gracieuse mère ; offrant ainsi aux peintres des groupes dignes de leur étude, et qui ne semblent pas étudiés. Ici sa voix est tendre jusque dans la douleur et le désespoir ; sa parole lente et mélancolique est celle de l'abandon et de la pitié ; ses gestes, ceux de la dévotion bienfaisante ; ses regards ne cessent de demander grâce au ciel pour l'infortune ; ses mains sont toujours prêtes à se croiser pour la prière ; on sent que les élans de son cœur, contenus par le devoir, lui vont être mortels aussitôt que l'amour et la terreur l'auront vaincue. Rien n'est innocent et doux comme ses ruses et ses coquetteries naïves pour obtenir que le quaker lui parle de Chatterton. Elle est bonne et modeste jusqu'à ce qu'elle soit surprenante d'énergie, de tragique grandeur et d'inspirations imprévues, quand l'effroi fait enfin sortir au dehors tout le cœur d'une femme et d'une amante. Elle est poétique dans tous les détails de ce rôle qu'elle caresse avec amour, et dans son ensemble qu'elle paraît avoir composé avec prédilection, montrant enfin sur la scène française le talent le plus accompli dont le théâtre se puisse enorgueillir.

Ainsi ont été présentés les trois grands caractères sur lesquels repose le drame. Trois autres personnages, dont les premiers sont les victimes, ont été rendus avec une rare vérité. John Bell est bien l'égoïste, le calculateur bourru ; bas avec les grands, insolent avec les petits. Le lord maire est bien le protecteur empesé, sot, confiant en lui-même, et ces deux rôles sont largement joués. Lord Talbot, bruyant, insupportable et obligeant sans bonté, a été représenté avec élégance, ainsi que ses amis importuns.

J'avais désiré et j'ai obtenu que cet ensemble offrît l'aspect sévère et simple d'un tableau flamand, et j'ai pu ainsi faire sortir quelques vérités morales du sein d'une famille grave et honnête; agiter une question sociale, et en faire découler les idées de ces lèvres qui doivent les trouver sans effort, les faisant naître du sentiment profond de leur position dans la vie.

Cette porte est ouverte à présent, et le peuple le plus impatient a écouté les plus longs développements philosophiques et lyriques.

Essayons à l'avenir de tirer la scène du dédain où sa futilité l'ensevelirait infailliblement en peu de temps. Les hommes sérieux et les familles honorables qui s'en éloignent pourront revenir à cette tribune et à cette chaire, si l'on y trouve des pensées et des sentiments dignes de graves réflexions.

SUR LES OEUVRES

DE CHATTERTON

Je ne peux me résoudre à quitter une idée sans l'avoir épuisée. J'aurais des remords involontaires d'abandonner ce nom de Chatterton dont je me suis fait une arme, sans dire hautement tout ce qui sert à l'honorer et tout ce qui atteste la puissance de ce jeune et profond esprit.

La Société ne veut jamais avoir tort. Sitôt qu'elle a fait une victime, elle l'accuse et cherche à la déshonorer pour n'avoir plus de remords. Cela est plus facile que de s'amender. Il y a tant de cœurs qui se sentent soulagés en se persuadant qu'un malheureux était un infâme ; cela dit, on pense à autre chose.

Chatterton venait d'expirer depuis peu de jours, lorsque parurent à la fois un poëme burlesque et un pamphlet sur sa mort. — Chose plaisante apparemment, comme chacun sait. — Les bouffons et les diffamateurs sont de tous les temps ; mais d'ordinaire ils ne suivent un homme que jusqu'à son cimetière et ne vont pas plus loin. Chatterton a conservé les siens au delà. On ne sait plus leurs noms, même en Angleterre, il est vrai ; c'est une justice qui se fait partout ; mais leurs libelles se sont conservés, et, quand on a voulu écrire sur Chatterton, on a trop souvent copié le pamphlet au lieu de l'histoire.

Il m'avait semblé qu'on pouvait avoir plus de pitié de la gloire d'un enfant. Après tout, sa vie n'a de criminel que sa mort, crime commis contre lui-même, et je ne vois d'incontestable, d'authentique et de prouvé que le prodige de ses travaux.

Laissons à l'Angleterre le regret de son malheur, et le regret, plus grand peut-être, de la persécution de ses cendres. Ne partageons pas avec elle cette faute dont elle s'est déjà repentie [1] et mesurons le poëte à son œuvre.

A l'école de charité de Bristol, fondée par Edward Colston, écuyer, se trouve un enfant taciturne et insouciant en apparence, qui, un jour, sort de son silence, et lit une satire qu'il vient d'écrire en vers. Ce jour-là, il venait d'avoir onze ans et demi. Cette tendre voix jette son premier cri, et c'est l'indignation qui le lui arrache à la vue d'un prêtre qui a changé de religion pour de l'argent.

Un humble *assistant,* ou sous-maître de l'école, nommé Thomas Philippe, l'écoute et l'encourage. Il part, il est poëte, il écrit. Il fait des élégies, des poëmes, une prophétie lyrique, un poëme héroïque [2] et satirique, un chant dans le goût d'Ossian [3]. A quatorze ans, il a imprimé trois volumes. Il étudie, il examine tout : astronomie, physique, musique, chirurgie, et surtout les antiquités saxonnes [4]. Il s'arrête là et s'y attache.

---

[1] Warton, parlant de Chatterton, l'appelle *prodigy of genius*, et récemment un poëte, un homme de bien, Wordsworth a dit :

> I thought of Chatterton, *the marvellous boy,*
> The sleepless soul that perished in his pride...
> Of him who walked in glory and in joy,
> Following his plough, along the mountain side.
> By our own spirits we are deified :
> We poets in our youth begin in gladness,
> But thereof comes in the end despondency and madness.
>   WORDSWORTH. *Resolution and Independence.*
>   Stanza, 7th.

[2] *The Consuliad.*
[3] *Gorthmund.*
[4] Un de ses compagnons de collége écrit ceci :

In the course of that year, 1764 wherein, I frequently saw and conversed with Chatterton, the excentricity of his mind seems to have been singularly displayed. One

Il invente Rowley ; il se fait une langue du quinzième siècle, et quelle langue ! une langue poétique, forte, pleine, exacte, concise, riche, harmonieuse, colorée, enflammée, nuancée à l'infini ; retentissante comme un clairon, fraîche et énergique comme un hautbois, avec quelque chose de sauvage et d'agreste qui rappelle la montagne et la cornemuse du pâtre saxon. Or, avec cette langue savante, voici ce qu'il a fait en trois ans et demi, car il n'avait pas tout à fait dix-huit ans le jour de sa mort.

La Bataille d'Hastings, poëme épique en deux chants. *Œlla*, tragédie épique. *Goddwyn*, tragédie. *Le Tournoi*, poëme. *La Mort de sire Charles Baudouin*, poëme. *Les Métamorphoses anglaises. La Ballade de Charité.* Trois poëmes intitulés : *Vers à Lydgate*. Trois églogues. *Elinoure et Juga*, poëme. Deux poëmes sur l'église Notre-Dame. L'épitaphe de Robert Canning, et son histoire, c'est-à-dire un ensemble de plus de quatre mille vers. Et ce qu'il a fallu joindre de savoir à l'inspiration, donnera à quiconque l'étudiera sérieusement un étonnement qui tient de l'épouvante. Pic de la Mirandole, ce savant presque fabuleux, fut moins précoce et moins grand. On le sent, Chatterton, s'il ne fût mort de son désespoir, fût mort de ses travaux.

Qu'il me soit permis de donner ici quelques fragments de ses poëmes pour faire mieux apprécier l'immensité de ses recherches savantes et la vigueur précoce de son talent.

Le plus important des poëmes de Chatterton est la *Bataille d'Hastings*. Sa forme est homérique, et l'on trouve même à

day he might be found busily employed in the study of heraldry and English antiquities, both of which are numbered amongst the most favourite of his pursuits; the next discovered him deeply engaged confounded and perplexed amidst the subtelties of metaphysical disquisition, or lost and bewildered in the abstruse labyrinth of mathematical researches ; and these in an instant again neglected and thrown aside to make room for astronomy and music. Even physic, was not without a charm to allure his imagination and he would talk of Galen Hippocrates, and Paracelsus, with all the confidence and familiarity of a modern empiric.

chaque pas des vers grecs traduits en vieux anglais. Rowley est censé traduire Turgot [1].

« Turgot, né à Bristol, de parents saxons, et moine de l'église de Duresme. » — Turgot est l'Homère de cette Iliade. Il s'écrie :

« Y, *tho' a Saxon*, yet the truth will tell. »

Et il rend justice à la bravoure fatale des conquérants normands. Ce caractère donne une sauvage grandeur à tout le poëme. Je ne citerai ici que le début des deux chants, interrompus en 1770 par la mort de Chatterton. Je joindrai seulement ici au texte la traduction, en anglais moderne, des mots qui ont vieilli jusqu'à devenir presque inintelligibles.

---

[1] Turgottus, born of Saxonne parents in Briston Towne, a monk of the church of Duresme.

BATTLE OF HASTINGS

N° 1

DÉBUT DU PREMIER CHANT

IL A 564 VERS

O Chryste, it is a grief for me to telle
How manie a nobil erle and valrous knyghte
In fyghtynge for kynge Harrold noblie fell,
Al sleyne in Hastings feeld in bloudie fyghte.
O sea! ur teeming donore [1], han thy floude,
Han anie fructuous entendement [2].
Thou wouldst have rose and sank wyth thyde of bloude,
Before Duke Wyllyam's knyghtes han hither went;
Whose cowart arrows manie erles sleyne,
And brued [3] the feeld wyth bloude as season rayne.

And of his knyghtes did eke full manie die,
All passyng hie, of mickle myghte ech one,
Whose poygnant arrowes, typp'd with destynie,
Caus'd manie wydowes to make myckle mone.

Lordynges, avaunt, that, chycken-harted are,
From out of hearynge quicklie now departe;
Full well I wote [4], to synge of bloudie warre
Will greeve your tenderlie and maiden harte.
Go, do the weaklie womman inn mann's geare [5],
And scond [6] your mansion if hrymn war come there.

Soone as the erlie maten belle was tolde,
And sonne was come to byd us all good daie,
Bothe armies on the feeld, both brave and bolde,

---

[1] Prolific, benefactress. — [2] Useful meaning. — [3] Embrued. — [4] Know. — [5] Dress. — [6] Abscond from, quit.

Prepar'd for fyghte, in champyon arraie.
As when two bulles, destynde for Hocktide fyghte,
Are yoked bie the necke within a sparre [1],
Theie rend the erthe, and travellyrs affryghte,
Lackynge to gage the sportive bloudie warre ;
So lacked Harroldes menne to como to blowes,
The Normans lacked for to wielde their bowes.

    Kynge Harrolde, turnynge to hys leegemen [2], spake :
My merrie men, be not caste downe in mynde :
Your onlie lode [3] for aye to mar or make
Before you sunne has donde his welke [4], you'll fynde.
Your lovyng wife, who erst dyd rid the londe
Of Lurdanes [5], and the treasure that you han,
Wyll falle into the Normanne robber's honde
Unlesse with honde and harte you plaie the manne.
Cheer up youre hartes, chase sorrowe farre awaie,
Godde and seyncte Cuthbert be the worde to daie.

    And thenne Duke Wyllyam to his knyghtes did saie :
My merrie menne, be bravelie, everiche [6];
Gif I do gayn the honore of the daie.
Ech one of you I will make myckle riche.
Beer you in mynde, we for a kyngdomm fyghte ;
Lordshyppes and honores ech one shall possesse ;
Be this the worde to daie, Gad and my Ryghte ;
Ne doubt but God will oure true cause blesse.

    The clarions [7] tken sounded sharpe and shrille ;
Deathdoeynge blades were out intent to kille.

    And brave Kyng Harrolde had nowe donde his saie [8];
He therew wythe myghte amayne [9] his shorte horse-spear :
The noise it made the duke to turc awaie,
And hytt his Knyghte, de Beque, upon the ear,
His cristede [10] beaver dyd hym smalle abounde [11];
The cruel spear went thorough all his hede ;
The purpel bloude came goushynge to the grounde,

---

[1] Bar, enclosure. — [2] Subjects. — [3] Praise, honour. — [4] Finished his course. — [5] Lord Danes. — [6] Every one. — [7] Trumpets. — [8] Put on his military coat. — [9] Great force. — [10] Crested helmet. — [11] Benefit, or service.

And at Duke Wyllyam's feet he tumbled deade :
   So fell the myghtie tower of Standrip, whenne
It felte the furie of the Danish menne.
   O Afflem, son of Cuthbert, holie sayncte,
Come ayde thy freend, and shewe Duke Wyllyam's payne ;
Take up thy pencyl, all hys features paincte;
Thy coloryng excells a synger strayne.
   Duke Wyllyam sawe hys freends sleyne piteouslie,
Hys lovynge freende whome he muche honored,
For he han lovd hym from puerilitie [1]
And theie together bothe han bin ybred :
   O ! in Duke Wyllyam's harte it raisde a flame,
To whiche the rage of emptie wolwes is tame.

On peut se faire une idée de ce qu'il a fallu de pénétration, d'aptitude, de savoir, pour écrire ainsi environ quatre mille vers, et se reporter avec une justesse de langage si parfaite, à l'époque où la langue française allait envahir la langue saxonne et se mêlait avec elle. De cette union est né l'anglais moderne; et nous avons dans Jean de Wace (roman de Rou) de vieux vers où semble se former cette alliance :

   Quand la bataille fut mostré
   La noit avant le di quaté
   Furent Engleis forment hastie
   Mult riant et mult envesie ;
   Tote noit mangierent et burent
   Mult le veiller demeuer :
   Treper et saillir et chanter
   Lublie crie et *weisseil*
   Laticome et drinck heil
   Drinc hindrewart and drinc to me
   Drinc helf and drinc to me.

C'est aussi la relation du débarquement de Guillaume le Conquérant, et Chatterton s'en est peut-être inspiré.

---

[1] Childhood.

N° 2

DÉBUT DU SECOND CHANT

IL A 720 VERS

Oh truth! immortal doughter of the skies,
Too lyttle known to wryters of these daies,
Teach me, fayre saincte! thy passynge worthe to pryze,
To blame a friend and give a foeman prayse.
The fickle moone, bedeckt withe sylver rays,
Leadynge a traine of starres of feeble lyghte,
With look adigne[1] the worlde belowe surveies,
The world that wotted[2] not it could be nyghte;
Wyth armour dyd[3], with human gore ydeyd[4],
She sees Kynge Harolde stande, fayre Englands curse and pryde.

With ale and vernage[5] drunck his souldiers lay;
Here was an hynde, anie an erlie spredde;
Sad keepynge of their leaders natal daie!
This even in drinke, too morrow with the dead!
Thro' everie troope disorder reer'd her hedde;
Dancynge and heidcignes[6] was the onlie theme;
Sad dome was theires, who lefte this easie bedde,
And wak'd in torments from so sweet a dream.

---

[1] Of dignity. — [2] Knew. — [3] It should be spelt dyght, cloathed or prepared. — [4] Dyed. — [5] A sort of wine. — [6] Romping, or countrydances.

LES MÉTAMORPHOSES ANGLAISES

Les Métamorphoses anglaises de Chatterton peuvent être regardées comme une imitation d'Ovide, un poëme mythologique. On peut remarquer qu'il n'a point choqué la vraisemblance en les attribuant à Rowley, son moine idéal du quinzième siècle ; car je vois qu'il y avait une traduction française des *Métamorphoses* d'Ovide dans la bibliothèque du duc Humphrey, et une autre écrite par un ecclésiastique normand en 1467.

Ce poëme est fondé sur une partie de l'histoire de Geoffroy de Montmouth, qui décrit le débarquement de *Brutus*, le partage de son royaume, l'histoire de sa mort, et la fin de son fils aîné *Locrine*, dans la guerre que fit contre lui *Guendolen*, sa femme ; la vengeance qu'il tira d'*Elstride*, sa maîtresse, et de sa sœur *Sabrina*, en les faisant noyer dans la *Severne*, et l'ordre qu'il donna que cette rivière portât son nom. Les principaux faits sont pris dans cette histoire. Il y avait eu aussi en Angleterre une tragédie sur ce sujet, intitulée *Locrine*, qui, pendant quelque temps, fut attribuée à Shakspeare, mais rayée depuis de ses œuvres.

Voici le commencement de ce poëme :

ENGLISH METAMORPHOSIS

BIE T. ROWLEIE

BOOK I

Whanne Scythyannes, salvage as the wolves theie chaccle
Peynted in horrowe[1] formes bie nature dyghte[2],
Heckcled[3] yn beastskyns, slepte uponne the vas
And wyth the morneynge rouzed the wolfe to fyghte,
Swefte as descendeynge lemes[4] of roddie lyghte,

---

[1] Unsomly, disagreable. — [2] Dresse. — [3] Wrapped. — [4] Rays.

Plonged to the hulstred¹ bedde of laveynge ² seas,
Gerd ³ the blacke mountayn. Okes in drybblets ⁴ twighte ⁵
And ranne yn thoghte alonge the azure mees,
Whose eyne dyd feerie sheene, like blue-hayred defs⁶,
    Dreerie hange upon Dover's emblaunched⁷ clefs.

Un mois avant sa mort, Chatterton envoya la ballade qui suit à l'éditeur du journal appelé *Town and Country Magazine*. Ce sont les derniers vers qu'il ait écrits, et c'est pour cela que je les ai choisis. Outre une rare perfection de style et de rhythme, j'y trouve le jeune poëte mieux représenté que dans des œuvres plus imposantes ; j'y vois une morale pure et toute fraternelle, enveloppée dans une composition simple, qui rappelle la parabole du Samaritain ; une satire très-fine, amenée sans effort, et ne dépassant jamais les idées et les expressions du siècle où elle semble écrite ; et, au fond de tout cela, le sentiment sourd, profond, désolant, inexorable d'une misère sans espérance, et que la Charité même ne saurait consoler.

---

¹ Hidden, secret. — ² Washing. — ³ Broke, rent, struck. — ⁴ Small pieces. — ⁵ Pulled, rent. — ⁶ Vapours, *rather* spectres. — ⁷ White.

AN
EXCELLENTE BALADE OF CHARITIE

AS WROTEN BIE THE GODE PRIESTE
Thomas Rowley, 1464

In Virgyne the sweltrie son gan sheene,
And hotte upon the mees did caste his raie;
The appe rodded its palie green,
And the mole peare did bende the leafy spraiee;
The peede chelandri sung the livelong daie :
'T was nowe the pride, the manhode of the yeare,
And eke the grounde was dighte in ist mose defte aumere,
The sun was glemeing in the midde of daie;
Deadde still the aire, and eke the welken blue,
When from the sea arist in drear arraie
A hepe of cloudes of sable sullen hue,
The which full fast unto the woodlande drewe,
Hiltring attenes the sunnis fetive face,
And the blacke tempeste swolne and gathered up apace.

   Beneathe an holme, faste by a pathwaie side,
Which dide unto seyncte Godwine's covent lede,
A happless pilgrim moneynge did abide,
Pore in his viewe, ungentle in his weed,
Longe bretful of the miseries of neede.
Where from the hail-stone coulde the almer flie?
He had no housen theere, ne anie covent nie.

   Look in his glommed face, his sprighte there scanne;
Howe woe-be-gone, how withered, frowynd, deade!
Haste to thie church-glebe-house, asshrewed manne!
Haste to thie kiste, thie onlie dortoure bedde.

Cale, as the claie whiche will gre on thie hedde,
Is Charitie and Lowe aminge highe elves;
Knightis and Barrons live for pleasure and themselves.

The gathered storme is rype; he bigge drops falle;
The forswat meadowes smethe, and drenche the raine;
The comyng ghastness do the cattle pall,
And the full flockes are drivynge oer the plaine;
Dashde from the cloudes the waters flott againe;
The welkin opes; the yellow levynne flies;
And the hot fierie smothe in the wide lowings dies.

Liste! now the thunder's rattling clymmynge sound
Cheves slowlie on, and then embollen clangs,
Shake the hie spyre, and lofft, dispended, drown'd,
Still on the gallard eare of terroure hanges;
The windes are up; the lofty elmen swanges;
Again the levynne and the thunder poures,
And the fulle cloudes are braste attenes in stonen showers.

Spurreynge his palfrie oere the watrie plaine,
The Abbote of Seyncte Godwynes convente came;
His chapournette was drented with the reine,
And his pencte gyrdle met with mickle shame;
He aynewarde tolde his bederoll at the same;
The storme encreasen, and he drew aside,
With the mist almes craver neere to the holme to bide.
His cope was all of Lyncolne clothe so fyne,
With a gold button fasten'd neere his chynne;
His aütremete was edged with golden twynne,
And his shoone pyke a loverds mighte have binne;
Full welle it shewn he thoughten coste no sinne;
The trammels of the palfrye pleasde his sighte.
For the horse-millanare his head with roses dighte.
An almes, sir priest! the droppynge pilgrim saide,
O! let me waite within your convente dore,
Till the sunne sheneth hie above our heade,
And the loude tempeste of the aire is oer;

Helpless and ould am I, alas; and poor;
No house, ne friend, ne moneie in my pouche;
All yatte I all my owne is this my silver crouche.

Varlet, replyde the Abatte, cease your dinne;
This is no season almes ad prayes to give;
Mie porter never lets in faitour in;
None touche mie rynge who not in honour live.
And nowe the sonne with the blacke cloudes did stryve,
And shettynge on the grounde his glarrie raie,
The Abbate spurrde his steede, and eftsoones roadde awaie.

Once moe the skie was blacke, the thounder rolde;
Faste reyneynge oer the plaine a priest was seen;
Ne dighte full proude, ne buttoned in golde;
His cop and jape were graie, and eke were clene;
A Limitoure he was of order seene;
And from the pathwaie side then turned he,
Where the pore almer laie binethe the holmen tree.
An almes, sir priest! the droppynge pilgrim saide,
For sweete Seyncte Marie and your order sake.
The Limitoure then loosen'd his pouche threade,
And did thereoute a groate of silver take;
The mister pilgrim dyd for halline shake.
Here take this silver, it maie eathe thei care;
We are Goddes stewards all, nete of oure owne we bare.

But ah! unhaillie pilgrim, lerne of me,
Scathe anie give a rentrollo to their Lorde.
Here take my semecope, thou arte bare I see;
'Tis thyne; the Seynctes will give mie rewarde.
He left the pilgrim, and his waie aborde.
Virgynne and hallie Seyncte, who sitte yn gloure,
Or give the mittee will, or give the goed man power.

L'EXCELLENTE BALLADE DE CHARITÉ

COMME ELLE FUT ÉCRITE PAR LE BON PRÊTRE

Thomas Rowley, 1464.

C'était vers le mois de la Vierge, lorsque le soleil lançait ses rayons dévorants et les faisait briller sur les prairies échauffées. La pomme quittait son vert pâle et rougissait, et la molle poire faisait plier la branche touffue. Le chardonneret chantait tout le long du jour; c'était alors la gloire et la virilité de l'année, et la terre était vêtue de sa plus belle parure de gazon. Le soleil était rayonnant au milieu du jour, l'éclair calme et mort, le ciel tout bleu. Et voilà qu'il se lève sur la mer un amas de nuages d'une couleur noire, qui s'avancent au-dessus des bois en cachant le front éclatant du soleil. La noire tempête s'enfle, et s'étend à tire-d'aile.

Sous un chêne planté près du chemin qui conduit au couvent de Saint-Godwin, s'est arrêté un triste pèlerin, pauvre d'aspect, pauvre d'habits, depuis longtemps plein de misère et de besoins. Où pourra-t-il s'enfuir et se mettre à l'abri de la grêle? Il n'y a près de là ni maison ni couvent.

Sa figure pâle atteste les craintes de son âme; il est misérable, désolé, à demi mort. Il s'avance vers le dernier lit du dortoir, vers la fosse, aussi froid que la terre qui couvrira sa tête. La charité et l'amour se trouvent-ils parmi les puissants du monde, les chevaliers et les barons, qui vivent pour le plaisir et pour eux-mêmes?

La tempête qui se préparait est mûre; de larges gouttes tombent déjà; les prairies brûlées boivent la pluie avec ardeur et remplissent l'air de vapeurs. L'orage prochain effraye les troupeaux, qui s'enfuient dans la plaine. La pluie tombe par torrents des nuages. Le ciel s'ouvre; le jaune éclair brille, et les vapeurs enflammées vont mourir au loin.

Écoutez! à présent résonne le roulement du tonnerre : il

s'avance lentement et semble s'accroître, il ébranle le clocher dont l'aiguille se balance là-bas, puis il diminue et se perd tout à fait. Cependant l'oreille effrayée l'écoute encore. Les vents se lèvent tous ; l'orme baisse la tête ; l'éclair brille de nouveau, et le tonnerre éclate : les nuages gonflés s'ouvrent et lancent à la fois une grêle de pierres.

Monté sur son palefroi, l'abbé de Saint-Godwin se dirige vers le couvent, à travers la plaine humide et ruisselante. Son petit chaperon est percé par la pluie, et sa ceinture peinte est très-endommagée. Il dit son chapelet à rebours, ce qui montre son déplaisir ; l'orage s'accroît ; il cherche un abri près du chêne où le malheureux s'était réfugié. Son manteau est du plus beau drap de Lyncolne, attaché sous le menton par un bouton d'or ; sa robe blanche ornée de franges d'or, ses souliers relevés comme ceux d'un seigneur, montrent bien qu'il ne considère pas la richesse comme un péché. Les beaux harnais lui plaisent, ainsi que les ornements de la tête de son cheval.

— La charité, seigneur prêtre ! dit le malheureux pèlerin épuisé ; permettez-moi d'entrer dans votre couvent jusqu'à ce que le soleil vienne luire sur nos têtes, et que la bruyante tempête de l'air soit passée. Je suis vieux, pauvre et sans secours ; je n'ai ni maison, ni ami, ni bourse : tout mon bien est ce crucifix d'argent.

— Tais-toi, misérable ! dit l'abbé, ce n'est pas le temps de demander l'aumône ou des prières : mon portier ne laisse jamais entrer les vagabonds : je ne reçois que celui qui vit honorablement.

Le soleil en ce moment luttait contre les sombres nuages, et lançait un de ses rayons les plus brillants ; l'abbé pique son coursier et disparaît bientôt.

Encore une fois le ciel se couvre de lourdes nuées ; le tonnerre gronde. On voit un prêtre qui traverse la plaine ; l'habillement de celui-là n'avait rien de brillant et n'avait point de boutons d'or ; son capuchon et son petit manteau étaient gris, mais très-propres ; c'était un moine des ordres mendiants. Se détournant du grand chemin, il se dirige vers le chêne où le pauvre s'est abrité.

6.

— La charité, sire prêtre! dit le pèlerin exténué, pour l'amour de sainte Marie et celui de son ordre.

Le moine alors détache sa bourse et en tire un *groat*[1] d'argent. Le pauvre pèlerin tremble de joie.

— Tiens, prends cet argent, il pourra te soulager, malheureux pèlerin; nous ne sommes tous que les mendiants du Ciel, et nous n'avons rien qui nous appartienne réellement. Mais apprends de moi que nous rendons bien rarement un compte fidèle à Notre-Seigneur. Allons, prends mon manteau; tu es presque nu, à ce que je vois; il est à toi. Les saints sauront bien m'en dédommager.

Il quitte le pèlerin et poursuit son chemin. — O Vierge, et vous tous, Saints qui vivez en gloire, donnez la bonne volonté au riche ou la subsistance au pauvre.

Il faut se garder de juger Chatterton sur cette ballade, et cette ballade sur une imparfaite traduction. Mais ce sera en étudiant toutes ses œuvres, qui méritent un travail spécial et complet, que l'on appréciera la beauté simple des conceptions, la fraîcheur et la vérité des couleurs, et la finesse de l'exécution, où rien n'est négligé dans la science du détail, et où brillent toutes les richesses du rhythme et de la rime. On verra, en apprenant ce langage renouvelé, de quelle force de tête était doué le jeune Anglais, et quelle devait être l'infortune qui a brisé de si hautes facultés.

J'ai vu dans une ancienne église, en Normandie, une pierre tumulaire, posée en expiation, par ordre du pape Léon X, sur le corps d'un jeune homme mis à mort par erreur. Moins durable sans doute que cette pierre, puisse ce drame être, pour la mémoire du jeune poëte, un LIVRE EXPIATOIRE! Puissions-nous surtout, dans notre France, avoir une pitié qui ne soit pas stérile pour les hommes dont la destinée ressemble à celle de Chatterton, mort à dix-huit ans.

Mars 1835.

[1] Quatre *pence*.

LA
MARÉCHALE D'ANCRE

DRAME EN CINQ ACTES

REPRÉSENTÉ POUR LA PREMIÈRE FOIS, A PARIS,
SUR LE SECOND THÉATRE-FRANÇAIS

Le 25 juin 1834

AVANT-PROPOS

La minorité de Louis XIII finit comme elle avait commencé, par un assassinat. Concini et la Galigaï régnèrent entre ces deux crimes. Le second m'a semblé être l'expiation du premier ; et, pour le faire voir à tous les yeux, j'ai ramené au même lieu le pistolet de Vitry et le couteau de Ravaillac, instruments de l'élévation et de la chute du maréchal d'Ancre, pensant que, si l'art est une fable, il doit être une fable philosophique.

Il me suffira d'indiquer ici les ressorts cachés par lesquels se meut tout l'ouvrage. Les spectateurs et les lecteurs attentifs sauront en suivre le jeu, et ceux qui les ont découverts me sauront gré de n'avoir pas laissé ces ressorts à nu dans le corps du drame.

Au centre du cercle que décrit cette composition, un regard sûr peut entrevoir la Destinée, contre laquelle nous luttons toujours, mais qui l'emporte sur nous dès que le Caractère s'affaiblit ou s'altère, et qui, d'un pas très-sûr, nous mène à ses fins mystérieuses, et souvent à l'expiation, par des voies impossibles à prévoir. Autour de cette idée, le pouvoir souverain dans les mains d'une femme ; l'incapacité d'une cour à manier les affaires publiques ; la cruauté polie des favoris ; les besoins et les afflictions des peuples sous leurs règnes. Ensuite les tortures du remords politique ; puis celles de l'adultère frappé, au milieu de ses joies, des mêmes peines qu'il donnait sans scrupule ; et, après tout, la pitié que tous méritent.

Juillet 1831.

PERSONNAGES

ET DISTRIBUTION DES ROLES

TELLE QU'ELLE EUT LIEU AU SECOND THÉATRE-FRANÇAIS (ODÉON)

Le 25 juin 1831.

LA MARÉCHALE D'ANCRE	Mlle Georges.
CONCINI	M. Frédérick Lemaitre.
BORGIA	M. Ligier.
ISABELLA	Mlle Noblet.
PICARD	M. Ferville.
SAMUEL	M. Duparay.
DE LUYNES	M. Doligny.
FIESQUE	M. Delafosse.
THÉMINES	M. Éric-Bernard.
DÉAGEANT	M. Valkin.
MADAME DE ROUVRES	Mlle Georges cadette.
MADAME DE MORET	Mlle Duchemin.
LE PRINCE DE CONDÉ	M. Arsène.
VITRY	M. Delaistre.
MONGLAT	M. Chilly.
CRÉQUI	M. Paul.
D'ANVILLE	M. Monlaur.
LE COMTE DE LA PÈNE	M. Tom.
DE THIENNES	M. Ch. Hoster.
Premier Laquais de Concini	M. Tournan.
Deuxième Laquais	M. Riboelle.
Premier Gentilhomme de Concini	M. Auguste.
Premier Officier	M. Saint-Paul.

CARACTÈRES

LA MARÉCHALE D'ANCRE.

Femme d'un caractère ferme et mâle, mère tendre et amie dévouée; calculée et dissimulée à la façon des Médicis, dont elle est l'élève; manières nobles, mais un peu hypocrites; teint du Midi sans couleurs; gestes brusques parfois, mais habituellement composés.

CONCINI.

Parvenu insolent, incertain dans les affaires, mais brave l'épée à la main. Voluptueux et astucieux Italien, il regarde et observe longtemps avec précaution avant de parler; il croit voir des piéges partout, et sa démarche est indécise et hautaine comme sa conduite; son œil fin, impudent et cauteleux.

« Jamais, dit un historien du temps, esclaves ne furent tant serfs de leurs maistres qu'il l'estoit de ses voluptez; jamais esclave tant fugitif de son maistre qu'il l'estoit des lois de la justice. — Il estoit grand et droit, et bien proportionné de son corps; mais depuis quelque temps l'appréhension qu'il avoit le rendoit plus pâle de visage, plus hagard en ses yeux, et plus triste son teint basané. »

BORGIA.

Montagnard brusque et bon. Vindicatif et animé par la *vendetta*, comme par une seconde âme; conduit par elle comme par la destinée. Caractère vigoureux, triste et profondément sensible. Haïssant et aimant avec violence. Sauvage par nature, et civilisé comme malgré lui par la cour et la politesse de son temps.

Silencieux, morose et rude de gestes et attitudes. Teint presque africain. Costume noir. Épée et poignard d'acier bronzé.

ISABELLA MONTI.

Jeune Italienne naïve et passionnée. Ignorante, dévote, sauvage, amoureuse et jalouse. Passant de l'immobilité à des mouvements violents et emportés. Costume corse, élégant et simple.

FIESQUE.

Blanc, blond, frais, rose, de joyeuse humeur et de vie heureuse. L'air ouvert, franc, étourdi, l'allure légère et gracieuse, le nez au vent, le poing sur la hanche, les gants à la main, la canne haute. Bon et spirituel garçon.

Habit de courtisan recherché. Attitude de raffiné d'honneur. Rubans et nœuds galants de couleurs tendres. Une aiguillette zinzolin, jaune et noire, comme tous les gentilshommes du parti de Concini.

SAMUEL MONTALTO.

Riche et avare, humble et faux. — Juif de cour. Pas trop sale au dehors, beaucoup en dessous. Beau chapeau et cheveux gras.

DÉAGEANT.

L'histoire dit qu'il trompait le roi, la reine mère et la maréchale par de fausses confidences.

Magistrat, courtisan à la figure pâle, au sourire continuel, à l'œil fixe. Il marche en saluant, et salue presque en rampant. Il ne regarde jamais en face et prend de grands airs quand il est le plus fort.

Habit du parlement.

PICARD.

Homme de bon sens et de bon bras. — Gros et gras, franc du collier, probe et brusque. Superstitieux par éducation, mais se méfiant un peu de son penchant à croire les bruits merveilleux. — Habitude de respect pour les seigneurs. Énergie de la Ligue et des guerres de Paris.

Habits simples et propres de bourgeois armés du temps.

M. DE LUYNES.

Très-jeune et très-blond. Favori ambitieux et cruel ; froid, poli et roide en ses manières. Empesé dans ses attitudes ; ayant cet aplomb imperturbable de l'homme qui se sent le maître et sait le secret de son pouvoir.

MADAME DE ROUVRES.

Femme de la cour, importante, égoïste, hautaine et fausse.

MADAME DE MORET.

Femme de la cour, élégante, insouciante et égoïste.

M. DE THÉMINES.

Quarante-cinq ans. Grave et froid personnage qui sait la cour parfaitement. Ironique dans ses politesses, et ayant toujours une arrière-pensée.

LE PRINCE DE CONDÉ (Henri II de Bourbon).

Il avait alors trente ans. Chef des mécontents. Manières nobles et un peu hautaines. Il est placé à peu près comme Louis XIII dans l'histoire : entre deux grands hommes. Son grand-père fut le fameux Condé, protestant, compagnon d'armes de Coligny, tué à Jarnac ; son fils fut le grand Condé. — Ce qui le particularise le mieux est l'amour du vieux Henri IV pour sa jeune femme, qu'il mit en croupe derrière lui et emmena hors de France.

LE BARON DE VITRY.

Homme de guerre et de cour, déterminé et sans scrupules. Un de ces hommes qui se jettent à corps perdu dans le crime, sans penser qu'il y ait au monde une conscience et un remords. — Allure cavalière d'un matador.

CRÉQUI.

Avantageux et joueur.

MONGLAT.

Rieur impertinent.

D'ANVILLE.

Insouciant.

DE THIENNES.

Un des basanés à mille francs de Concini.

LE COMTE DE LA PÈNE.

Enfant délicat et mélancolique,

LA
MARÉCHALE D'ANCRE

ACTE PREMIER

Une galerie du Louvre. — Des seigneurs et gentilshommes jouent autour d'une table de trictrac, à gauche de la scène*. — Au fond de la galerie passent des groupes de gens de la cour qui vont chez la reine mère.

SCÈNE PREMIÈRE

LE MARÉCHAL DE THÉMINES, FIESQUE, CRÉQUI, MONGLAT, D'ANVILLE, SAMUEL, BORGIA.

CRÉQUI, au jeu.

M. de Thémines a encore perdu !

FIESQUE, à Samuel.

Eh ! te voilà, vieux mécréant ! Que viens-tu faire au Louvre, Samuel ?

SAMUEL MONTALTO, bas.

Vendre et acheter si j'en trouve l'occasion. Mais, mon gentilhomme, ne me nommez pas Samuel ici, je vous prie. J'ai pris un nom de chrétien ; je m'appelle Montalto à Paris.

FIESQUE.

Est-ce que tu fais toujours de la fausse monnaie, l'ami ? Serais-tu toujours alchimiste, nécromancien et physicien, dans

---

* Ces mots : droite et gauche de la scène, doivent s'entendre de la droite et de la gauche des acteurs.

ton vieux laboratoire? ou as-tu peur d'être pendu seulement comme usurier?

SAMUEL.

Usurier! je ne le suis plus : je prête gratis, à présent.

FIESQUE.

Si tu prêtes gratis, tu fais bien de venir au jeu ce soir; tu trouveras des amis à obliger. Pour moi, je ne te demanderai qu'un conseil.

Il le tire à part, à droite de la scène.

Regarde ce Corse au teint jaune, à la moustache noire, à l'œil sombre.

SAMUEL

C'est Borgia.

FIESQUE.

Lui-même. On dit qu'il cache, dans un coin de Paris, la plus jolie fille dont le soleil d'Italie ait jamais cuivré les joues.

SAMUEL, à part.

Bon! en voilà déjà deux qui savent qu'elle est ici. Le maréchal d'Ancre a voulu me l'acheter hier (Haut.) Monsieur de Fiesque, je ne voudrais pas, pour mille pistoles, répéter ce que vous venez de dire. Borgia est jaloux et violent. Jamais le grand Salomon n'eut autant de portes et de rideaux que ce Corse silencieux, pour cacher sa Sunamite aux yeux noirs. Je vois cette femme tous les jours, moi; mais c'est parce que je suis vieux.

FIESQUE.

Et moi aussi, moi qui suis jeune, pardieu! je l'ai vue, et j'en suis épris, Samuel. Je sais où elle demeure.

SAMUEL.

Chut! Vous me feriez poignarder par lui. Où croyez-vous donc qu'elle demeure?

FIESQUE.

Chez toi, mécréant! Et le maréchal d'Ancre rôdait avec moi le jour où je la vis.

SAMUEL.

Mais taisez-vous donc! Borgia vous a entendu...

THÉMINES.

Eh bien, mettez-vous au jeu, monsieur Borgia?

BORGIA.

Non, monsieur, non.

THÉMINES.

Vous êtes distrait?

BORGIA.

Oui.

THÉMINES, à l'un de ses fils, vers lequel il se penche en arrière du trictrac.

Ce n'est pas peu de chose que de mettre la main sur un prince du sang; mais il me faut de l'argent. Suivez bien le coup, mon fils, et, si je perds, allez dire à M. de Bassompierre qu'il peut compter sur moi. Que mettez-vous au jeu, Borgia?

BORGIA.

Rien. Je ne joue jamais.

THÉMINES.

C'est mal. Il faut que les jeunes gens aiment le jeu pour se mettre bien en cour ici. Allons!

BORGIA. Il passe du côté de Samuel avec méfiance.

J'ai jeté d'autres dés.

MONGLAT, à demi-voix, à Thémines.

Eh! monsieur de Thémines, ne comptons pas sur un pauvre Corse pour le jeu. C'est encore un de ces Italiens que Concini nous a amenés et qui n'ont que la cape et l'épée.

FIESQUE poursuit, frappant sur l'épaule de Samuel.

Samuel, mon ami, il faut que je la voie demain.

BORGIA, tournant autour d'eux.

De quoi parle-t-il?

FIESQUE.

Et tu me garderas le secret?

SAMUEL.

Ma mémoire est fermée comme mon coffre-fort. Tout peut y entrer et y tenir, mais rien n'en sort. Je garderai donc votre secret; mais vous ne la verrez pas.

BORGIA. Il s'approche pour entendre.

Depuis un mois à Paris, suis-je déjà épié par ces rusés jeunes gens?

SAMUEL.

Vous croyez l'aimer?

FIESQUE.

J'en suis, parbleu! bien sûr.

BORGIA, à Samuel, très-bas.

Si tu lui réponds, tu es mort!
Ici il se retire.

FIESQUE, n'ayant rien remarqué.

Tu commenceras par prendre pour elle ce beau diamant, monté autrefois par Benvenuto Cellini.
Samuel prend le diamant, fait signe qu'il consent et s'éloigne.

FIESQUE, le suivant.

Ensuite tu m'attendras à ton cinquième étage...
Samuel se retire encore.

Et puis tu lui feras la leçon... Mais réponds donc!...
Samuel lui fait un signe de silence en mettant la main sur la bouche, et sort.

Mais prends bien garde que madame la maréchale n'en apprenne rien; je suis trop en faveur à présent pour risquer de me brouiller avec elle, entends-tu bien? Elle a des espions; les connais-tu?
Samuel se retire en faisant signe qu'il les connaît.

Eh bien, coquin! répondras-tu?
Samuel s'évade, et Borgia se trouve nez à nez avec Fiesque.

BORGIA.

Je vous répondrai, moi, monsieur.

FIESQUE.

A quelle question, monsieur?

BORGIA.

A toutes, monsieur.

FIESQUE.

Eh bien, voyons, pour votre compte. Qui êtes-vous?

BORGIA.

Ce que je vous souhaite d'être : un homme.

FIESQUE.

Homme, soit; mais gentilhomme, tout au plus.

BORGIA.

Noble comme le roi. J'ai mes preuves.

FIESQUE, lui tournant le dos.

Ma foi! il faut que je les voie avant de croiser le fer. N'êtes-vous pas un des serviteurs à mille francs du maréchal? Quelle est votre place parmi ses amis, la dernière?

BORGIA.

La première parmi ses ennemis et les vôtres.

FIESQUE.

Eh bien, soit. Je vous verrai mieux demain. J'ai assez du son de votre voix.

BORGIA.

Demain, c'est trop tard. Sortons tous deux.

FIESQUE.

Écoutez. Vous arrivez à la cour d'aujourd'hui? Je le veux bien : ce sera un bon début, qui vous fera honneur. Mais je veux parler un peu, pour ne pas sortir sur-le-champ. Ensuite je suis à vous... malgré la pluie. Ne nous faisons pas remarquer, c'est ridicule. Attendons qu'on entre pour sortir.

MONGLAT, à Fiesque.

Voilà un beau coup. Je bats votre coin par doublet et marque six points.

En se renversant du trictrac où il joue.

Eh bien, Fiesque, encore une affaire demain?

FIESQUE.

Ah! celle-là ne vaut pas qu'on en parle...

Il va suivre le jeu de Monglat en s'appuyant sur sa chaise.

MONGLAT.

Vas-tu seul? — Bezet!

FIESQUE.

Seul. Marque donc deux points. — Oh! quel temps il fait! M. le Prince vient-il ce soir au Louvre?

MONGLAT.

Il va venir. J'ai gagné.

THÉMINES.

M. le prince va venir. J'ai perdu.

A son fils, placé derrière lui.

Allez dire à M. de Bassompierre que madame la maréchale peut me regarder comme son serviteur.

Il se lève; les gentilshommes se groupent autour de lui.

Deux mots à vous tous, messieurs de l'aiguillette jaune, rouge et noire. Nous sommes ici plus de gentilshommes qu'il n'en faut pour un coup de main ; et je crois qu'aujourd'hui la marquise d'Ancre décidera la reine à une entreprise très-hardie. Nous avons là deux compagnies de gardes françaises et les Suisses du faubourg Saint-Honoré.

CRÉQUI.

Ma foi, je suis tout à vous, marquis ; et je serai ravi de voir comment se comportera mon frère aîné, qui est tout au Condé. Quand faudra-t-il croiser l'épée ?

THÉMINES.

Quand je mettrai la main sur la mienne ; et cela ne m'arrivera qu'après l'ordre de la reine : vous le savez, monsieur de Monglat ?

MONGLAT.

Je sais aussi qu'elle ne le donnera pas qu'elle n'ait reçu ses ordres elle-même de madame la maréchale d'Ancre ?

CRÉQUI.

Savez-vous que la tête de cette femme est la plus forte du royaume ?

FIESQUE.

Mais... oui, oui... nous le savons !

MONGLAT.

Et peut-être son cœur...

THÉMINES.

Oh ! quant à cela, elle est brave comme un homme, mais elle n'a pas l'âme tendre d'une femme ; elle est incapable de ce que nous nommons belle passion.

CRÉQUI.

Eh ! Fiesque, qu'en dis-tu ?

FIESQUE.

Parbleu ! ne fais pas l'esprit pénétrant, Créqui. Je suis bien aise de pouvoir le déclarer ici, devant tout le monde : il n'est point vrai qu'elle m'ait aimé. Je ne prendrai pas des airs d'important, et j'avoue que je lui ai fait la cour pendant six longs mois. Vous m'avez cru plus heureux que je n'étais, car je ne fus seulement que le moins mal reçu. Par exemple, j'y ai gagné de l'avoir pour amie, et de la connaître mieux que personne. Très-heureux de m'être retiré sans trop de honte comme Beaufort, sans gaucherie comme Coigny, et sans bruit et disgrâce comme Lachesnaye.

MONGLAT.

Il est de fait que nous la voyons mal, messieurs, et de trop loin.

FIESQUE.

Eh! franchement, qu'en pensez-vous, Monglat?

MONGLAT.

Je la crois superstitieuse et faible, car elle consulte les cartes.

FIESQUE.

Et vous, Créqui?

CRÉQUI.

Moi, je la crois presque fée; car elle a fait de Concini un marquis, d'un fils de notaire un premier gentilhomme, d'un homme qui ne savait pas se tenir à cheval un grand écuyer, d'un poltron un maréchal de France, et de nous, qui n'aimons guère cet homme, ses partisans.

FIESQUE.

Et vous, d'Anville?

D'ANVILLE.

Moi, je la crois bonne et généreuse, et je crois que, si les femmes de la cour la détestent, c'est parce qu'elle était une femme de rien. Si elle était née Montmorency, elles lui trouveraient toutes les qualités qu'elles refusent à Léonora Galigaï.

FIESQUE.

Et vous, monsieur de Thémines?

THÉMINES.

Puisque, avant de nous dire votre avis, vous voulez le nôtre, je m'avoue de l'opinion de d'Anville. Un pays entier, le nôtre surtout, est sujet à se tromper dans ses jugements lorsque le pouvoir élève un personnage sur son piédestal chancelant. Le pouvoir est toujours détesté; et la haine qu'on a pour l'habit, cet habit la communique comme une peste à l'homme qui le porte. Qu'il soit ce qu'il voudra ou pourra être de bon, n'importe: il est puissant! il gêne, il pèse sur toutes les têtes, il fatigue tous les yeux.... La Galigaï était femme de la reine, la Galigaï est marquise, la Galigaï est maréchale de France: c'est assez pour qu'on la dise méchante, mensongère, ambitieuse, avare, orgueilleuse et cruelle. Moi, je la crois bonne, sincère, modérée, généreuse, modeste et bienfaisante; quoique ce ne soit, après tout, qu'une parvenue.

FIESQUE.

Parvenue, si l'on veut; elle est parvenue bien haut, et l'on ne fait pas de si grandes choses sans avoir de la grandeur en soi. Après tout, c'est un beau spectacle que nous donne cette petite femme qui combat d'égal à égal les plus grands caractères et les plus hauts événements de son temps. Un esprit commun n'arriverait pas là. Ne vous étonnez pas de son indifférence; en vérité, cela vient de ce qu'elle n'a rien rencontré de digne d'elle. Son regard triste et sa bouche dédaigneuse nous le disent assez.

BORGIA, à part, sombre et écoutant avec avidité.

Dis-tu vrai, léger Français? dis-tu vrai!

FIESQUE.

De vous tous qui portez ses couleurs, messieurs, et de tous les gentilshommes de sa cour, il n'y en a pas un qu'elle ne connaisse et n'ait jugé en moins de temps qu'il n'en met à composer son visage et à friser sa moustache et sa barbe. Son coup d'œil est sûr, ses idées sont nettes et précises; mais, malgré son air imposant, je l'ai souvent surprise ensevelie dans une tristesse douce et tendre qui lui allait fort bien. Lequel de vous s'est imaginé qu'elle fût déjà morte pour l'amour? Celui-là s'est bien trompé... Moi, je ne suis pas suspect, car, foi d'honnête homme! j'ai été longtemps à ne pas croire au cœur; mais elle en a un, et un cœur de veuve, affligé, souffrant et tout prêt à s'attendrir... Ce qui prouve le plus en sa faveur, c'est que son mari l'ennuie prodigieusement. Elle le traîne à sa suite avec son ambition, ses honneurs et tout son fatras de dignités, comme elle traîne péniblement la queue de ses longues robes dorées. Oh! moi, c'est une femme que j'aurais bien aimée; mais elle n'a pas voulu. Depuis ce temps-là, je ne suis plus à la cour qu'un observateur; j'ai quitté le champ clos, je regarde les combats galants, et je compte les blessés. Elle en fait partie.

TOUS.

Qui donc aime-t-elle? Nommez-le!

BORGIA, à part.

Effronté jeune homme, tu lui ôtes son voile !

FIESQUE.

Ah ! messieurs, quel dommage qu'elle n'aime aucun de nous ce serait bien la plus fidèle maîtresse et la plus passionnée du monde. Sa grandeur l'attriste et ne l'éblouit pas du tout. Elle aime à se retirer pour penser.

BORGIA, à part.

Plût à Dieu ! plût à Dieu !

FIESQUE.

Mais nul de nous ne lui tournera la tête ; j'y mettrais en gage tout mon sang et mes os, qui sont encore à moi, et dans cent ans appartiendront à tout le monde. Pour moi, j'y renonce, et laisse la place. En trois tête-à-tête, je me suis effrayé de mon néant. On ne plaît pas à ces femmes-là, voyez-vous, par des sérénades et des promenades, des billets et des ballets, des compliments et des diamants, des cornets et des sonnets ; tout cela doucereux, langoureux, amoureux, et rimant deux à deux, selon la ridicule mode des faiseurs de vers, dont elle fait des gorges chaudes. Ce n'est pas non plus par grands coups de hardiesse et de bras, coups de dague et d'estoc et de stylet, coups de tête folle et de cerveau diabolique à se jeter à l'eau pour ramasser un gant, à tuer un cheval de mille ducats parce qu'il ne s'arrête pas en la voyant, à se poignarder ou à peu près si elle boude, à provoquer tous ceux qui la regardent en face... Non, non, non, cent fois non. Elle a autour d'elle tous les galants cavaliers qui savent ce manége.

MONGLAT.

Vous allez voir qu'il lui faut un diseur de bonne aventure...

CRÉQUI.

Qui cherche avec elle dans le tarot la carte du soleil * et le victorieux valet de cœur.

FIESQUE.

Non. Il faut à cette sorte de femme un de ces traits héroïques ou l'une de ces grandes actions de dévouement qui sont pour elle comme un philtre amoureux, portant en lui plus

---

* C'est le neuf de cœur dans le tarot.

de substances enivrantes et délirantes qu'une longue fidélité n'en peut infuser dans un débile cerveau féminin. Faute de quoi... messieurs, ne vous déplaise... (Il salue en riant) elle aime tout bonnement... son mari.

TOUS, riant.

Bah! bah! Ah! ah!

BORGIA, à part.

Que le premier venu ait le droit de la regarder en face et de parler d'elle ainsi! n'est-ce pas de quoi indigner?

THÉMINES.

Trêve de raillerie, messieurs : toujours est-il que nous portons ses couleurs et la servirons à qui mieux mieux, en bons amis, sinon en amants. Mais voyons sainement la situation politique de la maréchale d'Ancre. La reine mère est bien reine, et gouvernée par la maréchale; mais le roi Louis sera bientôt Louis XIII, il a seize ans passés, sa majorité approche. M. de Luynes le presse de s'affranchir de sa mère. Le jeune Louis est doux, mais rusé; il déteste l'insolent maréchal d'Ancre; au premier jour, il le jettera par terre. Le maréchal a été si loin en affaires, que la guerre civile est allumée par tout le royaume à présent. Le peuple le hait pour cela et il a raison; le peuple aime le prince de Condé, qui est devenu, vous en conviendrez bien, le seul chef des mécontents; il vient hardiment à la cour, et Paris est à lui tout à fait. Je vois donc la maréchale placée entre le peuple et le jeune roi. Rude position, dont elle aura peine à se tirer. Je dis la maréchale; car elle est, ma foi! bien la reine de la régente Marie de Médicis. Or, je ne lui vois qu'un parti à prendre, et le bruit court fort qu'elle le prendra. N'allez pas vous récrier! C'est celui d'arrêter le prince de Condé.

TOUS.

Quoi! M. le prince? le premier prince du sang?

THÉMINES.

Lui-même; car sans cela elle est écrasée, ainsi que la reine mère, entre le parti du roi et celui du peuple.

MONGLAT.

Sans cela, monsieur?... Dites à cause de cela. C'est un mauvais conseil à lui donner.

FIESQUE.

Non, le conseil est bon..
CRÉQUI.
C'est le pire de tous.
D'ANVILLE.
Elle n'a pas d'autre parti à prendre.
TOUS LES GENTILSHOMMES, se querellant.
Non, vous dis-je. — Si fait. — C'est une folie. — C'est le plus prudent! — Vous êtes trop jeune. — Vous, trop vieux.
THÉMINES.
Silence, messieurs! Voici la maréchale qui sort de chez la reine avec son mari, plus gonflé de sa faveur que je ne le vis jamais. Éloignons-nous un peu, et n'ayons pas l'air de les observer : vous savez qu'elle n'aime pas cela. Elle marche bien vite ; elle a l'air d'être bien préoccupée.

Les gentilshommes s'éloignent et se groupent au fond du théâtre; quelques-uns se mettent au jeu de trictrac.

SCÈNE II

Les Mêmes, CONCINI, LA MARÉCHALE D'ANCRE, Suite.

Deux pages portent la queue de sa robe ; ils ont l'aiguillette jaune, rouge et noire et l'habit jaune, rouge et noir, livrée de Concini.

BORGIA.
Ah! la voilà donc... Je la revois enfin après un temps si long!
FIESQUE.
Sortons à présent : l'entrée de la maréchale nous cachera.
BORGIA.
Un moment! oh! un moment !... La voilà! elle approche! Comment l'absence et l'infidélité ne détruisent-elles pas la beauté? C'est une chose injuste!
FIESQUE.
Venez vite : la pluie a cessé, et je n'ai pas envie de me faire mouiller pour vous si elle tombe encore.

BORGIA.

Pourquoi pas? L'eau lavera votre sang.

FIESQUE.

Ou le vôtre, beau sire : nous l'allons voir.

BORGIA.

Allons donc, et que je revienne sur-le-champ.

FIESQUE.

Qui vivra reviendra. Venez.

Ils sortent en se prenant sous le bras.

SCÈNE III

Les Mêmes, excepté FIESQUE et BORGIA.

LA MARÉCHALE, à quelques gentilshommes qui se sont levés.

Ah! messieurs, ne vous levez pas, ne quittez pas le jeu; une distraction peut faire que le sort change de côté. J'ai d'ailleurs à parler encore à M. le maréchal d'Ancre.

Elle le prend à part dans une embrasure de la fenêtre, sur le devant de la scène.

Je vous en prie, ne partez pas aujourd'hui.

CONCINI.

Il faut que j'aille en Picardie d'abord, et ensuite à mon gouvernement de Normandie, Léonora, et je vous laisse près de la reine pour achever les mécontents. Vous êtes toujours aussi puissante sur la reine mère. Elle n'oublie pas que je la fis régente de France par mes bons conseils.

LA MARÉCHALE.

Non, elle ne l'oublie pas. Parlez. (A part.) Encore de l'ambition.

CONCINI.

Je voudrais acheter au duc de Wittemberg la souveraineté du comté de Montbelliard; ne pourriez-vous en dire un mot à la reine?

LA MARÉCHALE, avec douceur.

Encore cette prétention? Ne nous arrêterons-nous pas?

CONCINI, lui prenant la main.

Oui. Encore celle-ci, Léonora...

LA MARÉCHALE.

N'a-t-elle pas fait assez, monsieur? Vous êtes son premier écuyer, premier gentilhomme de la chambre, maréchal de France, marquis d'Ancre, vicomte de la Pêne et baron de Lusigny...(Très-bas.) N'est-ce pas assez pour Concini?

CONCINI.

Non : encore ceci, Léonora ; fais encore ceci pour moi.

LA MARÉCHALE.

La reine se lassera. M. de Luynes anime chaque jour le jeune roi contre nous; prenez garde, prenez garde!

CONCINI.

Fais encore ceci pour nos enfants.

LA MARÉCHALE, tout à coup.

Je le veux bien. Mais les bagatelles vous occupent plus que les grandes choses. Ah! monsieur, les Français ont en haine les parvenus étrangers. Occupez-vous des intrigues des mécontents; moi, je ne puis les suivre ; je passe ma vie avec la reine mère, ma bonne maîtresse. C'est à vous qu'il appartient de savoir ce qui se passe au dehors et de m'en instruire

CONCINI.

Ils n'oseront rien contre moi : je les surveille. Ne vous occupez pas d'eux, et faites seulement près de la reine ce que je vous demande.

LA MARÉCHALE.

En vérité, monsieur, tout est contre nous aujourd'hui, sur la terre et dans le ciel.

CONCINI.

Êtes-vous encore superstitieuse comme dans votre enfance, Léonora? Iriez-vous encore consulter la fiole de saint Janvier?

LA MARÉCHALE, avec un peu d'embarras.

Peut-être. Pourquoi non? J'ai tiré trois fois les cartes, qui annoncent un retour inquiétant. Il y a des signes, monsieur, que les meilleurs chrétiens ne peuvent révoquer en doute et qui ne vont pas contre la foi. C'est aujourd'hui le 13 du mois, et j'ai vu, depuis que je suis levée, bien des présages d'assez mauvais augure. Je ne m'en laisserai pas intimider; mais je pense qu'il vaut mieux ne rien entreprendre aujourd'hui.

CONCINI.

Et pourtant il faut arrêter le prince de Condé, qui va venir au Louvre. Demain il pourrait être trop tard; je serai parti; vous serez seule à Paris. Les mécontents sont bien forts : Mayenne brûle la Picardie, Bouillon fortifie Sedan, et Paris s'inquiète.

LA MARÉCHALE.

Oui; mais, si nous attaquons le prince de Condé, le peuple l'en aimera mieux.

CONCINI.

Il faut le faire arrêter.

LA MARÉCHALE.

Un autre jour.

CONCINI.

Il faut obtenir du moins un ordre positif.

LA MARÉCHALE.

De la reine?

CONCINI.

Oui, de la reine.

LA MARÉCHALE, montrant un parchemin.

Le voici : j'ai d'avance tout pouvoir pour vous et pour moi.

CONCINI.

Eh bien, tenez, c'est un coup bien hardi, mais il peut nous sauver.

LA MARÉCHALE.

Hélas! hélas!

CONCINI.

Quel chagrin vous fait soupirer?

LA MARÉCHALE.

L'Italie, l'Italie, la paix, le repos, Florence, l'obscurité, l'oubli.

CONCINI.

Au milieu de nos grandeurs, dire cela!

LA MARÉCHALE.

Et me charger d'une telle entreprise! aujourd'hui vendredi, le jour de la mort du roi et de la mort de Dieu!

CONCINI.

Encore cela pour assurer la grandeur future de nos enfants.

LA MARÉCHALE.

Ah! Pour eux, pour eux seuls, risquons tout, je le veux bien. Mon Dieu! la reine elle-même perd de son autorité; on l'envahit de toutes parts. Il me semble quelquefois qu'on se lasse de nous en France.

CONCINI.

Non. Je vois tout mieux que vous au dehors. Vous faites trop de bien dans Paris; vos profusions trahissent nos richesses, et feraient croire que nous avons peur.

LA MARÉCHALE.

Il y a tant de malheureux!

CONCINI.

Vous les rendrez heureux quand les mécontents seront arrêtés.

LA MARÉCHALE.

Eh bien, donc, partez dès ce moment même, et laissez-moi agir. Je vais tout voir de près et me faire homme aujourd'hui. Ceci du moins est grand et digne de nous. Mais plus de petites demandes, de petits fiefs, de petites principautés... Promettez-le-moi... Vous êtes assez riche... Plus de tout cela... c'est ignoble.

En ce moment, un gentilhomme remet un papier à Concini avec mystère.

CONCINI.

Ce sera la dernière fois... je vous le promets... Vous voilà brave à présent, je vous reconnais; et vous hésitiez tout à l'heure!

LA MARÉCHALE.

C'était Léonora Galigaï qui tremblait : la maréchale d'Ancre n'hésitera jamais.

CONCINI.

Je vous reconnais; votre tête est forte, mon amie.

LA MARÉCHALE.

Et mon cœur faible. Je suis mère, et c'est par là que les femmes sont craintives ou héroïques, inférieures à vous. — Dites une fois votre volonté, Concini; cette fois seulement. Sera-ce aujourd'hui?

CONCINI.

Je ne déciderai rien : faites-le arrêter ou laissez-lui quitter

Paris ; je m'en rapporte à vous et serai content, quelque chose que vous fassiez.

LA MARÉCHALE.

Allez donc, et quittons-nous, puisqu'en ce malheureux royaume, je suis toujours condamnée à vouloir.

CONCINI, allant vers M. de Thémines.

Monsieur de Thémines, et vous tous, messieurs, je vous dis adieu pour huit jours, et vous recommande madame la maréchale d'Ancre. (Revenant à la maréchale.) Est-il vrai que Michael Borgia soit revenu de Florence?

LA MARÉCHALE, portant la main à son cœur.

(A part.) Je sentais cela ici. (Haut.) Je ne l'avais pas ouï dire, mais je n'en serais pas surprise. Que vous importe?

CONCINI.

Un ennemi mortel et un ennemi corse!

LA MARÉCHALE.

Que vous importe s'il vous hait? vous êtes maréchal de France.

CONCINI.

Mais nous étions rivaux; avant votre mariage, il vous aimait.

LA MARÉCHALE, avec orgueil.

Que vous importe s'il m'aime? je suis la marquise d'Ancre.

CONCINI, lui baisant la main.

Oui, oui, et une noble et sévère épouse. Adieu!

LA MARÉCHALE, à part, et se détournant tandis qu'il baise sa main.

Mais bien affligée. Adieu. (A part.) Quel départ et quel retour ! Ma destinée devient douteuse et sombre.

En passant, changeant tout à coup de visage, et parlant avec gaieté et confiance à Thémines.

Monsieur de Thémines, Bassompierre et monsieur votre fils prétendent que je dois compter sur vous; je vais revenir au Louvre tout à l'heure, et vous dire ce qu'il est bon de faire pour le service de Sa Majesté.

Les deux pages prennent le bas de sa robe.

THÉMINES, en saluant profondément.

Je vous obéirai comme à elle-même, madame.

Elle sort avec Concini.

SCÈNE IV

Les Mêmes, excepté LA MARÉCHALE et CONCINI; MONGLAT entre.

THÉMINES.

C'est vraiment une femme admirable. Tenons-nous sur nos gardes, messieurs, sans avoir l'air d'y penser, et remettons-nous au jeu. Mais où diantre est donc allé Fiesque?

MONGLAT, arrivant.

Parbleu! je me suis beaucoup diverti à le suivre. Il s'est pris de querelle avec le Corse sauvage auquel vous parliez tout à l'heure, et, comme je craignais un peu le stylet du pays et la *vendetta*, je les ai regardés faire. L'homme s'est, ma foi, battu comme nous: tout en glissant sur le pavé dans un coin de rue, Fiesque a reçu une égratignure au bras, et revient en riant comme un fou, et l'autre triste comme un mort. Les voilà qui montent l'escalier du Louvre.

THÉMINES.

Il convient, messieurs, de n'y pas faire attention. Jetez les dés, et fermons les yeux sur leur petite affaire, comme chacun de nous désirerait que l'on fît pour lui. La reine n'aime pas les duels.

CRÉQUI.

Nous ne la servons guère selon son goût.

MONGLAT.

Je suis tout disposé à ne point parler à ce nouveau venu de Florence. Nous en avons assez ici depuis quelque temps, de ces basanés, dont la cour est infestée par les Médicis.

SCÈNE V

Les Mêmes, BORGIA et FIESQUE entrent et se promènent un moment ensemble.

FIESQUE, lui frappant sur l'épaule.

Ma foi, monsieur di Borgia, pour un Corse, vous êtes un brave garçon de ne m'avoir fait qu'une boutonnière à la manche de mon habit.

BORGIA, froid et distrait.

C'est bon, n'en parlons plus, monsieur et quittons-nous.

FIESQUE, le suivant.

Je vous suis, parbleu! tout dévoué, car j'avais glissé dans la boue et j'étais tout découvert de l'épée.

BORGIA.

Cela se peut. Quittez-moi, s'il vous plaît.

Il s'éloigne.

FIESQUE.

Je vous promets, foi de gentilhomme! de ne pas chercher à voir votre femme, ou sœur, ou maîtresse, je ne sais.

BORGIA, les bras croisés, frappant de sa main sur son coude.

C'est bien! mais quittez-moi.

FIESQUE.

Non, jamais! Et, tout Italien que vous êtes, je vous aime beaucoup, parce que vous haïssez Concini. Si je le sers, c'est par amour pour sa femme.

BORGIA, sombre.

Par amour!

FIESQUE.

Et vous l'aimeriez peut-être aussi, mon ami, si vous la connaissiez.

BORGIA, frappant du pied.

Quittez-moi! ou recommençons l'affaire.

FIESQUE.

Pardieu! non, mon brave. Je te dis que je t'aime; et, si tu veux dégaîner, l'occasion va venir, car voici M. le Prince.

Borgia s'éloigne et se retire avec humeur contre une colonne.

SCÈNE VI

LE PRINCE DE CONDÉ et sa Suite, de vingt gentilshommes, traversent la galerie du Louvre pour se rendre chez la reine mère.

LE PRINCE DE CONDÉ regarde autour de lui avec un peu d'inquiétude en traversant la salle.

Vous avez bien du monde ici, monsieur de Thémines.

THÉMINES, saluant profondément.

Ce n'est jamais assez pour monseigneur.

LE PRINCE DE CONDÉ.

Si tous ces gentilshommes sont mes amis, à la bonne heure; mais autrement...

THÉMINES, saluant encore plus bas.

Autrement je dirais : Ce n'est jamais assez contre monseigneur.

LE PRINCE DE CONDÉ, passant la porte et souriant.

Allons, allons, Thémines! vous êtes devenu courtisan, de partisan que vous étiez.

THÉMINES, saluant plus bas.

Toujours le vôtre, monseigneur.

BORGIA, à part, entre les dents.

Un baiser, Judas! un baiser!

SCÈNE VII

LES MÊMES, M. DE LUYNES, DÉAGEANT et le garde des sceaux DUVAIR. — Tous, vêtus de noir, passent et se groupent dans un coin. MONTALTO rôde seul, avec un air humble, distrait et désœuvré.

THÉMINES, à Fiesque.

Voici Luynes et les siens qui viennent nous observer.

LUYNES, à Déageant.

Mon cher conseiller! laissons tout faire devant nous. Les Condé et les Concini sont en présence, qu'ils se dévorent mutuellement; nous écraserons plus tard le vainqueur avec le nom du roi. A présent nous sommes neutres. Elle veut m'attaquer avec des intérêts, je l'attaquerai avec des passions.

THÉMINES.

Ils sont bien gênants pour la maréchale, qui vient à nous... Comment va-t-elle les recevoir?

SCÈNE VIII

Les Mêmes, LA MARÉCHALE, Suite.

DÉAGEANT, à Luynes, dans un coin de la scène.

Si elle fait arrêter le prince de Condé, elle est perdue. Il est trop aimé du peuple de Paris pour que cela ne soulève pas une émeute. (A part.) Cependant son coup peut réussir. Faisons-lui la cour.

Il va saluer bien bas la maréchale, et lui dit.

Madame! voici le jour de la fermeté. Ne faiblissez pas devant les factieux. Vous avez l'oreille de la reine, mais il faut de la vigueur. M. de Luynes est perdu si vous arrêtez M. le Prince.

LA MARÉCHALE, l'observant.

Pensez-vous cela, monsieur le conseiller? pensez-vous cela?

DÉAGEANT.

De cœur et d'âme, madame.

Il salue, et se retirant près de M. de Luynes, il lui dit.

Vous avez l'oreille du roi, c'est beaucoup. Mais ayez de la fermeté surtout. De la fermeté! au nom de Dieu, de la fermeté!

LA MARÉCHALE. Elle s'arrête en voyant Luynes, et d'un coup d'œil le toise, lui et les siens, puis tout à coup prend son parti et marche droit à lui. Ses pages la quittent et restent arrière.

(Avec tristesse.) Monsieur de Luynes, le roi a mal reçu mon mari; que vous ai-je fait?

LUYNES, avec hauteur.

Mais, madame, sais-je rien de ce qui se passe?

LA MARÉCHALE.

Vous me répondrez du roi, monsieur; prenez-y garde.

LUYNES.

Le roi est mon maître et le vôtre, madame.

LA MARÉCHALE.

Et la reine est sa mère, monsieur.

LUYNES.

Sa mère est sa sujette.

LA MARÉCHALE.

Sujette?... Pas encore.

<small>Luynes se retire à droite de la scène avec ses partisans, remarquables par leurs plumes blanches. Elle lui tourne le dos et va à Thémines. Très-bas et tristement.</small>

Écoutez-moi, Thémines. M. le Prince va sortir de chez la reine. J'ai à lui parler. Avant tout, vous m'entendez, avant tout! regardez-moi bien, et, si je laisse tomber ce gant, vous arrêterez M. le Prince. Voici l'ordre de la reine et le brevet de maréchal de France pour vous. — Je suis bien malheureuse de tout cela, mon ami, bien malheureuse...

THÉMINES.

Je suis capitaine des gardes et je sais mon devoir. Je vous obéirai aveuglément, madame, bien affligé pour vous de cette nécessité.

LA MARÉCHALE.

Des ménagements! du respect! C'est le premier prince du sang.

THÉMINES.

Eh! madame, soyez en assurance qu'il ira à la Bastille en marchant sur des tapis. Je n'ai fait autre chose toute ma vie qu'arrêter des princes sans leur faire le moindre mal. Rassurez-vous, j'ai la main légère.

LA MARÉCHALE, en avant.

Il est donc là, près de moi, dans la foule, ce Borgia, à qui j'ai préféré Concini! C'est le seul homme qui m'ait aimée du fond du cœur; je le crois; c'est le seul que j'aie aimé jamais, et je l'ai sacrifié cruellement! Il ne s'approche pas. Est-ce parce qu'il ne l'ose pas, ou ne le veut pas? J'aimerais mieux des reproches. Comment l'aborder? Quel prétexte prendre pour l'encourager?

<small>Aux gentilshommes, très-haut.</small>

Ah! messieurs, toujours le jeu! l'amour du jeu!

<small>Elle va à leur groupe.</small>

BORGIA.

Pas un regard! Elle me voit et ne me connaît pas. Légèreté! légèreté! Le pouvoir l'enivre. Elle a tout oublié. Quand saura-t-elle que je suis marié? Quand croira-t-elle que je suis heureux, pour qu'elle souffre à son tour?... Bah! elle ne sait plus mon nom! (A Monglat.) Monsieur, dites-moi, je vous prie, dans quel salon est la reine?

Il cause bas avec lui.

SCÈNE IX

Les Mêmes, LE PRINCE DE CONDÉ, sortant peu accompagné. Il va à la Maréchale, qui le salue profondément. Elle l'observe pour voir à sa contenance s'il est disposé à se réconcilier avec elle. Le Prince voit son salut, la regarde froidement, et se retourne vers LE BARON DE VITRY.

LE PRINCE DE CONDÉ, avec impatience.

Dis-moi, Vitry, que diantre fait-elle ici?

VITRY.

Elle est bien à sa place, à la porte et au corps de garde.

LA MARÉCHALE ôte son gant avec colère. Thémines l'observe et se prépare. (A part.) J'ai là votre destinée, monsieur le Prince; elle tient à peu de chose! Et vous me bravez. — Au moment d'agir, j'ai peur.

Le prince de Condé parle en riant et la montre au doigt.

Ah! faible raison! Voyons si le sort est pour lui.

Elle tire furtivement un jeu de cartes de sa poche.

Ceci veut dire retard; parlons-lui.

Elle s'avance vers le Prince, et le salue encore profondément.

Monsieur le prince compte-t-il quitter la cour dès aujourd'hui?

LE PRINCE DE CONDÉ, avec insolence et un grand air.

Ah! madame la marquise de... comment donc?... de Galigaï, je crois. Je ne vous voyais, ma foi, pas.

LA MARÉCHALE.

L'accent français est rude au nom des pauvres Italiennes, monseigneur.

Elle regarde encore ses cartes à la dérobée.

Succès ! Succès !

Elle serre précipitamment son jeu, et, plus libre et plus confiante, elle s'avance.

LE PRINCE DE CONDÉ

Les noms nouveaux échappent à notre mémoire.

LA MARÉCHALE

Comme la fortune à nos mains, monseigneur.

Elle laisse tomber le gant de ses mains. Aussitôt on ferme toutes les portes du Louvre. Les gentilshommes tirent leurs épées, et le capitaine des gardes, Thémines, s'avance vers le Prince.

LE PRINCE DE CONDÉ.

Qu'est-ce à dire, messieurs? est-ce ici le coup de Jarnac ?

THÉMINES, *saluant très-bas.*

Monseigneur, c'est seulement le coup du roi. Sa Majesté est avertie que vous écoutez de mauvais conseils contre son service, et m'a ordonné de m'assurer de votre personne.

LE PRINCE DE CONDÉ, *mettant la main à l'épée.*

N'ai-je ici aucun ami ?

THÉMINES, *saluant.*

Monseigneur n'a ici que d'humbles serviteurs, et j'ose lui présenter mes deux fils, qui auront l'honneur de garder sa noble épée.

CONDÉ *se retourne, et, se voyant entouré des gentilshommes de Concini, il remet son épée aux deux fils de Thémines, qui, tous deux s'avancent en saluant deux fois à chaque pas qu'ils font en avant.*

La voici, monsieur. Le feu roi l'a mesurée et pesée ; il la connaissait bien ; elle est sans tache.

THÉMINES, *saluant.*

Et je remercie M. le Prince de ne m'avoir pas exposé à tacher la mienne.

BORGIA, *à part.*

En Corse, c'est le coup de stylet : ici, le coup de chapeau.

VITRY ouvre à plusieurs gentilshommes qui sortent de chez la reine l'épée à la main.

Vive M. le Prince !

LES GENTILSHOMMES DE CONCINI

Vive le maréchal d'Ancre !

THÉMINES, *allant aux gentilshommes de Condé.*

Au nom de la reine, messieurs, bas les armes !

Il déploie l'ordre de la reine. Tous remettent l'épée au fourreau, et le prince de Condé, haussant les épaules, suit les deux fils de Thémines. Tandis que le groupe des gentilshommes du prince croise l'épée, la maréchale, effrayée, court derrière Borgia, se mettre à l'abri; il tire un poignard de la main gauche, et de la droite il prend la main de la maréchale. Les gens de Condé se rendent sur-le-champ.

THÉMINES

Ne craignez plus rien, madame ; ces messieurs entendent raison, et votre coup d'État a réussi.

BORGIA *se retourne lentement. Lui et la maréchale se regardent en souriant.*

Eh bien, Léonora, est-ce vous ?

LA MARÉCHALE, *confuse de se trouver la main dans celle de Borgia.*

Ah ! Borgia, venez me voir demain.

Plusieurs des courtisans viennent saluer Borgia, voyant que la maréchale lui a parlé.

ACTE DEUXIÈME

Le laboratoire du juif Samuel. — Le juif est assis à sa table et compte des pièces d'or. Isabella joue de la guitare en regardant à la fenêtre, d'où l'on voit les murs d'une église et des toits de Paris.

SCÈNE PREMIÈRE

SAMUEL, ISABELLA.

SAMUEL.

Dix mille florins de M. le prince. Dix mille de Concini. Dix mille de M. de Luynes. Les trois partis m'ont donné juste autant l'un que l'autre et m'ont autant maltraité. Il est impossible que je me décide pour aucun des trois, en conscience... Vingt-trois... trente-six...

ISABELLA, fredonnant à la fenêtre.

Michaele mio, mio Michaele, e, e, e, e.

SAMUEL.

Dame Isabella, vous m'empêchez de compter.

ISABELLA, sans se retourner.

Signor Samuel, vous m'empêchez de chanter.

Elle fait plus de bruit avec sa guitare.

SAMUEL.

M. de Borgia ne veut pas que vous sortiez de votre chambre.

ISABELLA, avec vivacité.

Moi, j'aime cette fenêtre. Je ne vois de ma chambre que des cheminées noires et des toits rouges.

SAMUEL.

Et par celle-ci, des manteaux rouges et des chapeaux noirs, n'est-ce pas?

Isabelle se lève tout à coup et va vers lui, faisant un geste menaçant de sa guitare. Le juif met ses deux mains devant son visage, de peur d'être battu.

Ah! ne vous emportez pas comme vous faites toujours.

ISABELLA, immobile, lui parlant vite et le regardant fixement.

M'as-tu vue sortir depuis six mois une seule fois?

SAMUEL.

Non, non, pas une seule fois.

ISABELLA.

Sais-je le nom d'une seule rue de Paris, même de la tienne, où je suis enfermée?

SAMUEL.

Non, vous ne le savez pas.

ISABELLA.

M'as-tu vue par cette fenêtre recevoir ou jeter un seul billet?

SAMUEL.

Pas un seul. (A part.) Elle est si haute, la fenêtre!

ISABELLA.

M'as-tu vue sourire à un homme, seulement des yeux?

SAMUEL.

Jamais, jamais.

ISABELLA.

Fais-je autre chose qu'attendre, et attendre encore?

SAMUEL.

C'est vrai! c'est vrai!

ISABELLA.

Ai-je un autre nom à la mémoire et sur la bouche que celui de Borgia? Dis!

SAMUEL.

Pas un autre nom.

ISABELLA.

M'as-tu entendue me plaindre de lui?

SAMUEL.

Jamais, signora, jamais.

ISABELLA.

Eh bien, donc, juif, je te le jure par celui que tes pareils ont fait mourir et n'ont pas empêché de ressusciter, que, si tu te plains de moi à Borgia, je te ferai savoir ce que c'est qu'une femme d'Aïacio.

SAMUEL.

Ce ne sont là que des bagatelles ; une fenêtre, un salut : plaisanteries.

ISABELLA.

Pauvre juif, tu ne connais ni lui ni moi ; le plus léger reproche de lui peut me faire mourir, et pour la moindre faute il me tuerait.

SAMUEL.

Vous croyez?

ISABELLA.

J'en suis sûre, j'en suis fière, et j'en ferais autant. (On frappe.) Adieu. Je vais dans ma chambre, parce que je le veux, mais non parce que tu me le dis.

Elle entre dans sa chambre.

SAMUEL.

Cette méchante race italienne me rendra fou, si elle ne me fait pendre.

SCÈNE II

SAMUEL, PICARD, serrurier.

PICARD.

Bonjour, juif.

SAMUEL, lui tendant la main.

Bonjour, maître Picard.

PICARD, mettant les mains derrière son dos.

Pas de main, pas de main ; je suis chrétien, et bon chrétien, je m'en flatte.

SAMUEL.

Ah! c'est bon! c'est bon! Je ne veux pas vous humilier, vous abaisser jusqu'à moi, maître Picard.

8.

PICARD.

Je ne dis pas que je me trouve humilié de vous donner la main; mais, moi, je ne suis pas comme nos grands seigneurs sans religion, je ne vous donnerai pas la main.

SAMUEL.

Et que voulez-vous de moi aujourd'hui, maître Picard, qui ne me donnez pas la main?

PICARD.

Je voudrais savoir si notre ami M. de Borgia, ce gentilhomme qui demeure ici, ne viendra pas bientôt.

SAMUEL.

Devait-il venir sitôt?

PICARD.

Il devait m'attendre; mais il a oublié l'heure.

SAMUEL.

Quelle heure?

PICARD.

N'importe, nous irons sans lui.

SAMUEL.

Où?

PICARD.

A une œuvre qu'il sait; ne vous a-t-il pas parlé d'Isaac?

SAMUEL, lui imposant silence.

Ah!... Taisez-vous... Allez-y sur-le-champ... Il demeure dans la première maison du pont au Change. Il a six mille piques de la Ligue dans ses caves... Allez... Voici mon billet pour lui.

PICARD.

Juif, cela ne me suffit pas. Il faut que tu me répondes du Corse.

SAMUEL.

Je n'en puis répondre; je le connais à peine, et je ne sais d'où vous le connaissez. Il loge ici depuis un mois, et vient de Florence avec sa femme.

PICARD.

Voilà ce qui m'est arrivé, et comment je le connais. Je montais ma garde bourgeoise avec mes ouvriers serruriers à la porte Bussy. Je parlais à M. le prévôt des marchands et à MM. les échevins, qui me connaissent bien et depuis longtemps. —

Je lui dis (c'est à M. le prévôt), je lui dis : « Soyez tranquille. » Parce que, voyez-vous, il m'avait dit avant : « Faites bonne garde : on en veut à M. le Prince ; les Italiens sont enragés ; ce Concini perdra le roi et le royaume. » Je lui réponds : « Je le crois comme vous, monsieur le prévôt. » Lui, il soupire, car c'est un brave homme, voyez-vous, et non pas un juif comme Concini. Ce que je dis, ce n'est pas pour vous affliger ; mais à Paris nous disons cela des voleurs. Je lui réponds : « Je le crois comme vous. » Comme je disais cela, passe un carrosse. Je le vois venir avec des écuyers et huit chevaux, et huit de relais courant derrière, et la livrée zinzolin* jaune, rouge et noire. Je dis aux bourgeois et aux ouvriers : « Mes enfants, c'est un grand seigneur. » Je ne l'offensais pas, n'est-ce pas ? Il n'y a que le roi qui doive aller en poste ; mais c'est égal, puisque la reine le veut bien. Le carrosse veut passer pour aller à Lesigny ; moi, je ne veux pas, et je dis : « Montrez vos piques et vos mousquets aux chevaux ! » Les chevaux s'arrêtent. Concini met, comme ça, la tête à la portière avec ses cheveux noirs comme jais ! Je dis : « Le mot de passe ? » Je suis le maréchal d'Ancre. » Je dis : « Le mot de passe ? » Il me dit : « Coquin ! » Je lui dis : « Monsieur le maréchal, le mot de passe ! » M. le prévôt le reconnaît et me dit : « Laissez-le passer. » Je dis : « C'est bon. » Il passe. Le soir, je marchais les bras croisés, comme ça, hors de la barrière, quand deux hommes... deux valets jaunes, rouges et noirs, zinzolin toujours, me prennent,

---

* Voici quelques citations extraites des rares pamphlets du temps, que j'ai sous les yeux, dont plusieurs étaient écrits en vers pitoyables, et par lesquels la mauvaise humeur parisienne préludait aux histoires rimées de la Fronde. Il s'agit de la livrée de Concini.

SUR LES COULEURS DE CONCHINE.

Zinzolin jaune et noir est la couleur funeste
D'un flasque Florentin, du royaume la peste,
Le jaune est l'or du roy, volé en mille endroicts ;
Le rouge zinzolin est le sang qui soupire,
Et le noir est le deuil qu'ont tous les bons François
De voir par un faquin renversé nostre empire.

(*Le Courrier picard*, en 1615.)

l'un à droite, l'autre à gauche, et me frappent à coups de plat d'épée... (Douloureusement) J'aurais mieux aimé la pointe! Je ne criais pas, car la garde bourgeoise serait venue à moi et m'aurait vu battre. Ces valets m'auraient, ma foi! tué, comme il y allaient... Je commençais à n'y plus voir. Passe un homme tout noir : visage noir, manteau noir, habit noir. C'était le Corse. Il avait dans sa manche le stylet du pays ; il les jette tous deux par terre. Je lui dis : « Merci. » Il me dit : « J'aurais voulu que ce fût leur maître, je le cherche. » Je lui dis : « Nous le chercherons ensemble. » Et voilà tout. Il me quitte. On prend les deux valets. Ils n'étaient que blessés. M. le prévôt les a fait pendre. Le Corse m'a dit de venir ici, et me voilà.

SAMUEL.

Il est sorti. Votre billet est toujours sûr pour les armes? On n'a rien saisi chez vous, maître Picard?

PICARD.

Sois tranquille. Je suis bon pour la somme convenue : le double, comme c'est toujours avec Samuel, et je t'amène quelqu'un qui répondra et signera avec moi et qui voulait s'entendre aussi avec le Corse.

SAMUEL.

Qui est-ce? qui est-ce?

PICARD.

Un magistrat que je ne veux pas nommer.

SAMUEL.

Où est-il?

PICARD.

Sur l'escalier.

SAMUEL.

Il ne fallait pas le laisser là... Il peut rencontrer tant de personnes qui viennent ici pour prêt ou pour emprunt!... (A la porte.) Entrez, entrez... monsieur.

SCÈNE III

Les Mêmes, DÉAGEANT.

DÉAGEANT, à voix basse et douce.

Le bon Samuel vous a-t-il fourni les armes qu'il faut?

PICARD, brusquement.

Oui, oui.

DÉAGEANT, bas, à Samuel.

Voici un ordre de M. de Luynes de vous donner quatre fois la somme si vous me livrez passage dans tous les coins de votre maison. C'est au nom de M. de Luynes, bon Samuel, que je vous le dis : vous serez jugé et condamné comme propageant le judaïsme, si vous ne faites ce que je veux.

SAMUEL, avec résignation.

Je ferai ce que vous voulez, monsieur le conseiller au parlement.

DÉAGEANT.

Je connais tous ceux qui viennent dans votre maison, je veux les entendre parler. Je sais comment est construit ce bâtiment et tout ce que vous y cachez. Il me faut conduire dans tous ces détours. Au nom du roi! Lisez cet ordre

SAMUEL, après l'avoir lu.

Il est précis. J'obéirai. Venez.

DÉAGEANT.

Pas encore : j'ai à parler à cet honnête homme, maître Picard. Je suis assuré de votre discrétion, n'est-il pas vrai?

SAMUEL.

Aussi assuré que je le serais du bûcher si j'y manquais, seigneur conseiller. Si un chrétien parlait à un juif sans le menacer, il se croirait damné.

PICARD.

Allons, juif! allons! laisse-nous un moment, et garde ta porte. Nous avons à causer.

Samuel sort.

SCÈNE IV

DÉAGEANT, PICARD.

PICARD.

Vous aviez à me parler, monsieur le conseiller?

DÉAGEANT.

Maître Picard, vous avez été insulté.

PICARD.

Peut-être.

DÉAGEANT.

Battu même.

PICARD.

C'est bon! c'est bon!

DÉAGEANT.

Oh! battu, c'est le mot. Honteusement battu!

PICARD.

Eh bien?

DÉAGEANT, s'asseyant.

Avouez que Concini est un mauvais garnement.

PICARD.

Ça se peut.

DÉAGEANT.

Un traître qui nous livre à l'Espagnol.

PICARD.

Ceci, je n'en sais rien.

DÉAGEANT.

Un concussionnaire, un voleur qui, par les intrigues de sa femme, a dépouillé toutes nos provinces. Un insolent, qui en Picardie, a fait graver son nom et ses armes sur les canons du roi.

PICARD.

Croyez-vous?

DÉAGEANT.

Un effronté qui porte sur son chapeau un panache de héron noir que portait le feu roi Henri.

PICARD, après avoir réfléchi longtemps.

Peu de chose, peu de chose.

DÉAGEANT.

Et sa femme, la Galigaï, est fort soupçonnée de magie. Elle consulte Cosme Ruger, abbé de Saint-Mahé, qui est un athéiste, Mathieu de Monthenay. Elle sacrifie des coqs blancs dans l'église.

PICARD, *après un moment de silence et après avoir considéré Déageant, lui frappe pesamment sur l'épaule.*

Ça, monsieur le conseiller, vous me croyez par trop simple et vous avez chanté d'un ton trop bas. Vous vous êtes mépris. Il y a bien quelques gens qui vous croiront, mais je n'en suis pas. Et sur cela, je suis bien aise de vous dire mon idée. M'est avis qu'une nation est toute pareille à un tonneau de vin : en haut est la mousse, comme qui dirait la cour ; en bas est la lie, comme qui dirait la populace paresseuse, ignorante et mendiante. Mais entre la lie et la mousse, est le bon vin généreux, comme qui dirait le peuple ou les honnêtes gens. Ce peuple-là ne se met pas en colère pour peu de chose et aime bien à savoir pourquoi il s'y met. Vous désirez être défait de Concini ; et moi aussi, parce qu'il entretient le roi et le pays dans la guerre civile, dont nous avons bien assez, et qu'il nous traite en esclaves, ce que le feu roi n'aimait pas. Mais ce que vous me dites de lui me frappe bien peu ; et de sa femme, je le nie. Elle fait du bien partout de sa main et de sa bourse, malgré son mari et à son insu. Nous l'aimons. Il y a six mille piques qui s'apprêtent à entourer sa maison. J'y ajouterai la mienne ; mais, si je vous avais entendu plus tôt, vous m'auriez fait réfléchir longtemps. Je vais voir la garde bourgeoise et mes amis, et leur parler un peu avant le soir. Moi, je ne veux pas que l'on agisse sans bien savoir pourquoi ; et, après avoir agi, je ne veux pas qu'on soit méchant. Voilà !

DÉAGEANT.

Mais ne vous a-t-on pas dit que M. de Luynes a ordre du roi de le faire arrêter.

PICARD.

Que M. de Luynes fasse ce qu'il lui plaira, cela nous inquiète peu. On m'attend... Je vais voir ce que j'aurai à faire. Adieu.

Il lui tourne le dos et sort.

SCÈNE V

DÉAGEANT, SAMUEL.

DÉAGEANT, après être resté interdit.

Que m'importe, pourvu qu'il me serve! Encore une passion excitée contre les Concini!
A Samuel, qui rentre.
Où cours-tu si vite?

SAMUEL.

Gagnez la rue par cette porte. Voici deux valets de Concini.

DÉAGEANT.

Gagner la rue? Non, pardieu! Je reste chez toi tout aujourd'hui samedi.

SAMUEL.

Samedi! jour de sabbat!

DÉAGEANT.

Et j'y dois tout surveiller à l'intérieur, comme M. le prévôt de l'île au dehors.

SAMUEL.

Eh bien, donc, au lieu de descendre l'escalier, montez-le : passez par ce corridor, et j'irai vous retrouver. (A part.) Puisse-t-il s'y casser bras et jambes!

Déageant sort.

SCÈNE VI

SAMUEL, Deux Laquais.

PREMIER LAQUAIS. *Ils se tournent en saluant à droite et à gauche à mesure qu'ils parlent.*

M. le maréchal d'Ancre veut vous parler seul.

SECOND LAQUAIS.

Il demande s'il y a sûreté pour lui.

PREMIER LAQUAIS.

Vous répondrez de tout sur votre tête.

SECOND LAQUAIS.

Nous avons vingt hommes dans les rues environnantes.

PREMIER LAQUAIS.

On mettra le feu à votre maison s'il arrive à monseigneur le moindre accident.

SAMUEL.

Messieurs, je suis tout à fait à vos ordres. Que monseigneur vienne sur-le-champ, s'il lui plaît. Je ne résisterai jamais à ses volontés, si clairement exprimées. Votre langage n'a rien d'obscur ; et, quant à sa sûreté, vous y pourvoyez parfaitement.

Ils sortent. — A part.

Il y aura du sang bientôt. Tout ceci ne peut tourner autrement. Voici l'heure où le Corse rentre chez lui ; il rencontrera l'aveugle Concini, qui ne vient pas sans quelque dessein d'ambition ou de débauche. Que m'importe, après tout, la vie de ces Nazaréens ! j'ai tous leurs secrets et les garde tous, parce que tous ces hommes sont à craindre. Mais que suis-je pour eux ? une bourse et non un homme.

SCÈNE VII

SAMUEL, CONCINI.

CONCINI, agité.

Es-tu seul, Samuel ?

SAMUEL.

Eh ! monseigneur, si je suis seul ! je suis vieux, je suis faible et je suis à vos gages. Rassurez-vous. Que faut-il à Votre Grandeur ?

CONCINI regarde autour de la chambre et va en examinant tous les coins.

Où donne cette cloison ?

Il frappe dessus.

SAMUEL.

De mon laboratoire dans mon comptoir, monseigneur.

CONCINI, bas, avec joie.

Tu sais que nous avons fait arrêter le prince de Condé hier ?

SAMUEL.

Je ne sais rien de ce qui se passe au dehors ; mais je félicite monseigneur du grand coup qu'il vient de frapper.

CONCINI, avec peur.

Oh! ce n'est pas moi ; ce n'est pas moi qui l'ai fait! C'est ma femme. Tout le monde le sait. Je suis censé en Picardie aujourd'hui.

Frappant la cloison.

Mais c'est une tapisserie et non du bois : on peut entendre parler.

SAMUEL.

Mais il n'y a là personne. Voyez.

Il ouvre la porte que recouvre une tapisserie.

CONCINI, s'asseyant, avec orgueil.

Tous mes ennemis sont vaincus, les mécontents sont battus; Mayenne ne peut plus se défendre à Soissons. Me voici le maître !

SAMUEL.

Monseigneur est le plus heureux des hommes.

CONCINI, mystérieusement et avec inquiétude.

Oui, as-tu du contre-poison ?

SAMUEL.

Pour vous?

CONCINI.

Peut-être! Je voyage: j'ai des ennemis beaucoup; des gens beaucoup ; et des parents beaucoup.

SAMUEL.

Des parents?

CONCINI.

Qui me détestent. Mais, si tu n'as pas cet antidote, n'en parlons plus ; c'était une fantaisie. A propos, je viens loger chez toi.

SAMUEL.

Chez moi ! loger ! vous ! (A part.) Je suis perdu.

CONCINI.

Oui, moi. J'ai laissé partir mes équipages pour la Picardie; mais mon carrosse va sans moi en poste.

SAMUEL, à part.

En poste ! quelle dépense ! le roi seul va ainsi.

CONCINI.

J'ai laissé régler à ma femme quelques petites affaires qu'elle entend aussi bien que moi...

SAMUEL, à part.

Lâche chrétien! qui laisse à une femme tous les dangers et garde tous les plaisirs!

CONCINI.

Et je reste quelques jours ici pour me reposer du gouvernement avec la jeune femme que tu sais, coquin!

SAMUEL.

L'y voilà

CONCINI.

J'ai toujours le cœur italien, vois-tu? Et j'aime à enrichir les femmes de mon pays. Celle-ci est bien jolie... Je l'ai vue dix fois à sa fenêtre. Est-elle fille, femme ou veuve?

SAMUEL.

Femme.

CONCINI.

(D'un air insouciant.) Et de quel homme? (A part.) Voyons s'il mentira.

SAMUEL.

D'un gentilhomme de Corse, arrivé depuis un mois à Paris.

CONCINI, jouant avec sa bourse.

Son nom?

SAMUEL.

Il est pauvre et jaloux.

CONCINI.

De l'or dans les deux cas. Son nom?

SAMUEL, tombant à genoux.

Il est sauvage et rude comme le fer.

CONCINI, montrant la porte où sont ses gens.

On fait fondre et ployer le fer. Son nom?

SAMUEL.

Monseigneur, je suis poignardé si je parle.

CONCINI.

Et pendu si tu te tais. Or, j'ai l'avance sur lui. Donne-moi la préférence pour obéir. Tu me connais.

SAMUEL.

Et je le connais aussi. Monseigneur, si jamais j'ai mis quelque habileté à faire passer dans tous les pays de l'Europe les trésors que vous m'aviez confiés; si j'ai su vous faire acheter aux moindres prix les plus beaux châteaux seigneuriaux de ce pays, épargnez-moi l'horreur de prononcer ce nom.

CONCINI, lui passant sa canne sur la tête.

Allons! allons! c'est Borgia.

SAMUEL.

Ce n'est toujours pas moi qui vous l'ai dit; n'est-il pas vrai?

CONCINI.

Je ne rends point de faux témoignage, Samuel. Lève-toi, et écoute. (Gravement.) Celui qui m'a appris ce nom est celui qui jette les hommes pêle-mêle sur ce monde. Depuis que Concini et Borgia y sont, Borgia heurte Concini. Mon père a tué le sien, et du même coup en a été tué. Nos mères nous prirent encore dans les langes et en s'injuriant accoutumèrent nos petits bras à se frapper. A quinze ans, nous nous sommes battus à coups de couteau deux fois. A Florence, nous avons aimé tous deux Léonora Galigaï. Je le fis passer pour mort pendant une absence, et j'épousai sa Léonora, qui depuis a fait ma fortune. Il me hait et je le hais. Dans les montagnes de Corse, les hommes de sa famille laisseront croître leur barbe jusqu'à ce qu'ils aient éteint ma famille; et, s'il vient ici, c'est pour ce que nous appelons la *vendette*.

SAMUEL.

Non, monseigneur, non! il n'annonce aucune haine contre qui ce soit... et...

CONCINI.

Ton appartement est-il sûr?...

SAMUEL.

Ah! monseigneur, rien de ce qu'on fait n'est vu, rien de ce qu'on dit n'est entendu dans ma sainte maison.

CONCINI, vite et bas.

C'est pour cela que je veux l'habiter. Mais écoute et tais-toi. Je sais que Borgia a dans les mains une lettre que j'écrivis à quelqu'un peu de jours avant le... Va voir si personne ne peut entendre...

Le juif montre, en ouvrant les portes, qu'il n'y a personne.
Avant le 14 mai 1610. Tu te le rappelles * ?

SAMUEL.

Un vendredi?

---

* J'ai vu, par l'étonnement et les scrupules de quelques personnes, que ce point d'histoire était bien peu connu. En effet, les pièces relatives au procès de la Galigaï et à l'assassinat de Concini sont devenues très-rares. Je les ai entre les mains. Il n'y a pas une de ces pièces qui ne renferme cette charge ou ne rappelle ce grand attentat. « Ravaillac, dit l'un de ces livres que je copie, pour mettre le seigneur Concino sur le théastre, tue le dit Henry de deux coups de couteau, empesché dans son carrosse à lire une lettre par le sieur d'Esperon, et en plein délice de veoir la réjouissance de son peuple au couronnement de la royne. Ce grand prince mort, son fils, jeune de dix ans, est élevé sur le throsne, auquel Concini oste peu à peu ses plus confidents... s'empare des places les plus fortes et des ports de mer pour y recevoir l'Hespagnol, avec lequel il cabalise et rompt toutes les alliances du feu roy, etc. » Ici ses projets sont longuement développés. Je trouve partout la preuve que la voix publique chargeait les Concini de ce crime. Quelquefois, c'étaient des vers tels que ceux-ci que l'on jetait sur le chemin :

RAUAIYLAC AU MARESCHAL D'ANCRE.

Ha! truand! ha! maraud! iadis plus gueux que moy,
Comment n'es-tu pas mort, ainsi que moy, en Greue?
Par tes suasions j'ay massacré ce roy,
Dont toute la grandeur de la France releue.

On peut lire dans les *Mémoires de Sully*, liv. xxv, 1608 :

« Je mis en écrit ce que le Roi me dit; c'est par ces sortes de discours familiers que je crois qu'on peut le mieux connoitre l'intérieur des esprits et le vrai caractère d'un cœur :

« Les Conchines, mari et femme, sont devenus si rogues et si audacieux, qu'ils ont été jusqu'à user de menace *contre ma personne*, si je faisois quelque violence à leurs partisans. »

Si je donne ces documents, ce n'est pas qu'à mon sens (et je l'ai dit ailleurs) il soit bien nécessaire qu'une œuvre d'art ait toujours pour autorités un parchemin par crime et un in-folio par passion; ce n'est pas non plus que j'aie la moindre crainte d'avoir calomnié Concino Concini : il n'était pas à cela près d'un coup de couteau, et je ne sais pas d'ancienne famille qui, en ce temps, n'ait eu son assassin; mais j'ai dit un mot de cela pour faire savoir que cette pensée d'une expiation inévitable qui remplit le drame, qui en corrobore la fable, et à laquelle j'ai fait céder quelquefois l'histoire, avait cependant une base plus solide qu'on ne l'a pu croire.

CONCINI.

Oui, un vendredi. Il me faut cette lettre à tout prix... entends-tu? à tout prix!

SAMUEL.

Quoi! voudriez-vous vous défaire de l'homme?

CONCINI.

Non, cela m'empêcherait de savoir où est ma lettre. Mais être aimé de la femme... ou, sinon aimé, du moins préféré... ou quelque chose de semblable... Je connais mes Italiennes... Il y a peu d'amants qui ne trouvent le secret du mari sur le chevet où il l'a laissé, et je rattraperai gaiement ma lettre.

SAMUEL.

C'est impossible, monseigneur.

CONCINI.

Eh quoi! n'est-elle pas sa femme?

SAMUEL.

Oui.

CONCINI.

Seule?

SAMUEL.

Oui.

CONCINI.

Pauvre?

SAMUEL.

Oui.

CONCINI.

N'est-il pas sombre et méchant?

SAMUEL.

Oui.

CONCINI, étonné et naivement.

Eh bien?

SAMUEL.

Mais elle l'aime.

CONCINI.

Bah! il faudra donc le tuer?

SAMUEL.

Probablement.

CONCINI

Mais es-tu sûr qu'elle l'aime ?

On frappe trois coups à la porte.

SAMUEL

Le voici. Ah ! monseigneur, pour tout l'or du tabernacle, je ne voudrais pas qu'il vous trouvât ici ; consentez à rester un moment dans ce cabinet, où vous pourriez loger deux mois sans être vu. Entrez, entrez, et vous verrez ce que sont ces singuliers jeunes gens.

CONCINI, *écoutant.*

Oh ! c'est toi, montagnard, c'est bien toi ! — Je reconnaîtrais son pas entre mille.

Il entre dans le cabinet.

Ouvre-lui quand tu voudras. Je veux voir le loup dans sa tanière

SCÈNE VIII

SAMUEL, BORGIA. *Il entre et referme la porte au verrou avec soin.*

BORGIA.

Qu'a fait Isabella ?

SAMUEL.

Rien ou peu de chose : elle a chanté.

BORGIA.

Qui a-t-elle vu ?

SAMUEL.

Personne.

BORGIA, *le regardant avec méfiance.*

Personne ?

SAMUEL.

Personne.

BORGIA.

Dites, je vous prie, à Isabella que je suis rentré.

Samuel sort.

SCÈNE IX

BORGIA, seul.

Eh! comment aurais-je été si inflexible? comment n'aurais-je pas tenté de l'avertir? Y a-t-il un homme qui ne l'eût prise en pitié après l'avoir vue? Si elle eût été seule ou peu accompagnée, je lui disais tout et je l'emmenais. Où l'aurais-je conduite? Ici peut-être! oui, ici, plutôt que de la laisser ainsi dormir sur un volcan. Penser que, ce soir, des hommes armés entreront dans ce tranquille palais, qu'ils jetteront dans la terreur ces femmes timides et gracieuses, c'est une insupportable idée. Voilà ce qui arrive quand on veut se venger: on va, on va, on va, et puis on se repent. J'ai été trop loin! (Il se promène.) Léonora m'oublie; je prends par dépit la première main qui se trouve: j'épouse Isabella, et je me crois heureux. Bah! la vengeance de Corse est née avec moi; elle me parle toujours à l'oreille. Elle me dit: « Concini l'a épousée! Concini triomphe! l'assassin Concini est aimé plus que toi! Concini est presque roi d'un grand royaume, Va, pars; renverse-le. » Je pars, me voilà, je vais frapper. Suis-je satisfait? Bah! et elle que j'ai vue! et elle qui est devenue plus belle cent fois qu'elle n'était! et elle que je ne hais plus! la laisserais-je attachée à celui que l'on veut renverser? Je veux lui parler en secret; elle doit m'entendre. « Nous serons donc seuls, » pensais-je. Bah! elle me reçoit au milieu de vingt personnes, au milieu d'une cour empesée et frivole. J'ai bien fait de sortir de son hôtel brusquement et sans parler, sans saluer. Les Français en ont ri: ils rient de tout; ils riraient de leur damnation! — Oh! si seulement cette voix grave et tendre m'eût dit: « Borgia, je me souviens de notre amour! » Si elle se fût repentie!... N'importe! qu'elle vive heureuse et puissante! Je renonce aux complots: je l'ai vue! je ne la verrai plus. Règne, règne, heureux Concini! La cour seule d'un roi de seize ans ne te détrônerait pas; règne donc, ô favori; je te laisse la place. Je ne veux plus me venger, même de toi. J'ai revu Léonora: tout est fini... Oui, oui, c'est là ce qui convient. La force contre un homme; mais, pour toute femme, pitié!...

SCÈNE X

BORGIA, ISABELLA.

ISABELLA, vivement et lui sautant au cou.

Bonjour, enfin, bonjour. Il est bien tard. Qu'avez-vous donc fait ?

BORGIA, se détournant.

J'ai perdu mon temps.

ISABELLA.

Est-ce pour cela que vous ne voulez pas m'embrasser ?

BORGIA.

Je ne suis pas bien portant.

ISABELLA.

Vous êtes allé hors de Paris hier. Pourquoi cela ?

BORGIA.

Pour voir une terre et un château.

ISABELLA.

Et, le soir, vous êtes allé au Louvre ? As-tu vu la reine ? Quel âge a-t-elle ?

BORGIA, se détournant.

Quarante-trois ans.

ISABELLA.

Ressemble-t-elle au prince Cosmo ? Irai-je bientôt aussi au Louvre ? Et le roi, l'as-tu vu ? Quel âge a-t-il ?

BORGIA, assis, frappant du pied.

Seize ans.

ISABELLA, s'appuyant sur son épaule.

Ah ! pauvre enfant ! déjà roi ! Qu'il doit être joli à voir ! La reine porte-t-elle des perles ?

BORGIA.

Nous allons bientôt retourner à Florence.

ISABELLA.

A Florence ? et pourquoi cela ?

BORGIA.

Parce que Paris est dangereux pour vous.

ISABELLA.

Dangereux! je ne connais de Paris que ma chambre, et de Parisiens que le vieux juif.

BORGIA.

N'avez-vous parlé à personne de vous et de moi?

ISABELLA.

A personne au monde. J'ai dormi et chanté. Seule, toute seule... Je m'ennuyais.

BORGIA.

Eh bien, nous partirons, parce que vous vous ennuyez, seule ici.

ISABELLA.

Non, non, je ne m'ennuie pas. J'aime la France. Restons, je vois passer tant de monde.. Que tu es inconstant! Pourquoi vouloir partir? Et tes projets d'ambition? et cette grande dame que tu devais voir? ces hauts emplois que tu devais demander? Plus rien de tout cela! — Est-elle jolie?

BORGIA, la repoussant.

Ne me parlez jamais d'elle ni de ces puérilités.

ISABELLA, boudant.

Je n'irai donc pas à la cour de la reine?

BORGIA.

Une cour pleine de corruption! Il faut partir.

ISABELLA.

Ah! que je voudrais te voir grand écuyer du roi!

BORGIA se lève avec colère, et se promène dans la chambre, oubliant Isabella.

(Très-haut). Orgueil! orgueil! C'est là leur péché mortel! c'est ce qui l'a rendue insensée! Dix dames d'atour, des grands seigneurs, des pages pour tenir sa robe. Pour m'humilier, m'éblouir! Orgueil! orgueil! C'est ce qui la rend folle, folle et aveugle! Comment la sauver?

ISABELLA, étonnée.

Il ne me faut pas de pages, ni de dames!

BORGIA s'arrête et passe la main dans ses cheveux.

Ai-je dit cela? C'est alors moi qui suis fou, c'est l'air de la cour que j'ai respiré.

SCÈNE XI

Les Mêmes, SAMUEL, un Page, qui attend à la porte entr'ouverte.

SAMUEL.

Un page en livrée rouge, jaune et noire, vous apporte ceci.

BORGIA, lisant.

« Puisque vous le voulez : A quatre heures. Seule. Sous votre garde ! » (Avec transport.) Oh ! sous la garde des esprits célestes... Léonora ! ton étoile a voulu ton salut... Je te préserverai... Je vais à toi... (A Isabella, brusquement.) Vous resterez en France. — Je n'ai rien juré contre toi, Léonora : j'ai soulevé ces hommes contre le vil Concini seulement. (A Isabella, plus doucement.) Vous irez à la cour. — Je ne lui parlerai pas du temps passé... Point d'attendrissement... ce serait de la faiblesse... Rien de tout cela, rien... Non, non, point de cela. (A Isabella.) Vous verrez la reine, le roi, les pages et tout le reste. — Ce serait lâcheté que de demander grâce à une femme... Si elle oublie, j'oublie aussi, moi... Mais je la préserverai... Oui, j'en ai la puissance... Je la sauverai, ou j'y demeurerai. (A Isabella.) Je reviendrai cette nuit très-tard... (A lui-même.) Et qu'est-ce que le plaisir de la vengeance à côté des ineffables joies de l'amour ?.... D'ailleurs...

Il sort en parlant toujours, et, en prononçant des mots inintelligibles, il suit le page avec distraction ; il court, et s'enfuit en enfonçant son chapeau à larges bords sur sa tête, jusqu'aux yeux.

SCÈNE XII

ISABELLA, SAMUEL.

ISABELLA.

Qu'a-t-il dit là, bon Samuel ? Il a parlé français si vite, que je ne l'ai pas compris.

SAMUEL.

Il a parlé en français, en effet. Mais voulez-vous entendre chanter votre langue italienne ? Il y a là un de mes amis, un pauvre musicien que je loge, et qui sait des airs de votre pays. C'est un Florentin.

ISABELLA, regardant la porte que Borgia a ouverte.

Chanter ? Non. Oh ! je ne peux pas entendre chanter à présent. Chanter ? Oh ! non, bon Samuel. Non, certainement. Ne voyez-vous pas qu'il est égaré ? Qu'a-t-il donc dit en partant ? Je ne puis savoir ce qu'il a dit. Jamais il n'a parlé si vite ni si haut ! Plus tard, j'entendrai chanter, Samuel. Cette nuit, à dix heures ; j'aurai dormi un peu. Ce soir ! Dis-le à ton ami, Samuel, à ce soir... (Elle se retire lentement.) A ce soir... (Un signe de tête.) Ce soir... (Elle pleure, et sort.)

SCÈNE XIII

SAMUEL, CONCINI.

CONCINI sort du cabinet et serre la main à Samuel.

Elle est charmante ! son mari la néglige. A ce soir ma musique avec elle ; je l'interrogerai sur la lettre... (A part.) et un peu aussi sur la grande dame. (Haut, à Samuel.) Pourquoi est-il sorti si précipitamment ? (Il sort en interrogeant le vieux Samuel.)

Concini s'en va en parlant de la *grande dame*; puis il s'arrête tout à coup pour dire les derniers mots. Samuel n'y répond qu'en balbutiant et se sauvant, comme il se sauvait de Fiesque au premier acte.

ACTE TROISIÈME

La chambre à coucher de la maréchale.

SCÈNE PREMIÈRE

MADAME DE ROUVRES et MADAME DE MORET,
Dames de la maréchale.

L'une arrange une cassette et l'autre une tapisserie.

MADAME DE ROUVRES.

Mais, en vérité, madame de Moret, vous n'y pensez pas.

MADAME DE MORET.

Quand madame d'Ancre veut recevoir cet homme ici, voulez-vous que je l'en empêche ? Je suis bien décidée à ne prendre sur ma conscience que mes péchés.

MADAME DE ROUVRES.

Et quel est donc cet homme ?

MADAME DE MORET.

Que sais-je ? un pauvre Italien ruiné qui vient demander la charité. Ne croyez pas qu'il soit digne de la moindre attention de la part de la marquise.

MADAME DE ROUVRES.

Voici quelque chose qui mérite bien plus d'attention. Voyez ces hommes armés qui rôdent devant les portes, sur le quai. Voyez combien ils sont, combien avec des manteaux, combien avec des épées !

MADAME DE MORET.

Je sais si bien ce qui se prépare, que j'ai envoyé hors du Louvre mes deux cassettes de bijoux.

MADAME DE ROUVRES.

Et pourquoi n'avertissez-vous pas madame la marquise ?

MADAME DE MORET.
Tout le peuple est contre le maréchal d'Ancre.
MADAME DE ROUVRES.
Il faudrait le lui faire savoir.
MADAME DE MORET.
Le roi va renverser sa mère et Concini.
MADAME DE ROUVRES.
La maréchale ne s'en doute pas : que ne parlez-vous ?
MADAME DE MORET.
Ah ! depuis quelques jours, je sais des choses, par le petit abbé de Chaulnes, qui se fourre partout ! Je sais des choses !
MADAME DE ROUVRES.
Et pourquoi ne pas les dire ?
MADAME DE MORET.
Eh ! mon Dieu ! que ne le faites-vous vous-même, vous qui lui êtes attachée depuis six ans ?
MADAME DE ROUVRES.
Et vous, madame, qu'elle a comblée des faveurs de la cour !
MADAME DE MORET.
Vous dont le mari est grand veneur.
MADAME DE ROUVRES.
Vous dont le frère est gouverneur du Béarn.
MADAME DE MORET.
Tenez, il est difficile de dire crûment ces choses-là !
MADAME DE ROUVRES.
Et bien, je l'avoue, je pense comme vous. Tout ce que l'on peut faire, c'est de mettre sa famille en sûreté : j'ai envoyé la mienne dans mes terres.
MADAME DE MORET.
Comment donc ! mais c'est un devoir ! le seul devoir même d'une mère de famille.
MADAME DE ROUVRES.
En effet, quand j'y réfléchis, de quelques mots qu'on se serve pour dire : « Madame la maréchale d'Ancre, vos affaires sont perdues, le parti des mécontents triomphe, vous avez contre vous le roi et le peuple, votre mari va être arrêté demain ou après, » cela veut toujours dire : « Madame la maréchale, vous êtes sans esprit, sans prévoyance ; votre mari est un sot impor-

tant, et tout ce que je vous dis, vous devez le savoir mieux que moi. » Tout cela est fort désagréable à dire en face.

MADAME DE MORET.

Comment donc ! très-certainement. — Et cela convient-il à des femmes ?

MADAME DE ROUVRES.

Fi donc ! cela serait grossier. Ce qu'on nomme franchise est du dernier mauvais ton.

MADAME DE MORET

Que vous avez l'esprit juste, madame de Rouvres ! ah ! que vous voyez bien ! (Elle lui serre la main.) Et, d'ailleurs, si le mal qu'on lui annoncerait n'arriverait pas !

MADAME DE ROUVRES.

Encore ! encore cela ! Oui.

MADAME DE MORET.

On serait bien vue après une belle prédiction bien sinistre !

MADAME DE ROUVRES.

Et bien venue pour demander des grâces !

MADAME DE MORET.

Oui, n'est-ce pas ? Et présentez-vous ensuite devant une femme de son caractère !

MADAME DE ROUVRES.

C'est impossible.

MADAME DE MORET.

C'est impossible, en vérité.

MADAME DE ROUVRES.

Ah ! vous êtes charmante.

MADAME DE MORET, l'embrassant.

Personne ne comprend mieux que vous le grand monde.

MADAME DE ROUVRES.

N'est-ce pas son aventurier qui vient ?

MADAME DE MORET.

Non, c'est elle. (Allant au devant de la maréchale.) Ah ! madame, la belle journée qu'il fait aujourd'hui ! — Faut-il recevoir les gens qui se présenteront ? — Ne sortez-vous pas ? J'ai vu atteler vos chevaux.

SCÈNE II

Les Mêmes, LA MARÉCHALE.

LA MARÉCHALE.

Non, non, madame de Moret, je ne sors pas ce matin, et vous n'introduirez, s'il vous plaît, que la personne que j'ai désignée à madame de Rouvres. (A part.) O mon cœur, mon cœur, renferme toutes tes larmes, quand elles devraient te suffoquer! Soyez assez bonnes pour me donner ce métier et la tapisserie : je veux travailler. (Elle s'établit à broder.) M. d'Ancre doit être près d'Amiens aujourd'hui.

MADAME DE MORET.

Ah! sans nul doute, madame : le temps est si beau! et tout ce qu'il fait lui réussit.

MADAME DE ROUVRES.

Il est né sous la plus heureuse étoile!

LA MARÉCHALE.

Est-ce que vous croyez aux étoiles ? Vous... superstitieuse !

MADAME DE ROUVRES.

A la vôtre, madame.

LA MARÉCHALE.

Oh! flatteuse, flatteuse, taisez-vous. (Elle lui donne la main.) Eh bien, moi aussi, je crois un peu à la prédestination. Laissez-moi y penser; voulez-vous? Adieu, adieu.

MADAME DE MORET.

Voici, je crois, ce gentilhomme italien, M. de...

LA MARÉCHALE.

N'importe le nom... n'importe... Allez, mes amies, allez... (avec doute.) Mes amies !...

SCÈNE III

MADAME DE MORET rentre, et soulève la portière tapissée, pour introduire BORGIA. Les Dames se retirent. Il entre sans saluer, le chapeau à la main, et se place debout devant LA MARÉCHALE qui n'ose lui parler.

BORGIA.

C'est moi.

LA MARÉCHALE, travaillant vite, avec une agitation nerveuse.

Je suis vraiment heureuse de vous revoir, monsieur de Borgia. Je vous assure que je n'ai rien oublié de notre enfance et que tous mes anciens amis sont présents à ma pensée. Les familles de Scali et d'Adimari habitent-elles toujours Florence ?

BORGIA.

Le temps va vite, madame : nous en avons bien peu pour nous parler ainsi...

LA MARÉCHALE, toujours les yeux baissés.

Mais... puis-je vous parler d'une autre manière ? puis-je vous parler comme avant mon mariage ? C'est le temps qui nous a séparés, c'est la destinée, c'est...

BORGIA.

Non, ce n'est pas tout cela, madame. Regardez-moi.

LA MARÉCHALE.

C'est la nécessité d'obéir à madame Marie de Médicis. Concini me trompa et publia votre mort. Ce fut presque la mienne ; et à présent ce qui nous sépare, c'est l'habitude même de la séparation, c'est la différence de nos positions, c'est...

BORGIA.

Regardez-moi. Si vous me regardiez une fois seulement, vous diriez autre chose et autrement. (Il lui prend la main avec tristesse et douceur.)

LA MARÉCHALE. Elle tombe le front sur sa main.

Eh bien, eh bien, Borgia, pardonnez-moi, si c'est là ce qu'il vous faut ; pardonnez-moi.

BORGIA, avec ironie.

Vos serments, Léonora, étaient des serments passionnés ; je

ne les ai point oubliés, moi. Les champs, les fleuves, la mer, les églises, les croix, les madones, tout, à Florence, tout, dans nos montagnes, en était témoin. Vous les disiez avec des pleurs, vous les écriviez avec du sang. Tout cela s'efface, tout cela tient peu... Ah! ah! (Il rit amèrement.) Que sent-on, s'il vous plaît, dans son cœur, lorsqu'on trahit un serment? Que croyez-vous, madame, qu'il devienne dans le ciel lorsqu'il y fut accepté?

LA MARÉCHALE.

Grâce! grâce!

BORGIA.

C'est qu'alors nous étions heureux, brûlants et purs comme le ciel italien. On nous crut frère et sœur en voyant notre amitié, et l'on ne cessa de le croire qu'en voyant notre amour. Mais à présent...

LA MARÉCHALE.

Oh! pas davantage. Vous me faites bien mal!

BORGIA.

Et à présent, au lieu d'être la pauvre et bien-aimée Galigaï, vous êtes la femme d'un vil favori.

LA MARÉCHALE, se levant avec fierté.

Ah! cela n'est pas! Concini est votre ennemi; il n'est pas noble à vous d'en parler ainsi.

BORGIA.

Je puis en parler ainsi, car il est triomphant et tout-puissant. Asseyez-vous; je n'ai pas tout dit. Répondez-moi vite, car nous avons bien peu de temps à nous parler. Il me faut savoir si vous avez mérité les malheurs qui vous viendront.

LA MARÉCHALE.

Quels malheurs? qui me menace? que voulez-vous dire?

BORGIA, élevant les bras au ciel.

Eh quoi! ne le savez-vous pas?

LA MARÉCHALE.

Non, en vérité, je ne le sais pas.

BORGIA.

Ne savez-vous pas ce que fait Paris depuis deux jours?

LA MARÉCHALE.

Non, je ne le sais pas.

BORGIA.

pitié ! pitié ! éternelle pitié ! De la haine, vous n'en méritez point.

LA MARÉCHALE.

Mais que voulez-vous dire ?

BORGIA.

Le pouvoir et la richesse sont deux murailles impénétrables à tous les bruits. Malheur à ceux qui s'y renferment !

LA MARÉCHALE.

Borgia, chaque regard et chaque mot de vous me remplit d'effroi.

BORGIA.

Vous et lui, lui et vous ! puisque vous êtes unis ! ne sentez-vous pas la terre qui tremble sous vos pas ? Votre fortune est trop haute, madame : elle va crouler.

LA MARÉCHALE.

Et pourtant tout nous a réussi.

BORGIA.

Pour votre malheur.

LA MARÉCHALE.

Le peuple de Paris ne m'aime-t-il pas ?

BORGIA.

Il ne vous connaît pas.

LA MARÉCHALE.

J'ai fait tant de bien !

BORGIA.

Il ne le sait pas.

LA MARÉCHALE.

J'ai donné tant d'argent !

BORGIA.

Il ne l'a pas reçu.

LA MARÉCHALE.

On m'a dit qu'il détestait Luynes et les mécontents.

BORGIA.

Eh ! Paris est à eux. Qui vous a dit de telles choses ?

LA MARÉCHALE.

Qui ? Le maréchal de Thémines, M. de Conti, M. de Monglat,

le conseiller Déageant, l'évêque de Luçon, tous les gens de la cour.

BORGIA.

Ils ont tous traité d'avance avec M. de Luynes et le prince de Condé, vos ennemis. Le marché est passé.

LA MARÉCHALE.

Quel marché?

BORGIA.

Votre tête, Louis XIII maître absolu, sa mère exilée.

LA MARÉCHALE, stupéfaite.

Est-ce un rêve que ceci?

BORGIA.

Non, c'est un réveil.

LA MARÉCHALE.

Hélas! ils m'ont donc aveuglée?

BORGIA.

Hélas! ils vous ont traitée en reine! — Quoi! Concini n'a rien prévu? Comment donc le sauver?

Se promenant avec agitation.

Ah! maudite à jamais l'étiquette empesée qui sépare du monde tous les grands! maudite soit la politesse criminelle qui peint sur les plus nobles visages le souple consentement du flatteur! On parle, vous n'entendez pas; on écrit, vous ne lisez pas! Vous ne voyez rien! vous ne savez rien! Vos lambris dorés sont des grilles!

LA MARÉCHALE.

Calmez-vous! calmez-vous!

BORGIA.

Et votre reine tombe avec vous! et vous êtes aveugle, et vous aveuglez les autres!

Revenant à elle, avec colère.

Éh! de quoi se mêlait une faible femme? Aller se charger des destinées d'un grand royaume! Tout ce qu'une main d'épée peut faire, une main de fuseau l'entreprend! Il n'y a que les femmes d'Europe qui soient telles. Les chrétiens se trompent... Au sérail!... au sérail!...

LA MARÉCHALE se lève.

Du mépris, Borgia?

BORGIA, avec désespoir.

Non, du désespoir... Tu vas mourir bientôt.

LA MARÉCHALE, avec calme, après avoir réfléchi.

En vérité, vous vous méprenez. Je sais cela mieux que vous; tout est calme, tranquille, et l'avenir est sûr pour nous.

BORGIA.

L'avenir a deux heures à vous donner, tout au plus.

LA MARÉCHALE.

Et comment l'avez-vous appris?

BORGIA.

Répondez, répondez! Le mal que Concini a fait, en êtes-vous complice?

LA MARÉCHALE.

Le mal?

BORGIA.

Ses exactions en Picardie, ses rapines partout, ses violences dans Paris, qui en soulèvent tout le peuple contre lui...

LA MARÉCHALE.

Mais le peuple de Paris ne se mêle de rien; tout se passe entre le maréchal d'Ancre, le prince de Condé et M. de Luynes. J'ai fait arrêter M. le Prince : tout est fini.

BORGIA.

L'intérieur du palais est tout ce que vous voyez. Mais, répondez-moi, qu'avez-vous fait de mal dans tout ce mal? Dites-moi quelque chose qui puisse vous excuser; je veux vous sauver. Enfin, *le crime du vendredi*, l'avez-vous su?

LA MARÉCHALE.

Ce jour-là fut toujours malheureux pour moi.

BORGIA.

Et la rue de la Ferronnerie?

LA MARÉCHALE.

Quoi!

BORGIA.

Un roi si bon qu'il avait fait aimer le pouvoir absolu!

LA MARÉCHALE, tremblante.

Eh bien?

BORGIA.

Henri IV...

LA MARÉCHALE.

Eh bien?

BORGIA.

C'est Concini qui l'a fait tuer ; c'est pour cela qu'il mourra.

LA MARÉCHALE.

Prétexte ! cela n'est pas.

BORGIA.

J'en ai la preuve, je l'apporte.

LA MARÉCHALE.

Et pourquoi, grand Dieu, l'apporter ?

BORGIA.

Afin qu'il tombe. Je veux sa mort, je veux sa mort, parce qu'il m'a ôté la vie en m'ôtant ta main. J'aime tous ses ennemis et je hais tous ses amis. J'ai épousé toutes les haines qu'il a soulevées, j'ai adopté toutes les vengeances, justes ou non, les premières venues. Mais vous, je veux vous sauver, parce que vous vous êtes souvenue de moi. Cela m'a touché.

LA MARÉCHALE.

Et moi, je ne le veux pas. Vous voulez tuer le père de mes enfants. Si vous aviez tenu à nos souvenirs, auriez-vous poursuivi cette vengeance ? C'est Luynes qui vous a suscité. Vous revenez à moi le stylet à la main.

BORGIA.

Le stylet ! Concini s'en est servi plus que moi ; peut-être ne le saviez-vous pas !

LA MARÉCHALE.

Nommez-le ambitieux, perfide, vous en avez le droit : il nous a trompés, trompés tous les deux. Mais ne le dites pas assassin : je n'y crois pas. C'est par haine que vous êtes venu ici, non par amour.

BORGIA.

Pour vous les deux.

LA MARÉCHALE.

Eh bien, quelle preuve enfin avez-vous contre lui?

BORGIA.

Il a écrit à l'homme.

LA MARÉCHALE.

A quel homme ?

BORGIA.

A Ravaillac. Et il y a au bas de sa lettre une écriture de femme. Pas la vôtre, grâce au ciel !

LA MARÉCHALE.

Oh ! horrible à entendre ! horrible à penser !

BORGIA.

Que vous importent ces secrets d'État ? Vous les ignoriez, n'est-ce pas ?

LA MARÉCHALE.

Oh ! profondément.

BORGIA.

Votre hôtel sera entouré tout à l'heure par le peuple armé. Préparez-vous à me suivre.

LA MARÉCHALE.

Sauvez-vous mon mari ?

BORGIA.

Je n'en sais rien. Mais qu'importe ! Il est loin de Paris, en sûreté.

LA MARÉCHALE.

Comment le savez-vous ? Sur qui avez-vous autorité ? Qu'êtes-vous venu faire en France ?

BORGIA.

Je vous le dis, le tuer si je le rencontre jamais ; sinon, les autres le laisseront échapper.

LA MARÉCHALE.

Oh ! par pitié, faites cela ! ce sera plus digne de vous. N'usez jamais de ces lettres !

BORGIA.

Avouez donc que ce Concini est un infâme, et je serai content.

LA MARÉCHALE, baissant les yeux.

Il est mon mari.

BORGIA, sombre.

Oh! que je vous entende parler de lui comme je fais, et je suis vengé, et je suis satisfait!

LA MARÉCHALE.

Il est mon mari.

BORGIA.

Dites seulement que vous ne l'avez jamais aimé; seulement cela, et je rends ces lettres à vous ou à lui.

LA MARÉCHALE.

Lui rendrez-vous ces lettres?

BORGIA.

Cela ne le sauvera que du roi; mais je le ferai, je vous les rendrai à vous-même.

LA MARÉCHALE.

Elle s'approche de la porte, et l'ouvre pour ne plus être seule avec Borgia, et fait un geste pour appeler madame de Rouvres; puis revient et tire de son sein un portrait.

Voilà ma réponse, Borgia : c'est votre portrait.

BORGIA.

Quoi! vous l'aviez gardé!

LA MARÉCHALE.

C'était pour vous pleurer. Maintenant, par pitié, ne m'en parlez pas! je vous le rendrais. Madame de Rouvres, amenez mes enfants!

Madame de Rouvres paraît et sort à l'instant. La Maréchale se rassied, et prend la main de Borgia.

Asseyez-vous près de moi; calmons-nous. Ne me parlez pas, je vous en supplie, pendant un instant. Vous m'avez troublée jusqu'au fond du cœur: c'est une grande faiblesse à moi; mais vous reparaissez ici avec des souvenirs d'amour et des cris de haine; les uns m'effrayent pour moi, les autres pour ma famille. Écoutez, je ne suis plus à moi; je suis épouse, je suis mère; je suis amie d'une grande reine et comme gouvernante d'un grand royaume. J'ai besoin de toute ma force. Oh! par grâce, ne me l'ôtez pas en un jour. Dites vrai, dites tout. Je ne vous demande pas le nom des conjurés, mais seulement ce qu'ils doivent faire. Puisque enfin vous aviez voulu me sauver, que ne les avez-vous arrêtés?

BORGIA.

Je le pouvais pour quelques heures, et je l'ai fait. C'est le temps que nous perdons ainsi.

LA MARÉCHALE.

En sommes-nous donc là? Eh bien, ne pensez plus à me sauver, car il est trop tard.

Les enfants entrent avec madame de Rouvres.

Voici mes deux enfants; prenez-les tous deux en pitié.

SCÈNE IV

Les Mêmes, MADAME DE ROUVRES entre, tenant une Jeune Fille dans son bras droit et conduisant par la main LE COMTE DE LA PÈNE, jeune garçon de dix ans, portant l'épée au côté avec plusieurs ordres au cou. La maréchale va au devant d'eux, prend sa fille dans ses bras et son fils par la main.

LA MARÉCHALE.

Laissez-les moi, madame de Rouvres; je vous les rendrai quand on me les aura rendus à moi-même : je ne sais pas quel jour; ce jour-là est écrit là-haut. Ce que je dis ne vous surprend-il pas?

MADAME DE ROUVRES.

Je ne dois pas empêcher madame la marquise de faire une chose que je crois prudente.

LA MARÉCHALE.

Prudente, madame! Vous craignez donc quelque chose? Vous ne m'en parliez pas.

MADAME DE ROUVRES.

Il y a des temps, madame, des situations qui rendent plus circonspect qu'on ne voudrait l'être. J'aimais trop vos enfants pour les quitter sans peine; mais je crois qu'il est sage de les éloigner.

LA MARÉCHALE, pâlissant et émue, considère attentivement le visage de madame de Rouvres.

Voilà qui m'étonne beaucoup. Allons! c'est bien; rentrez, madame, rentrez.

A ses enfants froidement.

Embrassez-la... dites-lui adieu.

LE COMTE DE LA PÈNE, avec méfiance.

Adieu, madame, adieu. Je vous remercie des bontés que vous avez eues pour nous.

Madame de Rouvres sort, la tête baissée.

LA MARÉCHALE.

Ah! cette femme m'a fait trembler, avec son air contraint et forcé. Tout ce que vous dites est vrai, je le sens; je sens qu'un grand malheur m'enveloppe; je vous connais, d'ailleurs, vous êtes du sang de Borgia. Si c'est vous qui avez résolu ce qui doit arriver, je sens que cela ne peut pas changer; vos colères italiennes sont inaltérables. Vous et Concini, vous nourrissez une haine dont j'ai été la cause bien innocente. Mais n'importe! si votre parti est pris, le mien l'est aussi. Comme il y a eu quelque chose de généreux à venir vous-même ici dire : « Je vais vous perdre et j'ai conspiré avec vos ennemis; » moi, je vous dis : Vous êtes dans mes mains; je pourrais vous faire arrêter. Mais vous vous êtes souvenu de votre amour pour m'avertir : je m'en souviendrai pour me confier à vous. Voici les otages que je vous donne.

BORGIA.

Quoi! les enfants de...?

LA MARÉCHALE.

Oui, les enfants de Concini. Et, si vous êtes un galant homme, vous les sauverez. Donnez-moi votre main, promettez-moi leur vie. Après moi et leur père, après vous-même, qu'on les donne à M. de Fiesque. Voilà ce que je veux : si je suis en péril de mort, vous le savez mieux que moi. Je n'y veux plus penser. Acceptez-les; nous voilà tous dans vos mains.

BORGIA.

Eh! ne voyez-vous pas bien qu'après tout je suis venu pour vous revoir et vous sauver?

LA MARÉCHALE.

On vient. Quelque nouvelle qu'on m'apporte, je compte sur votre parole.

Elle pose sur la table le portrait de Borgia, qu'elle avait ôté de son sein.

SCÈNE V

Les Mêmes, FIESQUE, D'ANVILLE, THÉMINES,
Un Page soulève la portière tapissée, et introduit ces gentilshommes.

LA MARÉCHALE. Elle s'assied entre ses deux enfants, et caresse
la tête de l'aîné avec distraction.

Eh bien, messieurs, vous avez un air riant qui rassurerait les plus timides. Que nous apprendrez-vous ?

FIESQUE.

Ah ! madame, les plus plaisantes choses du monde ! M. l'évêque de Luçon est arrivé ce soir même à Paris, on ne sait pourquoi, et la reine lui a dit : « Monsieur de Richelieu, c'est signe de bonheur de vous voir chez soi. » Je n'ai jamais tant ri, en vérité, madame : sa figure était plaisante.

D'ANVILLE.

Et il a salué en se mordant les lèvres, n'est-il pas vrai, monsieur de Thémines ?

THÉMINES.

Ma foi ! il y avait là de quoi le faire réfléchir.

FIESQUE.

On ne parlait que de cela chez madame la princesse de Conti.

LA MARÉCHALE, à Borgia, qui reste sombre et appuyé
sur le fauteuil.

Vous voyez de quoi l'on s'occupe. N'avais-je pas raison d'être tranquille ?

BORGIA, à demi-voix.

S'ils ne sont pas fous, c'est moi qui le suis !

LA MARÉCHALE.

Et de quoi parle-t-on dans Paris, monsieur le maréchal ?

THÉMINES.

Du nouveau connétable, madame : on se demande quand M. le marquis d'Ancre reviendra pour en recevoir l'épée fleurdelisée. On s'assemble pour en parler devant votre hôtel.

LA MARÉCHALE, à Borgia.

C'est donc à cela que tout se réduit ?

BORGIA, à demi-voix.

Ces vieux enfants... comme ils dansent légèrement sur une corde qui les soutient ! Tous frappés de vertige, sur mon âme !

SCÈNE VI

Les Mêmes, CRÉQUI, MONGLAT, quelques Gentilshommes de Concini. Monglat salue précipitamment; il est un peu agité.

LA MARÉCHALE.

Dit-on quelque chose aujourd'hui, messieurs ?

Après la réponse de Créqui, elle parle bas à Fiesque.

CRÉQUI.

On parle beaucoup du nouveau président au Parlement, madame. (Bas, à Thémines.) Ah çà ! il paraît qu'elle ne se doute de rien. Le roi va exiler la reine mère.

THÉMINES, bas.

Elle est d'une tranquillité surprenante. Je crois bien qu'elle sait ce qui arrive, mais qu'elle nous cache ses impressions. Elle est aux premières loges pour voir, et elle sait bien des choses que nous ignorons.

MONGLAT.

On dit que M. de Bouillon fait quelques tentatives. (Bas à Thémines.) Mais à quoi songe-t-elle ? Savez-vous que le peuple s'assemble sous les fenêtres et que mes chevaux ont eu peine à passer ?

THÉMINES, à demi-voix.

Oh ! vous pensez bien qu'on a pris des précautions. Autrement, son sang-froid serait inexplicable.

SCÈNE VII

Les Mêmes, MADAME DE ROUVRES et MADAME DE MORET.

On entend des cris sourds ; une rumeur prolongée.

BORGIA, à la maréchale, à ce bruit.

L'entendez-vous? l'entendez-vous? C'est la grande voix du peuple.

MADAME DE MORET.

Ah! madame! la reine est arrêtée chez elle.

MADAME DE ROUVRES.

Et le roi a donné ordre de faire murer toutes ses portes.

MADAME DE MORET.

Excepté une que gardent les mousquetaires.

LA MARÉCHALE, se levant.

C'est par celle-là que j'entrerai.

BORGIA.

Cherchez-en une pour sortir, madame.

LA MARÉCHALE.

Je vais près de la reine : elle est trahie.

THÉMINES.

Il serait plus prudent de demeurer ici, madame.

LA MARÉCHALE.

Allez, mesdames, allez toutes les deux chez la reine de ma part. Passez par mes appartements, et dites-lui que tous les amis du maréchal d'Ancre lui sont dévoués. Revenez sur-le-champ me répondre. On a profité de l'absence de mon mari.

Elles sortent.

Ne le remplacerez-vous pas, messieurs?

FIESQUE.

Je vais le premier, madame, savoir ce que signifie cet ordre du roi. C'est cet intrigant de Luynes qui l'aura suggéré.

Il sort.

LA MARÉCHALE.

Que je vous remercie! Allez et revenez vite, monsieur.

Monsieur de Thémines, si vous m'aimez, allez assembler nos gentilshommes, et...

BORGIA.

Il n'a pas le temps, madame. Retirez-vous.

THÉMINES, montrant Borgia.

Savez-vous bien qui vous recevez, madame? Cet homme a été vu partout. Il joue deux rôles, je vous en préviens.

Rumeurs du peuple.

LA MARÉCHALE.

Revenez sur-le-champ, je vous répondrai.

Thémines sort.

BORGIA.

Eh! ils n'ont pas su vous conseiller, ils ne sauront pas vous défendre. Allez tous saluer Louis XIII, messieurs, vous êtes libres.

MONGLAT.

Vous êtes bien libre ici vous-même, mon petit Corse.

BORGIA.

Plût à Dieu que libre aussi fût mon bras... (A la maréchale.) Près de moi, près de moi, c'est la seule place pour vous.

CRÉQUI.

Où cet homme prend-il ses familiarités?

LA MARÉCHALE.

Allez, Créqui, allez, puisque personne ne retourne ici... Bon Dieu! je ne sais ce qui leur arrive... Personne, personne ne revient, ni de chez la reine, ni de la ville... Les fait-on périr à mesure, ou m'abandonnent-ils l'un après l'autre?

CRÉQUI.

Le peuple crie... Je vais m'informer...

MONGLAT.

On n'entend rien distinctement... Je vais voir...

Ils s'éloignent et sortent.

BORGIA.

Près de moi, près de moi, ou vous êtes perdue!

LA MARÉCHALE.

Non, je veux me montrer; je veux voir et être vue. Ouvrez! ouvrez cette fenêtre!

Elle ouvre, une grêle de balles brise la fenêtre.

BORGIA.

Imprudente!

Il l'entraîne hors du balcon.

LA MARÉCHALE.

Elle revient, mais pâle, froide et grave, regardant Borgia et les gentilshommes. Elle remarque une balle de plomb.

(Avec ironie.) Des balles, messieurs! On me traite en homme, et en homme de guerre. C'est un honneur auquel je ne m'attendais pas. (Avec effusion, à Borgia.) Ah! vous aviez raison. Prenez mes enfants et partez. Que la bonté céleste vous accompagne! O mes enfants, mes consolations! Embrassez-moi! vite! vite! embrassez-moi!

LES ENFANTS.

O madame ma mère, madame! madame!

BORGIA.

On vient...

LA MARÉCHALE, avec hauteur.

Qui?... Eh bien, que me veut-on? C'est vous, monsieur le conseiller? — Qu'y a-t-il? Le favori renverse la favorite aujourd'hui; c'était hier le contraire. Voilà tout.

SCÈNE VIII

Les Mêmes, DÉAGEANT, suivi de Gardes du corps.

DÉAGEANT.

Vous êtes arrêtée, madame, et je vais vous conduire d'ici à la Bastille.

BORGIA, à Déageant.

La voici... prenez-la... une prison est plus sûre pour elle. Les échelles sont placées au balcon.

Il ouvre la porte des appartements.

Allez, messieurs! je vous la livre, moi. Allez... emmenez-la.

LA MARÉCHALE, embrassant ses enfants.

Adieu! adieu! Oh! sauvez-les, monsieur, sauvez-les. Otez-les-moi, et sauvez-les, Borgia!

DÉAGEANT, *prenant le portrait sur la table.*

Mettez ceci à part; rien n'est indifférent dans cette affaire.

Les gardes emmènent la maréchale avec précipitation. Les gentilshommes de Concini se retirent après avoir essayé de concerter une résistance d'un moment, sans réussir à s'entendre.

SCÈNE IX

BORGIA, PICARD, puis LE PEUPLE.

LE PEUPLE, *en dehors.*

Concini! Concini! Mort à Concini!

BORGIA, *allant au balcon.*

Picard, où es-tu?

PICARD.

Ouvrez-moi! me voici.

BORGIA. *Il ouvre; un flot d'hommes armés entre par la fenêtre.*

Concini est parti. Sa femme est arrêtée. Tout est à vous, excepté ceci.

Il enveloppe la petite fille dans son manteau, et, prenant le jeune garçon par la main, traverse la foule et sort.

PICARD.

Ne versons pas une goutte de sang, et ne prenez pas une pièce d'or.

HOMMES DU PEUPLE.

Mettez le feu à leur palais.

PICARD. *Il hausse les épaules en les voyant faire.*

Et qu'y gagnerons-nous?

Le peuple commence le pillage.

ACTE QUATRIÈME

La chambre du juif; la même qu'au deuxième acte.

Concini est assis sur une chaise longue, et à demi couché. Isabella, debout à quelque distance, le regarde avec défiance, et reste comme prête à s'échapper par la porte qu'elle tient entr'ouverte.

SCÈNE PREMIÈRE

CONCINI, ISABELLA.

CONCINI, continuant une querelle galante.

Non, non, vous n'en saurez rien tant que cette porte ne sera point fermée, et tant que vous conserverez avec moi ce petit air boudeur qui fait peur à voir.

ISABELLA.

Mais vous me direz cela, et vous ne me parlerez plus d'amour.

CONCINI.

D'amitié seulement ; je vous le promets, foi de Florentin !

ISABELLA ferme la porte presque entièrement.

Est-ce que le juif m'a laissée seule avec vous?

CONCINI.

Non pas! il compte ses ducats et ses florins quelque part, près d'ici. Laissons-le faire, et comptons chaque minute des heures de la nuit par une note de la guitare et de la voix. Chantons et parlons.

ISABELLA.

Si je ne savais qu'on doit craindre tous les hommes, j'aimerais à vous entendre, car je suis lasse de ne voir personne.

CONCINI.

J'étais bien plus las d'attendre dix heures pour vous voir dans cette sombre maison. Savez vous qu'à la cour vous éclipseriez toutes les femmes? Auprès des Italiennes, les Françaises paraissent des ombres pâles.

ISABELLA.

N'y a-t-il pas d'Italiennes à la cour?

CONCINI.

Oh! il y en a bien quelques-unes à la suite de la reine, mais ce n'est pas la peine d'en parler. Écoutez cet air.

ISABELLA.

Point d'italien. Cela me fait trop de peine... cela me saisit tout le cœur... Quand vous parlez français, je suis plus tranquille.

CONCINI, ironiquement.

Et, comme je veux votre tranquillité surtout, je parlerai français: mais je ne sais chanter qu'en italien, c'est à cela que je gagne ma vie tous les soirs.

ISABELLA.

Tous les soirs, dans les rues? Ah! *povero!*

CONCINI.

Mais ce qui me rapporte le plus, c'est de tirer les horoscopes et de dire la bonne aventure.

ISABELLA.

Vraiment! vous savez dire l'avenir?

CONCINI.

Et même je sais aussi les secrets du présent.

ISABELLA.

Faut-il vous croire?

CONCINI.

Eh! sans cela, comment aurais-je deviné que votre mari a une lettre qu'il cache si soigneusement?

ISABELLA.

C'est vrai! Et ne saurais-je pas sa conduite, que vous devinez si bien, dites-vous?

CONCINI, l'interrompant.

Tenez, il y a un air qui me vaut toujours quelque chose de bon, un air qui m'a toujours porté bonheur.

ISABELLA.

Répondez-moi, répondez-moi plutôt

CONCINI.

Me direz-vous où le signor Borgia met cette lettre?

ISABELLA.

Mais pourquoi donc y tenir autant?

CONCINI.

C'est une lettre de femme, d'une femme qu'il aimait. Voilà la vérité.

ISABELLA.

Lui! vraiment! lui! Il ne m'en a jamais rien dit.

CONCINI.

La belle raison pour que cela ne soit pas! Vous seriez sa dernière confidente. (Avec gaieté.) Venez donc ici, que l'on vous parle.

ISABELLA, reculant.

Non, non!

CONCINI, grattant les cordes de la guitare indifféremment.

Je gagerais qu'il a grand soin de cette lettre.

ISABELLA.

Oui ; il la serre toujours dans un portefeuille.

CONCINI joue un prélude.

Tenez, voici le commencement de cet air.

ISABELLA.

Mais quelle était cette femme? était-elle de Florence?

CONCINI.

Je ne puis vous crier son nom d'ici, on m'entendrait par les fenêtres : venez vous asseoir près de moi. Oh! le beau temps! Voyez, ne dirait-on pas Florence? Je crois sentir les orangers.

ISABELLA.

Mais pourquoi le ciel est-il tout rouge là-bas?

CONCINI.

Ah! c'est vrai. C'est du côté du Louvre. Bah! c'est un feu de joie. (A part.) Pour mon départ peut-être!

ISABELLA.

On dirait que l'on entend crier.

CONCINI.

Je n'entends rien.

ISABELLA.

Non, plus rien.

CONCINI.

Ce sont les Français qui s'amusent.

ISABELLA.

Chantez donc votre air favori.. (Concini commence l'air. Elle ne lui laisse pas achever deux mesures.) Et quelle était cette femme que Borgia aimait? Je gage que c'était celle qu'il va voir souvent à présent.

CONCINI.

Peut-être bien; et, pour le savoir, il faut me donner la lettre.

ISABELLA.

Je la trouverai et je vous la donnerai, mais il l'a toujours sur lui.

CONCINI, à part.

Je le poignarderai et je l'aurai. Double bien!

ISABELLA.

N'est-ce pas une très-belle femme?

CONCINI.

Peut-être! Quelle est celle que vous soupçonnez? Voyons!

ISABELLA.

Oh! c'est un secret. Elle se nommait autrefois Galigaï : c'est tout ce que je sais.

CONCINI, laissant tomber sa guitare sur ses pieds, mais sans la lâcher tout à fait.

Elle a voulu le revoir! Ah! Borgia! nous nous sommes croisés, je le mérite bien.

ISABELLA ferme la porte et vient près de lui.

Eh bien, vous ne la connaissez pas, n'est-il pas vrai?

CONCINI, avec humeur.

Va-t-il chez elle?

ISABELLA.

Oh! certainement, il va chez elle. Et je ne sais qu'en penser. Quand je lui demande pourquoi il va la voir, il me répond que c'est pour une importante affaire d'État. Quand je demande si elle est jolie, il ne répond pas. Au reste, je crois bien qu'elle n'est ni aimable ni belle! et il m'aime tant!

CONCINI.

Eh! femme! elle est belle et très-belle; ils s'aimaient, et elle l'aime.

ISABELLA.

Elle l'aime? elle est belle? ils s'aimaient autrefois?

CONCINI.

Oui, oui, vous dis-je; elle trompe Concini son mari, et Borgia trompe sa femme. Concini se vengera, j'en réponds, car Concini est un homme très-cruel. Mais, vous, ne vous vengerez-vous pas, Italienne?

ISABELLA, sans l'écouter.

C'était donc avant son mariage qu'ils s'aimaient? Et pourquoi m'a-t-il épousée s'il l'aimait? Oh! voilà qui confond d'étonnement.

CONCINI.

Concini, lorsqu'il saura tout, la punira bien cruellement. Concini, certainement, la fera mourir.

ISABELLA.

Certainement, il fera bien. Cette femme le mérite... Mais pourquoi m'a-t-il épousée, puisqu'il l'aimait?

CONCINI.

A quelle heure va-t-il la voir?

ISABELLA.

Qui vous a dit qu'ils s'étaient aimés?... Répondez-moi, par pitié.

CONCINI.

Ce que je demande est plus important; dites tout ce que vous savez.

ISABELLA.

Oh! pourquoi êtes-vous venu me surprendre mes secrets et me glisser les vôtres? Que vous ai-je fait?

CONCINI, avec insolence.

Eh! pardieu! la belle, vous n'avez rien fait que m'inspirer ce que tout honnête homme ressent pour une fille bien tournée. Mais, à présent, trêve de jolis propos. La femme dont vous me parlez m'intéresse plus que vous. Des détails, donnez-moi des détails sur elle.

ISABELLA.

Ah! vous me faites peur! Quel homme êtes-vous? aussi méchant, j'en suis sûre, que ce vil Concini.

11

CONCINI.

Vous ne vous trompez guère, aussi méchant, en vérité. Et si bien, qu'il n'est pas sûr de me désobéir. Borgia reçoit-il des billets?

ISABELLA.

Un seul ce matin; un qui l'a fait sortir.

CONCINI, lui prenant le bras avec violence.

Eh! comment ne saviez-vous pas ce que ce pouvait être, imprudente? Ah! pour une Italienne, vous êtes bien peu jalouse!

ISABELLA.

Je n'avais pas encore pensé à l'être.

CONCINI.

Songez donc, songez à cela. Il est aux genoux d'une autre femme, il lui parle d'amour en la tutoyant.

ISABELLA.

Hélas! est-ce possible!

CONCINI.

Et cette femme est charmante.... Elle est imposante et superbe, elle a des yeux d'une grande beauté; son esprit est plein de force, de grâce et de passion.

ISABELLA, chancelant.

Ah! voulez-vous me faire mourir!

CONCINI.

C'est un crime étrange que l'adultère. Je le trouvais bien léger tout à l'heure, et monstrueux à présent. Le parjure est vraiment la plaie de la société... Dire que ni vous ni moi ne pouvons les empêcher de s'aimer, quand nous les ferions mourir... Savez-vous bien qu'il se rit de vous dans ce moment? Voilà ce qui est affreux à penser.

ISABELLA.

Oh! oui. Cela me semble inévitable.

CONCINI.

Et soyez bien sûre que, si l'un d'eux porte quelque anneau conjugal, quelque bijou précieux, quelque signe d'un amour légitime, il en fait à l'autre le sacrifice en le donnant ou en le brisant à ses pieds. C'est presque toujours ainsi que cela se passe.

ISABELLA.

Quoi! vous le croyez! Je pense bien qu'en effet il faut que cela soit ainsi. Soutenez-moi un peu, mes genoux sont bien fatigués.

CONCINI.

Si vous m'aidez, je vous vengerai.

ISABELLA.

Comment? comment?

CONCINI.

Sur tous les deux.

ISABELLA.

Sur elle surtout... Mais lui...

CONCINI.

Eh bien, lui?

ISABELLA, *tombant dans un fauteuil, évanouie.*

Ah! j'ai le cœur brisé... Vous m'avez tuée... Laissez-moi...

CONCINI.

Voilà comme elles sont toutes et comme nous sommes tous... Quand elle venait à moi tout à l'heure, comme fascinée par l'enchantement de mes flatteries, aurais-je pu croire qu'une bagatelle la rendrait aussi pareille à une morte qu'elle l'était à une joyeuse enfant? Et moi-même, quand je lui parlais d'amour, de volupté, de musique, par fantaisie, par désœuvrement, m'essayant de nouveau à mes folies de vingt ans, me trouvant peu coupable et riant de ma faute, je ne me croyais, ma foi, pas assez sot pour sentir un violent chagrin de ce qu'on me rend la pareille. On dirait que l'affliction est une chose matérielle. Je l'ai là, là, sur le cœur, comme une masse de plomb. Elle m'oppresse, elle m'étouffe. — Une idée certainement ne ferait pas tout ce mal, une idée que d'autres idées combattent et anéantissent... Ah! cela me brûle. J'ai beau raisonner. Le raisonnement est un faux ami qui fait semblant de nous secourir et ne donne rien. Quand je me répéterais mille fois : « La maréchale d'Ancre ne te prive, par cette faiblesse, ni de tes grandeurs, ni de tes richesses, ni de tes plaisirs, ni même peut-être de son amour; » n'importe! je perds pour toujours la confiance aveugle, qui est pour le sommeil de l'homme le plus doux oreiller; je perds ce qu'on a de bonheur à rentrer chez soi et à s'asseoir, en souriant à sa famille. — On a beau se jouer de l'ordre ; c'est un jeu auquel on se blesse soi-même. Ce plaisir fatal semble un hochet lorsqu'on attaque, c'est un poignard quand on est atteint. — Si Borgia rentrait en ce moment ; s'il te voyait ainsi, jeune et simple femme, abattue par un mot, et moi frappé du même coup, serait-il orgueilleux de son triomphe ou honteux du mien ? Lequel sent-on le mieux, du mal qu'on fait ou de celui qu'on reçoit ? Ah ! la perte est plus vivement sentie que la conquête. L'une donne plus de douleur que l'autre de volupté. (Il touche Isabella.) Elle est froide, mais son cœur bat. Elle est évanouie... C'est un sommeil. Le sommeil est un oubli... Tu es plus heureuse que moi, va ! beaucoup plus heureuse ! Il est chez moi, et je demeure chez lui... Courons ! j'ai le poignard de Florence pour l'homme de Corse... Plus d'incognito ! je suis Concini, maréchal de France !

Il prend son manteau, et sort avec fureur, en enfonçant sur sa tête un chapeau à larges bords.

SCÈNE II

ISABELLA, évanouie; SAMUEL, DÉAGEANT, Gardes.

DÉAGEANT.

Laisse-le aller, juif. Ses pages, ses domestiques et sa maison, tout va être cerné. Sa femme a été arrêtée à six heures par moi-même, ainsi que la régente. Tu n'as plus d'autre parti à prendre que de servir le roi ou d'être pendu.

SAMUEL.

Je vous préfère encore à la corde.

DÉAGEANT.

Eh bien, laisse-nous enlever paisiblement cette jeune femme. Elle aura une vengeance à exercer contre la Galigaï. C'est un instrument précieux. Je vais l'employer sur-le-champ dans le procès qu'on va faire. (A des exempts.) Portez-la au palais de justice dans une chaise. Pendant ce temps, il faut retenir chez toi ce basané Concini pour une heure encore, afin de me donner le temps d'envoyer les mousquetaires. Il le faut, sur ta vie ! Multiplie les embarras et les prétextes.

SAMUEL.

Reposez-vous sur moi. Je l'entends qui se heurte à toutes les marches et qui appelle à toutes les portes; je vais le rejoindre et l'arrêter.

Il sort d'un côté et Déageant de l'autre.

La scène change.

SCÈNE III

Un appartement grillé de la Bastille, où la maréchale est prisonnière. Sa lampe est allumée sur une table chargée de livres épars.

DÉAGEANT, un Conseiller.

DÉAGEANT se frotte les mains.

Le procès marche très-bien. M. de Luynes était fort content, n'est-il pas vrai?

LE CONSEILLER.

En effet, son froid visage s'est fort éclairci.

DÉAGEANT, riant avec un air de triomphe.

Ah! ah! ah! ah! c'est que (entre nous! de vous à moi!) c'est que les biens de la maréchale lui sont donnés par le roi après sa mort, et ce n'est pas peu de chose.

LE CONSEILLER.

Une fortune égale à celle de la reine mère.

DÉAGEANT.

Savez-vous que cette chambre de la Bastille est celle où on enferma le prince de Condé? Je l'ai voulu ainsi, moi; j'aime la justice du talion. — Eh bien, vous voyez que cette petite Isabella dépose avec une colère et une sincérité toutes particulières.

LE CONSEILLER.

Je crains qu'elle ne soutienne mal sa résolution. Quand elle pleure, elle s'affaiblit.

DÉAGEANT.

La Galigaï est déjà reconnue comme sorcière par tous les juges sans qu'elle s'en doute le moins du monde. Voici en outre la preuve que nous cherchions. Regardez-bien : voici ce livre que je voulais vous faire examiner, à vous, homme érudit en langages orientaux. Je vais le déposer au greffe comme un livre de sorcellerie et de divination.

LE CONSEILLER.

Mais elle a toujours passé pour assez pieuse; voici chez elle une image de la Vierge.

DÉAGEANT.

Oh! cela ne prouve rien.

LE CONSEILLER.

Et savez-vous bien que ce livre est l'Ancien Testament de Moïse?

DÉAGEANT.

N'importe, n'importe! L'hébreu est toujours cabalistique. Ah! bon Dieu! j'espérais ne pas la rencontrer, et la voilà qui vient droit à nous. Il n'y a pas moyen de l'éviter.

SCENE IV

DÉAGEANT, LA MARÉCHALE. Elle marche avec agitation, suivie de DEUX FEMMES.

LA MARÉCHALE, vivement.

Sommes-nous en Espagne? est-ce l'inquisition, monsieur? On entre jusque dans ma chambre; on ouvre mes lettres, on lit mes papiers. On me fait un procès, je ne sais lequel. La Chambre ardente siège à ma porte; on y pèse ma vie et ma mort, et je ne puis jeter un seul mot dans la balance; et je n'ai pas le droit seulement d'y paraître. Ah! c'est trop! c'est trop! Depuis ce matin que je suis arrêtée, vous avez fait de grands pas, messieurs, et vous avez mené vite les événements si j'en suis déjà à de tels actes de votre justice. On m'a dit tout à l'heure des choses si monstrueuses et si inconcevables, que je n'y puis croire. Il y a, dit-on, des témoins de mes grands crimes. Eh bien, allez, monsieur, allez dire à la cour que je demande à être confrontée avec eux. On m'accordera, j'espère, cette faveur.

DÉAGEANT.

Madame, si M. de Luynes...

LA MARÉCHALE.

Je sais, monsieur, je sais que le favori est maître et que vous êtes son conseiller, comme vous l'étiez hier de la favorite en ma personne. Epargnez vos excuses pour vous et pour moi. Allez, et faites ce que je vous demande, s'il n'est pas trop tard.

DÉAGEANT, d'un air hypocrite.

Je le veux bien, madame ; mais, en cela, je prends beaucoup sur moi.

SCÈNE V

Les Mêmes, hors DÉAGEANT.

LA MARÉCHALE, à ses femmes.

Ne ménagez rien pour avoir des nouvelles de mes enfants, de M. le maréchal d'Ancre et de la reine. Faites parler les gardiens, les soldats, ceux qui m'ont servie, si vous les reconnaissez. Prenez des prétextes, donnez de l'or. En voici. Distribuez ces florins.

Elle leur donne deux bourses.

Retournez à ceux qui vous ont dit ce qu'on faisait à la Chambre ardente. Je vous tiendrai compte de votre fidélité si je survis à cette prison. Vous m'avez suivie, vous, et de plus grandes dames m'ont abandonnée. Allez, et sachez surtout si M. Borgia a réussi à sauver mes enfants.

Elles sortent. La maréchale s'assied.

SCÈNE VI

LA MARÉCHALE seule.

Ah ! je sens que je suis perdue ! j'ai eu beau lutter, le destin a été le plus fort. Ah ! je sens que je suis perdue ! perdue !

SCÈNE VII

LA MARÉCHALE, DÉAGEANT, douze Présidents et Conseillers au parlement; LE MARÉCHAL DE THÉMINES, Les deux Fils de M. de Thémines, quelques Gentilshommes, membres de la commission secrète.

DÉAGEANT.

Madame, M. de Luynes, nommé par le roi pour présider la Chambre ardente, a consenti à nous envoyer près de vous pour la confrontation par vous désirée.

THÉMINES s'avance et parle avec mesure et crainte.

Il m'est encore permis de vous le dire, madame, ceci est un tribunal sévère ; je vous en supplie, ne le bravez pas.

DÉAGEANT.

La cour vous fait signifier en somme que les chefs d'accusation contre vous sont ceux qui suivent. — Il convient que vous les entendiez debout. — La cour vous fait une grâce en vous les lisant ; vous ne deviez les connaître qu'après l'arrêt.

La maréchale, qui allait s'asseoir, se lève.

« Sophar Léonora Galigaï, née à Fiorenzol, près de Florence, du menuisier Peponelli, vous êtes accusée du crime de lèse-majesté au premier chef et de trahison, comme ayant eu des intelligences secrètes en Savoie, en Espagne, où vous vous serviez de l'ambassadeur du grand-duc près du duc de Lerme ; avec Spinola en Flandre et l'archevêque de Mayence en Allemagne, comme il appert par les chiffres secrets de vos correspondances ; d'avoir usurpé l'autorité du jeune roi Louis treizième, notre maître ; empêché le cours de la justice ; commis d'énormes déprédations et gouverné l'esprit de la reine... Comment ? Par... »

LA MARÉCHALE, avec impatience.

Par l'ascendant d'un esprit fort sur le plus faible.

DÉAGEANT.

» ... Par des conjurations magiques ; car il appert, par les déclarations de dix témoins, et entre autres de Samuel Montalto, juif, et Isabella Monti, ici présente, que ladite dame

Léonora Galigaï aurait consulté des magiciens, astrologues judiciaires, entretenus à ses frais, sur la durée des jours sacrés de Sa Majesté le roi Louis treizième, et aurait professé la religion judaïque... A ces causes... »

LA MARÉCHALE, interrompant.

Et que ne m'avez-vous fait empoisonner ou étrangler dans la Bastille ! cela valait mieux, messieurs : vous auriez sauvé la virginité des lois. — Où sont les preuves, où sont les témoins de cet extravagant procès? La chose en vaut la peine, messieurs; car, si j'ai bonne mémoire des coutumes, ce dont vous m'accusez là mérite le feu. Regardez-y à deux fois avant de déshonorer le Parlement; c'est tout ce que je puis vous dire. Quel coupable politique a-t-on tué jamais, sans l'avoir regretté un an après? J'ai vu un jour le feu roi Henri pleurer M. le maréchal de Biror. Bientôt il en serait de même de moi. Qu'est-ce que votre bourreau? Un assassin de sang-froid, qui n'a pas l'excuse de la fureur. Il ôte au coupable le temps du repentir et du remords; souvent il donne ce remords au juge, messieurs, et toujours à la nation le spectacle et le goût du sang.

Ici les juges l'entourent avec une curiosité insolente, comme pour la voir se justifier et pour jouir de son abaissement.

Eh! qu'ai-je donc fait, moi? Mes actes politiques sont ceux de la régente et du roi; mes sortiléges sont les craintives erreurs d'une faible femme jetée sans guide au sommet du pouvoir. Et qui de vous connaît une étoile qui dirige l'autorité sans faillir dans la tourmente des affaires humaines? Que celui-là se montre, et je m'inclinerai devant lui ! Quels sont les noms de mes juges?

Ici les juges s'éloignent peu à peu. Poursuivis par ses regards, ils se cachent les uns derrière les autres.

Qui vois-je, autour de moi, dans ceux-ci? Des courtisans qui m'ont flattée et qui furent mes dociles créatures.

THÉMINES.

Ah! madame, que faites-vous?

LA MARÉCHALE.

Allez! c'est une honte, que des hommes, après avoir si longtemps obéi à une femme, se viennent réunir pour la perdre.

Il fallait, messieurs, avoir hier le courage de me déplaire par de rudes conseils, ou le courage de m'excuser aujourd'hui.
Les désignant du doigt.

Répondez, monsieur de Bellièvre, vous qui m'avez conseillé le procès de Prouville *, me jugerez-vous? — Et vous monsieur de Mesmes, qui vous êtes courbé si bas pour ramasser votre charge de président tombée de mes mains, me jugerez-vous? Et vous, vous, monsieur de Bullion, qui m'aviez conseillé des ordonnances pour lever des impôts en Picardie, sans lettres royales, serez-vous mon juge? Je vous en dirai autant à vous, monsieur de Thémines, que j'ai fait maréchal de France ; et à vous-même, Déageant, président de mes juges ; et à vous tous que je désigne tour à tour du doigt, et que ce doigt intimide comme au jour du jugement. Vous craignez que je ne vous dénonce l'un à l'autre, à mesure que je vous montre.

Ici les juges sont groupés loin d'elle contre les murailles, honteux, consternés.

Le bruit de votre nom vous fait peur ; car vous savez que je vous connais ; j'étais la confidente de vos bassesses, et tous vos secrets d'ambition sont rassemblés dans ma mémoire, Allez! faites tomber cette tête, et brûlez-la, pour réduire en cendres les archives honteuses de la cour!

Elle retombe assise.

DÉAGEANT.

Les insultes sont vaines, madame, et vous oubliez que vous avez à répondre aux témoins, et surtout à celui-ci.

SCÈNE VIII

Les Mêmes, ISABELLA.

ISABELLA.

Elle court regarder avec une curiosité insolente la maréchale, qui la contemple avec surprise.

(A part.) Comme elle est belle ! (Haut.) Tout ce que j'ai écrit, je le dis : cette femme est magicienne.

---

* Prouville, sergent-major (gouverneur) de la citadelle d'Amiens, avait été assassiné par un soldat italien envoyé par Concini et sa femme. Lorsqu'on jugea cet Italien, ils le firent évader.

LA MARÉCHALE.

(A part.) Mon Dieu ! il me semble que ceci est un rêve et qu'ils me parlent tous dans la fièvre. (Haut.) Je n'ai jamais vu cette jeune femme, et je ne sais d'où on la fait surgir contre moi : c'est une sanglante jonglerie.

ISABELLA.

Ce que j'ai dit, je le jure : elle est magicienne.

LA MARÉCHALE.

Je demande qu'on la fasse venir ici... ici... devant moi et près de moi, et que là, les yeux fixés sur les miens, elle ose répéter ce que vous lui faites dire.

DÉAGEANT, à Isabella.

Approchez-vous de l'accusée.

LA MARÉCHALE, avec bonté et protection.

Venez, venez, mademoiselle ; d'où vous a-t-on tirée ? par quelles promesses vous a-t-on portée à ce crime que vous faites de perdre, par une fausse dénonciation, une femme que vous ne connaissiez pas et qui ne vous a jamais vue. Voyons ! que vous a-t-on donné pour cela ! Il faut que vous soyez bien malheureuse ou bien méchante ! Oserez-vous soutenir ce que vous avez dit ?

ISABELLA, s'efforçant de la braver.

Oui, je le répète et je l'affirme : je l'ai vue percer d'aiguilles une image du roi.

LA MARÉCHALE s'approche d'elle en roulant son fauteuil, et lui prend une main en la regardant en face de près.

Avec le ton du reproche.

Oh ! oh ! — Voici quelque chose de monstrueux ! si j'avais à croire aux prodiges, ce serait en vous voyant. (Elle l'observe) Elle est toute jeune encore. J'ai l'habitude d'observer et je sais les traces que laissent le crime et le vice sur les visages ; je n'en vois pas une sur celui-ci : simplicité et innocence, c'est tout ce que j'y peux lire ; mais en même temps l'empreinte d'une immuable résolution et d'une obstination aveugle. Cette résolution ne vient pas de vous, mademoiselle ; il n'est pas naturel de faire tant de mal à votre âge ; on vous a suggéré cela contre moi. Que vous ai-je fait ? Dites-le hautement. Nous ne nous sommes jamais vues, et vous venez pour me faire mourir !

ISABELLA, avec fureur et frappant du pied.

Ah! j'ai dit la vérité!

LA MARÉCHALE se lève.

Non, non! Dieu n'a pas créé de femme semblable. Si ce n'est quelque passion qui l'agite, c'est un démon qui la tourmente... Jurez-le sur cette croix!

Elle prend une croix sur la table.

ISABELLA.

Je l'ai juré par le Christ.

LA MARÉCHALE, vivement et comme ayant fait une découverte.

Elle est Italienne... Jurez-le sur cette image de la Vierge !

ISABELLA, hésitant.

Sur la Madone?... Laissez-moi me retirer pour écrire le reste; je ne puis parler.

LA MARÉCHALE.

J'étais sûre qu'elle ne l'oserait pas?...

Vite et avec une faiblesse croissante.

Je demande, messieurs, qu'elle reste seule avec moi; je vous en supplie, messieurs, ordonnez cela... Je ne le demanderais pas s'il ne s'agissait que de moi; mais je ne suis pas seule au monde, enfin. Le mal qu'on veut me faire, on le fera à mon mari, à mes deux pauvres enfants (si jeunes, mon Dieu!), à tous mes parents, à tous les gentilshommes mes domestiques, à tous les paysans de mes terres, tous gens qui vivent de ma vie et qui mourront de ma mort... Laissez-moi donc me défendre moi-même et toute seule jusqu'à la fin. (On hésite.) Oh! soyez tranquilles, cela servira peu, je le sens bien : il ne m'échappe pas que je suis condamnée d'avance... Vous savez bien tous que je dis vrai, d'ailleurs; si vous ne dites pas oui, c'est que vous avez peur de vous compromettre... Mais je ne le demande pas, messieurs, oh! mon Dieu, non!... Ne dites rien pour moi. Peut-être y en a-t-il quelques-uns parmi vous que j'ai offensés; je ne veux point de grâce; mais seulement laissez-moi parler à cette femme... Je sais si bien qu'elle n'a rien de commun avec moi!... Il y a conscience de me refuser cela !

DÉAGEANT.

(A part.) C'est sans conséquence : elle ne fera que s'enferrer davantage.. (Haut.) Cette liberté vous est laissée, madame, mais pour peu d'instants.

Ils sortent.

SCÈNE IX

LA MARÉCHALE, assise; ISABELLA, debout et résolue.

Long silence. Elles se toisent mutuellement.

LA MARÉCHALE.

A présent que nous voilà seules, savez-vous bien ce que vous avez fait?... Vous avez causé ma mort! Et quelle mort! le savez-vous? la plus effroyable de toutes!... Dans quelques heures, j'aurai la chemise de soufre et je serai jetée dans un bûcher!... Trop heureuse si la fumée m'étouffe avant que la flamme me brûle!... Voilà ce que vous venez de faire, le saviez-vous?

Isabella se détourne à moitié en silence.

Vous n'osez pas répondre? Eh bien; à présent, il n'y a personne ici, dites-moi ce que je vous ai fait, là. Si vous avez eu à vous plaindre de moi, en vérité, je ne l'ai pas su. C'est là le malheur des pauvres femmes qu'on nomme de grandes dames. Vous ne me répondez pas, parce que je devrais me souvenir de vous par moi-même? — C'est bien là votre idée, n'est-il pas vrai? Oh! je vous comprends!... vous avez raison; mais je vous dis qu'il faut nous plaindre. On voit tant de monde! (Avec crainte.) — D'ailleurs, ne croyez pas que je vous ai oubliée : je me souviens fort bien de vous; très-bien?... Vous êtes venue deux fois... le matin... Mettez-moi donc un peu sur la voie seulement, et je vais vous dire votre nom... Vous souriez!... Je me trompe peut-être? — Mais, dans tous les cas, mademoiselle, je ne vous ai pas offensée au point que vous me soyez une ennemie si acharnée... Si vous êtes de Florence, vous devez savoir que j'ai toujours été bonne pour les Italiennes, autant que je l'ai pu. Mais, que voulez-vous! à la cour de France, on se méfie de nous beaucoup... Il faut des précautions pour demander... Si l'on me fait grâce, je m'y emploierai. Nous sommes des sœurs, toutes les Italiennes!... (En souriant.) — D'où êtes-vous ? Que vouliez-vous ici ?... Il y aurait peut-être encore un moyen d'arriver... Causons... Approchez-vous... Causons... — Toujours aussi froide! (Elle se lève.) Mon Dieu! qu'il faut que je l'aie offensée!... On ne sait ce que l'on fait quand on a peur de mourir!...

Avec orgueil, tout à coup.

Ah çà! mademoiselle, n'allez pas croire, au moins, que ce soit pour moi que je vous ai priée ?... C'est pour mes enfants!... C'est parce je sais qu'ils seront poursuivis, emprisonnés, déchus de leurs possessions et de leur rang, comme fils d'une femme décapitée; ils mendieront peut-être leur pain en pays étranger... Et leur père ?... ce qu'il deviendra ?... ce qu'il est devenu ?...

ISABELLA avec aigreur, vivement.

Ah! je le sais, moi, madame...

LA MARÉCHALE.

Vous ?... Oh! si vous êtes bonne, dites-moi cela, mon enfant!...

ISABELLA, froidement et vivement.

Une femme aussi inquiète de son mari serait bien malheureuse si elle l'aimait. Qu'en pensez-vous, madame ?

LA MARÉCHALE.

Quand une femme n'aurait pour le chef de sa famille qu'une douce et respectueuse amitié seulement, ce serait déjà une grande douleur, croyez-moi.

ISABELLA, avec une passion triste et profonde.

Quelle doit être donc la douleur d'une femme qui aime son mari comme on aime son Sauveur, son Dieu ?... Une femme qui ne connaît de toutes les créatures que lui seul; de toute la terre que la maison où elle est cachée par lui; qui ne sait rien que ce qu'il dit, qui ne veut rien que l'attendre et l'aimer; qui ne pleure que lorsqu'il souffre, qui ne sourit que lorsqu'il est content... Une femme qui l'aime ainsi et qui l'a perdu, que doit-elle donc souffrir? Dites-le moi ?

LA MARÉCHALE.

Que me veut votre regard fixe, et de qui prétendez-vous parler ?...

ISABELLA.

Il est parti bien sombre et bien froid; elle a pleuré. On vient lui dire (je suppose), on vient lui dire : « Il aime une autre femme!... » que souffrira-t-elle?

LA MARÉCHALE.

Une torture affreuse! la mienne.

ISABELLA.

La mienne? — Attendez. — On vient lui dire : « Il est à ses genoux! cette femme est charmante! elle est imposante et superbe! »

Elle regarde la maréchale fixement.

LA MARÉCHALE.

De qui parle-t-elle?

ISABELLA, poursuivant.

On lui dit : « Tous les deux se rient de vous ; c'est presque toujours ainsi que cela se passe. » Quand on lui dit cela, que devient-elle? Quand on me dit cela?

LA MARÉCHALE.

A vous?

ISABELLA, se remettant tout à coup, et devenant froide et sévère.

Eh bien, oui, à moi! Je le tiens d'un chanteur italien nommé Concini.

LA MARÉCHALE, se levant.

Où est-il? où vous a-t-il parlé?

ISABELLA.

A mes pieds, à genoux, là!

LA MARÉCHALE.

Ah! c'est une fille perdue!

ISABELLA, levant les bras au ciel avec désespoir.

Oh! oui, perdue!

LA MARÉCHALE.

Un mot seulement, et sortez ensuite. M. le maréchal d'Ancre est-il en péril de sa vie?

ISABELLA.

S'il est caché chez quelque femme mariée, ne mérite-t-il pas que le mari de cette femme aille le tuer?

LA MARÉCHALE.

Vous l'accusez là d'un double crime!

ISABELLA.

En parlerez-vous, vous qui séduisez le mari d'une autre femme ?

LA MARÉCHALE, se levant.

Qui? moi! moi! que voulez-vous dire? Vous a-t-on payée aussi pour m'insulter ?

ISABELLA.

Et Borgia, qu'en dites-vous?

LA MARÉCHALE.

Quoi! il était marié? — Oh! quelle honte! oh! quelle fausseté! Lui, marié ?

ISABELLA.

Vous l'aimiez donc, et vous l'avouez?

LA MARÉCHALE, d'une voix entrecoupée et avec dédain.

Je ne m'en souviens pas; et vous voyez que je le connaissais mal, car j'ignorais...

ISABELLA.

Que j'étais sa femme?...

LA MARÉCHALE, avec mépris.

Vous ?

ISABELLA.

Vous vous en souviendrez, à présent.

Elle veut sortir.

LA MARÉCHALE, l'arrêtant par le bras.

Ah! vous ne me quitterez pas ainsi! Vous avez pu me dénoncer faussement! Vous ou une autre, il fallait un faux témoin, peu m'importe : mais vous n'avez pas le droit de me croire humiliée devant vous. Je jure que...

ISABELLA.

Tenez! jurez par son portrait trouvé chez vous!

Elle lui montre le portrait de Borgia et sort violemment.

SCÈNE X

LA MARÉCHALE, seule.

Elle tombe sur son fauteuil en pleurant.

Ah ! voilà le dernier coup... Trahie de tous côtés. Toujours trahie. Hélas ! avec une existence entière... une existence sévère, toute de sacrifice et de vertu, ayez un moment de pitié !... oh ! mon Dieu !... ayez un sourire ou une larme pour un souvenir bien peu coupable, et c'est assez pour tout perdre à jamais.

Elle se lève et se promène.

Quelle humiliation ! ô Seigneur ! quelle humiliation ! Certainement, cette femme (une femme de rien !) aura droit de me dédaigner. Et penser que l'homme qui nous aime le plus se fait si peu scrupule de nous tromper ! Et pourquoi ? Pour arracher à une femme l'aveu qu'elle ne l'a pas oublié, l'aveu qu'elle est faible, qu'elle est femme ! Ah ! Borgia ! Borgia ! c'est bien mal !

Elle pleure et tombe à genoux.

Ah ! prenez ma vie ! prenez toute ma vie ! vous m'avez déshonorée ! Mais... ces pauvres enfants ! mes pauvres enfants ! mes enfants adorés ! qu'ont-ils fait ? Où sont-ils, mon Dieu ? Dites-le-moi ?

Elle demeure à genoux par terre devant le fauteuil.

SCÈNE XI

LA MARÉCHALE, Deux Huissiers.

UN HUISSIER.

M. le président et M. de Luynes vont venir.

Ils se retirent.

SCÈNE XII

LA MARÉCHALE, seule.

Elle se lève.

Voilà mon ennemi ! Eh bien, qu'il vienne ! qu'il vienne ! il ne me verra pas pleurer. Que servirait cette faiblesse ? A lui donner orgueil et joie ! Ni l'un ni l'autre, monsieur de Luynes, ni l'un ni l'autre ! J'ai eu mon coup d'État hier ; vous, le vôtre aujourd'hui. Mais je serai vengée. — Ah ! courtisans, ah ! vous avez mêlé le peuple à nos affaires ; il vous mènera loin !

SCÈNE XIII

LA MARÉCHALE, LUYNES, VITRY, DÉAGEANT, TROIS GENTILSHOMMES, DEUX CONSEILLERS AU PARLEMENT.

LA MARÉCHALE va au-devant de lui d'un air assuré et calme.

(Vito.) Ah ! bonjour, monsieur de Luynes. Comment donc ! vous venez visiter une pauvre prisonnière comme moi ! Vous vous mettrez mal en cour, je vous en avertis.

LUYNES, à part.

Elle me brave. Il n'en faut rien voir, c'est mieux. (Haut.) Oui, madame. Le roi veut savoir si l'on a pour vous tous les égards convenables.

LA MARÉCHALE, faisant la révérence.

Je n'ai à me plaindre de personne, messieurs ; personne ne m'a fait de bruit, car j'ai été seule jusqu'ici. Que dit-on de nouveau au Louvre ?

LUYNES.

Oh !... peu de chose ! Seulement, la reine mère est envoyée à Blois.

LA MARÉCHALE.

Envoyée ? Hier, elle y envoyait.

LUYNES.

C'est le train des choses, madame.

LA MARÉCHALE.

Des choses d'aujourd'hui, monsieur.

LUYNES, bas, à Déageant.

Vous ferez disparaître cette femme corse pour toujours.

DÉAGEANT.

C'est fait.

LA MARÉCHALE, s'asseyant.

Que je ne vous gêne en rien, monsieur : je vais lire.

LUYNES, saluant.

Ah! madame, mille pardons! Je prendrais congé de vous si je n'avais à vous annoncer...

LA MARÉCHALE.

Est-ce la prise d'Amiens ?

LUYNES.

... Que le Parlement...

LA MARÉCHALE.

Eh bien, qu'a-t-il fait, ce pauvre Parlement ?

LUYNES.

... A nommé...

LA MARÉCHALE, avec dédain.

Eh bien, a nommé... quoi ? quelque commission secrète et soumise, n'est-ce pas ?

LUYNES.

... M. de Bullion, M. de Mesmes...

LA MARÉCHALE.

Ah! bon Dieu! taisez-vous. On n'entend que ces noms-là, quand on veut faire condamner quelqu'un... C'est d'un ennui...

LUYNES, à Vitry.

Vous verrez qu'elle ne me laissera pas lui dire son arrêt.

LA MARÉCHALE.

Et l'évêque de Luçon, M. de Richelieu, les a-t-il harangués ? leur a-t-il dit encore : *La justice doit être obéissante, et en lèse-majesté les conjectures sont des preuves ?*

LUYNES, à Vitry.

Allez sur-le-champ arrêter son mari, mort ou vif.

VITRY.

Mort.

Il sort avec un des gentilshommes.

LUYNES.

Enfin, madame, il faut que vous sachiez.

LA MARÉCHALE, avec hauteur.

C'est bon, c'est bon ! j'en sais assez. A propos !...

Gaiement et tirant ses cartes de sa poche.

J'ai perdu la partie. Je vous fais cadeau de mon jeu de cartes magiques; vous êtes meilleur joueur que moi. — Cependant, vous avez triché : prenez garde à vous; le destin est plus fort que tout le monde.

Gravement et en l'amenant en avant.

Ah çà, venez ici maintenant, et cessons de donner la comédie.

A Luynes, gravement.

Écoutez, monsieur de Luynes, je sais vivre; je sais mon monde. Vous êtes bien avec le roi, et moi avec la reine. Le roi l'emporte, vous me renversez, c'est tout simple. Vous me faites condamner... probablement à mort.

LUYNES, saluant profondément.

Oh ! madame ! pouvez-vous penser que le plus humble de vos serviteurs...

LA MARÉCHALE.

Trêve de compliments, monsieur, je vous sais par cœur; mais entre gens comme nous, on se rend quelques services. Laissez-moi voir mes enfants, et j'avouerai tout ce que ces messieurs du Parlement auront fait.

LUYNES, après avoir réfléchi, dit avec une rage concentrée.

(Bas.) Ah ! pardieu ! nous verrons si tu conserveras jusqu'au bout cet insolent sang-froid. Tu vas retrouver ta famille. Je le veux bien. — (Haut.) Eh bien, madame, ayez la bonté d'accepter mon bras, et je vais vous conduire où sont vos enfants. Vous deviez changer de demeure de toute manière.

LA MARÉCHALE.

Et je vous tiendrai parole. Allons ! mon carrosse est-il en bas ? (Brusquement.) Je n'ai pas besoin de votre bras, monsieur.

LUYNES.

Demandez les pages et les gens de madame; et qu'on appelle les deux docteurs en Sorbonne pour l'escorter. (A Déageant.) Il y a peu d'hommes comme elle.

Elle sort.

SCÈNE XIV

LUYNES, DÉAGEANT.

LUYNES, tirant violemment Déageant par le bras, aussitôt qu'elle est hors de sa chambre.

Ici, président.

DÉAGEANT, troublé.

Monsieur, où la faites-vous conduire?

LUYNES, avec fureur.

Sur la place du Châtelet, l'Italienne! au bûcher, l'insolente! au bûcher! Je voudrais déjà m'y chauffer les mains.

DÉAGEANT.

Quelles rues prendra le carrosse?

LUYNES, vivement, et avec l'explosion d'une rage longtemps contenue.

On passera... — Écoutez bien ceci, président, parce que c'est ma volonté. — On tournera par la rue de la Ferronnerie... Pas de réflexions, je le veux... Par l'étroite rue de la Ferronnerie... C'est là que sont logés ses enfants; c'est là que s'était blottie toute cette venimeuse couvée de serpents italiens que j'écrase enfin du pied. J'ordonne que l'escorte et la voiture s'y arrêtent. — ... Pas un mot, je vous prie... Et qu'elle mette là pied à terre. C'est l'ordre du roi, monsieur. (Impérieusement.) Eh bien, que voulez-vous me dire? Voyons.

Il le regarde en face.

Qu'elle peut rencontrer Concini, et Vitry, et nos mousquetaires, et la bataille. Eh bien, que voulez-vous que j'y fasse? Si c'est sa destinée, je n'y peux rien, moi. Elle est sorcière, elle devait le prévoir. Et puis, après tout, quand elle marcherait un peu dans le sang... Bah! le feu purifie tout.

Ils sortent vite, Luynes traînant Déageant, qui le suit frappé d'effroi.

ACTE CINQUIÈME

La rue de la Ferronnerie. — La borne sur laquelle fut assassiné Henri IV est au coin de la maison du juif. — Nuit profonde. — Des gentilshommes et des gens du maréchal d'Ancre se promènent de long en large. — Un domestique est couché sur un banc de pierre, l'autre est debout appuyé sur une borne. Ce sont les mêmes qu'on a vus venir chez le juif au second acte.

SCÈNE PREMIÈRE

M. DE THIENNES et quatre autres Gentilshommes de Concini, Domestiques italiens.

PREMIER DOMESTIQUE.

Depuis ce matin à onze heures, monseigneur le maréchal est chez ce juif, et il est bientôt minuit.

DEUXIÈME DOMESTIQUE.

On dit que cela ne va pas bien chez nous pendant ce temps-là.

DE THIENNES.

Malgré ses ordres, il faudra pourtant entrer chez Samuel pour avertir M. le marquis d'Ancre ! A quelle heure ce passant vous a-t-il dit que la maréchale avait été arrêtée ?

DEUXIÈME DOMESTIQUE.

A quatre heures de l'après-dîner environ.

DE THIENNES.

Voici un jour plus désastreux pour elle que ne le fut hier pour le prince de Condé ce vendredi qu'elle craignait tant. Et le ciel est aussi noir qu'il était beau il y a deux heures. Tirez vos épées, réunissez-vous en cercle auprès de la porte : voici des hommes qui marchent à pas de loup... Ce sont peut-être des gens du roi. Qui vive ?

SCÈNE II

Les Mêmes, FIESQUE, MONGLAT, CRÉQUI, l'épée et le poignard en main.

FIESQUE, le bras enveloppé d'une écharpe.

Concino.

DE THIENNES.

Concini ! Approchez.

Portant au visage de Fiesque une lanterne sourde.

Ah ! c'est vous, monsieur de Fiesque... C'est une nuit à ne pas se laisser aborder.

FIESQUE.

Vous faites, pardieu ! bien : j'ai été abordé, moi, et j'ai laissé une main à l'abordage. Tout est perdu. — Sauve qui peut !

LES QUATRE GENTILSHOMMES.

Qu'y a-t-il ? — Quoi donc ? — Qu'arrive-t-il cette nuit ?

FIESQUE.

Nuit sombre s'il en fut jamais ! La reine est arrêtée.

DE THIENNES.

La reine mère !

FIESQUE.

Par Luynes et sur l'ordre du roi.

LE PREMIER DES GENTILSHOMMES DE CONCINI.

Et la maréchale ?

FIESQUE.

A la Bastille, jugée et condamnée au feu en une heure, selon les *us* du Parlement.

TROISIÈME GENTILHOMME.

Est-il possible ? Et sur quel crime ?

FIESQUE.

Ils ont appelé cela la magie, pour ne compromettre personne de trop élevé. Gardez-vous bien : les troupes du roi rôdent par toutes les rues. J'ai été blessé sur la porte de l'hôtel d'Ancre, où ils ont mis le feu.

QUATRIÈME GENTILHOMME.

Le feu ! C'était ce que nous voyions au commencement de la nuit.

FIESQUE.

Monglat et moi, nous quittons Paris : je vous conseille à tous d'en faire autant. Que faites-vous ici ?

TROISIÈME GENTILHOMME.

Ma foi ! à dire vrai, nous gardons les manteaux.

MONGLAT.

Vous ferez mieux de vous en envelopper pour vous cacher.

CRÉQUI.

Allons, Fiesque, voilà tes gens qui amènent trois chevaux. Haut le pied ! Partons !

DE THIENNES.

Et le maréchal, vous l'abandonnez ? Que savez-vous s'il n'est pas dans Paris, quelque part ?

FIESQUE.

Monsieur, nous avons servi la maréchale jusqu'au dernier moment ; mais, moi qui ne reçois pas les mille francs de Concini, je ne lui dois rien et je suis bien son serviteur.

MONGLAT.

S'il est quelque part, ce n'est pas en bon lieu, et nous ne l'y chercherons pas. C'est un insolent, un parvenu. Adieu.

FIESQUE.

C'est un spoliateur. Adieu.

CRÉQUI.

C'est un avare. Adieu.

DE THIENNES.

Ma foi ! moi, j'ai vécu de son pain dans sa maison. Je reste à Paris.

SCÈNE III

Les Mêmes, D'ANVILLE, FIESQUE, CRÉQUI et MONGLAT s'arrêtent.

FIESQUE.

C'est d'Anville ! Il est blessé.

D'ANVILLE.

Ils ont tué mon cheval et m'ont jeté à terre. Je viens vous annoncer une triste nouvelle.

FIESQUE.

Si tu en trouves de plus sombres que celles que nous savons, c'est toi que nous croirons magicien.

D'ANVILLE.

La pauvre maréchale va passer par ici dans quelques heures pour aller au bûcher! Je le tiens d'un conseiller au Parlement.

FIESQUE.

Dans quelques heures! ils vont vite. Çà, messieurs, si nous l'enlevions? Restons.

MONGLAT.

Tope!

CRÉQUI.

J'en suis.

D'ANVILLE.

Ma foi! c'est dit.

LES GENTILSHOMMES ITALIENS.

Ah! voilà qui est parler!

PREMIER GENTILHOMME, à part.

Si ce n'était la crainte de les décourager, j'entrerais avertir le maréchal.

DEUXIÈME GENTILHOMME.

N'en faites rien, ils s'en iraient tous.

SCÈNE V

Les Mêmes, PICARD, suivi de Bourgeois et d'Ouvriers tenant des lanternes et des piques.

PREMIER GENTILHOMME.

Qui vive?

PICARD.

Garde bourgeoise!

Il s'approche tenant une lanterne et un portefeuille.
— A M. de Thiennes. Il salue.

Ah ! monsieur de Thiennes, je vous reconnais. Vous êtes à
M. le maréchal d'Ancre, et je m'adresse à vous pour cela.

DE THIENNES.

Qu'avez-vous affaire à lui ?

PICARD.

Je vous prie de lui rendre ce portefeuille qu'il a laissé tomber. Voici ce qu'il contient. Tenez. — Des bons sur tous les marchands de l'Europe. Tenez. Cent mille livres sur Benedetto de Florence. Cent mille livres sur le sieur Feydeau. Six, sept, huit, dix-neuf cent mille livres. — Et il sortait avec cela sur lui, dans sa poche ! — Comme ça ! — Comme on y jette un doublon. Dix-neuf cent mille livres ! — J'aurais travaillé dix-neuf cents ans avant de les gagner. Et il en a peut-être neuf fois autant, s'il a pris seulement la fortune de tous ceux qu'il a fait pendre. — Toutefois, voici le portefeuille. Si vous savez où est Concini, vous lui rendrez ça.

DE THIENNES.

Je lui dirai votre nom, Picard. Brave homme, vraiment ! brave homme.

PICARD.

Je n'ai que faire qu'on le sache, monsieur de Thiennes ; bien sûr que je n'en ai que faire. — J'ai pris la pique à regret, parce que je sens bien que l'on n'y peut attacher un de vos drapeaux sans s'en repentir, et qu'après tout c'est toujours au cœur de la France qu'on en pousse le fer. Qu'ai-je gagné à tout ceci, moi ? — Les gens de guerre sont logés dans ma maison, au Châtelet, où l'on va brûler la pauvre Galigaï. — Ma fille se meurt de l'effroi de cette nuit, et mon fils aîné a été tué dans la rue. — J'en ai assez, et mes bons voisins aussi. Allez ! la vieille ville de Paris est bien mécontente de vos querelles : nous n'y mettrons plus la main, s'il nous est loisible, que pour vous faire taire tous. — Adieu, messieurs, adieu.

Il sort, suivi des bourgeois et des ouvriers.

SCÈNE V

Les Mêmes, hors PICARD et sa troupe.

FIESQUE.

Tout cela va mal ; mais, ma foi ! tâchons d'enlever le carrosse de la maréchale, et nous galopperons avec elle sur la grande route de Sedan. Le vin est tiré : il faut...

SCÈNE VI

Les Mêmes, VITRY, D'ORNANO, PERSAN, DU HALLIER, BARONVILLE, et autres Gentilshommes et Mousquetaires du roi.

Chaque mousquetaire applique le pistolet sur la poitrine des gens de Concini, qui n'ont pas le temps de tirer l'épée.

VITRY, saisissant Fiesque et lui mettant le pistolet sur la joue.

...Le boire. Mais à la santé du roi, monsieur. Pas un cri, ou vous êtes morts. Nous sommes trois cents et vous êtes dix.

FIESQUE, après avoir examiné la troupe des mousquetaires.

Il n'y a rien à dire à cela. Il ne faut que compter, au fait.

On les emmène sans résistance.

VITRY.

Entourez cette maison. Concini est encore chez le juif. Il n'a pas osé sortir. Attendons-le, messieurs, et cachez vos hommes dans les boutiques et les rues voisines. Je vous appellerai. Sortons vite. En embuscade. J'entends remuer à la porte de Samuel.

SCÈNE VII

CONCINI, seul. Il ouvre la porte avec précaution, et tâte dans l'obscurité.

Coulanges, Benedetto ! Borgelli !... Personne. C'est étrange ! Voilà comme mes lâches à mille francs par an servent leur maître. — Attendons-les. J'ai cru que je ne sortirais jamais des chicanes de ce maudit juif. Il a pesé, je crois, chacun de mes mille ducats, et me faisait un procès à chacun. Ah ! sans l'incognito, je l'aurais étrillé de bonne sorte ! Borgelli !... Comment ne m'ont-ils pas attendu !

SCÈNE VIII

CONCINI, Peuple.

Un parti de vingt hommes sort de la rue de la Ferronnerie en criant.

Mort à Concini ! Avertissez Borgia ! Mort aux basanés !

SCÈNE IX

CONCINI, seul.

Encore Borgia ! Où suis-je ? Ai-je entendu cela ? S'ils osent jeter ces cris dans Paris, ne dois-je pas croire qu'ils sont aussi forts que moi ? Quoi ! mes gentilshommes ne les ont pas combattus ? Quoi ! ces voix sinistres se prolongent sans obstacle le long des rues, sans qu'une voix contraire s'élève !

SCÈNE X

PICARD, Peuple.

Un parti traverse l'extrémité de la rue Saint-Honoré, en criant.

Vive M. de Luynes ! vive le roi ! vive M. le Prince ! Mort aux Toscans ! aux Florentins ! Vive Borgia ! vive Picard ! vive Borgia ! Concini n'est pas dans la rue de la Ferronnerie. — Au Châtelet ! — Au Châtelet !

SCÈNE XI

CONCINI, seul.

Je n'entends plus rien! Encore si l'on se battait! mais non! les cris s'éloignent; ils s'éteignent par degrés! — Tout se tait, tout est calme, calme comme si j'étais mort, ou comme s'il ne restait plus qu'à me trouver et à me tuer. Est-ce donc un rêve! — Et qui me cherche? N'ai-je pas hier écrasé les mécontents? C'est quelque troupe de leurs partisans. Mais qui les mène? Ce Borgia! Ah! pourquoi est-il encore au monde? Lui, aventureux, imprudent, brave jusqu'à la folie? Qu'il soit encore vivant, et qu'il vive pour me heurter partout! Ah! j'ai du malheur! Mais je suis encore le maréchal d'Ancre! Riche et puissant? Non, je me sens renversé et jugé. Je me sens étranger, toujours étranger, parvenu étranger. Je sens comme une condamnation invisible qui pèse sur ma tête. Comment sortir de ces rues où jamais je ne vins seul? Si je rentre là, le juif me livrera; si je passe dans les rues je serai arrêté. Ce banc de pierre peut me cacher. Cette borne est assez haute.

Il l'examine et recule avec effroi..

Ah! cette borne est celle de Ravaillac. Oui, je la reconnais dans l'ombre. Ce fut là qu'il posa le pied. Elle est de niveau avec la ceinture d'un homme, le cœur d'un roi. C'est donc sur cette pierre que j'ai bâti ma fortune, et c'est peut-être sur elle qu'elle va s'écrouler. — N'importe! si je n'avais pas fait cela, je n'étais rien, en passant sur la terre, et j'ai été quelque chose, et l'avenir saura mon nom. Par la mort d'un roi, j'ai fait une reine, et cette reine m'a couronné. — Ravaillac, tu as été discret au jugement, c'est bien; sur la roue, c'est beau. — Il a dû monter là. Un pied sur la borne, l'autre dans le carrosse...

Ici Borgia arrive, portant un des deux enfants de Concini, et conduisant l'autre.

Non, sur ce banc... La main sur le poignard... Ainsi...

SCÈNE XII

CONCINI, BORGIA, Les deux Enfants.

BORGIA.

Pauvres enfants, entrez chez moi : vous serez en sûreté plus que dans ces deux maisons où l'on nous a poursuivis.

LE COMTE DE LA PÈNE.

Ah ! monsieur, il y a là un homme debout.

BORGIA, dirigeant la lanterne que tient l'enfant sur la figure de Concini.

Concini !

CONCINI.

Borgia !

Chacun d'eux lève son poignard et chacun d'eux saisit du bras gauche le bras droit de son ennemi. Ils demeurent immobiles à se contempler. Les deux enfants se sauvent dans les rues et disparaissent.

BORGIA.

Éternel ennemi, je t'ai manqué !

CONCINI.

Laisse libre mon bras droit, et je quitterai le tien.

BORGIA.

Et qui me répondra de toi ?

CONCINI.

Ces enfants que tu m'enlèves.

BORGIA.

Je les sauve. Ton palais brûle. Ta femme est arrêtée. Ta fortune est renversée, insensé parvenu !

CONCINI.

Oh ! lâche-moi, et battons-nous.

BORGIA, le poussant.

Recule donc, et tire ton épée.

CONCINI tire l'épée.

Commençons.

BORGIA

Éloigne tes enfants, qui nous troubleraient.

CONCINI.

Ils se sont enfuis.

BORGIA.

On n'y voit plus... Prends ces lettres, assassin... J'ai promis de te les rendre.

Il donne à Concini le portefeuille noir sous les épées croisées.

CONCINI.

Je les aurais prises sur ton corps.

BORGIA.

J'ai rempli ma promesse. En garde à présent, ravisseur !

CONCINI.

Lâche séducteur, défends-toi !

BORGIA.

La nuit est noire... mais je sens à ma haine que c'est toi. Affermis ton pied contre le mur, tu ne reculeras pas.

CONCINI.

Je voudrais sceller le tien dans le pavé pour être sûr de toi.

BORGIA.

Convenons que le premier blessé avertira l'autre.

CONCINI.

Oui, car on ne verrait pas le sang... Je te le jure par la soif que j'ai du tien. Mais que ce ne soit pas pour faire cesser l'affaire.

BORGIA.

Non, mais pour nous remettre en état de continuer.

CONCINI.

De continuer jusqu'à ne plus pouvoir lever l'épée.

BORGIA.

Jusqu'à la mort de l'un des deux.

CONCINI.

Es-tu en face de moi ?

BORGIA.

Oui. Pare ce coup, misérable.

Il parte une botte.

Es-tu blessé ?

CONCINI.

Non. A toi cette botte.

BORGIA.

Tu ne m'as pas touché.

CONCINI.

Quoi! pas encore? Ah! si je pouvais voir ton visage détesté!

Ils continuent avec acharnement sans se toucher : tous deux se reposent en même temps.

BORGIA.

As-tu donc mis une cuirasse, Concini?

CONCINI.

J'en avais une, mais je l'ai oubliée chez ta femme, dans sa chambre.

BORGIA.

Tu mens!

Il le charge de son épée, tous deux s'enferrent et se blessent en même temps.

CONCINI.

Je ne sens plus le fer. T'ai-je blessé?

BORGIA, *s'appuyant sur son épée et serrant sa poitrine d'un mouchoir.*

Non. — Recommençons. — Eh bien?

CONCINI, *serrant sa cuisse d'un mouchoir.*

Attendez, monsieur, je suis à vous.

Il tombe sur la borne.

BORGIA, *tombe à genoux.*

N'êtes-vous pas blessé vous-même?

CONCINI.

Non, non, mais je me repose. Avancez-vous, et nous verrons.

BORGIA, *essayant de se lever et ne pouvant se soutenir.*

Je me suis heurté le pied contre une pierre. Attendez.

CONCINI.

Ah! vous êtes blessé!

BORGIA

Non, te dis-je! non. C'est toi-même qui l'es. Ta voix est altérée.

CONCINI, *sentant son épée, et avec joie.*

Ma lame a une odeur de sang.

BORGIA, *tâtant son épée, et avec triomphe.*

La mienne est mouillée.

CONCINI.

Va, si tu n'étais pas frappé, tu serais déjà venu m'achever.

BORGIA, avec joie.

Achever ? — Tu es donc blessé ?

CONCINI, avec désespoir.

Eh! sans cela, n'irais-je pas te traverser le corps vingt fois? D'ailleurs, tu l'es autant que moi pour le moins.

BORGIA, avec rage.

Il faut que cela soit, car je ne resterais pas à cette place.

CONCINI.

N'en finirons-nous jamais ?

BORGIA.

Tous deux blessés et vivants tous deux!

BORGIA.

Que me sert ton sang, s'il en reste !

CONCINI, avec désespoir.

Si je pouvais aller à toi !

SCÈNE XIII

Les Mêmes, VITRY, suivi de Gardes qui marchent doucement. Il tient le jeune COMTE DE LA PÈNE par la main, l'enfant tient sa Sœur.

VITRY, le pistolet à la main.

Eh bien, mon bel enfant, lequel est votre père?

LE COMTE DE LA PÈNE.

Défendez-le, monsieur! c'est celui qui est appuyé sur la borne.

VITRY, haut.

Rangez-vous et restez dans cette porte. — A moi, la maison du roi !

Les gardes viennent avec des lanternes et des flambeaux.

Je vous arrête, monsieur ; votre épée.

CONCINI, le frappant.

La voici.

Vitry lui tire un coup de pistolet; du Hallier, d'Ornano et Persa tirent chacun le leur; Concini tombe.

CONCINI, tombant, à Borgia avec un rire amer.

Assassin ! ils t'ont aidé.

Il meurt sur la borne.

BORGIA.

Non, ils m'ont volé ta mort.

Il expire.

VITRY, gaiement.

Morts ! tous deux ! Voilà une affaire menée assez vertement !

SCÈNE XIV

Les Mêmes, PICARD et ses Compagnons

VITRY, à Picard.

On n'a pas besoin de vous !

PICARD, s'écartant, suivi de ses compagnons.

Pauvre Concini ! Je le plains, à présent.

SCÈNE XV

Les Mêmes, un Officier.

L'OFFICIER.

M. de Luynes avec une escorte.

VITRY.

Arrêtez-le. Qu'on ne vienne pas nous déranger, corbleu ! nous sommes en affaires.

L'OFFICIER.

Ma foi ! le voici.

SCÈNE XVI

Les Mêmes, LUYNES, puis LA MARÉCHALE.

LUYNES.

Bonjour, *maréchal de Vitry !*

On entend rouler un carrosse.

Au milieu d'un fatras d'injures grossières, que je n'oserais réimprimer par pudeur, et dont on accabla le vaincu après sa mort, entre un libelle intitulé : *Dialogue entre la Galigaya et Misoquin, esprit follet qui lui ameine son mari,* et la *Complainte du gibet de Montfaucon,* et le *Séjan français,* et mille autres cris d'une haine que la mort de Concini, que son corps déterré, pendu, déchiré, que son cœur arraché, rôti, vendu et mangé, n'avaient pu assouvir, j'ai trouvé, avec attendrissement, un soupir de pitié que quelque âme honnête de ce temps osa exhaler. — C'est un petit livre de six pages, caché au milieu de toutes ces impuretés comme une petite fleur dans un marécage. Il s'appelle *Soupirs et regrets du fils du marquis d'Ancre sur la mort de son père et l'exécution de sa mère.* Là, plus de sanglante ironie, ce sont des larmes, rien que des larmes, et les larmes d'un pauvre enfant qui s'écrie : « O Florence ! tu devois bien plustôt retenir ce mien père, que de l'envoyer à la France, pour, après tant d'honneurs, être la curée de la fureur d'un peuple. — O mère, âme, principe de ma vie, falloit-il que vos cendres fussent ainsi dissipées ? O estrange mémoire ! — N'entendrois-je point quelque cri de compassion ?... O mère ! de moi seul chérie, deviez-vous m'allaicter du laict de tant de grandeurs ? De qui tirerois-je secours ?... » Et plus loin : « Je recours à vous, Dieu immortel, et par votre grâce trouverai celle du roy... » Et pour fléchir ce roi : « C'est une grande gloire que de pardonner à ses ennemis, et si Cæsar n'eût pardonné aux vaincus, à qui eût-il commandé ? » Et puis il se rappelle ce bon Fiesque, et parle de lui aux cendres de sa mère : « Et vous, ô maternelles cendres ! pourrez-vous vous souvenir des derniers mots que vous dit un notable seigneur lors de votre sortie du Louvre pour être conduicte en la Bastille ? Vous lui donnastes ces dernières paroles : Fiasque, Fiasque, non bisogna parlar del passato. Ainsi, finit l'enfant, quelquefois se trouve le secours d'où il n'est espéré. »

Fiesque se souvint de ce passé dont elle ne voulait parler : il soutint, il secourut le petit comte de la Pène durant une prison de cinq ans, à laquelle on condamna ce pauvre orphelin, et l'aida à rassembler, à Florence, les débris de l'immense fortune de son père. C'est ce qui m'a fait aimer le caractère de Fiesque, et le tracer ainsi à demi amoureux de la marquise d'Ancre et tout à fait son ami.

Mais cette prière, qui l'a pu écrire ? Point de nom d'auteur : le pauvre homme eût été *pistoleté,* comme on disait. Je m'imagine que ce fut quelque bon vieil abbé, précepteur de l'enfant et domestique du père. — Grâces soient rendues au moins à l'honnête « Abraham Saugrain ! en sa boutique, rue Sainct-Jacques, au-

VITRY.

Merci ! c'est bon ! cela se peut ! Mais vous gâtez tout ; voyez.

LUYNES, à la maréchale.

Ah ! bon Dieu ! madame, il faudrait retourner. Otez les flambeaux. Il n'y a personne ici.

LA MARÉCHALE.

Personne, dites-vous ? personne, monsieur ? et voilà mes deux enfants ! Ah ! venez tous deux. Les voilà ! eux, ce sont eux. — Avec qui êtes-vous ? Qui a soin de vous ? Ils ont pâli tous deux.

Elle se met à genoux à les considérer.

Et savez-vous bien qu'on a mis en prison votre pauvre mère ? Mais savez-vous bien cela ? Elle a beaucoup pleuré, allez ! Elle a eu bien du chagrin. — Embrassez-moi de vos deux bras. — Bien du chagrin de ne pas vous voir. M'aimez-vous toujours ? — Je vous laisserai à M. Fiesque, vous savez ? ce bon gentilhomme qui vous porte sur ses genoux. — Embrassez-moi donc bien. — Vous l'aimerez beaucoup, n'est-ce pas ? Si votre père ne revient pas, je vous prie de dire à M. de Borgia qu'après lui je vous laisse à Fiesque, un homme de bien s'il en fut. — Car, savez-vous, je vous quitte. — Oh ! embrassez-moi bien. — Encore. — Comme cela. — Je vous quitte pour bien longtemps, bien longtemps ! — Ne pleurez pas. — Et moi qui dis cela, je pleure moi-même comme un enfant. — Allons, allons ! eh bien, qu'est-ce que nous avons ? — Mais vous ne me répondez pas, mon fils ? — Que vous avez l'air effrayé ! Qui écouterez-vous, monsieur, si ce n'est votre pauvre mère ? enfant ! ta pauvre bonne mère, qui va mourir ! Sais-tu.

LE COMTE DE LA PÈNE, *montrant les corps.*

Regardez ! regardez ! Là et là.

---

dessus de Sainct-Benoist. » Bravo juif ! tu osas imprimer, en 1617, la petite prière dont je me trouve si heureux en l'an 1831 !

Le jour même du jugement de la maréchale d'Ancre, la jeune reine (Anne d'Autriche) envoya des confitures au petit comte de la Pène, et le fit venir dans ses appartements. Chemin faisant, des soldats lui volèrent son chapeau et son manteau ; le pauvre enfant arriva tout humilié, le cœur gros, et refusa de manger. La petite reine, comme on la nommait, avait ouï dire qu'il dansait bien : il fallut qu'il dansât devant elle à l'instant. Il obéit, et en dansant, fondit en larmes. Ce fut un vrai martyre.

mourut de la peste, à Florence, en 1631.

LA MARÉCHALE.

Où, mon enfant ? Je ne vois rien.

LE COMTE DE LA PÈNE.

Je les ai vus se battre, là ! là ! Venez.

Il la tire par la main.

LA MARÉCHALE.

Pas si vite ! — Arrête, enfant. — J'en devine plus que tu ne m'en diras.

Elle s'arrête la main sur son cœur.

Dieu ! — Le maréchal.... Concini. — Le maréchal d'Ancre !

LUYNES, avec une douleur affectée et une profonde révérence.

Nous avons tout fait pour éviter ces grands malheurs, madame ; mais c'est une rencontre...

LA MARÉCHALE, avec explosion.

Vous m'aviez ménagé ce spectacle, lâche ennemi d'une femme, qui n'avez jamais regardé en face cet homme hardi ! — Que vous paye-t-on sa tête et la mienne ? Vous m'avez amenée (et c'est bien digne de vous), vous m'avez amenée pour me briser le cœur avant de le jeter au feu ; et cela, pour vous venger de ma hauteur et de votre bassesse. — Quoi donc ! il me fallait voir, voir tout cela ! Vous l'avez voulu ? Eh bien ! — examinez si j'en mourrai tout de suite ! — Regardez bien. — Je vais souffrir la mort autant de fois qu'il le faudra. — Vous êtes un excellent bourreau, monsieur de Luynes ! — Mais ne me perdez pas de vue ! ne perdez pas une de vos joies ! — Par exemple, tout pourra me tuer, mais rien ne me surprendra venant de vous ! (A un garde.) Le flambeau, donnez-le moi. — Ne me cachez rien. — On m'a amenée pour tout voir. — Borgia ! ô Dieu ! Toi, Borgia ! toi aussi.

Elle prend sa main et la laisse retomber avec un sentiment triste et jaloux.

Sa femme le pleurera. — Moi, je veux mourir ! — (A un garde.) Soutenez-moi, je vous prie.

Elle s'appuie sur son épaule. — A son fils. Elle le prend par la main, le conduit sur le devant de la scène, le presse dans ses bras, et, le baisant au front.

13

Venez ici. — Regardez bien cet homme, derrière nous, celui qui est seul !

L'enfant veut se retourner, elle e retient.

Non ! non ! — Ne tournez que la tête, doucement, et tâchez qu'on ne vous remarque pas. — Vous l'avez vu ?

L'enfant fait signe que oui, en attachant ses yeux sur ceux de sa mère.

Cet homme s'appelle de Luynes. — Vous me suivrez au bûcher tout à l'heure, et vous vous souviendrez toujours de ce que vous aurez vu, pour nous venger tous sur lui seul. — Allons ! dites : « Oui, » fermement ! sur le corps de votre père !

Elle s'approche du corps, qui est à demi appuyé sur la borne, et porte la main de son fils sur la tête de Concini.

Touchez-le, et dites : « Oui ! »

LE COMTE DE LA PÈNE, *étendant la main et d'une voix résolue.*

Oui, madame.

LA MARÉCHALE.

(Plus bas.) Et, comme j'aurai fini par un mensonge, vous prierez pour moi. (A haute voix.) Je me confesse criminelle de lèse-majesté divine et humaine, et coupable de magie.

LUYNES, *avec un triomphe féroce et bas.*

Brûlée !

Il fait défiler la Maréchale, suivie de ses deux enfants ; elle passe en détournant les yeux devant le corps de Concini, étendu à droite de la scène, sur la borne de Ravaillac.

SCÈNE XVII

VITRY, PICARD, Gentilshommes, Peuple.

VITRY, *se découvrant, et parlant aux gentilshommes et mousquetaires.*

Messieurs, allons faire notre cour à Sa Majesté le roi Louis treizième.

Il part avec les gentilshommes.

SCÈNE XVIII

PICARD, Peuple.

PICARD, *aux ouvriers qui se regardent et restent autour du corps de Borgia.*
Et nous ?

NOTES SUR LE TEMPS ET L'ACTION

PREMIER ACTE

Le drame se passe tout entier en deux jours. — Le vendredi, La maréchale fait arrêter le prince de Condé, au Louvre, à *trois heures*.

DEUXIÈME ACTE

Chez le juif Samuel ; le samedi. — Concini va chez le juif à *onze heures* du matin. Borgia va chez la maréchale en même temps et se retire sans lui parler. Il rentre chez le juif et y trouve un rendez-vous pour *quatre heures* chez la maréchale. — Isabella en donne un à Concini pour le soir à *dix heures*.

TROISIÈME ACTE

Le samedi, à *quatre heures*, Borgia est chez la maréchale. — Le peuple attaque le palais et y met le feu.

QUATRIÈME ACTE

Le samedi, à *dix heures* du soir. Concini et Isabella en tête-à-tête. On voit de loin brûler le palais de Concini.—2º partie. — A minuit, la maréchale est à la Bastille. Luynes la fait sortir à *une heure* après minuit pour passer dans la rue de la Ferronnerie.

CINQUIÈME ACTE.

Le samedi, à *trois heures* après minuit, Concini sort de la maison ; Borgia y entre. La maréchale arrive. Déageant et Luynes l'ont amenée, Vitry a cerné Concini.

QUITTE POUR LA PEUR

COMEDIE

REPRÉSENTÉE POUR LA PREMIÈRE FOIS, A PARIS, A L'OPÉRA,

Le 30 mai 1833.

ARGUMENT

Lorsque cette petite comédie fut composée et représentée en 1833, les esprits sérieux et élevés virent sur-le-champ qu'une question bien grave était renfermée sous cette forme légère.

— A-t-il le droit d'être un juge implacable, a-t-il le droit de vie et de mort, l'homme qui lui-même est attaché par une chaîne étrangère et qui a méconnu ou brisé la chaîne légitime?

Il fallait, pour avoir un exemple complet, le puiser dans une époque où régnaient à la fois le rigorisme du point d'honneur et la légèreté des mœurs. Car, si l'un ordonne la vengeance, l'autre en enlève le droit à l'offensé, qui ne se sent plus assez irréprochable pour condamner.

Afin de compenser ce qui pouvait, au premier abord, sembler immodeste dans la situation et dans le langage, l'auteur n'a laissé voir ni l'amant de la jeune femme, ni la maîtresse du jeune mari.

Le mariage, seul avec lui-même, se retourne et se débat dans ses propres nœuds, et non sans douleur, malgré le sourire apparent du visage et du discours.

Il fallait choisir, pour l'offensé, entre quelque cruauté grossière et basse ou un pardon dédaigneux.

L'auteur a conclu pour une miséricorde qui ne manque peut-être pas de dignité.

PERSONNAGES

ET DISTRIBUTION DES ROLES

TELLE QU'ELLE EUT LIEU A L'OPÉRA

Le 30 mai 1833.

LE DUC DE***, très-jeune encore, très-brillant. Duc et pair, ambassadeur de Louis XVI, cordon bleu. . . . . M. BOCAGE.
LA DUCHESSE DE***, sa femme, naïve, enfantine, gracieuse, vive. . . . . Mme DORVAL.
M. TRONCHIN, médecin, vieux et moqueur. . . . . . . M. PROVOST.
ROSETTE, femme de chambre de la duchesse. . . . . Mlle DUPONT.
UN LAQUAIS.

QUITTE POUR LA PEUR

SCÈNE PREMIÈRE

A Paris, dans une chambre à coucher somptueuse du temps de Louis XVI.
Des portraits de famille très-grands ornent les murs. — Il est midi.

LA DUCHESSE, ROSETTE.

LA DUCHESSE, achevant de se parer pour le jour, se regardant à sa toilette et posant une mouche.

Mais, Rosette, conçoit-on la négligence de ces médecins?

ROSETTE.

Ah! madame, cela n'a pas de nom.

LA DUCHESSE.

Moi qui suis si souffrante!

ROSETTE.

Madame la duchesse qui est si souffrante!

LA DUCHESSE.

Moi qui n'ai jamais consenti à prendre d'autre médecin que ce bon vieux Tronchin! Le chevalier m'en a voulu longtemps.

ROSETTE.

Pendant plus d'une heure.

LA DUCHESSE, vivement.

C'est-à-dire qu'il a voulu m'en vouloir, mais qu'il n'a pas pu.

ROSETTE.

Il vient d'envoyer deux bouquets par son coureur.

LA DUCHESSE.

Et il n'est pas venu lui-même? Ah! c'est joli! Moi, je vais sortir à cheval.

ROSETTE.

M. Tronchin a défendu le cheval à madame.

LA DUCHESSE.

Mais je suis malade, j'en ai besoin.

ROSETTE.

C'est parce que madame la duchesse est malade, qu'il ne le faut pas.

LA DUCHESSE.

Alors, je vais écrire au chevalier pour le gronder.

ROSETTE.

M. Tronchin a défendu à madame de s'appliquer et de tenir sa tête baissée.

LA DUCHESSE.

Eh bien, je vais chanter; ouvrez le clavecin, mademoiselle.

ROSETTE.

Mon Dieu! comment dirai-je à madame que M. Tronchin lui a défendu de chanter?

LA DUCHESSE, tapant du pied.

Il faut donc que je me recouche, puisque je ne puis rien faire. — Je vais lire. Non, fais-moi la lecture. — Je vais me coucher sur le sofa; la tête me tourne, et j'étouffe. Je ne sais pourquoi...

ROSETTE, prenant un livre.

Voici *Estelle* de M. de Florian, et les *Oraisons célèbres* de M. de Bossuet.

LA DUCHESSE.

Lis ce que tu voudras, va.

ROSETTE lit.

« Némorin, à chaque aurore, allait cueillir les bleuets qu'Estelle... les bleuets qu'Estelle aimait à mêler dans les longues tresses de ses cheveux noirs. »

Elle pose le livre.

LA DUCHESSE.

Qu'il est capricieux, le chevalier! Il ne veut plus que je mette de corps en fer, comme si l'on pouvait sortir sans cela. Lis toujours, va.

ROSETTE, continue, et, après avoir quitté Florian, prend Bossuet sans s'en douter.

« Pour moi, s'il m'est permis après tous les autres de venir rendre les derniers devoirs à ce tombeau, ô prince, le digne sujet de nos louanges et de nos regrets, vous vivrez éternellement dans ma mémoire. »

LA DUCHESSE.

Je ne conçois pas qu'il ne soit pas encore arrivé. Comme il était bien hier, avec ses épaulettes de diamants !

ROSETTE, continue.

« Heureux si, averti par ces cheveux blancs du compte que je dois rendre de mon administration, je réserve au troupeau.. » (Tiens, c'est drôle ça : au troupeau !) troupeau que je dois nourrir de la parole divine, les restes d'une voix qui tombe, et... »

LA DUCHESSE.

Le voilà commandeur de Malte, à présent. Sans ses vœux, il serait peut-être marié, cependant.

ROSETTE.

Oh ! madame ! par exemple !...

LA DUCHESSE.

Lis toujours, va, je t'entends.

ROSETTE continue.

« Et d'une ardeur qui s'éteint... » Ah ! les bergers et les troupeaux, ce n'est pas bien amusant...

Elle jette les livres.

LA DUCHESSE.

Crois-tu qu'il se fût marié ? — Dis.

ROSETTE.

Jamais sans la permission de madame la duchesse.

LA DUCHESSE.

S'il n'avait pas dû être plus marié que M. le duc, j'aurais bien pu la lui donner... Hélas ! dans quel temps vivons-nous ! — Comprends-tu bien qu'un homme soit mon mari, et ne vienne pas chez moi ? M'expliquerais-tu bien ce que c'est précisément qu'un maître inconnu qu'il me faut respecter, craindre et aimer comme Dieu, sans le voir, qui ne se soucie de moi nullement, et qu'il faut que j'honore ; dont il faut que je me cache, et qui ne daigne pas m'épier ; qui me donne seulement son nom à porter de bien loin, comme on le donne à une terre abandonnée ?

ROSETTE.

Madame, j'ai un frère qui est fermier, un gros fermier en Normandie, et il répète toujours que, lorsqu'on ne cultive pas une terre, on ne doit avoir de droit ni sur ses fleurs ni sur ses fruits.

LA DUCHESSE, avec orgueil.

Qu'est-ce que vous dites donc, mademoiselle? Cherchez ma montre dans mon écrin.

Apres avoir rêvé un peu.

Tiens, ce que tu dis là n'a pas l'air d'avoir de sens commun. Mais je crois que cela mènerait loin en politique, si l'on voulait y réfléchir. Donne-moi un flacon, je me sens faible.

Ah! quand j'étais au couvent, il y a deux ans, si mes bonnes religieuses m'avaient dit comment on est marié, j'aurais commencé par pleurer de tout mon cœur, toute une nuit; ensuite j'aurais bien pris une grande résolution ou de me faire abbesse ou d'épouser un homme qui m'eût aimée. Il est vrai que ce n'aurait pas été le chevalier; ainsi...

ROSETTE.

Ainsi, il vaut peut-être mieux que le monde aille de cette façon.

LA DUCHESSE.

Mais de cette façon, Rosette, je ne sais comment je vis, moi. Il est bien vrai que je remplis tous mes devoirs de religion; mais aussi, à chaque confession, je fais une promesse de rupture avec le chevalier, et je ne la tiens pas.

Je crois bien que l'abbé n'y compte guère, à dire le vrai, et ne le demande pas sérieusement; mais enfin c'est tromper le bon Dieu. Et pourquoi cette vie gênée et tourmentée, cet hommage aux choses sacrées, aussi public que le dédain de ces choses? Moi, je n'y comprends rien, et tout ce que je sais faire, c'est d'aimer celui que j'aime. Je vois que personne ne m'en veut, après tout.

ROSETTE.

Ah! bon Dieu! madame, vous en vouloir? Bien au contraire,

je crois qu'il n'y a personne qui ne vous sache gré à tous deux de vous aimer si bien.
LA DUCHESSE.
Crois-tu?
ROSETTE.
Cela se voit dans les petits sourires d'amitié qu'on vous fait en passant quand il donne le bras à madame la duchesse. On vous invite partout ensemble. Vos deux familles le reçoivent ici avec un amour...
LA DUCHESSE, soupirant.
Oui, mais il n'est pas ici chez lui... et cependant c'est là ce qu'on appelle le plus grand bonheur du monde, et, tel qu'il est, on n'oserait pas le souhaiter à sa fille.
Après un peu de rêverie.
Sa fille! ce mot-là me fait trembler. Est-ce un état bien heureux que celui où l'on sent que, si l'on était mère, on en mourrait de honte; que l'insouciance et les ménagements du grand monde finiraient là tout à coup, et se changeraient en mépris et en froideur ; que les femmes qui pardonnent à l'amante fermeraient leur porte à la mère, et que tous ceux qui me passent l'oubli d'un mari ne me passeraient pas l'oubli de son nom ; car ce n'est qu'un nom qu'il faut respecter, et ce nom vous tient enchaînée, ce nom est suspendu sur votre tête, comme une épée! Que celui qu'il représente soit pour nous tout ou rien, nous avons ce nom écrit sur le collier, et au bas : *J'appartiens*...
ROSETTE.
Mais, madame, serait-on si méchant pour vous? Madame est si généralement aimée !
LA DUCHESSE.
Quand on ne serait pas méchant, je me ferais justice à moi-même et une justice bien sévère, croyez-moi. — Je n'oserais pas seulement lever les yeux devant ma mère, et même, je crois, sur moi seule.
ROSETTE.
Bon Dieu! madame m'effraye.
LA DUCHESSE.
Assez. Nous parlons trop de cela, mademoiselle, et je ne sais pas comme nous y sommes venues. Je ne suis pas une héroïne

de roman, je ne me tuerais pas, mais certes j'irais me jeter pour la vie dans un couvent.

SCÈNE II

LA DUCHESSE, ROSETTE, UN LAQUAIS.

LE LAQUAIS.
M. le docteur Tronchin demande si madame la duchesse peut le recevoir ?
LA DUCHESSE, à Rosette.
Allez dire qu'on le fasse entrer.

SCÈNE III

LA DUCHESSE, TRONCHIN, appuyé sur une longue canne aussi haute que lui, vieux, voûté, portant une perruque à la Voltaire.

LA DUCHESSE, gaiement.
Ah! voilà mon bon vieux docteur !
Elle se lève et court au devant de lui.
Allons, appuyez-vous sur votre malade.
Elle lui prend le bras et le conduit à un fauteuil.
Quelle histoire allez-vous me conter, docteur? quelle est l'anecdote du jour?

TRONCHIN.
Ah! belle dame! belle dame! vous voulez savoir les anecdotes des autres, prenez-garde de m'en fournir une vous-même. Donnez-moi votre main, voyons ce pouls, madame... Mais asseyez-vous... mais ne remuez donc pas toujours, vous êtes insaisissable.

LA DUCHESSE, s'asseyant.
Eh bien, voyons, que me direz-vous?

TRONCHIN, tenant le pouls de la duchesse.
Vous savez l'histoire qui court sur la présidente, n'est-il pas vrai, madame ?

LA DUCHESSE.

Eh ! mon Dieu, non, je ne m'informe point d'elle.

TRONCHIN.

Et pourquoi ne pas vouloir vous en informer? Vous vivez par trop détachée de tout, aussi. — Si j'osais vous donner un conseil, ce serait de montrer quelque intérêt aux jeunes femmes de la société dont l'opinion pourrait vous défendre, si vous en aviez besoin un jour ou l'autre.

LA DUCHESSE.

Mais j'espère bien n'avoir nul besoin d'être défendue, monsieur.

TRONCHIN.

Ah! madame, je suis sûr que vous êtes bien tranquille au fond du cœur ; mais je trouve que vous me faites appeler bien souvent depuis quelques jours.

LA DUCHESSE.

Je ne vois pas, docteur, ce que vos visites ont de commun avec l'opinion du monde sur moi.

TRONCHIN.

C'est justement ce que me disait la présidente, et elle s'est bien aperçue de l'influence d'un médecin sur l'opinion publique. — Je voudrais bien vous rendre aussi confiante qu'elle. — Je l'ai tirée, ma foi, d'un mauvais pas ; mais je suis discret et je ne vous conterai pas l'histoire, puisque vous ne vous intéressez pas à elle. — Point de fièvre, mais un peu d'agitation... Restez, restez... ne m'ôtez pas votre main, madame.

LA DUCHESSE.

Quel âge a-t-elle, la présidente ?

TRONCHIN.

Précisément le vôtre, madame. Ah! comme elle était inquiète! son mari n'est pas tendre, savez-vous? Il allait, ma foi, faire un grand éclat. Ah ! comme elle pleurait! mais tout cela est fini, à présent. Vous savez, belle dame, que la reine va jouer la comédie à Trianon ?

LA DUCHESSE, inquiète.

Mais la présidente courait donc un grand danger?

TRONCHIN.

Un danger que peuvent courir bien des jeunes femmes ; car

enfin j'ai vu bien des choses comme cela dans ma vie. Mais autrefois, cela s'arrangeait par la dévotion plus facilement qu'aujourd'hui. A présent, c'est le diable. Je vous trouve les yeux battus.

LA DUCHESSE.

J'ai mal dormi cette nuit après votre visite

TRONCHIN.

Je ne suis pourtant pas méchant, ni bien effrayant pour vous.

LA DUCHESSE.

C'est votre bonté qui est effrayante, et votre silence qui est méchant. Cette femme dont vous parlez, voyons, après tout, est-elle déshonorée?

TRONCHIN.

Non; mais elle pouvait l'être, et, de plus, abandonnée de tout le monde.

LA DUCHESSE.

Et pourtant tout le monde sait qui elle aime.

TRONCHIN.

Tout le monde le sait et personne ne le dit.

LA DUCHESSE.

Et tout d'un coup on eût changé à ce point?

TRONCHIN.

Madame, quand une jeune femme a une faiblesse publique, tout le monde a son pardon dans le cœur et sa condamnation sur les lèvres.

LA DUCHESSE, vite.

Et les lèvres nous jugent.

TRONCHIN.

Ce n'est pas la faute qui est punie, c'est le bruit qu'elle fait.

LA DUCHESSE.

Et les fautes, docteur, peuvent-elles être toujours sans bruit?

TRONCHIN.

Les plus bruyantes, madame, ce sont d'ordinaire les plus légères fautes, et les plus fortes sont les plus silencieuses, j'ai toujours vu ça.

LA DUCHESSE.

Voilà qui est bien contre le sens, par exemple!

TRONCHIN.

Comme tout ce qui se fait dans le monde, madame.

LA DUCHESSE, se levant et lui tendant la main.

Docteur, vous êtes franc ?

TRONCHIN.

Toujours plus qu'on ne le veut, madame.

LA DUCHESSE.

On ne peut jamais l'être assez pour quelqu'un dont le parti est pris d'avance.

TRONCHIN.

Un parti pris d'avance est souvent le plus mauvais parti, madame.

LA DUCHESSE, avec impatience.

Que vous importe? c'est mon affaire ; je veux savoir de vous quelle est ma maladie.

TRONCHIN.

J'aurais déjà dit ma pensée à madame la duchesse, si je connaissais moins le caractère de M. le duc.

LA DUCHESSE.

Eh bien, que ne me parlez-vous de son caractère? Quoique je n'aime pas à l'entendre nommer, comme il n'est pas impossible qu'il ne survienne par la suite quelque événement qui nous soit commun, je...

TRONCHIN.

Il est furieusement fantasque, madame! je l'ai vu haut comme ça!

Mettant la main à la hauteur de la tête d'un enfant.

Et toujours le même, suivant tout à coup son premier mouvement avec une soudaineté irrésistible et impossible à deviner. Dès l'enfance, cette impétuosité s'est montrée et n'a fait que croître avec lui. Il a tout fait de cette manière dans sa vie, allant d'un extrême à l'autre sans hésiter. Cela lui a fait faire beaucoup de grandes choses et beaucoup de sottises aussi, mais jamais rien de commun. Voilà son caractère.

LA DUCHESSE.

Vous n'êtes pas rassurant, docteur; s'il va d'un extrême à l'autre, il m'aimera bien, et je ne saurai que faire de cet amour-là.

TRONCHIN.

Ce n'est pourtant pas ce qui peut vous arriver de pis aujourd'hui, madame.

LA DUCHESSE.

Ah! mon Dieu, que me dit-il là!

Elle frappe du pied.

TRONCHIN.

C'est un fort grand seigneur, madame, que M. le duc. Il a toute l'amitié du roi et un vaste crédit à la cour. Quiconque l'offenserait serait perdu sans ressource ; et comme il a beaucoup d'esprit et de pénétration, comme outre cela il a l'esprit ironique et cassant, il n'est pas possible de lui insinuer sans péril un plan de conduite, quel qu'il soit, et vouloir le diriger serait une haute imprudence. Le plus sûr avec lui serait une franchise totale.

LA DUCHESSE *s'est détournée plusieurs fois en rougissant; elle se lève et va à la fenêtre.*

Assez, assez, par grâce, je vous en supplie, monsieur! je me sens rougir à chaque mot que vous me dites, et vous me jetez dans un grand embarras.

Elle lui parle sans le regarder.

Je vous l'avoue, je tremble comme un enfant. — Je ne puis supporter cette conversation. Les craintes terribles qu'elle fait naître en moi me révoltent et m'indignent contre moi-même. — Vous êtes bien âgé, monsieur Tronchin, mais ni votre âge, ni votre profession savante ne m'empêchent d'avoir honte qu'un homme puisse me parler, en face, de tant de choses que je ne sais pas, moi, et dont on ne parle jamais!

Une larme s'échappe.

Avec autorité.

Je ne veux plus que nous causions davantage.

Tronchin se lève.

La vérité que vous avez à me dire et que vous me devez, écrivez-la ici, je l'enverrai prendre tout à l'heure. — Voici une plume. Ce que vous écrirez pourrait bien être un arrêt, mais je n'en aurai nul ressentiment contre vous.

Elle lui serre la main, le docteur baise sa main.

Votre jugement est le jugement de Dieu. — Je suis bien malheureuse !

Elle sort vite.

SCÈNE IV

TRONCHIN, seul.

Il se rassied, écrit une lettre, s'arrête et relit ce qu'il vient d'écrire ; puis il dit.

La science inutile des hommes ne pourra jamais autre chose que détourner une douleur par une autre plus grande. A la place de l'inquiétude et de l'insomnie, je vous donne la certitude et le désespoir.

Il s'essuie les yeux où roule une larme.

Elle souffrira, parce qu'elle a une âme candide dans son égarement, franche au milieu de la fausseté du monde, sensible dans une société froide et polie, passionnée dans un temps d'indifférence, pieuse dans un siècle d'irréligion. Elle souffrira sans doute ; mais, dans le temps et le monde où nous sommes, la nature usée, faible et fardée dès l'enfance, n'a pas plus d'énergie pour les transports du malheur que pour ceux de la félicité. Le chagrin glissera sur elle, et, d'ailleurs, je vais lui chercher du secours à la source même de son infortune.

SCENE V

TRONCHIN, ROSETTE,

ROSETTE.

Monsieur, je viens chercher...

TRONCHIN, lui donnant un papier.

Prenez, mademoiselle.

Rosette sort.

SCÈNE VI

TRONCHIN, seul.

Son mari doit être à Trianon, ou à Versailles... Je puis m'y rendre en deux heures et demie.

SCÈNE VII

TRONCHIN, ROSETTE

On entend un grand cri de la duchesse.

TRONCHIN.
Rosette revient toute pâle.

ROSETTE.
Ah! monsieur, voyez madame la duchesse, comme elle pleure.

Elle entr'ouvre une porte vitrée.

TRONCHIN.
Ce n'est rien, ce n'est rien qu'une petite attaque de nerfs; vous lui ferez prendre un peu d'éther, et vous brûlerez une plume dans sa chambre, celle-ci, par exemple. — Sa maladie ne peut pas durer plus de huit mois. — Je vais à Versailles.

Il sort.

ROSETTE.
Comme ces vieux médecins sont durs!

Elle court chez la duchesse.

SCÈNE VIII

Versailles. — La chambre du duc.

LE DUC, TRONCHIN. *Ils entrent ensemble.*

LE DUC.
Vous en êtes bien sûr, docteur?

TRONCHIN.

Monsieur le duc, j'en réponds sur ma tête, que je vous apporte à Versailles; prenez-la pour ce qu'elle vaut.

LE DUC, s'asseyant en taillant une plume.

Allons, il est toujours bon de savoir à quoi s'en tenir. Vous la voyez très-souvent? Asseyez-vous donc!

TRONCHIN.

Presque tous les jours, je passe chez elle pour des migraines, des bagatelles.

LE DUC.

Et comment est-elle, ma femme? est-elle jolie? est-elle agréable?

TRONCHIN.

C'est la plus gracieuse personne de la terre.

LE DUC.

Vraiment? Je ne l'aurais pas cru; le jour où je la vis, ce n'était pas ça du tout. C'était tout empesé, tout guindé, tout roide; ça venait du couvent, ça ne savait ni entrer ni sortir, ça saluait tout d'une pièce; de la fraîcheur seulement, la beauté du diable.

TRONCHIN.

Oh! à présent, monsieur le duc, c'est tout autre chose.

LE DUC.

Oui, oui, le chevalier doit l'avoir formée. Le petit chevalier a du monde. Je suis fâché de ne pas la connaître.

TRONCHIN.

Ah çà! il faut avouer, entre nous, que vous en aviez bien la permission.

LE DUC, prenant du tabac pour le verser d'une tabatière d'or dans une boîte à portrait.

Ça peut bien être! Je ne dis pas le contraire, docteur, mais, ma foi, c'était bien difficile. La marquise est bien la femme la plus despotique qui jamais ait vécu; vous savez bien qu'elle ne m'eût jamais laissé marier, si elle n'eût été assez bien assurée de moi, et bien certaine que ce serait ici comme partout à présent, une sorte de cérémonie de famille, sans importance et sans suites.

TRONCHIN.

Sans importance, cela dépend de vous ; mais sans suites, monsieur le duc...

LE DUC, *sérieusement.*

Cela dépend aussi de moi, plus qu'on ne croit, monsieur ; mais c'est mon affaire.

Il se lève et se promène.

Savez-vous à quoi je pense, mon vieil ami ? C'est que l'honneur ne peut pas toujours être compris de la même façon.

Dans la passion, le meurtre peut être sublime ; mais, dans l'indifférence, il serait ridicule ; dans un homme d'État ou un homme de cour, par ma foi, il serait fou.

Tenez, regardez ! Moi, par exemple, je sors de chez le roi. Il a eu la bonté de me parler d'affaires assez longtemps. Il regrette M. d'Orvilliers, mais il l'abandonne à ses ennemis, et le laisse quitter le commandement de la flotte avec laquelle il a battu les Anglais. Moi qui suis l'ami de d'Orvilliers, et qui sais ce qu'il vaut, cela m'a fait de la peine ; je viens d'en parler vivement, je me suis avancé pour lui. Le roi m'a écouté volontiers et est entré dans mes raisons. Il m'a présenté ensuite Franklin, le docteur Franklin, l'imprimeur, l'Américain, l'homme pauvre, l'homme en habit gris, le savant, le sage, l'envoyé du nouveau monde à l'ancien, grave comme le paysan du Danube, demandant justice à l'Europe pour son pays, et l'obtenant de Louis XVI ; j'ai eu une longue conférence avec ce bon Franklin ; je l'ai vu ce matin même présenter son petit-fils au vieux Voltaire, et demander à Voltaire une bénédiction, et Voltaire ne riant pas, Voltaire étendant les mains aussi gravement qu'eût fait le souverain pontife, et secouant sa tête octogénaire avec émotion, et disant sur la tête de l'enfant : « Dieu et la liberté ! » C'était beau, c'était solennel, c'était grand.

Et, au retour, le roi m'a parlé de tout cela avec la justesse de son admirable bon sens ; il voit l'avenir sans crainte, mais non sans tristesse ; il sent qu'une révolution partant de France peut y revenir. Il aide ce qu'il ne peut empêcher, pour adoucir la pente ; mais il la voit rapide et sans fond, car il parle et pense en législateur quand il est avec ses amis. Mais l'action l'intimide.

Au sortir de l'entretien, il m'a donné ma part dans les événements présents et à venir.

Voilà ma matinée. — Elle est sérieuse, comme vous voyez; et maintenant, en vérité, m'occuper d'une affaire de... de quoi dirai-je? de ménage?... Oh! non! — Quelque chose de moins que cela encore... Une affaire de boudoir... et d'un boudoir que je n'ai jamais vu... En bonne vérité, vous le sentez, cela ne m'est guère possible. Un sourire de pitié est vraiment tout ce que cela me peut arracher. Je suis si étranger à cette jeune femme, moi, que je n'ai pas le droit de la colère; mais elle porte mon nom, et, quant à ce qu'il y a dans ce petit événement qui pourrait blesser l'amour-propre de l'un ou l'intérêt de l'autre, fiez-vous-en à moi pour ne tirer d'elle qu'une vengeance de bonne compagnie et qui, pour être de bon goût, n'en sera peut-être que plus sincère. Pauvre petite femme, elle doit avoir une peur d'enfer !

<small>Il rit et prend son épée.</small>

Venez-vous avec moi voir la marquise au Petit-Trianon ! Je l'ai trouvée assez pâle ce matin, elle m'inquiète.

<small>Il sonne.</small>

<small>A ses gens.</small>

Ce soir, à onze heures, on me tiendra un carrosse prêt pour aller à Paris.

Passez, mon cher Tronchin.

<small>TRONCHIN, à part.</small>

Je n'ai plus qu'à le laisser faire à présent.

<small>Ils sortent.</small>

SCÈNE IX

Paris. — La chambre à coucher de la duchesse.

LA DUCHESSE, ROSETTE.

LA DUCHESSE.

Elle est à sa toilette, en peignoir, prête à se coucher, ses cheveux à demi dépoudrés répandus sur son sein, comme ceux d'une Madeleine, en longs flots nommés repentirs.

Quelle heure est-il ?

ROSETTE, *achevant de la coiffer pour la nuit et de lui ôter sa toilette de cour.*

Onze heures et demie, madame, et M. le chevalier...

LA DUCHESSE.

Il ne viendra plus à présent, il a bien fait de ne pas venir aujourd'hui. — J'aime mieux ne pas l'avoir vu. J'ai bien mieux pleuré.

Chez qui peut-il être allé ? — A présent, je vais être bien plus jalouse ; à présent que je suis si malheureuse ! — Quels livres m'a envoyés l'abbé ?

ROSETTE.

Les *Contes* de M. l'abbé de Voisenon.

LA DUCHESSE.

Et le chevalier ?

ROSETTE.

Le *Petit Carême* et l'*Imitation*.

LA DUCHESSE.

Ah ! comme il me connaît bien ! Sais-tu, Rosette, que son portrait est bien ressemblant ? Tiens, il avait cet habit-là quand la reine lui a parlé si longtemps, et, pendant tout ce temps-là, il me regardait, de peur que je ne fusse jalouse. Tout le monde l'a remarqué. Oh ! il est charmant !... (*Soupirant.*) Ah ! que je suis malheureuse, n'est-ce pas, Rosette ?

ROSETTE.

Oh ! oui, madame.

LA DUCHESSE.

Il n'y a pas de femme plus malheureuse que moi sur toute la terre.

ROSETTE.

Oh! non, madame.

LA DUCHESSE.

Je vais me coucher... Laissez-moi seule, je vous rappellerai.

<small>Rosette sort.</small>

Je vais faire mes prières.

SCÈNE X

LA DUCHESSE, <small>seule.</small>

<small>Elle va ouvrir les rideaux de son lit, et, en voyant le crucifix, elle a peur; elle crie.</small>

Rosette! Rosette!

SCÈNE XI

LA DUCHESSE, ROSETTE.

ROSETTE, <small>effrayée.</small>

Madame?

LA DUCHESSE.

Quoi donc?

ROSETTE.

Madame m'a appelée.

LA DUCHESSE.

Ah! je voulais... mon peignoir.

ROSETTE.

Madame la duchesse l'a sur elle.

LA DUCHESSE.

J'en voulais un autre. — Non. — Restez avec moi, j'ai peur. — Restez sur le sofa, je vais lire. (A part.) Je n'ose pas faire un signe de croix. — A quelle heure le chevalier vient-il demain matin ? Ah ! je suis la plus malheureuse femme du monde.

Elle pleure.

Allons, mets dans la ruelle un flambeau et la *Nouvelle Héloïse.* (Tenant le livre.) Jean-Jacques ! ah ! Jean-Jacques ! vous savez, vous, combien d'infortunes se cachent sous le sourire d'une femme.

On frappe à une porte de la rue, une voiture roule.

On frappe à la porte ! Ce n'est pas ici, j'espère !

ROSETTE.

J'ai entendu un carrosse s'arrêter à la porte de l'hôtel.

LA DUCHESSE.

En es-tu bien sûre, Rosette ? A minuit !

Rosette regarde à la fenêtre.

ROSETTE.

C'est bien à la porte de madame la duchesse, un carrosse avec deux laquais qui portent des torches ; c'est la livrée de madame.

LA DUCHESSE.

Eh ! bon Dieu ! serait-il arrivé quelque événement chez ma mère ? Je suis dans un effroi...

ROSETTE.

J'entends marcher ! on monte chez madame la duchesse.

LA DUCHESSE.

Mais qu'est-ce donc ? (On frappe.) Demande avant d'ouvrir.

ROSETTE.

Qui est là ?

UN LAQUAIS.

M. le duc arrive de Versailles !

ROSETTE.

M. le duc arrive de Versailles !

LA DUCHESSE, tombant sur un sofa.

M. le duc ! depuis deux ans ! lui ! depuis deux ans ! jamais ! et aujourd'hui ! à cette heure ! Ah ! que vient-il faire, Rosette ? Il vient me tuer ! cela est certain ! — Embrasse-moi, mon enfant et prends ce collier, tiens, et ce bracelet ; tiens, en souvenir de moi.

ROSETTE.

Je ne veux pas de tout cela! Je ne quitterai point madame la duchesse!

On frappe encore.

Eh bien, quoi? Madame la duchesse est au lit.

LE LAQUAIS, toujours derrière la porte.

M. le duc demande si madame la duchesse peut le recevoir.

LA DUCHESSE, du canapé, vite.

Non!

ROSETTE, vite, à la porte.

Non!

LA DUCHESSE.

Plus poliment, Rosette : *Madame est endormie.*

ROSETTE, criant et ayant un peu perdu la tête.

Madame est endormie!

LE LAQUAIS.

M. le duc dit que vous avez dû la réveiller, et qu'il attendra que madame la duchesse puisse le recevoir. Il a à lui parler.

ROSETTE, à la duchesse.

M. le duc veut que madame se lève!

LA DUCHESSE.

Ah! mon Dieu! il sait tout; il vient me faire mourir!

ROSETTE, sérieusement.

Madame!...

Elle s'arrête.

LA DUCHESSE.

Eh bien?

ROSETTE.

Madame, je ne le crois pas!

LA DUCHESSE.

Et pourquoi ne le crois-tu pas?

ROSETTE, tragiquement.

Madame, parce que les gens ont l'air gai!

LA DUCHESSE, effrayée.

Ils ont l'air gai? — Mais c'est encore pis. Oh! mon pauvre chevalier!

Elle prend son portrait.

ROSETTE.

Hélas! madame la duchesse, quel malheur d'être la femme de M. le duc!

LA DUCHESSE, désolée.

Quelle horreur! quelle insolence!

ROSETTE.

Et s'il vient par jalousie!

LA DUCHESSE.

Quel étrange amour! voilà qui est odieux!
Écoute! il ne peut venir que par fureur ou par passion; de toute façon, c'est me faire mourir. Tue-moi, je t'en prie.

ROSETTE, reculant.

Non, madame! moi, tuer madame! cela ne se peut pas.

LA DUCHESSE.

Eh bien, au moins, va dans mon cabinet. Tu écouteras tout; et dès que je sonnerai, tu entreras. Je ne veux pas qu'il reste plus d'un quart d'heure ici, quelque chose qu'il me veuille dire. Hélas! si le chevalier le savait!

ROSETTE.

Oh! madame! il en mourrait d'abord!

LA DUCHESSE.

Pauvre ami! — S'il se met en colère, tu crieras au feu! Au bout du compte, je ne le connais pas, moi, mon mari!

ROSETTE.

Certainement! madame ne l'a jamais vu qu'une fois.

LA DUCHESSE.

O mon Dieu! ayez pitié de moi!

ROSETTE.

On revient, madame.

LA DUCHESSE.

Allons, du courage! — Mademoiselle, dites que je suis visible.

ROSETTE.

Madame la duchesse est visible.

LA DUCHESSE, à genoux, se signant.

Mon Dieu! ayez pitié de moi!

Elle se couche à demi sur le sofa.

SCÈNE XII

🟤 Laquais, LE DUC, LA DUCHESSE.

UN LAQUAIS, ouvrant les deux battants de la porte.

M. le duc !

La duchesse se lève, fait une révérence et s'assied toute droite sans oser parler.

LE DUC.

Il la salue, puis il va droit à la cheminée, et, gardant son épée au côté et son chapeau sous le bras, se chauffe tranquillement les pieds. Après un long silence, il la salue froidement.

Eh bien, madame, comment vous trouvez-vous ?

LA DUCHESSE.

Mais, monsieur, un peu surprise de vous voir, et confuse de n'avoir pas eu le temps de m'habiller pour vous.

LE DUC.

Oh ! n'importe, n'importe ! je ne tiens pas au cérémonial. D'ailleurs, on peut paraître en négligé devant son mari.

LA DUCHESSE, à part.

Son mari ! hélas ! — (Haut.) Oui, certainement... son mari... Mais ce nom-là... je vous avoue...

LE DUC, ironiquement.

Oui, oui... j'entends, vous n'y êtes pas plus habituée qu'à ma personne. (Souriant.) C'est ma faute (Tendrement), c'est ma très-grande faute, ou plutôt c'est la faute de tout le monde. (Sérieusement.) Qui peut dire en ce monde, et *dans le monde surtout*, qu'il n'ajoute pas par sa conduite aux fautes des autres ? Dites-le-moi, madame.

LA DUCHESSE.

Ah ! je crois bien que vous avez raison, monsieur; vous savez le monde mieux que moi !

LE DUC, avec feu.

Mieux que vous ! mieux que vous, madame ! cela n'est, parbleu ! pas facile. Je n'entends parler à Versailles que de votre grâce dans le monde; vous faites fureur ! On n'a que votre nom à la bouche. C'est une rage.

D'un ton ambigu.

Moi... je l'avoue, cela... cela m'a piqué d'honneur !

LA DUCHESSE, à part.

O ciel ! piqué d'honneur ! que veut-il dire ?

LE DUC, s'approchant avec galanterie.

Ça, voyons, regardez-moi bien ! me reconnaissez-vous ?

LA DUCHESSE.

Sans doute, monsieur le duc, j'aurais bien mauvaise grâce à ne pas...

LE DUC, tendrement.

Me dire oui, n'est-ce pas ? Ce n'est pas cette docilité qu'i me faut, c'est de la franchise.

LA DUCHESSE.

De la...?

LE DUC, sévèrement.

De la franchise, madame.

Il quitte le fauteuil et retourne brusquement à la cheminée.

J'aurai beaucoup à vous dire cette nuit, et des choses fort sérieuses !

LA DUCHESSE.

Quoi ! cette nuit, monsieur ! pensez-vous ?

LE DUC, froidement.

J'y ai pensé, madame, pendant tout le chemin de Versailles, et un peu avant aussi.

LA DUCHESSE, à part.

Il sait ma faute ! il la sait ! tout est fini !

LE DUC.

Oui, j'ai le projet de ne partir que demain matin au jour, et vos gens et les miens doivent être couchés, à présent.

LA DUCHESSE, vivement, et se levant.

Mais ce n'est pas moi qui l'ai ordonné.

LE DUC, avec sang-froid et le sourire sur la bouche.

Alors, madame, si ce n'est vous, il faut donc que ce soit moi.

LA DUCHESSE, à part.

Il restera.

LE DUC, regardant la pendule.

Demain, j'arriverai à temps pour le petit lever.
C'est une pendule de Julien Le Roy que vous avez là?

Il ôte son épée et son chapeau et les pose sur un guéridon.

LA DUCHESSE, à part.

Un sang-froid à n'y rien comprendre! — Quelle inquiétude il me donne!

LE DUC, s'asseyant.

Ah! ah! voici quelques livres! C'est bien ce que l'on m'avait dit : vous aimez l'esprit, et vous en avez; oh! je sais que vous en avez beaucoup, et du bon, du vrai, du meilleur esprit. — C'est M. de Voltaire! — Oh! *Zaïre!* — « Zaïre, vous pleurez. »
Lekain dit cela comme ça, n'est-ce pas.

LA DUCHESSE.

Je ne l'ai pas vu, monsieur.

LE DUC.

Ah! c'est vrai! je sais que vous êtes un peu dévote; vous n'allez pas à la comédie, mais vous la lisez. Vous lisez la comédie... Pour la jouer, jamais!

Avec une horreur comique.

Oh! jamais!

LA DUCHESSE.

On ne m'y a pas élevée, monsieur, fort heureusement pour moi.

LE DUC.

Et pour votre prochain, madame; mais je suis sûr qu'avec votre esprit, vous la joueriez parfaitement... Tenez (nous avons le temps), si vous étiez la belle Zaïre, soupçonnée d'infidélité par Orosmane, le violent, le terrible Orosmane...

LA DUCHESSE, à part.

A demi-voix à la cloison.

Ah! c'est ma mort qu'il a résolue! — Rosette, prenez garde! Rosette, faites attention.

LE DUC.

En vérité, madame, c'est le plus généreux des mortels que ce soudan Orosmane; n'ayez donc pas peur de lui. S'il entrait ici, par exemple, disant avec la tendresse que met Lekain dans cette scène-là :

Hélas! le crime veille et son horreur me suit.
A ce coupable excès porter sa hardiesse!
Tu ne connaissais pas mon cœur et ma tendresse.
Combien je t'adorais! quels feux!...

LA DUCHESSE, se levant et allant à lui.

Monsieur, avez-vous quelque chose à me reprocher.

LE DUC, riant.

Ah! le mauvais vers que voilà! Eh! bon Dieu, que dites-vous donc? Ce n'est pas dans la pièce.

LA DUCHESSE, boudant.

Eh! monsieur, je ne dis pas de vers, je parle. On ne vient pas à minuit chez une femme pour lui dire des vers, aussi.

LE DUC, jetant son livre.
Avec tendresse et mélancolie.

Et croyez-vous donc que ce soit là ce qui m'amène? Causons un peu en amis.

Il s'assied sur la causeuse près d'elle.

Ça! vous est-il arrivé quelquefois de songer à votre mari, par extraordinaire, là, un beau matin, en vous éveillant?

LA DUCHESSE, étonnée.

Eh! monsieur, mon mari pense si peu à sa femme, qu'il n'a vraiment pas le droit d'exiger la moindre réciprocité.

LE DUC.

Eh! qui donc vous a pu dire, ingrate, qu'il ne pensait pas à vous? Était-il en passe de vous l'écrire? C'eût été ridicule à lui. Vous le faire dire par quelqu'un, c'était bien froid. Mais venir vous le jurer chez vous et vous le prouver, voilà quel était son devoir.

LA DUCHESSE, à part.

Me le jurer! Ah! pauvre chevalier!

Elle baise son portrait.

Me le jurer, monsieur! et me jurer quoi, s'il vous plaît? Vous êtes-vous jamais cru obligé à quelque chose envers moi? Que vous suis-je donc, monsieur, sinon une étrangère qui porte votre nom?...

LE DUC.

Et peut le donner, madame...

LA DUCHESSE, se levant.

Ah! monsieur le duc, faites-moi grâce...

LE DUC se lève tout à coup en riant.

Grâce? madame, et de quoi grâce, bon Dieu? — Ah! je comprends : vous voulez que je vous fasse grâce de mes compliments, de mes tendresses et de mes fadeurs. Eh! je le veux bien, tant qu'il vous plaira! parlons d'autre chose.

LA DUCHESSE.

Quelle torture!

LE DUC.

Savez-vous de qui ces tableaux-là sont les portraits ? Je suis sûr que vous ne les regardez jamais. Ces braves gens cuirassés sont mes aïeux, ils sont anciens; nous sommes, ma foi, très-anciens, aussi anciens que les Bourbons; le saviez-vous ? mon nom est celui d'un connétable, de cinq maréchaux de France, tous pairs des rois, et parents et alliés des rois, et élevés avec eux dès l'enfance, camarades de leur jeunesse, frères d'armes de leur âge d'homme, conseillers et appuis de leur vieillesse. C'est beau! c'est assez beau pour que l'on s'en souvienne; et quand on s'en souvient, il n'est guère possible de ne pas songer que ce serait un malheur épouvantable, une désolation véritable, dans une famille, que de n'avoir personne à lui léguer ce nom. Sans parler de l'héritage, qui ne laisse pas que d'être considérable! Cela ne vous a-t-il jamais affligée?

LA DUCHESSE.

Eh! monsieur, je ne vois pas pourquoi je m'en affligerais quand vous n'y pensez jamais. Après tout, c'est de votre nom qu'il s'agit, et non du mien.

LE DUC.

Eh quoi! Élisabeth!

LA DUCHESSE.

Élisabeth? Vous vous croyez ailleurs, je pense.

LE DUC.

Eh! n'est-ce pas Élisabeth que vous vous nommez? Quel est donc votre nom de baptême?

LA DUCHESSE, avec tristesse.

Baptême! le nom de baptême! c'est vous qui demandez le nom que l'on m'a donné! Je voudrais bien savoir ce qu'eût dit mon pauvre père, qui tenait tant à ce nom-là... (Vite) et vous, je ne vous le dirai pas!... si quelqu'un lui eût dit : « Eh bien, ce nom si doux, son mari ne daignera pas le savoir. »

Du reste, cela est juste ! (Avec agitation.) Les noms de baptême sont faits pour être dits par ceux qui aiment et pour être inconnus à ceux qui n'aiment pas. (En enfant.) Il est bien juste que vous ne sachiez pas le mien, et c'est bien fait... et je ne vous le dirai pas.

LE DUC, à part, souriant et charmé.

Ah çà ! mais comme elle est gentille ! je suis fou de me prendre les doigts à mon piége ?

C'est qu'elle est charmante, en vérité !

Haut et sérieux.

Et pourquoi saurais-je ce nom d'enfant, madame ? qu'est-ce pour moi, je vous prie, que la jeune fille enfermée au couvent jusqu'à ce qu'on me la donne sans que je sache seulement son âge ? C'est la jeune femme connue sous le nom qui m'appartient ; celle-là seule est mienne, madame, puisque, pour la nommer, il faut qu'on me nomme moi-même.

LA DUCHESSE, se levant, vite et avec colère.

Monsieur le duc, voulez-vous me rendre folle? Je ne comprends plus rien ni à vos idées, ni à vos sentiments, ni à mon existence, ni à vos droits, ni aux miens ; je ne suis peut-être qu'une enfant ! J'ai peut-être été toujours trompée. Dites-moi ce que vous savez de la vie réelle du monde. Dites-moi pourquoi les usages sont contre la religion et le monde contre Dieu. Dites-moi si notre vie a tort ou raison ; si le mariage existe ou non ; si je suis votre femme, pourquoi vous ne m'avez jamais revue, et pourquoi l'on ne vous en blâme pas ; si les serments sont sérieux, pourquoi ils ne le sont pas pour vous ; si vous avez et si j'ai moi-même le droit de jalousie. Dites-moi ce que signifie tout cela ? Qu'est-ce que ce mariage du nom et de la fortune, d'où les personnes sont absentes, et pourquoi nos hommes d'affaires nous ont fait paraître dans ce marché ? Dites-moi si le droit qu'on vous a donné était seulement celui de venir me troubler, me poursuivre chez moi quand il vous plaît, d'y tomber comme la foudre, ou moment où l'on s'y attend le moins, à tout hasard, au risque de me causer la plus grande frayeur, sans scrupules, la nuit, dans mon hôtel, dans ma chambre, dans mon alcôve, là!

LE DUC.

Ah! madame, les beaux yeux que voilà; aussi éloquents que votre bouche lorsqu'un peu d'agitation la fait parler. — Eh bien, quoi! voulez-vous que je vous explique une chose inexplicable? Voulez-vous que je fasse du pédantisme avec vous? Faut-il que je m'embarque avec vous dans les phrases? Exigez-vous que je vous parle du grand monde, et que je vous raconte l'histoire de l'hymen? — Vous dire comment le mariage, d'abord sacré, est devenu si profane à la cour, et si profané surtout; vous dire comment nos vieilles et saintes familles sont devenues si frivoles et si mondaines, comment et par qui nous fûmes tirés de nos châteaux et de nos terres pour venir nous échelonner dans une royale antichambre; comment notre ruine fastueuse a nécessité nos alliances calculées, et comment on les a toutes réglées en famille, d'avance et dès le berceau (comme la nôtre, par exemple); vous raconter comment la religion (irréparable malheur peut-être!) s'en est allée en plaisanterie, fondue avec le sel attique dans le creuset des philosophes; vous décrire par quels chemins l'amour est venu se jeter à travers tout cela, pour élever son temple secret sur tant de ruines, et comment il est devenu lui-même quelque chose de respecté et de sacré, pour ainsi dire, selon le choix et la durée : vous raconter, vous expliquer, vous analyser tout cela, ce serait par trop long et par trop fastidieux; vous en savez, je gage, autant que moi sur beaucoup de choses...

LA DUCHESSE, lui prenant la main avec plus de confiance.

Hélas! à vous dire vrai, monsieur, si je les sais, un peu, comme vous les savez beaucoup, il me semble; j'en souffre plus que je n'en suis heureuse, et je ne devine pas quelle fin peut avoir un monde comme le nôtre.

LE DUC.

Eh! bon Dieu, madame, qui s'en inquiète à l'heure qu'il est, si ce n'est vous? Personne, je vous jure, pas même chez ceux que cela touche de plus près. Respirons en paix, croyez-moi! respirons, tel qu'il est, cet air empoisonné, si l'on veut, mais assez embaumé, selon mon goût, de l'atmosphère où nous sommes nés, et dirigeons-nous seulement, lorsqu'il le faudra, selon cette loi que, ma foi, je ne vis jamais nulle part écrite, mais que je sentis toujours vivante en moi, la loi de l'honneur.

LA DUCHESSE, un peu effrayée et reculant.

L'honneur! oui! mais cet honneur, en quoi le faites-vous consister, monsieur le duc?

LE DUC, très-gravement.

Il est dans tous les instants de la vie d'un galant homme, madame; mais il doit surtout le faire consister dans le soin de soutenir la dignité de son nom... et...

LA DUCHESSE, à part,

Encore cette idée! ô mon Dieu! mon Dieu!

LE DUC.

Et, en supposant qu'on eût porté quelque atteinte à la pureté de ce nom, il ne doit hésiter devant aucun sacrifice pour réparer l'injure ou la cacher éternellement.

LA DUCHESSE

Aucun sacrifice ne vous coûterait-il, monsieur?

LE DUC.

Aucun, madame, en vérité.

LA DUCHESSE.

En vérité?

LE DUC, sur un ton emporté.

Sur ma parole! aucun! fallût-il un meurtre!

LA DUCHESSE, à part.

Ah! je suis perdue! ah! mon Dieu!

Elle regarde sa croix.

LE DUC, sur un ton passionné.

Fallût-il me jeter à vos pieds et les couvrir de baisers, et m'humilier pour rentrer en grâce!

Il lui baise la main à genoux.

LA DUCHESSE, à part.

Ah! pauvre chevalier! nous sommes perdus! je n'oserai plus te revoir!

Elle baise le portrait du chevalier.

LE DUC, brusquement, en homme, et comme quittant le masque.

Ah çà! voyons, mon enfant, touchez là.

LA DUCHESSE, étonnée.

Quoi donc?

LE DUC.

Touchez là, vous dis-je ! une fois seulement donnez-moi la main, c'est tout ce que je vous demande.

LA DUCHESSE, pleurant presque.

Comment! monsieur...?

LE DUC.

Oui, vraiment, touchez là bien franchement, en bonne et sincère amie ; je ne veux point vous faire de mal, et toute la vengeance que je tirerais de vous (si vous m'aviez offensé), ce serait cette frayeur que je viens de vous faire.

Asseyez-vous. — Je vais partir.

Il reprend son chapeau et son épée.

Voici le jour qui vient! il me faut le temps d'arriver à Versailles.

Debout, il lui serre la main, elle est assise.

Écoutez bien. Il n'y a rien que je ne sache...

A vrai dire, je ne me sens nulle colère et nulle haine pour vous.

Avec émotion et gravité.

N'ayez, je vous prie, nulle haine contre moi non plus. Nous avons chacun nos petits secrets. Vous faites bien, et je crois que je ne fais pas mal de mon côté. Restons-en là ! Je ne sais si tout cela nous passera, mais nous sommes jeunes tous les deux, nous verrons. — Soyez toujours bien assurée que mon amitié ne passera pas pour vous... Je vous demande la vôtre, et... (En riant.) n'ayez pas peur, je ne reviendrai vous voir que quand vous m'écrirez de venir.

LA DUCHESSE.

Êtes-vous donc si bon, monsieur? Et je ne vous connaissais pas!

LE DUC.

Pardonnez-moi cette mauvaise nuit que je vous ai fait passer. Dans une société qui se corrompt et se dissout chaque jour comme la nôtre, tout ce qui reste encore de possible, c'est le respect des convenances. Il y des occasions où la dissimulation est presque sainte et peut même ne pas manquer de grandeur. Je vous ai dit que je tenais à notre nom... En voici la preuve : vos gens et les miens m'ont vu entrer, ils me verront sortir, et, pour le monde, c'est tout ce qu'il faut.

LA DUCHESSE, à ses genoux, lui baise les mains et pleure en se cachant le visage. — Silence.

Ah! monsieur le duc, quelle bonté! et quelle honte pour moi! Votre générosité m'écrase! Où me cacher, monsieur? J'irai dans un couvent.

LE DUC, souriant.

C'est trop! c'est beaucoup trop! je n'en crois rien, et je ne le souhaite pas. Du reste, il n'en sera que ce que vous voudrez. Adieu! Moi, je vous ai sauvée en sauvant les apparences.

Il sonne, on ouvre, il sort.

SCÈNE XIII

LA DUCHESSE, ROSETTE.

ROSETTE.
Elle entre sur la pointe du pied avec effroi.

Ah! madame! l'ennemi est parti.

LA DUCHESSE.

L'ennemi? ah! taisez-vous! — L'ennemi! ah! je n'ai pas de meilleur ami! ne parlez jamais de lui légèrement. Il m'a sauvée; mais il m'a traitée comme un enfant, avec une pitié dédaigneuse qui m'anéantit et me punit bien plus que la sévérité d'un autre.

ROSETTE

Toujours est-il que nous en voilà QUITTES POUR LA PEUR.

COMPOSITIONS

D'APRÈS

SHAKSPEARE

OTHELLO — SHYLOCK

LE MORE DE VENISE

— OTHELLO —

TRAGÉDIE EN CINQ ACTES

REPRÉSENTÉE POUR LA PREMIÈRE FOIS, A PARIS,
SUR LE THÉATRE-FRANÇAIS

Le 24 octobre 1829.

> Come high or low!
>
> SHAKSPEARE.

> Je voudrais bien savoir si la grande règle de toutes les règles n'est pas de plaire? Laissons-nous aller de bonne foi aux choses qui nous prennent par les entrailles, et ne cherchons point de raisonnements pour nous empêcher d'avoir du plaisir.
>
> MOLIÈRE.

AVANT-PROPOS

DE L ÉDITION DE 1839

Il y a précisément dix ans que je fis monter *le More de Venise* sur la scène française. Dix ans! les faits de ce temps sont presque de l'histoire. Dix ans! ce fut la durée d'un empire et de quelques constitutions; ce qu'il y a de plus ou de moins dans le chiffre ne vaut pas la peine qu'on le discute. C'est donc déjà un événement d'une assez haute antiquité que la représentation de cette tragédie, et l'on en peut parler en historien impartial, désintéressé s'il en fut jamais : car, lorsque je fis escalader par cet Arabe la citadelle du Théâtre-Français, il n'y arbora que le drapeau de l'art aux armoiries de Shakspeare, et non le mien. Et pourtant, j'en appelle aux témoins qui ont survécu à ce jour de bataille, ce fut un scandale qui eût été moins grand si le More eût profané une église.

C'était un temps où la politique semblait assoupie, la trêve d'un ministère modéré ne laissait plus à la dispute guerroyante que le champ des lettres. On s'y porta avec fureur. — Combat intellectuel, émeutes littéraires, journées de théâtre où le public parisien parut s'exercer aux autres journées qui suivirent de près celles-ci. Au mois d'octobre 1829, j'écrivais la lettre qui précède ici la tragédie; je lui laisse, par conscience, cette âpreté nerveuse et un peu trop cavalière que donnait à tout le monde, alors, l'ardeur de ce petit combat, de ce tournoi à armes courtoises, discourtoises quelquefois.

Lorsque le More fut entré dans la place, il en ouvrit toutes les portes, et l'on sait depuis dix ans quels sont ceux qui y sont entrés, quelles œuvres originales et inventées y furent librement représentées, en dépit de cette puissance surannée qu'un célèbre écrivain nommait « la triple unité, la très-sainte *trimourti* aristotélique, divin précepte, illustré dans les doctes gloses de Le Batteux et de La Harpe, et dans la rhétorique des demoiselles. » « En révolution, ajoutait-il, lorsque le fait est décidément acquis, le droit n'est jamais bien loin. » Cette révolution était peu de chose, comparée à celle que l'on préparait alors ; mais on fait ce qu'on peut, et nous nous contentâmes de celle-là.

Cette traduction est la seule qui ait jamais été représentée sur la scène française. Dans la même année, j'avais préparé pour le même théâtre la comédie de *Shylock, le Marchand de Venise*, qui suit *Othello* ; mais je la conservai en portefeuille telle qu'elle est imprimée ici. J'avais jugé nécessaire, pour la rendre possible à représenter, de la réduire à trois actes. Des obstacles de censure et de rivalités entre deux théâtres retardèrent cette représentation. Au milieu de ces difficultés survint la révolution de Juillet, et le bruit du canon étouffa celui de nos feux d'artifice, ainsi que la mode de ces poétiques controverses sur une nuance dramatique. Je revins à mes œuvres, dont cet essai m'avait détourné un moment, et j'abandonnai cette question de forme, quelque utile qu'elle fût dans des temps assez calmes pour goûter ces fantaisies de l'art. Je m'étais assez assuré que ce dévouement n'était pas encore bien compris.

Toutefois, comme rien ne se perd en France, j'ai la confiance que peu à peu s'y construira un monument pareil à celui que possède l'Allemagne, une traduction en vers, et propre à la scène, de toutes les œuvres de Shakspeare. La première pierre en fut posée avec effort par *Othello* ; elle restera où elle est. Ce sera, j'espère, le théâtre lui-même qui achèvera cette entreprise. Déjà et depuis longtemps sont prêts, parmi nous, plusieurs chefs-d'œuvre de Shakspeare, traduits en vers, et préparés par des poëtes qui unissent à leur beau talent un amour de l'art assez généreux pour faire abnégation, pour un jour, de leur propre renommée. Les acteurs qui se sentiront assez grands pour ces rôles immortels, sauront bien où trouver *Hamlet, Macbeth, le Roi Lear, Jules César* et *Roméo*. Ce sera d'eux, je pense, que viendra cet accomplissement d'une tentative qu'ils firent courageusement alors. Les acteurs, ces martyrs perpétuels de l'art, ces illusions vivantes qui payent de leur personne, qui sont la réalisation de nos pensées, qui reçoivent des blessures si durables et des couronnes si passagères, souffrent sans cesse de la disette des grands modèles, de la rareté des grands rôles, de ces types créés par le génie et dont la beauté ne peut jamais demeurer incontestable que lorsqu'elle est consacrée par la mort du poëte, le passage des siècles et l'admiration universelle des générations écoulées. Il faut ces trois conditions sévères pour qu'un grand rôle soit l'épreuve, sans réplique, du talent d'un acteur, la pierre de touche sur laquelle on peut voir si son pied laisse une trace de cuivre ou d'or. Car, dans une œuvre contemporaine, il peut toujours accuser de sa faiblesse le poëme dont il est l'interprète, mais non lorsqu'il succède à une longue suite de tragédiens couronnés sous tel masque impérissable dont le génie a fondu le moule. Pour cette épreuve, nous autres pauvres vivants sommes de peu de valeur. Sans doute, nos grands maîtres nous ont laissé un magnifique trésor national; mais enfin il n'est pas inépuisable, et l'on sentira de plus en plus la nécessité d'ajouter des tableaux aux nôtres, comme à l'École française nos musées ont joint les chefs-d'œuvre des Écoles italienne, flamande et espagnole. Les exclusions étroites ne sont pas dans le génie de notre glorieuse nation, et, lorsque, aux applaudissements universels, on a construit une salle, j'ai presque dit une sainte chapelle, pour une copie de Michel-Ange, on saura bien ouvrir les salles anciennes aux copies de Shakspeare, de Calderon, de Lope de Vega, de Gœthe, de Schiller, ou de tel autre poëte adoré par les nations civilisées.

Écrit le 18 août 1839.

LETTRE A LORD ***

SUR LA SOIRÉE DU 24 OCTOBRE 1829

ET SUR UN SYSTÈME DRAMATIQUE

Vous avez grand tort de vous imaginer que la France s'occupe de moi, elle qui se souvient à peine aujourd'hui de la conquête de l'empereur Nicolas sur l'empire vermoulu des Turcs ; laquelle conquête est d'hier. J'ai eu *ma soirée*, mon cher lord, et voilà tout. Une soirée décide de l'existence ou de l'anéantissement d'une tragédie, elle est même, je vous assure, toute sa vie ; car examinez de près cette question, et vous verrez que si, une heure avant, elle n'était pas tout, une heure après, elle n'est presque pas. Voici comment :

Une tragédie est une pensée qui se métamorphose tout à coup en *machine :* mécanique aussi compliquée que le fut la machine de Marly, de royale mémoire, dont vous avez vu quelques soliveaux noirs flottant sur la boue. Cette mécanique se monte à grands frais de temps, d'idées, de paroles, de gestes, de carton peint, de toiles et d'étoffes brodées. Une grande multitude vient la voir. *La soirée* venue, on tire un ressort et la *machine* remue toute seule pendant environ quatre heures : les paroles volent, les gestes se font, les cartons s'avancent et se retirent, les toiles se lèvent et s'abaissent, les étoffes se déploient, les idées deviennent ce qu'elles peuvent au milieu de tout cela ; et si, par fortune, rien ne se détraque, au bout des quatre heures, la même personne tire le même ressort, et la *machine* s'arrête. Chacun s'en va, tout est dit. Le lendemain, la *multitude* diminue justement de moitié et la *machine* commence à s'engourdir. On change une petite roue, un levier, elle roule encore un certain nombre de fois, après lesquelles les frottements usent les rouages qui se désunissent un peu et commencent à crier sur les gonds. Après un autre nombre de soirs, la *machine* ayant toujours diminué de *qualité*, et la *multitude* de *quantité*, le mouvement cesse tout à coup dans la solitude.

Voilà à peu près la destinée de toutes les idées réduites en mécaniques à ressorts dramatiques, et nommées communément *tragédies, comédies, drames, opéras*, etc., etc.; et il n'y a pas à Paris un étudiant qui ne vous puisse dire, à deux jours près, combien de fois celle-ci ou celle-là pourra se mouvoir et opérer avec suite; l'une cent fois, c'est, dit-on, le maximum; l'autre six; une autre plus, une autre moins.

On ne peut le nier : faire jouer une tragédie n'est autre chose que préparer *une soirée*, et le véritable titre doit être la date de la représentation. Ainsi, d'après ce principe, au lieu de *As you like it,* comme écrivit Shakspeare un jour, j'aurais mis, dans l'embarras du choix, en tête de sa comédie : 6 *january* 1600. Et *le More de Venise* ne doit pas se nommer autrement pour moi que le 24 octobre 1829.

Aujourd'hui, le bruit est fini, c'est un feu d'artifice éteint. Je ne vous cacherai pas que, lorsque cette idée m'a frappé comme un trait de lumière, j'ai trouvé les préparatifs de ces sortes de soirées *un peu bien longs*, comme dit souvent notre grand Molière. Par exemple, pour m'arranger un 24 *octobre*, il m'a fallu quitter, à mon grand regret, une histoire ou l'histoire (ce qu'il vous plaira) dans le genre de *Cinq-Mars*, que je préparais pour m'amuser moi-même, si je puis, ou amuser les petits enfants. Cette interruption m'a coûté. Mais il le fallait. J'avais quelque chose de pressé à dire au public, et la *machine* dont je vous ai parlé est la voie la plus prompte. C'est vraiment une manière excellente de s'adresser à trois mille hommes assemblés, sans qu'ils puissent en aucune façon éviter d'entendre ce que l'on a à leur dire. Un lecteur a bien des ressources contre nous, comme, par exemple, de jeter son livre au feu ou par la fenêtre: on ne connaît aucun moyen de répression contre cet acte d'indignation; mais, contre le spectateur, on est bien plus fort : une fois entré, il est pris comme dans une souricière, et il est bien difficile qu'il sorte s'il a des voisins brusques et que le bruit dérange. Il y a telle place où il ne peut tirer son mouchoir. Dans cet état de contraction, d'étouffement et de suffocation, il faut qu'il écoute. *La soirée* finie, trois mille intelligences ont été remplies de vos idées. N'est-ce pas là une invention merveilleuse?

Or, voici le fond de ce que j'avais à dire aux intelligences, le 24 octobre 1829.

« Une simple question est à résoudre. La voici.

» *La scène française s'ouvrira-t-elle, ou non, à une tragédie moderne produisant : — dans sa conception, un tableau large de la vie, au lieu du tableau resserré de la catastrophe d'une intrigue ; — dans sa composition, des caractères, non des rôles, des scènes paisibles sans drame, mêlées à des scènes comiques et tragiques ; — dans son exécution, un style familier, comique, tragique et parfois épique ?*

» Pour résoudre cette triple question, une tragédie inventée sera suffisante, parce que, dans une première représentation, le public, cherchant toujours à porter son examen sur l'action, marche à la découverte, et, ignorant l'ensemble de l'œuvre, ne comprend pas ce qui motive les variations du style.

» Une fable neuve ne serait pas une autorité capable de consacrer une exécution neuve comme elle, et succomberait nécessairement sous une double critique ; des essais honorables l'ont prouvé.

» Une œuvre nouvelle prouverait seulement que j'ai inventé une tragédie bonne ou mauvaise ; mais les contestations s'élèveraient infailliblement pour savoir si elle est un exemple satisfaisant du système à établir, et ces contestations seraient interminables pour nous, le seul arbitre étant la postérité.

» Or, la postérité a prononcé sur la mort de Shakspeare les paroles qui font le grand homme ; donc, une de ses œuvres faite dans le système auquel j'ai foi est le seul exemple suffisant.

» Ne m'attachant, pour cette première fois, qu'à la question du style, j'ai voulu choisir une composition consacrée par plusieurs siècles et chez tous les peuples.

» Je la donne, non comme un modèle pour notre temps, mais comme la représentation d'un monument étranger, élevé autrefois par la main la plus puissante qui ait jamais créé pour la scène, et selon le système que je crois convenable à notre époque, à cela près des différences que les progrès de l'esprit général ont apportées dans la philosophie et les sciences de notre âge, dans quelques usages de la scène et dans la chasteté du discours.

« Écoutez ce soir le langage que je pense devoir être celui de la tragédie moderne; dans lequel chaque personnage parlera selon son caractère, et, dans l'art comme dans la vie, passera de la simplicité habituelle à l'exaltation passionnée ; du *récitatif* au *chant*. »

Voilà quel fut le sens de cette entreprise très-désintéressée de ma part, malgré le succès; car il est possible qu'après avoir touché, essayé et bien examiné, avec un prélude de Shakspeare, cet orgue aux cent voix qu'on appelle théâtre, je ne me décide jamais à le prendre pour faire entendre mes idées. L'art de la scène appartient trop à l'action pour ne pas troubler le recueillement du poëte; outre cela, c'est l'art le plus étroit qui existe; déjà trop borné pour les développements philosophes à cause de l'impatience d'une assemblée et du temps qu'elle ne veut pas dépasser, il est encore resserré par des entraves de tout genre. Les plus pesantes sont celles de la censure théâtrale, qui empêche toujours d'approfondir les deux caractère sur lesquels repose toute la civilisation moderne, *le prêtre et le roi :* on ne peut plus que les ébaucher, chose indigne de tout homme sérieux qui se sent le besoin de voir jusqu'au fond de tout ce qu'il regarde. Je ne compte pas les innombrable et obscures résistances qu'il faut vaincre pour arriver à un résultat passager. Cette modeste *traduction*, annoncée comme telle et aussi inoffensive que le furent toujours mes écrits, en a éprouvé de si grandes et de si imprévues, que je suis encore à me demander quel miracle la fit réussir. Cependant la *soirée* du 24 octobre l'a consacrée. Qu'une douzaine d'autres soirs aient suivi celui-là, qu'il en vienne d'autres encore, peu importe : d'après ce que je vous ai dit, ce sont, comme vous voyez, des soirs de luxe. Puisqu'une tragédie dans son succès a la conformation d'une sirène, *desinit in piscem mulier formosa supernè*, que sa queue de poisson commence à s'amoindrir à la ceinture ou au-dessus ou au-dessous, la différence est peu importante; il s'agit de savoir si elle surnagera toujours, et si, après avoir plongé, comme c'est la coutume, elle reparaîtra souvent sur l'eau. Comme ceci est de l'avenir et ne touche que moi et non les questions générales, je n'en ai rien à dire.

Parlons du public.

Que justice lui soit enfin rendue, il a montré hautement qu'il lui fallait entendre et voir la *vérité* pour laquelle combattent aujourd'hui tous les hommes forts dans tous les arts. Je ne sais ce que c'est que le *public*, si ce n'est *majorité*, et elle a voulu ce que nous voulons. Quelque chose me disait que son heure était venue, et il y a longtemps que j'attends qu'elle sonne*. La Routine a reculé cent fois, la Routine, mal qui souvent afflige notre pays, la Routine, chose contraire à l'Art parce qu'il vit de mouvement, et elle d'immobilité. Il n'y a pas de peuple chez lequel aujourd'hui les coutumes de la littérature et des arts enchaînent et clouent à la même place plus de gens que chez nous que vous croyez si légers. Oui, la grande France est quelquefois négligente, et en toute chose sommeille souvent; cela est heureux pour le repos du monde ; car, lorsqu'elle s'éveille, elle l'envahit ou l'embrase de ses lumières; mais, le reste du temps, elle reçoit trop souvent la direction, en politique, des plus nuls, en intelligence, des plus communs. De temps à autre, le public, dans sa majorité saine et active, sent bien qu'il faut marcher, et désire des hommes qui avancent; mais presque toujours une foule d'esprits *infirmes* et paresseux qui se donnent la main forment une chaîne qui l'arrête et l'enveloppe; leur galvanisme soporifique s'étend, l'engourdit, il se recouche avec eux et se rendort pour longtemps. Ces malades (bonnes gens d'ailleurs) aiment à entendre aujourd'hui ce qu'ils entendaient hier, mêmes idées, mêmes expressions, mêmes sons; tout ce qui

---

* En 1824, j'imprimai quelque chose de ces mêmes doctrines que je viens de mettre à exécution, dans la *Muse française*. Ce fut à propos d'une honorable tentative de M. de Sorsum, poëte et savant qui a trop peu vécu, et traduisit plusieurs tragédies de Shakespeare en prose, vers blancs et vers rimés; système qui n'est pas le mien, et que je crois à jamais impraticable dans notre langue, mais dont je me hâtai de faire connaître l'entreprise avec l'estime que j'ai pour tout esprit qui fait un pas et tente un chemin.

est nouveau leur semble ridicule; tout ce qui est inusité, barbare; — *tout leur est aquilon*. Débiles et souffreteux, accoutumés à des tisanes douces et tièdes, ils ne peuvent supporter le vin généreux; ce sont eux que j'ai cherché à guérir, car ils me font peine à voir si pâles et si chancelants. Quelquefois je leur ai fait bien mal, au point de les faire crier; mais, moyennant quelques adoucissements à leur usage, ils se trouvent à présent dans un bien meilleur état de santé; je vous donnerai de leurs nouvelles de temps en temps.

Laissons de côté cette puérile question des représentations dont je vous ai parlé légèrement comme d'une chose assez légère en elle-même. Nous pouvons quelquefois sourire en parlant des hommes, jamais en traitant des idées. Parlons des systèmes en général, et, en particulier, de ce système de réforme dramatique.

Il est incroyable qu'à force de dénaturer les mots, on en soit venu à prendre quelquefois ce mot système en mauvaise part. *Système* (σύστημα de σύν ἵστημι) signifie *par sa racine*, si j'ai bonne mémoire du grec, *ordre*, enchaînement de principes et de conséquences composant une doctrine, un dogme. Tout homme qui a des idées et ne les enchaîne pas dans un système entier est un homme incomplet; il ne produira rien que de vague; s'il fait quelque chose de passable, ce sera au hasard, et comme par bouffées; il marchera toujours à tâtons dans le brouillard. Voyez, au contraire, une pensée neuve germer dans une tête fortement organisée, elle s'y multiplie et se coordonne d'une manière admirable, en un seul instant, tant la chaleur et le travail continu d'un esprit vigoureux la font rapidement mûrir; hardiment fécondée, elle enfante à son tour des générations non interrompues de pensées qui lui ressemblent et dépendent uniquement d'elle. Tout involontaire qu'est l'inspiration du poëte, cependant elle l'entraîne souvent à son insu, et sans qu'il puisse s'en rendre compte, dans une succession d'idées qui forment un entier système, une ordonnance parfaite sans laquelle il ne serait pas. Ainsi, je pense que tel homme qui vous paraît tout instinctif et incapable d'écrire une théorie sur ses propres œuvres dès que l'enivrement de l'enthousiasme est apaisé; cet homme, même fit-il serment qu'il n'a pas de système, est plus dépendant du sien que tout autre homme, précisément parce qu'il ne se connaît pas, n'a pas analysé le système qui l'entraîne et n'est pas libre de le démolir pour en construire un second supérieur au premier.

L'histoire du monde n'est que celle de plusieurs systèmes en action, et, chacun de ces systèmes étant réduit à son idée première, on pourrait réduire cette histoire elle-même à une vingtaine d'idées tout au plus. Pas un grand homme n'a surgi, homme de pensée ou homme d'action, qui n'ait créé et mis en œuvre un système; avec cette différence que *le penseur* est bien supérieur à l'autre en ce qu'il vit dans ses idées, règne par les idées, les présente toutes nues, pures des souillures de la vie, libres de ses accidents, et ne leur devant rien; tandis que l'autre, capitaine ou législateur, jeté dans un océan de circonstances, élevé par une vague, précipité par l'autre, entraîné par un courant dont il cherche à profiter, change vingt fois de route, de projets et de plans, oubliant le principe qu'il a voulu mettre au jour, et faisant souvent céder sa conviction à sa fortune.

Le mot justifié, redescendons, pour l'appliquer, aux deux systèmes dramatiques qui occupent quelques esprits, l'un par son agonie, l'autre par sa naissance.

Je veux suivre avec vous le même ordre que j'ai établi tout à l'heure et parler d'abord de la composition des œuvres.

Grâce au ciel, le vieux trépied des unités sur lequel s'asseyait Melpomène, assez gauchement quelquefois, n'a plus aujourd'hui que la seule base solide que l'on ne puisse lui ôter: l'unité d'intérêt dans l'action. On sourit de pitié quand on lit dans un de nos écrivains: *Le spectateur n'est que trois heures à la comédie; il ne faut donc pas que l'action dure plus de trois heures.* Car autant eût valu dire: « Le lecteur ne met que quatre heures à lire tel poëme ou tel roman; il ne faut donc pas que son action dure plus de quatre heures. » Cette phrase résume toutes les erreurs qui naquirent de la première. Mais il ne suffit pas de s'être affranchi de ces entraves pesantes; il faut encore effacer l'esprit étroit qui les a créées.

Venez, et qu'un sang pur, par mes mains épanché,
Lave jusques au marbre où ses pas ont touché.

Considérez d'abord que, dans le système qui vient de s'éteindre, toute tragédie était une catastrophe et un dénoûment d'une action déjà mûre au lever du rideau, qui ne tenait plus qu'à un fil et n'avait plus qu'à tomber. De là est venu ce défaut qui vous frappe, ainsi que tous les étrangers, dans les tragédies françaises : cette parcimonie de scènes et de développements, ces faux retardements, et puis tout à coup cette hâte d'en finir, mêlée à cette crainte que l'on sent presque partout de manquer d'étoffe pour remplir le cadre de cinq actes. Loin de diminuer mon estime pour tous les hommes qui ont suivi ce système, cette considération l'augmente ; car il a fallu, à chaque tragédie, une sorte de tour d'adresse prodigieux, et une foule de ruses pour déguiser la misère à laquelle ils se condamnaient ; c'était chercher à employer et à étendre pour se couvrir le dernier lambeau d'une pourpre gaspillée et perdue.

Ce ne sera pas ainsi qu'à l'avenir procédera le poëte dramatique. D'abord il prendra dans sa large main beaucoup de temps et y fera mouvoir des existences entières ; il créera l'homme, non comme *espèce*, mais comme *individu*, seul moyen d'intéresser à l'humanité ; il laissera ses créatures vivre de leur propre vie, et jettera seulement dans leur cœur ces germes de passions par où se préparent les grands événements ; puis, lorsque l'heure en sera venue et seulement alors, sans que l'on sente que son doigt la hâte, il montrera la destinée enveloppant ses victimes dans des nœuds inextricables et multipliés. Alors, bien loin de trouver des personnages trop petits pour l'espace, il gémira, il s'écriera qu'il manque d'air et d'espace ; car l'art sera tout semblable à la vie, et dans la vie une action principale entraîne autour d'elle un tourbillon de faits nécessaires et innombrables. Alors, le créateur trouvera dans ses personnages assez de têtes pour répandre toutes ses idées, assez de cœurs à faire battre de tous ses sentiments, et partout on sentira son âme entière agitant la masse. *Mens agitat molem.*

Je suis juste, tout était bien en harmonie dans l'ex-système de tragédie ; mais tout était d'accord aussi dans le système féodal et théocratique, et pourtant il fut. Pour exécuter une longue catastrophe qui n'avait de corps que parce qu'elle était enflée, il fallait substituer des rôles aux caractères, des abstractions de passions personnifiées à des hommes : or, la nature n'a jamais produit une famille d'hommes, une maison entière, dans le sens des anciens (*domus*) où père et enfants, maîtres et serviteurs se soient trouvés également sensibles, agités au même degré par le même événement, s'y jetant à corps perdu, prenant au sérieux et de bonne foi toutes les surprises et les piéges les plus grossiers, et en éprouvant une satisfaction solennelle, une douleur solennelle ou une fureur solennelle ; conservant précieusement le sentiment unique qui les anime depuis la première phase de l'événement jusqu'à son accomplissement, sans permettre à leur imagination de s'en écarter d'un pas, et s'occupant enfin d'une affaire unique, celle de commencer un dénoûment et de le retarder sans pourtant cesser d'en parler.

Donc, il fallait, dans des vestibules qui ne menaient à rien, des personnages n'allant nulle part, parlant de peu de chose avec des idées indécises et des paroles vagues, un peu agités par des sentiments mitigés, des passions paisibles, et arrivant ainsi à une mort gracieuse ou à un soupir faux. O vaine fantasmagorie ! ombres d'hommes dans une ombre de nature ! vides royaumes !... *Inania regna!*

Aussi n'est-ce qu'à force de génie ou de talent que les premiers de chaque époque sont parvenus à jeter de grandes lueurs dans ces ombres, à arrêter de belles formes dans ce chaos ; leurs œuvres furent de magnifiques exceptions, on les prit pour des règles. Le reste est tombé dans l'ornière commune de cette fausse route.

Il n'est pourtant pas impossible qu'il se trouve encore des hommes qui parlent bien cette langue morte. Dans le quinzième siècle, on écrivait des discours en latin qui étaient fort estimés.

Pour moi, je crois qu'il ne serait pas difficile de prouver que la puissance qui nous retint si longtemps dans ce monde de convention, que la muse de cette tragédie secondaire fut la Politesse. Oui, ce fut elle certainement. Elle seule était capable de bannir à la fois les caractères vrais, mme grossiers ; le langage simple, comme trivial ; l'idéalit. de la philosophie et des passions, comme extravagance; la poésie, comme bizarrerie.

La Politesse, quoique fille de la cour, fut et sera toujours *niveleuse,* elle efface et aplanit tout ; *ni trop haut ni trop bas* est sa devise. Elle n'entend pas la Nature qui crie de toutes parts au génie comme Macbeth : *Viens haut ou bas.*
— *Come high or low!*

L'homme est exalté ou simple ; autrement il est faux. Le poëte saura donc à l'avenir que montrer l'homme tel qu'il est, c'est déjà émouvoir. En vérité, je n'ai nul besoin de toucher dès l'abord le *fil* toujours pressenti d'une action pour m'intéresser à un caractère tracé avec vérité; on m'a déjà ému si l'on m'a présenté l'image d'une vraie créature de Dieu. Je l'aime parce qu'elle *est,* et que je la reconnais à sa marche, à son langage, à tout son air, pour un être vivant jeté sur le monde, ainsi que moi, comme pâture à la destinée ; mais que cet être *soit,* ou sinon je romps avec lui. Qu'il ne veuille pas paraître ce que la muse de la politesse, dans son langage faussement noble, a nommé un *héros*. Qu'il ne soit pas plus qu'un homme, car autrement il serait beaucoup moins; qu'il agisse selon un cœur mortel, et non selon la représentation imaginaire d'un personnage mal imaginé ; car c'est alors que le poëte mérite véritablement le nom d'*imitateur de fantômes* que lui donne Platon en le chassant de sa république.

C'est dans le détail du style, surtout, que vous pourrez juger la manière de l'école polie dont on s'ennuie si parfaitement aujourd'hui. — Je ne crois pas qu'un étranger puisse facilement arriver à comprendre à quel degré de faux étaient parvenus quelques *versificateurs pour la scène,* je ne veux pas dire poëtes. Pour vous en donner quelques exemples entre cent mille, quand on voulait dire des espions, on disait comme Ducis :

> Ces mortels dont l'État gage la vigilance.

Vous sentez qu'une extrême politesse envers la corporation des espions a pu seule donner naissance à une périphrase aussi élégante, et que tous ceux de ces *mortels* qui, d'aventure, se trouvaient alors dans la salle, en étaient assurément reconnaissants. Style naturel d'ailleurs ; car ne concevez-vous pas facilement qu'un roi, au lieu de faire dire tout simplement au ministre de la police : « Vous enverrez cent espions à la frontière, » dise : *Seigneur, vous enverrez cent mortels dont l'État gage la vigilance ?* Voilà qui est *noble, poli* et *harmonieux*.

Des écrivains, hommes de talent pour la plupart, et celui qui m'est tombé sous la main en était, ont été aussi entraînés dans ce défaut par le désir d'atteindre ce qu'on nomme harmonie, séduits par l'exemple d'un grand maître qui ne traita que des sujets antiques où la phrase grecque et latine était de mise. En voulant conserver, ils ont falsifié ; forcés par le progrès qui les entraînait malgré eux à traiter des sujets modernes, ils y ont employé le langage imité de l'antique (et pas même antique tout à fait) ; de là est sorti ce style dont chaque mot est un anachronisme, où des Chinois, des Turcs et des sauvages de l'Amérique parlent à chaque vers de l'hyménée et de ses flambeaux.

Cette harmonie qu'on cherchait est faite, je pense, pour le poëme et non pour le drame. Le poëte lyrique peut psalmodier ses vers, je crois même qu'il le doit, enlevé par son inspiration. C'est à lui qu'on peut appliquer ceci :

> Les vers sont enfants de la lyre :
> Il faut les chanter, non les lire.

Mais un drame ne présentera jamais au peuple que des personnages réunis pour se parler de leurs affaires ; ils doivent donc parler. Que l'on fasse pour eux ce *récitatif* simple et franc dont Molière est le plus beau modèle dans notre langue ; lorsque la passion et le malheur viendront animer leur cœur, élever leurs pensées, que le vers s'élève un moment jusqu'à ces mouvements sublimes de la passion qui semblent un *chant*, tant ils emportent nos âmes hors de nous-mêmes.

Chaque homme, dans sa conversation habituelle, n'a-t-il pas ses formules favorites, ses mots coutumiers nés de son éducation, de sa profession, de ses goûts, appris en famille, inspirés par ses amours et ses aversions naturelles, par son tempérament bilieux, sanguin ou nerveux, dictés par un esprit passionné ou froid, calculateur ou candide? n'est-il pas des comparaisons de prédilection et tout un vocabulaire journalier auquel un ami le reconnaîtrait, sans entendre sa voix, à la tournure seule d'une phrase qu'on lui redirait? Faut-il donc toujours que chaque personnage se serve des mêmes mots, des mêmes images, que tous les autres emploient aussi? Non, il doit être concis ou diffus, négligé ou calculé, prodigue ou avare d'ornements selon son caractère, son âge, ses penchants. Molière ne manqua jamais à donner ces touches fermes et franches qu'apprend l'observation attentive des hommes, et Shakspeare ne livre pas un proverbe, un juron, au hasard. — Mais ni l'un ni l'autre de ces grands hommes n'eût pu encadrer le langage vrai dans le *vers épique* de notre tragédie; ou, s'ils avaient adopté ce vers par malheur, il leur eût fallu déguiser le *mot simple* sous le manteau de la périphrase ou le masque du mot antique. — C'est un cercle vicieux d'où nulle puissance ne les eût fait sortir. — Nous en avons un exemple irrécusable. L'auteur d'*Esther*, qui est la source la plus pure du style dramatique épique, eut à écrire en 1672 une tragédie dont l'action était de 1638; il sentit que les noms modernes de l'Orient ne pouvaient entrer dans son alexandrin harmonieusement tourné à l'antique; que fit-il? Il prit son parti avec un sens admirablement juste, et, ne concevant pas la possibilité de changer le vers, dans ce qu'il nomme *poëme* dramatique, il changea le vocabulaire entier de ses Turcs et se se jeta dans je ne sais quelle vague antiquité : Bagdad devint Babylone, Stamboul n'osa même pas être Constantinople et fut Byzance, et le nom du *schah Abbas*, qui assiégeait Bagdad alors, disparut devant ceux d'Osmin et d'Osman. Cela devait être.

Il y a plus. Après vous avoir donné tout à l'heure un exemple des ridicules erreurs où ses imitateurs furent entraînés, je vais défendre celui qui la commit. Je pense qu'il lui était impossible de dire un mot rude et vrai, avec le style qu'il avait employé : ce mot eût fait là l'effet d'un jurement dans la bouche d'une jeune fille qui chante une romance plaintive. Il ne l'aurait pu dire qu'en commençant à faire entendre l'*expression simple* dès le premier vers. Mais, lorsqu'on a dit pendant cinq actes : *reine* au lieu de *votre majesté*, *hymen* pour *mariage*, *immoler* en place d'*assassiner*, et mille autres gentillesses pareilles, comment proférer le mot tel qu'*espion?* Il faut bien dire un *mortel*, et je ne sais quoi de long et de doux à la suite.

L'auteur d'*Athalie* le sentit si bien que, dans *les Plaideurs*, il rompit à tout propos le vers en faveur du *mot vrai moderne*, presque toujours trop long pour son cadre et impossible à raccourcir. Le nom antique n'était pas, comme le nom moderne, précédé d'un autre nom ou d'une qualification qui tient à lui comme les plumes à l'oiseau ; jamais un page n'annoncera avec un seul vers alexandrin *madame la duchesse de Montmorency*, et, s'il annonce *Montmorency*, on le chassera très-certainement. Le poëte d'*Esther* dit en pareil cas,

> Madame la *comtesse*
> De Pimbesche.

De même dans les locutions familières qu'il ne veut pas interrompre ni contourner, ce qui serait les défigurer, il dit :

> Puis donc qu'on nous permet de *prendre*
> *Haleine*, et que l'on nous défend de nous entendre.

N'en doutez pas, si un écrivain aussi parfait eût été forcé de mettre sur la scène tragique un sujet tout moderne, il eût employé le *mot simple* et eût rompu le balancement régulier et monotone du vers alexandrin, par l'enjambement d'un vers sur l'autre ; il eût dédaigné l'hémistiche, et peut-être même (ce que nous n'osons pas) réintégré l'hiatus, comme Molière lorsqu'il dit : *Voici d'abord le cerf* DONNÉ AUX *chiens;* ou abrégé une syllabe comme ici : *je me trouve en un fort à l'écart, à la* QUEUE DE *nos chiens, moi seul avec Drécar.*

Je regrette fort, mon ami, que la fantaisie ne lui en ait pas pris vers 1670, il m'eût épargné bien des attaques obscures, signées ou non signées (anonymes dans les deux cas). Il eût évité d'incroyables travaux aux pauvres poëtes qui l'ont suivi.

Croiriez-vous, par exemple, vous, Anglais! vous qui savez quels mots se disent dans les tragédies de Shakspeare, que la muse tragique française ou Melpomène a été quatre-vingt-dix-huit ans avant de se décider à dire tout haut *un mouchoir*, elle qui disait *chien* et *éponge*, très-franchement? Voici les degrés par lesquels elle a passé avec une pruderie et un embarras assez plaisants :

Dans l'an de l'hégire 1147, qui correspond à l'an du Christ 1732, Melpomène, lors de l'*hyménée* d'une vertueuse dame turque qui ne se nommait pas Zahra et qui avait un air de famille avec Desdemona, eut besoin de son mouchoir, et, n'osant jamais le tirer de sa poche à paniers, prit un billet à la place. En 1792, Melpomène eut encore besoin de ce même mouchoir pour l'*hyménée* d'une concitoyenne qui se disait Vénitienne et cousine de Desdemona, ayant d'ailleurs une syllabe de son nom, la syllabe *mo*, car elle se nommait Hédelmone, nom qui rime commodément (je ne dirai pas à *aumône* et *anémone*, ce serait exact et difficile), mais à *soupçonne, donne, ordonne*, etc. Cette fois donc, il y a de cela trente-sept ans, Melpomène fut sur le point de prendre ce mouchoir ; mais, soit que, au temps du Directoire exécutif, il fût trop hardi de paraître avec un mouchoir, soit, au contraire, qu'il fallût plus de luxe, elle ne s'y prit pas à deux fois, et mit un bandeau de diamants qu'elle voulut garder, même au lit, de crainte d'être vue en négligé. En 1820, la tragédie française, ayant renoncé franchement à son sobriquet de Melpomène, et traduisant de l'allemand, eut encore affaire d'un mouchoir pour le testament d'une reine d'Écosse ; ma foi, elle s'enhardit, prit le mouchoir, *lui-même!* dans sa main, en pleine assemblée, fronça le sourcil et l'appela hautement et bravement *tissu* et *don*; c'était un grand pas.

Enfin en 1829, grâce à Shakspeare, elle a dit le grand mot, à l'épouvante et évanouissement des faibles, qui jetèrent ce jour-là des cris longs et douloureux, mais à la satisfaction du public, qui, en grande majorité, a coutume de nommer un mouchoir *mouchoir*. Le mot a fait son entrée ; ridicule triomphe! Nous faudra-t-il toujours un siècle par mot vrai introduit sur la scène.

Enfin on rit de cette pruderie. — Dieu soit loué! le poëte pourra suivre son inspiration aussi librement que dans la prose, et parcourir sans obstacle l'échelle entière de ses idées sans craindre de sentir les degrés manquer sous lui. Nous ne sommes pas assez heureux pour mêler dans la même scène la prose aux vers blancs et aux vers rimés; vous avez en Angleterre ces trois octaves à parcourir, et elles ont entre elles une harmonie qui ne peut s'établir en français. Il fallait pour les traduire détendre le vers alexandrin jusqu'à la négligence la plus familière (le récitatif), puis le remonter jusqu'au lyrisme le plus haut (le chant), c'est ce que j'ai tenté. La prose, lorsqu'elle traduit les passages épiques, a un défaut bien grand, et visible surtout sur la scène, c'est de paraître tout à coup boursouflée, guindée et mélodramatique, tandis que le vers, plus élastique, se plie à toutes les formes : lorsqu'il vole, on ne s'en étonne pas; car, lorsqu'il *marche, on sent qu'il a des ailes.*

Vous êtes un peu plus jeune que moi et beaucoup plus timide. — N'ayez pas de ce que vous appelez mon nom plus de soins que je n'en ai moi-même. Je ne suis point honteux d'avoir traduit une fois en passant, quoique j'aie souffert un peu de la gêne que je m'impose; après tout, que l'œuvre reste, et c'est un diamant de plus au trésor français, diamant brut si l'on veut, il a son prix : ne nous donnât-il qu'un portrait d'Yago que l'on avait ôté d'entre Othello et Desdemona. Autant eût valu retrancher le serpent de la Genèse.

Notre époque est une époque de renaissance et de réhabilitation tout à la fois; je ne dirai jamais cependant que la loi nouvelle doive être impérissable; elle passera avec nous, peut-être avant nous, et sera remplacée par une meilleure; il doit suffire à un nom d'homme de marquer un degré du progrès. Plus la civilisation avance, plus l'on doit se résigner à voir les idées que l'on sème, comme un grain fécond, s'élever, mûrir, jaunir et tomber promptement, pour faire place à une moisson nouvelle, plus forte et plus abondante, sous les yeux mêmes du cultivateur. Ce désintéressement philosophique a manqué malheureusement à beaucoup des hommes qui nous restent des deux générations qui précèdent la nôtre; comme pour réaliser le mot infâme d'un écrivain de leur siècle, ils ont voulu voir *dans leurs fils leurs ennemis, et dans leurs petits-fils les ennemis de leurs fils ;* à ce titre, du moins, nous aurions eu droit à leur tendresse ; mais non, pas même cela ; ces vieux enfants se sont irrités de voir sur de jeunes fronts la gravité qu'eux-mêmes devraient avoir ; ils ont cherché à comprimer les mâles rejetons qui les remplacent : les uns ont voulu les étouffer sous le plâtre des derniers siècles, les autres les faucher avec le sabre de l'Empire ; peine inutile, la pépinière a grandi, la forêt pousse de tous côtés des arbres de toute forme, dont les branches noueuses, les jets vigoureux, les larges feuilles, ensevelissent dans l'ombre quelques troncs rachitiques et mourants, qui auraient pu vivre encore, s'ils s'étaient appuyés, au lieu de s'isoler.

Qu'est-il arrivé? les jeunes gens se sont levés contre leurs devanciers injustes, ils ont compté les cheveux blancs des vieillards, et, dans leur impatience, ils ont dressé des tables mortuaires pour se consoler mutuellement par une espérance impie. J'ai gémi de cette cruauté ; mais pourquoi les avoir persécutés? étaient-ils responsables de cette loi qui les pousse en avant avec le genre humain tout entier?

Loin de détruire les grandes réputations, je dis que l'on doit savoir gré à chacun *de son œuvre selon son temps ;* la meilleure preuve que j'en puisse donner est ce travail ingrat que j'ai fait, nouvel hommage à une ancienne gloire non européenne, mais universelle ; car, dans le même temps où l'on jouait *le More de Venise* à Paris, il se jouait à Londres, à Vienne et aux États-Unis. Lorsqu'on a fait *fausse route*, il faut bien revenir sur ses pas pour se remettre en bon chemin. Il n'existait sur la scène tragique d'autre vers que le vers *poli* et sujet aux anachronismes dont je vous ai parlé. Il m'a donc fallu reprendre dans notre arsenal l'arme rouillée des anciens poëtes français, pour armer dignement l'ancien Shakspeare. Corneille, l'immortel Corneille, avait donné au Cid cette véritable épée moderne d'Othello, *dont la lame espagnole est dans l'Ebre trempée. Ebro's temper!* pourquoi ne s'en est-il servi qu'un seul jour!

Je n'ai rien fait, cette fois, qu'une œuvre de forme. Il fallait refaire l'instrument (le style), et l'essayer en public avant de jouer un air de son invention. Si j'avais connu une histoire plus racontée, plus lue, plus représentée, plus chantée, plus dansée, plus coupée, plus enjolivée, plus gâtée que celle du *More de Venise*, je l'aurais choisie précisément pour que l'attention se portât sans distraction sur un seul point, l'*exécution*.

Vous, milord, gardez-vous de lire ma traduction, vous la trouveriez aussi imparfaite que je le fais moi-même. Car j'ai encore cette vérité à vous dire, qu'il n'y a pas au monde une seule bonne traduction pour celui qui sait la langue originale, si ce mot est entendu comme reproduction du modèle, comme translation littérale de chaque mot, chaque vers, chaque phrase, en mots, vers, phrases d'une autre langue. Toute traduction est faite pour ceux qui n'entendent pas la langue mère et n'est faite que pour eux, c'est ce que la critique perd de vue trop souvent. Si le traducteur n'était interprète, il serait inutile. Une traduction est seulement à l'original ce qu'est le portrait à la nature vivante. Et quel jeune homme pouvant regarder sa maîtresse daignerait jeter les yeux sur son image? Mais, dans l'absence ou la mort, l'image satisfait. C'est ici même chose. En vain on répète le même chant dans sa langue, c'est un autre instrument; il a donc un autre son et un autre toucher, d'autres modulations, d'autres accords, dont il faut se servir pour rendre l'harmonie étrangère, la NATURALISER; mais une chose y manque toujours, l'union intime de la pensée d'un homme avec sa langue maternelle.

J'ai donc cherché à rendre l'esprit, non la lettre. Cela n'a pas été compris par tout le monde, je l'avais prévu; pour les uns, ceux qui ignorent l'anglais, j'ai été trop littéral; pour les autres, ceux qui le savent, je ne l'ai pas été assez. Ainsi, ce bronze fait à l'image de la grande statue d'Othello vient d'être pressé, battu, tordu par la critique entre l'enclume anglaise et le marteau français. Sous la forme d'un livre, *le More* va sans doute encore être attaqué. Mais : *Parve, sine me, liber, ibis in urbem*. Je ne le saurai guère plus que vous. De loin en loin on me raconte qu'un pamphlétaire a griffonné, qu'un bouffon a chanté, qu'un censeur incurable a péroré contre moi. Je ne m'en occupe pas autrement, et je ne sais ni ce qu'ils font ni ce qu'ils sont.

Je n'ai fait là que vous présenter une vue de cette tentative litéraire. Le système entier sera mieux expliqué par des œuvres que par des théories. En poésie, en philosophie, en action, qu'est-ce que système, que manière, que genre, que ton, que style ? Ces questions ne sont résolues que par un mot, et toujours ce mot est un nom d'homme. La tête de chacun est un moule où se modèle toute une masse d'idées. Cette tête une fois cassée par la mort, ne cherchez plus à recomposer un ensemble pareil. Il est détruit pour toujours.

Un imitateur de Shakspeare serait aussi faux dans notre temps que le sont les imitateurs d'*Athalie*.

Encore une fois, nous marchons, et, quoique Shakspeare ait atteint le plus haut degré peut-être où puisse atteindre la tragédie moderne, il l'a atteint selon son temps; ce qui est poésie et observation de moraliste est aussi beau en lui que jamais il l'eût été, parce que l'inspiration ne fait pas de progrès, et que la nature des individus ne change pas; mais ce qui est philosophie divine ou humaine doit correspondre aux besoins de la société où vit le poëte; or, les sociétés avancent.

Aujourd'hui, le mouvement est tellement rapide, qu'un homme de trente ans a vu deux siècles contraires de dix ans chacun, l'un tout en action extérieure, guerroyant, conquérant, rude, fort et glorieux, mais sans vie, et comme glacé à l'intérieur, presque sans progrès de poésie, de philosophie et d'arts, ou n'y laissant apercevoir qu'un mouvement de transition; l'autre, immobile et languissant au dehors, mesquin et indécis en action, sans vouloir, sans éclat dans ses faits, mais agité, dévoré intérieurement par un prodigieux travail intellectuel, une fermentation presque sans exemple dans l'histoire et portant en lui comme une fournaise ardente où se refondent, s'élaborent, se coulent et se coordonnent toutes les pensées, dans toutes leurs formes, tous leurs moules et tous leurs ordres; le premier tout semblable à un corps, le second à un esprit. Comment de ce double spectacle ne sortirait-il pas comme une race d'idées toute nouvelle ? qui peut s'étonner de tout ce qui se fait, à moins d'avoir, comme Jérusalem, *des yeux pour ne point voir?* Pour n'appliquer ceci qu'à l'art dramatique, je pense donc qu'à l'avenir cet art sera plus difficile que jamais pour la France, précisément parce qu'il est affranchi des plus pesantes règles. C'était autrefois une sorte de mérite que d'avoir produit quelque chose malgré elles, et les avoir suivies pouvait faire une réputation. Mais, à présent, ce sera d'un autre point de vue que l'on considérera la tragédie inventée, il lui faudra d'autant plus de beautés naturelles qu'elle aura moins de grâces de convention. C'est par la même raison qu'un cheval faible et ruiné peut avoir au manége une souplesse fort élégante sous les selles de velours, les cocardes, les nœuds, les bridons dorés et les tresses des écuyers ; il exécute des voltes et demi-voltes savantes, il fait des soubresauts qui lui donnent un air de force, et il prend un galop mesuré qui singe la vitesse ; mais lancez-le nu et au grand air dans une plaine d'Alsace ou de Pologne, et jugez-le à côté d'un étalon sauvage, et vous verrez ce qu'il saura faire.

La liberté, donnant tout à la fois, multiplie à l'infini les difficultés du choix et ôte tous les points d'appui. C'est peut-être pour ce motif que l'Angleterre depuis Shakspeare compte un très-petit nombre de *tragédies*, et pas un *théâtre* digne du système de ce grand homme *, tandis que nous comptons une quantité d'écrivains du second ordre qui ont donné leur *théâtre*, collection très-supportable dans le système racinien.

J'ai appuyé sur cette remarque, parce que je prévois que, lorsque les exemples viendront, la critique s'armera d'eux et de leur sort à la représentation, pour combattre les règles et le système entier, sans savoir gré des nouvelles difficultés et de l'échelle bien plus grande sur laquelle on mesurera les œuvres futures. En effet, il ne faudra pas moins qu'ajouter à tout ce que Shakspeare eut de poésie et d'observation, le résumé ou les sommités de ce que notre temps a de philosophie, et de ce que notre société a de sciences acquises. Les tentatives seront nombreuses et hardies, et tout en sera honorable ; la chute sera sans honte, parce que, dans ce monde nouveau, l'auteur et le public ont leur éducation à faire ensemble et l'un par l'autre. — J'espère qu'après tout ce que je viens de vous dire, vous ne me répéterez plus le reproche que vous faisiez à moi et à mes amis, dans votre dernière lettre, d'un zèle d'innovation trop ardent.

Vous vous rappelez cette grande et vieille horloge que je

* La seule chose dont je ressente quelque orgueil dans cette entreprise, est d'avoir fait entendre sur la scène le nom du *grand Shakspeare*, et donné ainsi occasion à un public français de montrer hautement qu'il sait bien que les langues ne sont que des instruments, que les idées sont universelles, que le génie appartient à l'humanité entière, et que sa gloire doit avoir pour théâtre le monde entier.

vous fis remarquer souvent? Eh bien, que ce souvenir me serve à vous expliquer ma pensée; elle est pour moi la fidèle image de l'état des sociétés en tous temps.

Son grand cadran, dont les chiffres romains sont pareils à des colonnes, est éternellement parcouru par trois aiguilles. L'une, bien grosse, bien large, bien forte, dont la tête ressemble à un fer de lance et le corps à un faisceau d'armes, s'avance si lentement, que l'on pourrait nier son mouvement; l'œil le plus sûr, le plus fixe, le plus persévérant, ne peut saisir en elle le moindre symptôme de mobilité; on la croirait scellée, vissée, incrustée à sa place pour l'éternité, et pourtant, au bout d'une grande heure, elle aura décrit la douzième partie du cadran. Cette aiguille ne vous représente-t-elle pas la foule des peuples dont l'avancement s'accomplit sans secousse et par un entraînement continuel mais imperceptible.

L'autre aiguille, plus déliée, marche assez vite pour qu'avec une médiocre attention on puisse saisir son mouvement; celle-ci fait en cinq minutes le chemin que fait la première en une heure, et donne la proportion exacte des pas que fait la masse des gens éclairés au delà de la foule qui les suit.

Mais, au-dessus de ces deux aiguilles, il s'en trouve une bien autrement agile et dont l'œil suit difficilement les bonds; elle a vu soixante fois l'espace avant que la seconde y marche et que la troisième s'y traîne.

Jamais, non jamais, je n'ai considéré cette aiguille des secondes, cette flèche si vide, si inquiète, si hardie et si émue à la fois, qui s'élance en avant et frémit comme du sentiment de son audace ou du plaisir de sa conquête sur le temps; jamais je ne l'ai considérée sans penser que le poëte a toujours eu et doit avoir cette marche prompte au devant des siècles et au delà de l'esprit général de sa nation, au delà même de sa partie la plus éclairée.

Et ce balancier pesant qui les régit par un mouvement invariable, ne verrions-nous pas en lui, si nous suivions cette idée, un symbole parfait de cette inflexible *loi du progrès* dont la marche emporte sans cesse avec elle les trois degrés de l'esprit humain qui lui sont indifférents, et ne servent, après tout, qu'à marquer successivement ses pas vers un but, hélas! inconnu?

1er novembre 1829.

PERSONNAGES

ET DISTRIBUTION DES ROLES

TELLE QU'ELLE A EU LIEU A LA COMÉDIE-FRANÇAISE

Le 24 octobre 1829.

LE DOGE DE VENISE.	M. Saint-Aulaire.
BRABANTIO, sénateur, père de Desdemona.	M. Desmousseaux.
OTHELLO, le More.	M. Joanny.
CASSIO, son lieutenant.	M. David.
YAGO, son enseigne.	M. Perrier.
LUDOVICO, parent de Brabantio, envoyé du sénat.	M. Geffroy.
RODRIGO, jeune gentilhomme vénitien.	M. Menjaud.
MONTANO, gouverneur de Chypre pour Venise avant l'arrivée d'Othello.	
UN HÉRAUT.	M. Montigny.
DESDEMONA, fille de Brabantio, femme d'Othello.	Mlle Mars.
EMILIA, femme d'Yago, suivante de Desdemona.	Mme Tousez.
BIANCA, courtisane de Venise, maîtresse de Cassio, amenée par lui à Chypre.	

Sénateurs.

Officiers de Venise et de Chypre.

Matelots ; soldats de Venise ; femme de la suite de Desdemona ; peuple de Venise et de Chypre.

LE MORE DE VENISE

— OTHELLO —

ACTE PREMIER

A VENISE

La scène représente au fond le Rialto ; à gauche, le balcon du palais de Brabantio ; à droite en face, l'hôtel du Sagittaire, auberge de Venise.

SCÈNE PREMIÈRE

RODRIGO, YAGO, couverts de leurs manteaux à la vénitienne.

RODRIGO.
Ne m'en parlez jamais. — Je trouve surprenant
Qu'après notre amitié vous veniez maintenant
Montrer de tout cela si grande connaissance :
Comment ! de leur amour vous saviez la naissance,
Tandis que, chaque jour, vous acceptiez mes dons,
Et de ma bourse enfin teniez les deux cordons ?
YAGO.
Eh ! pardieu ! tâchez donc d'écouter pour entendre !
Si jamais j'accusai le More d'être tendre,
Maudissez-moi.
RODRIGO.
J'ai cru que vous le détestiez.

YAGO.

C'est vrai. — N'en croyez pas mes feintes amitiés.
Je n'oublîrai jamais son injure; elle est telle,
Que j'en garde en mon âme une haine mortelle.
J'ai vu trois sénateurs en vain le supplier
Pour mon avancement, sans le faire plier,
Toujours dans son orgueil ferme comme une roche.
Je puis dire pourtant, sans craindre de reproche,
Qu'être fait lieutenant n'était pas trop pour moi;
Et je ne me sens pas au-dessous de l'emploi.
Mais il a répondu par des phrases fardées,
De termes de bataille horriblement bardées;
Bref, il a repoussé mes trois sots protecteurs
Avec tous ses propos stériles et flatteurs.
« J'ai choisi, » disait-il; et quel était son homme?
Le Florentin Cassio, qu'à Venise on renomme
Pour un galant musqué, mais qui ne saurait pas
Manœuvrer l'escadron pendant cinquante pas;
Habile à discuter en paix la théorie,
Mais inutile en guerre à servir la patrie :
Voilà le choix du More. Et moi qui, sous ses yeux,
Combattis ou dans Rhode, ou dans Chypre, en cent lieux,
Ottomans ou chrétiens, en Europe, en Afrique,
Partout où l'envoya la noble République,
Je me vois rejeté dans le honteux honneur
D'enseigne, pour servir le moresque seigneur.

RODRIGO.

Ma foi, je quitterais l'armée à votre place.

YAGO.

Ne disons rien; plus tard, je briserai la glace.
Je veux servir encor, non pour lui, mais pour moi.
Maître ou valet, chacun naît classé malgré soi.
Mais, dans ce monde, il est deux espèces d'esclaves
Les uns, rampants, soumis, amants de leurs entraves,
Usent leurs corps, leur âme et leur temps tour à tour,
Humblement satisfaits du pain de chaque jour.
Aussi, quand ils sont vieux, par une main auguste
Ils sont chassés. Fouettez ces gens-là. C'est bien juste.

Mais d'autres, plus soumis, en apparence, encor,
Dérobent à leur maître et le pouvoir et l'or,
Et, sous ses pieds creusant leur lente et sourde mine,
Pour s'élever plus haut, montent sur sa ruine :
Ceux-là seuls ont de l'âme, et je suis de ceux-là.

RODRIGO.

Elle a pu l'écouter! — Un More! qui parla
Avec sa lèvre épaisse, en lui faisant la moue.
— Goût dépravé!

YAGO.

Tandis que de vous on se joue!
C'est bien mal! — Mais il faut, pour nous venger tous deux,
Faire persécuter se séducteur hideux;
Empoisonnons sa joie; éveillons la famille
Du bon vieux sénateur à qui l'on prend la fille;
Troublons le premier soir de ce More adoré,
Et que tout son bonheur en soit décoloré.

RODRIGO.

C'est bon. — Je crîrai tant, que la ville accourue
Croira trouver le feu brûlant dans chaque rue.

YAGO, montrant un balcon.

Son père dort là-haut.

Tous deux s'approchent des hautes fenêtres de Brabantio.

RODRIGO.

Tant mieux. — Au feu! seigneur
Très-noble Brabantio! — Levez-vous! — Au voleur!
A votre coffre-fort!

YAGO.

Aux verrous! à la grille!

RODRIGO.

On a pris votre argent!

YAGO.

On a pris votre fille!

BRABANTIO, à la fenêtre.

Eh bien, qu'arrive-t-il?

RODRIGO.

Comptez bien, s'il vous plaît :
Tout votre monde est-il chez vous au grand complet?

YAGO.
Et votre porte, hier, l'a-t-on barricadée?
RODRIGO.
Est-ce par le balcon qu'elle s'est évadée?
BRABANTIO.
Qui?
RODRIGO.
Je le vis hier qui rôdait alentour.
YAGO.
La colombe est en proie au vieux et noir vautour.
RODRIGO.
Seigneur, faites sonner les cloches, car j'espère
Qu'avant demain matin nous vous saurons grand-père.
YAGO.
Un cheval africain, c'est un bel animal;
Mais en faire son gendre!
RODRIGO.
                Au moins, c'est un cheval
Arabe
BRABANTIO.
Êtes-vous fou?
RODRIGO, saluant avec ironie et affectation.
         Honnête et pacifique,
Je...
BRABANTIO.
Vous êtes un drôle!
YAGO, saluant et riant.
               Et vous un magnifique
Seigneur!
BRABANTIO.
Les insolents!
RODRIGO.
              Seigneur, je prends sur moi
De payer le procès aux mains des gens de loi,
S'il est vrai qu'à présent votre fille est chez elle.
Visitez la maison, sa chambre et sa ruelle,
Appelez-la partout, et vous verrez.

BRABANTIO.

Mes gens!
De la lumière *!

Il rentre chez lui et éveille toute la maison.

SCÈNE II

YAGO, RODRIGO.

YAGO.

Allons! des soins très-exigeants
M'appellent. Vous serez, lors de notre rencontre,
Témoin du père, et moi, je serai témoin contre.
Mais je quitte ce lieu. L'air me devient malsain;
Car, s'il me voit ici, je manque à mon dessein.
L'heure n'est pas venue, et mon rôle est encore
De paraître en tout point créature du More.
Paraître seulement; car, ma foi! je le hais
Dix fois plus que l'enfer, où peut-être je vais.
Le bonhomme, à présent, ne voudra plus se taire,
Tâchez de l'attirer, là même, au *Sagittaire*.
J'y conduis l'amiral. Adieu.

---

* Je ne pense pas que personne regrette les expressions par trop énergiques dont se sert Yago dans cette scène, et particulièrement celles de cette phrase qui commence par

I am one, sir, that comes to tell you, etc.

et que je n'achève pas, par respect pour quelques femmes qui savent l'anglais. Tous les acteurs célèbres de l'Angleterre, Kean, Kemble, Young et Macready, retranchent habituellement les paroles trop libres. Ce n'est pas dans quelques mots grossiers, qui ne sont plus tolérés dans notre Molière, que réside le génie des grands poëtes ce n'est que lorsque la situation les exige impérieusement qu'il faut les conserver. J'en donnerai quelques exemples dans la suite de cette tragédie.

SCÈNE III

RODRIGO, BRABANTIO, suivi de Domestiques, portant des torches.

RODRIGO.
Me voilà bien.
Il me laisse !

BRABANTIO.
Ah ! seigneur, je reste sans soutien
Dans ma vieillesse ! hélas ! l'honneur de ma famille !
<small>A Rodrigo.   A part.</small>
Comment l'avez-vous vue ? — O malheureuse fille !
<small>A Rodigo.   A part.</small>
C'était avec le More ! — Oh ! qui voudra jamais
<small>A Rodrigo.</small>
Être père ! — A qui donc se fier désormais ?
<small>A ses gens.   A Rodrigo.</small>
Des flambeaux ! — Se sont-ils mariés sans obstacle ?
En êtes-vous certain * ?

RODRIGO.
Oui

BRABANTIO.
C'est donc un miracle !
Il faut qu'il ait usé d'un philtre pour toucher
Ce cœur si fier, qu'en vain je vous vis rechercher.
<small>A ses gens.</small>
Rodrigo ! plût au ciel... — Avertissez mon frère...
<small>A Rodrigo.</small>
Qu'elle vous eût choisi ! — Croyez-vous nécessaire
D'emmener une escorte ?

---

* Shakspeare affectionne ces propos passionnés interrompus par l'action dont on est occupé vivement. Ils sont dans la nature et se renouvellent chaque jour autour de nous. J'ai tâché d'en conserver fidèlement le mouvement ; il n'y en avait pas d'exemple dans notre tragédie. J'en ferai remarquer plusieurs dans celle-ci. C'est encore un des avantages inappréciables de l'usage des enjambements, à l'aide seul desquels on peut exprimer ce désordre.

RODRIGO.

Oui. L'homme, voyez-vous,
Est puissant.

BRABANTIO.

Eh bien, donc, venez. Conduisez-nous?

SCÈNE IV

OTHELLO entre avec calme et dignité. DES SERVITEURS portent des flambeaux devant lui. YAGO le suit.

YAGO.

Quoique dans les hasards du noble état des armes
Il m'ait fallu tuer sans en verser des larmes,
Cependant, je l'avoue, un meurtre médité
M'inspire de l'horreur et m'aurait bien coûté.
J'hésite quelquefois pour ma propre défense :
Mais il a tellement prolongé son offense,
Que je fus bien tenté de lui piquer les flancs.

OTHELLO, avec calme.

Cela vaut mieux ainsi.

YAGO.

Les discours insolents
De ce vieux sénateur, contre votre fortune
Et vous, me laisseront une longue rancune.
J'ai, ma foi, vu l'instant où mon sang révolté
N'était plus contenu par ce peu de bonté
Que vous me connaissez. Mais je vous en supplie,
Quelle est dites-le moi, l'union qui vous lie?
Est-ce un bon mariage? Il le faut, car les lois
Seraient pour le vieillard : on estime sa voix,
Et toujours au conseil d'abord on l'interroge;
Il balance à lui seul le sénat et le doge,
Et peut vous ruiner par ses hardis propos.

OTHELLO.

Laisse-le s'agiter pour troubler mon repos.

Mes services rendus dans mainte et mainte affaire
Parleront bien plus haut que sa voix ne peut faire.
Un jour, je publirai dans la noble cité,
Si l'on met quelque prix à cette vanité,
Que des rois d'Orient ont fondé ma famille;
Qu'ainsi d'un sénateur je puis aimer la fille,
Sans la faire rougir de moi, car je naquis
L'égal au moins du rang que mon bras m'a conquis.
D'ailleurs, pour les trésors que, dit-on, sous son onde,
Au doge son époux, garde la mer profonde,
Je n'aurais pas changé mon sort libre et sans frein,
Si ce n'était l'amour qui fond ce cœur d'airain.
Mais vois quels sont ces feux, ces hommes sur la place.

SCÈNE V

CASSIO et QUELQUES OFFICIERS paraissent dans l'éloignement au milieu de plusieurs flambeaux.

YAGO.
C'est le père et les siens; retirez-vous, de grâce !
OTHELLO.
Non, il faut qu'on me trouve en public, et je doi
A l'honneur, à mon rang, de ne pas fuir la loi. —
Regarde, est-ce bien lui ?
YAGO.
Par Janus, je me trompe *!
C'est Cassio qui vers nous s'avance en grande pompe.
CASSIO.
Mon général, le doge au palais vous attend.
OTHELLO.
A quelle heure, Cassio ?
CASSIO.
Général, à l'instant.

---

* By Janus, I think, no.
Sans affirmer que Shakspeare ait pensé à faire jurer Yago par le dieu *au double visage,* comme l'assure Letourneur, je vois du moins là-dedans une grande fidélité de couleur locale que j'ai précieusement conservée; les Italiens jurent encore aujourd'hui par les dieux du paganisme : *Per Bacco,* etc.

Chypre va vous donner d'importantes affaires,
Car douze messagers viennent de nos galères ;
On craint d'apprendre d'eux quelque combat fatal
Et tous les conseillers sont au palais ducal.

OTHELLO.

Venez donc, mes amis, ma rencontre opportune
Seconde mon devoir. — J'en bénis la fortune.

CASSIO.

Je vois des messagers qui vous cherchent aussi.

SCÈNE VI

BRABANTIO et **RODRIGO** paraissent avec des MAGISTRATS et UN GRAND NOMBRE DE SERVITEURS qui les éclairent.

YAGO.

C'est bien lui, cette fois, général, le voici.

OTHELLO leur crie.

Arrêtez ! restez là !

RODRIGO.

Bah ! quelques pas encore,
Si vous le permettez. Monseigneur, c'est le More.

BRABANTIO.

Tombez sur lui, le traître ! et main-forte à la loi.

Les deux partis mettent l'épée à la main.

YAGO.

Ah ! Rodrigo, c'est vous ! eh bien, de vous à moi !

OTHELLO.

Tout beau, messieurs ! rentrez vos brillantes épées ;
Du brouillard de la nuit elles seront trempées.
Cela peut les ternir. — Seigneur, vos cheveux blancs
Commandent mieux ici que ces moyens sanglants.

BRABANTIO.

Qu'as-tu fait de ma fille, ô ravisseur infâme ?
Par quel enchantement as-tu troublé son âme ?
Dis-nous quel maléfice et quel secret poison
Ont à ta destinée enchaîné sa raison ?

Car j'en appelle à tous, j'appelle en témoignage
L'univers. Qui croirait qu'un pareil mariage
Eût jamais engagé le cœur de mon enfant
Si jeune et si jolie, heureuse et triomphant
De la séduction des nobles de Venise ;
Qu'à moins d'un sortilége, elle se fût éprise
D'un barbare, et qu'elle eût sur son sein profané
Pressé le sein hideux d'un monstre basané ?
— Moi, je viens t'arrêter, comme exerçant dans l'ombre
Un art proscrit, jetant un charme impur et sombre,
Corrompant l'innocence, auteur d'un attentat
De magie, et dès lors en horreur à l'État.

OTHELLO, calme et souriant.

Allons, je le veux bien ; même je le demande ;
Qu'on m'arrête ! Où faut-il, seigneur, que je me rende ?

BRABANTIO.

En prison, jusqu'au jour que les lois ont prescrit.
Où l'on pourra t'en voir sortir mort ou proscrit.

OTHELLO.

Je consens de grand cœur à tout ; mais que ferai-je ?
Le doge et le sénat m'attendent ; ce cortége
Vient à moi de leur part.

BRABANTIO.

Un conseil dans la nuit ?
Eh bien donc, qu'à l'instant le More y soit traduit.
Le sénat doit m'entendre, et ma cause est sa cause.
Il n'est point d'attentat que tout esclave n'ose,
S'il absout ce païen !

OTHELLO.

J'y serai le premier ;
Venez-y donc, conduit par votre prisonnier.

Yago prend le bras de Rodrigo et sort avec lui.

La scène change. — Le théâtre représente les grands appartements du sénat de Venise.

SCÈNE VII

LE DOGE est sur son trône ; DES SECRÉTAIRES sont devant lui, à une table bordée de lumières, autour de laquelle LES SÉNATEUR sont assis ; PLUSIEURS OFFICIERS se tiennent à quelque distance.

LE DOGE, feuilletant des lettres.
Je ne vois rien de sûr dans ces grandes nouvelles.
PREMIER SÉNATEUR, feuilletant les lettres qu'il a reçues.
Les lettres de chacun s'accordent mal entre elles ;
On ne m'annonce ici que cent galères.
LE DOGE, feuilletant aussi ses lettres.
Moi,
Je lis deux cents.
SECOND SÉNATEUR.
Et nous, un immense convoi,
Que la flotte ottomane à toute voile escorte.
LE DOGE.
Chypre est le but où tend l'escadre de la Porte ;
C'est évident.
UN OFFICIER.
Seigneurs, encore un messager.
UN MATELOT.
Magnifiques seigneurs, on voit se diriger
Trente voiles vers Rhode ; et Montano m'envoie
Dire que Chypre aussi va devenir leur proie,
S'il n'est pas secouru.
LE DOGE.
Nous y saurons pourvoir.
Qu'on cherche Marc Luchèse, et qu'on fasse savoir
Au conseil s'il se trouve à présent à Venise.
PREMIER SÉNATEUR.
On le dit à Florence.
LE DOGE.
Écrivez l'entreprise

De ses vieux ennemis à ce brave officier.
On entend quelque rumeur aux portes.

PREMIER SÉNATEUR.
C'est un bon général, mais voici le premier.

SCÈNE VIII

Les Mêmes, BRABANTIO et OTHELLO entrent au sénat; CASSIO, RODRIGO, YAGO, des Officiers et une suite*.

LE DOGE.
Brave Othello, les Turcs sont en armes. — Venise
Vous confira la flotte en ce moment de crise.
A Brabantio.
— Je ne vous voyais pas, seigneur, asseyez-vous;
Vos conseils sont toujours nécessaires pour nous.

BRABANTIO.
Et les vôtres pour moi. — Puissé-je trouver grâce
Devant votre Grandeur; ni les soins de ma place,
Ni l'intérêt public ne m'ont fait fuir mon lit;
Je viens pour dénoncer un énorme délit
Commis contre moi seul; mais si dur, mais si grave,
Que mon chagrin m'absorbe, et que j'en suis esclave
Au point de dédaigner les dangers de l'État.

LE DOGE.
Qu'arrive-t-il?

BRABANTIO.
    Ma fille...

LE DOGE.
        Est-ce un assassinat?

---

* Othello entre le premier à gauche de la scène, suivi de Cassio et d'Yago. Il salue le Doge assis au fond de la scène et passe à droite avec Cassio. Yago reste à gauche près de Rodrigo. Brabantio se jette sur son siège de sénateur, resté vide à gauche.

BRABANTIO.

Elle est morte pour moi, prise en mes bras, séduite
Par des philtres secrets; car enfin sa conduite
Ne peut se concevoir autrement.

LE DOGE.

                Nous jurons
Que l'homme, quel qu'il soit, quand nous le jugerons,
Serait-il notre fils, recevra la sentence
De votre propre main qui tiendra la balance,
Et qui désignera sur le livre sanglant,
La plus sévère loi pour son crime insolent.

BRABANTIO, se levant.

Merci, doge; voilà cet homme, c'est le More.

TOUS LES SÉNATEURS, se levant.

Lui! le More!

BRABANTIO.

    Lui-même.

LE DOGE.

            Il faut le dire encore,

A Othello.

Nous devons le juger. Nous vous estimons tous,
Général; cependant que lui répondrez-vous?

OTHELLO; il salue avec respect et parle avec calme.

Très-graves, très-puissants seigneurs, mes nobles maîtres,
Réservez la rigueur de vos lois pour les traîtres.
Moi, que j'aie enlevé la fille du vieillard,
C'est vrai. — Je vous dis là mon offense, sans fard,
Sans voile. — Il est aussi très-vrai qu'elle est ma femme;
Voilà tout. — Je suis rude, et je n'ai pas dans l'âme
Des paroles de paix; je suis né dans les camps;
Et depuis que ces bras frappent... j'avais sept ans,
Sous la tente mes nuits se passèrent entières,
Hormis pendant le cours des neuf lunes dernières.
Aussi, dans l'univers n'ayant qu'un intérêt,
J'aurais bien peu de chose à dire qui n'eût trait
A des combats, des faits de bravoure à la guerre. —
En faisant mon récit, je ne l'ornerai guère;

Mais pourtant vous saurez par quel philtre puissant
(Comme il dit) j'ai régné sur ce cœur innocent.

BRABANTIO.

Hélas! c'est une enfant si douce et si timide,
Seigneurs, qu'un mouvement, qu'un geste trop rapide,
Que le moindre sourire à son âge échappé
La couvre de rougeur. — Et me croire trompé?
Croire que, sans l'effort d'une puissance occulte,
Elle ait payé mes soins paternels par l'insulte?
C'est impossible!

OTHELLO.

Eh bien, seigneurs, permettez-nous
De la faire paraître un instant devant vous.
Son père jugera lui-même s'il s'abuse :
Je me livre à la mort si son aveu m'accuse.

LE DOGE.

Que Desdemona vienne elle-même au palais.
Que plusieurs officiers partent.

OTHELLO.

Conduisez-les,
Yago! vous connaissez sa nouvelle demeure;
Dites-lui qu'au sénat il faut venir sur l'heure.

Le Doge fait un geste, et des officiers vont la chercher. Yago sort avec eux après avoir fait un signe d'intelligence à Rodrigo, qui s'évade et le suit.

En l'attendant, seigneurs, aussi sincèrement
Que l'on confesse au Ciel un secret sentiment,
Je vais vous exposer comment la jeune femme
A reçu mon amour et m'a livré son âme.

LE DOGE.

Parlez.

OTHELLO.

Son père alors m'aimait et très-souvent
M'invitait; nous parlions de ma vie, en suivant
Par année et par jour les siéges, les batailles,
Les désastres sur mer, les vastes funérailles
Où je m'étais trouvé; je parcourais les temps
De mes plus grands périls, et ces rudes instants

Où la mort en passant nous effleure la tête ;
Je lui disais comment je devins la conquête
D'un barbare ennemi, comment je fus vendu,
Racheté, voyageur dans un pays perdu ;
Je disais le caprice et la fureur des ondes,
Les détours souterrains des cavernes profondes,
Et l'ennui du désert, et l'orgueil de ces monts
Qui suspendent au ciel les neiges de leurs fronts* ;
Caravane aux lieux saints, dangers, science ou gloire,
Tout ce qui dans ma vie est digne de mémoire. —
Parfois Desdemona, d'un air triste et touché,
Venait entre nous deux s'asseoir, le front penché,
Aux serviteurs nombreux portait vite un message,
Puis revenait plus vite encor. Son beau visage
Pâlissait en prêtant l'oreille à mes propos.
Je l'avais remarqué. Dans un jour de repos,
Elle se trouvait seule et me fit la prière
De lui redire encor l'histoire tout entière.
Je voyais en parlant des larmes dans ses yeux,
Et, lorsque je me tus, les élevant aux cieux,
Elle rougit et dit que ce voyage étrange
Était touchant ! et puis ajouta qu'en échange
D'un tel récit, son cœur donnerait de l'amour
Si quelqu'un en faisait un pareil quelque jour.
Je pus à cet aveu parler sans crime extrême.
Pour mes périls passés elle m'aima ; de même,
Je l'aimai quand je vis qu'elle en avait pitié**.

* On venait de découvrir alors le nouveau monde.

** She lov'd me for the dangers I had pass'd
And I lov'd her, that she did pity them.

J'ai tâché de conserver à ce récit le caractère de grandeur et de simplicité si touchant dans l'original ; et là où se trouve le *chant*, selon le sens que j'ai donné à ce mot, dans la lettre à lord ***, j'ai cherché à être aussi littéral que possible ; quelquefois comme le verront ceux qui savent également bien les deux langues, j'ai réussi à mettre le mot sous le mot. Car, en les cherchant avec soin, on trouve d'étonnantes et fraternelles analogies entre la langue anglaise et la nôtre, qui fut entée par Guillaume le Conquérant sur le vieux saxon. Le vieil anglais conserve

A toute ma magie on est initié.
Seigneur, consultez-la, je la vois qui s'avance.

SCÈNE IX

Les Mêmes, DESDEMONA, vêtue de blanc et voilée à demi.
YAGO l'accompagne, suivi des Officiers du sénat.

LE DOGE, à Brabantio.

Je l'avoue, et l'aveu peut-être vous offense,
Je crois qu'à ce discours si digne d'intérêt,
Sans m'irriter, ma fille aussi s'attendrirait.

BRABANTIO.

Écoutez-la parler, je vous prie, elle-même ;
Et, si sa voix confesse au sénat qu'elle l'aime,
Plus de reproche ensuite à l'homme ; sur ma foi,
Je renonce à ma plainte.

A sa fille.

Approchez ; dites-moi
Lequel de nous a droit à votre obéissance ?

DESDEMONA, passant à la droite d'Othello, comme sous son égide.

Je vois ici, mon père, une double puissance,
Mon éducation et ma vie ont été
Votre bien jusqu'ici ; mais, à la vérité,
Je n'avais d'autre nom encor que votre fille ;
Je suis femme à présent et dans votre famille
J'amène mon mari. Vous le voyez. Autant
Ma mère vous montra jadis de dévouement,
Autant j'en dois au More, à mon seigneur et maître.

BRABANTIO.

Que Dieu soit avec vous ! J'ai fini. Donnez l'être

---

l'e muet du français dans une foule de mots, et la première édition de Shakspeare, sur laquelle j'ai fait ce travail, est remplie d'expressions de notre ancien langage : en les remettant en usage, on pourrait, *en prose*, traduire l'ancien anglais mot à mot.

A de pareils enfants. Mieux vaut les adopter!
More, approche. Je vais, non sans le regretter,
Te donner celle-ci, que de toute mon âme
J'aurais voulu sauver et ne pas voir ta femme.
Heureux de rester seul.

A sa fille.

Je sens trop tard le prix
Des rigueurs, ton départ me l'a trop bien appris.
Aux affaires d'État, seigneur!

LE DOGE.

C'est une injure
Qui peut se pardonner.

BRABANTIO s'assied en grommelant.

Seigneur, je vous conjure,
Aux affaires d'État! Verriez-vous d'un bon œil
Le Turc vous prendre Chypre? Hélas! un noble orgueil
Souffre d'un froid avis donné dans la misère.
Les conseils ne sont pas moins pesants pour un père
Que ne l'est sa douleur. Les consolations,
Les maximes qu'on jette à nos afflictions,
Appareil à tout mal, baume à toute blessure,
N'ont jamais du chagrin adouci la morsure;
Que le cœur brisé saigne et guérisse en repos,
Et non par des discours, mots nuls, vides propos!
Aux affaires d'État!

LE DOGE.

Une importante place
Peut nous être enlevée et le Turc la menace;
C'est ce qui nous occupe. Othello, vous savez
Que Chypre a des remparts faibles, mal préservés,
Sans vaisseaux. A l'armer que tout votre art s'applique
L'île a de bons chefs; mais l'opinion publique,
Souveraine maîtresse en ces événements,
Vous a nommé d'après nos communs sentiments.

OTHELLO.

Magnifiques seigneurs, depuis longues années,
L'habitude, qui peut tout sur nos destinées,

M'a fait trouver partout dans les camps et sur mer,
Un sommeil de soldat, aussi dur que le fer.
A votre ordre, je sens l'ardeur de ma jeunesse.
Renaissent les travaux! que le péril renaisse!
J'entreprends votre guerre et ne demande rien
Qu'un sort digne du rang de ma femme et du mien.

LE DOGE.

Elle peut, s'il vous plaît, demeurer chez son père.

BRABANTIO.

Je ne veux pas.

OTHELLO.

Ni moi.

DESDEMONA.

Ni moi, seigneur. J'espère
Obtenir de vous tous la faveur de choisir.
Je ne goûterais pas le pénible loisir
D'habiter chez mon père et dans une demeure
Où d'amers souvenirs renaîtraient à toute heure.
Les orages du sort que j'ai couru chercher
Ont bien assez prouvé qu'Othello m'était cher.
Mais qu'ai-je aimé dans lui? Sa grandeur valeureuse
Sa gloire ; aussi, seigneurs, je serai moins heureuse
Si l'on doit me ravir l'aspect victorieux
Des honneurs dont l'éclat est l'amour de mes yeux ;
Étant vouée à lui, je le suis à la guerre ;
Je me sens courageuse autant qu'il me rend fière,
Et rester, c'est languir dans un pesant ennui.

En saluant profondément.

Seigneurs, permettez-moi de partir avec lui.

OTHELLO.

Allez aux voix, seigneurs, sur sa simple demande ;
Je viens m'y joindre, afin que le sénat s'y rende,
Non dans un intérêt d'amour, mais pour montrer
Que dans tous ses désirs son mari veut entrer.
Je n'en suis pas moins tout aux ordres de Venise.

LE DOGE.

Elle vous charge seul d'une vaste entreprise :

Que Desdemona reste ou s'embarque avec vous,
Décidez-le et partez; il est urgent pour nous
Que ce soit cette nuit.

DESDEMONA.
Cette nuit?

LE DOGE.
Oui.

OTHELLO.
N'importe!
Que votre volonté sur notre amour l'emporte;
Je pars. Un officier plein d'honneur et de foi,
Yago, l'amènera quelques jours après moi.

LE DOGE.
A Brabantio.
Je suis content. Pour vous, seigneur, veuillez m'entendre.
Vous pouvez, sans faiblesse, à tant d'amour vous rendre.
Car, si la vertu seule est belle, en vérité,
Rien n'est à votre fils comparable en beauté.

Il se lève pour sortir avec le sénat.

BRABANTIO.
More, veille sur elle avec un œil sévère;
Elle peut te tromper, ayant trompé son père.

Il sort avec tous les sénateurs.

OTHELLO.
J'engagerais ma vie à l'instant sur sa foi.

A Desdemona.
Viens, je n'ai plus qu'une heure à passer avec toi.

SCÈNE X

RODRIGO, YAGO.

RODRIGO.
Yago!

YAGO.
Quoi?

RODRIGO.
Savez-vous le coup que je médite?

YAGO.

D'aller au lit dormir?

RODRIGO.

Mon âme soit maudite,
Si je ne vais demain me noyer!

YAGO.

Croyez-moi,
Vous serez moins aimable ensuite. — Mais pourquoi
Vous noyer?

RODRIGO.

C'est que vivre est une maladie
Dont le seul médecin est une main hardie.

YAGO.

O lâche! sur ce monde et sous ces larges cieux,
Depuis cinq fois sept ans je promène mes yeux,
Et je n'ai pas encor résolu ce problème,
De trouver un mortel qui sût s'aimer soi-même.
Si jamais une femme a causé mon trépas,
J'approuve de grand cœur qu'on ne m'enterre pas.

RODRIGO.

Que faire? Je rougis d'être épris de la sorte;
Mais j'ai beau l'exciter, ma vertu n'est pas forte.

YAGO.

La vertu! mot oiseux. C'est de soi qu'on dépend,
Comme un sillon du grain que la main y répand.
Nous récoltons ainsi l'orge pure ou l'ivraie.
Écoutez, Rodrigo, ma parole est la vraie.
Ce que vous appelez amour n'existe pas;
C'est un bouillonnement du sang impur et bas
Qui nous emporterait jusques à la démence,
Sans la volonté. — Là, notre règne commence.
Soyons hommes. — Devant une femme ployer!
S'arracher les cheveux et pleurer! se noyer!
Ce sont de jeunes chats aveugles que l'on noie.
Mais vous! levez la tête; allons, que je vous voie
Agir en gentilhomme. Emportez de l'argent,
Embarquez-vous; un temps de guerre est exigeant.

Je le répète encor : de l'argent dans la bourse.
Avant peu vous verrez se tarir dans sa source
Leur grande passion. Un violent début
Se ralentit ; bientôt vous atteindrez le but.
Mais de l'argent. — L'amour d'un More est très-frivole,
Et sa flamme brûlante au bout d'un mois s'envole.
Pour sa femme, elle est jeune ; elle devra changer,
Elle le doit. Un fou peut donc seul s'affliger.
Vous voulez vous damner? Du moins, allez au diable
Plus gaîment que par eau. L'enfer est supportable
Quand on a fait son coup. — Mais de l'argent. — Allez,
Déshonorez, trompez, désolez, accablez
Le noir hideux. Je vois que tout dans cette proie
Sera bonheur pour vous, pour moi vengeance et joie ;
Mais cherchez de l'argent. Donnez-moi votre main, —
Jurez-moi de vivre.

RODRIGO.
Oui.

YAGO.
De partir.

RODRIGO.
Oui.

YAGO.
Demain.

RODRIGO.
Oui, je vendrai mes biens ; j'y vais.

YAGO.
Plus de noyade !

RODRIGO.
Non ; à demain.

YAGO.
Surtout de l'argent, camarade !

Rodrigo sort.

SCÈNE XI

YAGO, seul, avec l'expression d'une haine sombre et profonde.

C'est ainsi que je prends dans mon vaste filet
La dupe qui m'écoute, et l'emporte où me plaît.
Et ne serais-je pas coupable et sans excuse,
Si je perdais mon temps sans employer la ruse
Et sans le fasciner par quelque adroit conseil,
A bavarder une heure avec un sot pareil?
Je hais le More. On dit partout que sans scrupule,
Il m'a stigmatisé d'un affront ridicule :
J'ignore si c'est vrai; mais pour ce fait obscur
J'agirai comme si j'en avais été sûr.
Son estime, je l'ai; c'est un grand point. La place
De Cassio me convient; double sujet d'audace !
Il faut la conquérir; mais comment ? — Quoi! comment?
Je suppose à sa femme un secret sentiment,
Certaine privauté par moi souvent surprise,
Entre elle et ce Cassio, dont je la dis éprise.
J'ai conçu mon projet; qu'il mûrisse ce fruit
Aux flammes de l'enfer, aux ombres de la nuit!...

ACTE DEUXIÈME

DANS L'ILE DE CHYPRE

Une plate-forme d'où l'on découvre la mer et le port. A gauche de la scène, un promontoire et la citadelle; à droite un corps de garde. Un violent orage gronde et agite les flots. Le soleil s'abaisse large, rouge et coupé de nuages noirs. Le peuple de Chypre est groupé sur le rivage avec les matelots *.

SCÈNE PREMIÈRE

MONTANO et DEUX OFFICIERS.

MONTANO.
De la pointe du cap, que voyez-vous en mer?
PREMIER OFFICIER.
Rien encor; — rien. Je vois les vagues écumer
Et s'élever si haut, si haut qu'entre les nues
Et ces eaux qui me sont depuis longtemps connues,
Je ne puis signaler une voile.

---

* Si les théâtres où l'on jouera ceci n'ont pas de décors assez parfaits pour exécuter de point en point cette description et montrer une mer furieuse, il sera mieux de faire cette coupure à la page suivante :

MONTANO.

Je crois
Que jamais vents du nord si fougueux et si froids
N'ont sur vous déchaîné les orages du pôle.

SECOND OFFICIER.

Voyez, l'onde a brisé les trois chaînes du môle.

MONTANO.

                    Je crois
Que jamais vents du nord si fougueux et si froids
Ne vinrent ébranler nos remparts; si la terre
De ce vaste ouragan est ainsi tributaire,
Quels flancs de bois tiendront sur nos bords dangereux
Quand des montagnes d'eau s'iront briser sur eux?
Que va-t-il arriver?

SECOND OFFICIER.

              Que l'escadre ottomane
Va se perdre. Voyez ce nuage qui plane,
Et ce peuple de flots qui semblent l'assiéger;
Avancez; voyez-vous ces lames se plonger
Dans un immense abîme, et bientôt, dans leur course,
Escalader au ciel les sept flammes de l'Ourse,
Redescendre et soudain se relever encor
Pour éteindre l'éclat de ces étoiles d'or,
Immobiles gardiens placés autour du pôle!
Voyez! l'onde a brisé les trois chaînes du môle,
C'est un temps sans exemple!

MONTANO.

                        Oui, les Turcs ont péri
S'ils n'ont pas su trouver quelque rade à l'abri.

TROISIÈME OFFICIER, *qui entre.*

Des nouvelles! seigneur! la campagne est finie,
La tempête effrénée, à nos armes unie,
A renversé les Turcs, leurs vaisseaux, leurs projets;
Janissaires, vizirs, et princes et sujets,
Ils sont tous dans la mer avec leur entreprise;
Et nous l'avons appris d'un vaisseau de Venise.

MONTANO.

Dites-vous vrai!

TROISIÈME OFFICIER.

               Tenez, on peut le voir d'ici,
Ce beau navire! à l'ancre, en rade, le voici!
Bâtiment de Vérone assez fort; il débarque
Un équipage armé dans lequel on remarque

Michel Cassio, qu'on dit être le lieutenant
D'Othello, qui lui-même est en mer maintenant;
Car, si nous en croyons ce qu'on ajoute encore,
Chypre pour gouverneur aura l'illustre More.

MONTANO.

Tant mieux! il en est digne.

TROISIÈME OFFICIER.

Ah! ce même officier
Qui du malheur des Turcs triomphe le premier,
Paraît triste et rêveur, se tourmente et répète
Qu'Othello reste en mer en proie à la tempête.

MONTANO.

Que le ciel le préserve et lui soit en appui!
Je le connais, je l'aime, ayant servi sous lui;
Car c'est en vrai soldat qu'il commande ses hommes.
Mais avançons plus loin sur la plage où nous sommes;
Peut-être les marins du navire ont raison;
Cherchons à voir ce brave au bout de l'horizon.

PREMIER OFFICIER.

La voile peut paraître aux lueurs de l'aurore.

SCÈNE II

Les Mêmes; CASSIO, qui vient de débarquer.

CASSIO, enveloppé d'un manteau mouillé de pluie.

Grâce au noble officier qui parle ainsi du More!

Il salue Montano, qui lui donne la main.

Puisse-t-il échapper au choc des éléments!
Notre métier, messieurs, a de cruels moments.
Je l'ai perdu sur mer.

MONTANO.

A-t-il un bon navire?

CASSIO.

Vous avez des récifs où le meilleur chavire;
Mais le sien est très-bon, son pilote est savant

Et dans les eaux de Chypre a navigué souvent;
Aussi, j'espère encore.

DES VOIX, dehors.
Une voile! une voile!

CASSIO.
J'ai peut-être bien fait de croire à son étoile.

PREMIER OFFICIER.
La ville est désertée, et tous les habitants
Signalent à grands cris la voile en même temps;
On dit qu'elle a déjà doublé la grande roche;
Le canon va tirer bientôt à son approche.

CASSIO.
Il me semble d'avance y voir le gouverneur!
On tire!

Le canon tire.

PREMIER OFFICIER.
Entendez-vous, c'est la salve d'honneur,
J'y cours.

L'officier sort.

SCÈNE III

CASSIO, MONTANO.

MONTANO.
Mais, dites-moi, vient-il seul, sans sa femme?
On le dit marié.

CASSIO.
Sans doute, et sur mon âme
Il a conquis un ange, au-dessus mille fois
Des portraits, des récits : vous les trouveriez froids
En la voyant; elle est parfaite en toute chose;
De toutes les vertus sa vertu se compose;

A l'officier qui revient.

Il l'amène avec lui dans Chypre. Eh bien, sait-on
Qui vient de prendre terre?

L'OFFICIER.
Un officier : son nom
Est Yago; son métier, marin; son grade, enseigne.

CASSIO.

Il ne mérite pas, celui-là, qu'on le plaigne,
Il est toujours heureux! — Ainsi tous les dangers,
Les tempêtes, les flots, les écueils étrangers
Et les sables couverts, dont l'embûche puissante
Épie à son passage une nef innocente,
Tous enchantés, séduits, émus par la beauté,
Ont laissé dans leur sein passer en sûreté
Desdemona.

MONTANO.

Qui donc?

CASSIO.

Eh! c'est la souveraine
De ce grand général, car il la traite en reine.
Yago l'a sous sa garde, et fait bien son devoir.
Leur arrivée ici devance notre espoir;
Sept jours de traversée avec un tel orage!

Se retournant vers la croix du port.

Grand Dieu! préserve encore Othello de sa rage,
Donne à sa voile un peu de ton souffle puissant!

SCÈNE IV

Le canot du navire aborde. Il en descend DESDEMONA, ÉMILIA, YAGO, RODRIGO, DES FEMMES, DES SERVITEURS.

CASSIO.

Voici Desdemona. Voyez. Elle descend;
Habitants, fléchissez le genou devant elle.
Noble dame, salut! la faveur immortelle
A votre jeune vie a donné du secours!
Puisse-t-elle de même assurer tout son cours!

DESDEMONA.

Merci, brave Cassio! mais ne pourrai-je apprendre
Quand mon prince et seigneur à Chypre doit se rendre?

CASSIO.

Il vient, madame, il vient; bientôt vous le verrez.

DESDEMONA.

Hélas! je crains pourtant... Vous fûtes séparés,
Quel jour?

CASSIO.

Depuis hier par ce terrible orage;
Mais il semble à présent calmé. Prenez courage.
Le canon...

Le canon tire.

LES VOIX, au loin.

Un navire! un navire!

On entend le canon longtemps.

PREMIER OFFICIER.

A présent
C'est encore un ami qui salue en passant
Et fait les trois signaux devant la citadelle.

CASSIO.

Voyez-le pour madame, et revenez près d'elle.

A Yago. *L'officier sort.*

Cher enseigne, soyez notre convive ici,

A Emilia.

Et bienvenu de tous; et vous, madame, aussi,
Souffrez ce libre accueil d'un marin.

Il lui donne la main.

YAGO, brusquement.

Sur mon âme,
Vous pouvez librement causer avec ma femme;
Vous en aurez assez, comme moi, dans un jour.

CASSIO, à Desdemona, qui fait un geste d'étonnement.

C'est un soldat meilleur sur la mer qu'à la cour;
Il faut lui pardonner.

ÉMILIA, en riant, à Yago.

Sans qu'on vous interroge,
Vous vous chargez bientôt de faire mon éloge.

Elle suit Desdemona, qui fait quelques pas vers le port en donnant la main à Cassio.

YAGO, sur le devant de la scène et les observant.

Il lui prend les mains, bon! et lui parle bas! — Bien,
Le papillon s'attrape au plus faible lien;

Dans celui-ci, Cassio, je te prends avec elle !
C'est cela. Parle-lui, souris bien à ta belle.
Tu seras dégradé pour ces fadaises-là.
Un baiser sur tes doigts, bien, bravo ! c'est cela !
Pour que ta main le rende à sa main qu'elle touche,
Puissent tous ces baisers empoisonner ta bouche !

On entend une trompette.

Voici le More. Ah ! ah ! sa trompette !

CASSIO.

Allons tous !

C'est lui-même !

DESDEMONA.

O bonheur !

CASSIO.

Il s'avance vers nous.

DESDEMONA.

Je veux que ce soit moi qu'il trouve la première.
Le voici, je le vois.

SCÈNE V

Les Mêmes, OTHELLO ; il entre avec sa Suite et embrasse Desdemona.

OTHELLO.

O ma belle guerrière !

DESDEMONA.

Mon Othello !

OTHELLO.

Ma femme ! ô ma jeune beauté !
O délice et repos de mon cœur tourmenté !
Que le son de ta voix est doux à mon oreille !
Aux sifflements des airs que la mort se réveille,
Que ma barque se livre encore aux flots puissants,
Si mon jour doit venir, qu'il vienne, j'y consens ;
Car jamais, quel que soit ton cours, ô destinée !
Une telle heure encor ne me sera donnée.

DESDEMONA.

Puisse-t-elle renaître, et puissent nos amours
S'accroître encore avec le nombre de vos jours!

YAGO, à part.

Charmant duo! la harpe au théorbe s'accorde!
Mais de leurs instruments je briserai la corde.

OTHELLO.

Venez donc, allons voir la citadelle. Amis,
A d'autres temps pour nous les combats sont remis.

A Desdemona.

Les Turcs sont détruits. Vous, croyez, ma bien-aimée,
Que Chypre est un pays dont vous serez charmée;
Les habitants sont bons et m'aimaient autrefois;
Ils vont idolâtrer la beauté de mon choix...
Mais je parle toujours. Dans mes yeux, ils vont lire
Que l'excès du bonheur me cause un vrai délire;
Entrons...

> Othello et Desdemona se dirigent avec leur suite vers la citadelle. Les habitants se retirent; il ne reste qu'une sentinelle devant le corps de garde, placé à droite de la scène. La citadelle est en face, à gauche.

SCÈNE VI

YAGO, RODRIGO.

YAGO.

Vous êtes brave. Écoutez-moi, mon cher,
Il faut venir au port, cette nuit me chercher,
Et sur Desdemona vous en saurez de belles;
Vous, jeune débutant qui croyez aux rebelles,
Que direz-vous si tout vous prouve maintenant
Qu'elle est, sans le cacher, folle du lieutenant?

RODRIGO.

De Cassio? Je ne puis croire cela!

YAGO.

Silence!
Laissez-vous éclairer. On sait la violence

Sans borne avec laquelle Othello fut aimé ;
Le cœur de cette femme en un jour fut charmé ;
Charmé de quoi ? d'un conte à dormir, d'une histoire
De voyages, qu'elle eut la sottise de croire.
Pour ces fables en l'air, pensez-vous bonnement
Que la Desdemona l'aime éternellement ?
Point du tout : pour la belle il faut tout autre chose ;
Un bonheur plus réel, moins froid, qui se compose
De mieux que d'admirer le teint d'un homme noir.
Quel plaisir pensez-vous que l'on éprouve à voir
Le diable ? Ah ! croyez-moi, quand de l'adolescence
L'amour dans une femme usa l'effervescence,
Pour rendre quelque flamme à la satiété,
Il faudrait des rapports dans l'âge et la beauté,
Dans les goûts enfantins qu'elle conserve encore ;
Et c'est là justement tout ce qui manque au More.
Cherchons donc qui pourrait lui donner tout cela :
Cassio, car tout exprès le Ciel l'a placé là
Pour attraper au vol cette bonne fortune.
Adresse, or, il a tout ! de conscience, aucune,
Ou bien pour les dehors, juste ce qu'il en faut
Pour mettre, par son air, les jaloux en défaut.
Beau, jeune et délié, tendre, plaisant et leste,
Rusé comme un démon, méchant comme la peste ;
Aussi la belle en tient et le connaît à fond.

RODRIGO.

Oh ! que dites-vous là ! tout Venise répond
De sa haute vertu.

YAGO.

Vertu ? Fausse monnaie !
Ils n'ont pas comme moi mis le doigt sur la plaie.
N'avez-vous donc pas vu tout à l'heure sa main
Dans celle de Cassio.

RODRIGO.

Oui.

YAGO.

C'était le chemin

D'un bonheur rapproché, mystérieux prélude
A la conclusion que personne n'élude ;
Dénoûment bien certain, qu'on pourrait se charger
De prévenir. — Laissez Yago vous diriger.
L'entreprise à présent peut être décisive,
Et Cassio répondra de tout, quoi qu'il arrive.
Je vous ai fait venir (et ce n'est pas pour rien)
De Venise, et je veux vous amener à bien.
Veillez toute la nuit ; voici votre consigne.
Sitôt que vous verrez ma main faire ce signe,
Quand nous rencontrerons Cassio, suivez ses pas ;
Tâchez de l'irriter, il ne vous connaît pas ;
Discipline ou rang, tout peut être votre texte ;
Il vous en fournira lui-même le prétexte,
A se mettre en colère il ne sera pas lent.

RODRIGO.

Bien ! soit ! c'est bon ! c'est dit !

YAGO.

      Il est né violent ;
S'il vous frappe, aussitôt j'exciterai dans l'île
Une émeute à troubler tout le port et la ville ;
Il voudra l'apaiser, il y succombera.
Dès lors le seul rival pour vous disparaîtra.
C'est le bon moyen.

RODRIGO.

    Moi, je trouve la pensée
Excellente, très-sûre, et l'action aisée.

YAGO.

Je vous la garantis. Dans un moment, venez
Me rejoindre au château ; les ordres sont donnés
Pour le débarquement.

RODRIGO.

    Que je vous remercie !
Adieu.

Il sort

SCÈNE VII

YAGO, seul.

Va-t'en rêver à ton amour transie,
Fat ridicule. Et nous, rêvons à nos projets!
Oui! qu'elle aime Cassio! Tous les mauvais sujets
Étant leurs favoris, je le croirai sans peine.
Le More, quoiqu'il soit l'objet seul de ma haine,
Possède une âme noble, aimante; il se pourrait
Qu'il fût un mari tel, au fond, qu'il le paraît.
Eh bien, j'aime la belle aussi; mais ma tendresse
N'est pas comme la leur, car ce qui m'intéresse,
Ce qui m'entraîne, moi, c'est l'attrait seul du mal,
Le besoin de punir ce monstre oriental,
Que je soupçonne fort d'avoir séduit ma femme.
Cette pensée horrible empoisonne mon âme,
Me dessèche le cœur, me dévore le sein;
Rien ne peut me guérir, à moins que mon dessein
Ne s'accomplisse : il faut que de lui je me venge
Sur sa femme, et je veux que ce soit par l'échange.
Il marchera de pair avec Yago, sinon
Je le rendrai jaloux à perdre la raison.
Afin que le gibier cède à notre poursuite,
Employons Rodrigo, que je mène à ma suite;
C'est un traqueur ardent qui battra bien le bois
Bientôt, Michel Cassio, vous êtes aux abois,
Et le More abusé me donne votre place.
Conduisant ses fureurs avec un front de glace,
Je l'amène à chercher, récompenser, chérir
Celui qui le rendra triste au point d'en mourir,
Au point de déchirer ses entrailles de More.

Ridant son front.

Tout est ici; mais tout est bien confus encore.
Pensons. Que mon projet, médité sagement,
Ne se dévoile pas avant le dénoûment.

Il sort.

SCÈNE VIII

Entre un HÉRAUT tenant une proclamation ; LE PEUPLE le suit en traversant la scène, de la citadelle au corps de garde. En même temps, OTHELLO, suivi de SES OFFICIERS, sort du château et va donner ses ordres sur la rive, et disparaît un moment derrière le corps de garde ; après la proclamation, il revient.

LE HÉRAUT lit.

D'après le bon plaisir d'Othello, toute l'île,
Les forts et le château, les remparts et la ville
Seront illuminés, on placera des feux
Sur chaque toit. Ce soir, on permet tous les jeux.
Chacun peut prolonger la fête en sa demeure
Depuis ce moment-ci jusqu'à la douzième heure.
Le noble général sait et vous fait savoir
Le naufrage des Turcs. Il s'attend à vous voir
Célébrer dignement cette grande journée,
Ce coup du Ciel par où la guerre est terminée ;
Son mariage ajoute au bonheur général.
Que Dieu défende Chypre et le noble amiral !

Acclamation. Il sort, suivi du peuple.

SCÈNE IX

OTHELLO, CASSIO.

OTHELLO, passant au fond du théâtre, suivi du même état-major avec lequel il a visité la jetée et les forts, en donnant des ordres pour l'armement du port de Chypre, et rentrant dans la citadelle.

Le repos de la nuit, cher Cassio, vous regarde ;
Allez placer vous-même et surveiller la garde.
Donnons aux habitants l'exemple rigoureux
De l'ordre le plus strict, pour l'escadre et pour eux.

CASSIO.

Général, mon enseigne a déjà la consigne.
C'est Yago.

OTHELLO.
Qu'il vous aide à tout, il en est digne;
Bonsoir. Demain matin, venez à mon réveil.

Il entre dans la citadelle

SCÈNE X

CASSIO, YAGO, qui entre.

La nuit vient pendant cette scène.

CASSIO.
Allons, Yago, voici le coucher du soleil.
Au corps de garde!

YAGO.
Oh! oh! lieutenant, pas encore;
Je ne suis pas pressé comme l'illustre More;
Desdemona l'attend, et l'on peut concevoir
Que sans peine, avant l'heure, il nous quitte ce soir.

CASSIO.
Oui, certe, elle me semble une femme accomplie.

YAGO.
J'en suis sûr, lieutenant, vous la trouvez jolie!

CASSIO, avec froideur.
Très-bien!

YAGO.
Vous aimeriez une Desdemona,
N'est-ce pas? Quel air tendre, ardent! quel œil elle a!

CASSIO, avec réserve.
Un œil tendre et pourtant un regard très-modeste.

YAGO.
Allons, c'est bien! qu'ils soient heureux là-haut. Du reste
J'ai deux flacons de vin, avec deux bons amis,
Qui nous empêcheront de rester endormis.
Si vous voulez...

CASSIO.
Non, pas ce soir. Je le confesse,
Ma tête à ce jeu-là n'apporte que faiblesse,
Et, depuis que je sers, j'ai toujours regretté
Qu'un plaisir moins bruyant ne pût être inventé.

YAGO.

Un verre seulement pour leur être agréable,
Et puis, si vous voulez, vous quitterez la table.

CASSIO.

Non; pour un verre seul d'un vin très-affaibli,
Je suis déjà troublé. Je mettrais en oubli
Mes devoirs. J'en craindrais quelque funeste suite.

YAGO.

Vous, soldat! d'un enfant aurez-vous la conduite?
Dans un soir de plaisir?....

CASSIO.

Eh bien, où sont-ils?

YAGO.

Là.

CASSIO.

Allons-y donc! Pourtant je n'aime pas cela.

Il entre au corps de garde.

YAGO, seul.

Si je puis l'amener à se verser rasade,
Il ne tardera pas à faire une algarade.
Rodrigo, d'autre part, que l'amour rend plus sot
Qu'il ne fut en naissant, va s'enivrer bientôt,
Car je l'ai laissé là buvant à sa maîtresse.
J'ai tant fait circuler la bouteille traîtresse,
Que trois braves de Chypre au cœur fier et hautain
Sont de garde et vont se battre jusqu'au matin.
Maintenant, au milieu du troupeau sans vergogne,
Je vais lancer Cassio comme un cinquième ivrogne.
Ils reviennent; s'ils font tout ce que j'ai rêvé,
Ma barque voguera seule, et je suis sauvé.

SCÈNE XI

YAGO; rentrent CASSIO et MONTANO, avec d'autres Officiers sortant du corps de garde.

CASSIO.

Par le ciel! ils m'ont tous versé de larges pintes!

MONTANO.

Bien peu, foi de soldat ; lieutenant, pas de plaintes.

YAGO.

Holà ! du vin ! chantons ! apportez-moi du vin

*Il chante en versant à boire à Cassio, et lui passe un verre plein,
il le reçoit d'un homme placé à sa gauche.*

>Le bon Étienne,
>Que Dieu soutienne,
>Fut un grand roi,
>Un bien digne homme,
>Plus économe
>Que toi ni moi.
>Son manteau jaune
>Coûtait par aune
>Un sou tournoi :
>Toi, petit page
>De bas étage
>Qui fais tapage,
>Le vaux-tu, toi ?
>Ta vieille veste
>Est plus modeste
>Qu'un habit leste ;
>Mets-la, crois-moi.
>Fuis comme peste
>L'orgueil funeste,
>Sois doux et preste,
>Sers, verse et bois.

CASSIO.

Par la terre et le ciel ! c'est un couplet divin.

YAGO, *riant.*

Vous êtes bien poli. Ce fut en Angleterre
Que je l'appris ; ce peuple a le vieux caractère
Du solide buveur.

CASSIO.

Répétez-le. Non, non !
Qui fait ceci devient la honte de son nom.
Le ciel domine tout ; les hommes et les femmes
Seront jugés ensemble, et vous verrez des âmes
Qui monteront au ciel, d'autres qui descendront.

Yago lui fait passer des verres pleins sans qu'il s'en aperçoive.

YAGO.

C'est une vérité.

CASSIO.

Sans vouloir faire affront
A mes chefs, je serai sauvé.

YAGO.

J'ai l'espérance
De l'être aussi.

CASSIO.

C'est bon, soit ; mais la lieutenance
Passe avant vous, ainsi n'en parlons plus. Que Dieu
Pardonne nos péchés. Je ne vais qu'en bon lieu.
Parbleu ! ne croyez pas, messieurs, que je sois ivre.

En montrant Montano.

Ceci, c'est mon enseigne; et d'ailleurs je sais vivre.
Je marche bien !

Les officiers rient.

TOUS, riant.

Très-bien.

CASSIO.

Je ne chancelle pas.

TOUS, riant.

Non, non !

CASSIO.

J'irais tout droit pendant cinquante pas.

Il sort.

SCÈNE XII

YAGO, MONTANO.

YAGO, à Montano, montrant Cassio qui s'en va.

Eh bien, cet officier a bonne renommée,
Ce serait un César pour guider une armée.
Mais ce vice odieux, très-malheureusement,
Balance sa vertu non moins exactement

Que les nuits d'équinoxe, aux célestes demeures,
Des grands jours de l'été ne balancent les heures.
Il est fâcheux de voir votre île à sa merci.

MONTANO.

J'y vois honte et danger. — Est-il souvent ainsi ?

YAGO.

De son sommeil, hélas ! c'est toujours le prélude,
Et le joug est si fort de sa triste habitude,
Qu'il ne pourrait dormir, par nos travaux lassé,
Si par l'ivresse encor son lit n'était bercé.

MONTANO.

Il faut en prévenir le général.

YAGO, apercevant Rodrigo qui entre, court au devant de lui et lui dit tout bas.

De grâce
Suivez Cassio, courez, vous le voyez qui passe.

MONTANO, poursuivant sans avoir entendu Yago parler à Rodrigo.

Avertir Othello serait notre devoir.

YAGO.

Ce ne sera pas moi ! j'aime mieux ne rien voir.
Cet officier m'est cher et je crois que ma tâche
Est de le conseiller. Mais que de bruit !

(On entend crier : *Au secours ! au secours !* et un cliquetis d'épées.)

SCÈNE XIII

Les Mêmes, CASSIO poursuivant RODRIGO.

CASSIO.

Toi, lâche !
Toi, brigand !

MONTANO.

Qu'est-ce donc ?

CASSIO.

Un drôle, sans façon !
Venir sur mon devoir me faire la leçon !
Je veux l'assommer !

RODRIGO.

Vous?

CASSIO, à Montano, qui le retient et lutte longtemps avec lui pour l'empêcher de tirer son épée.

Laissez-moi le poursuivre.

MONTANO.

Non.

CASSIO. Il tire son épée.

Laissez-moi, vous dis-je !

MONTANO.

Allez. Vous êtes ivre.

CASSIO. Il attaque Montano, ils se battent.

Ivre ?

YAGO, qui a tout observé à part, dit tout bas à Rodrigo.

Sortez, courez, qu'on sonne le tocsin ;
Appelez au secours, criez à l'assassin ;
Parcourez toute l'île et répandez l'alarme.

Haut. *Rodrigo sort.*

Eh quoi ! cher lieutenant, ensanglanter son arme !
Ici ! Cher Montano ! Messieurs ! séparez-vous !
Au secours !

On entend la cloche.

Le tocsin ! Grands dieux ! où sommes-nous !
La ville se réveille !

SCÈNE XIV

LES MÊMES, OTHELLO entre avec sa Suite et des flambeaux.

OTHELLO.

Eh ! qu'est-ce donc ?

MONTANO, continuant à se battre avec Cassio.

Qu'il meure !

Mon sang coule. Brigand ! Je suis blessé.

OTHELLO, à Cassio.

Demeure,

Sur ta vie !

YAGO, courant de Montano à Cassio, par devant Othello, pour être remarqué.

   Arrêtez !... L'honneur !... votre devoir !
Montano !... Lieutenant !... Voulez-vous émouvoir
L'île et le port ?... Voyez ?

      OTHELLO, impérieusement.
      Bas les armes !... Silence !
D'où naît donc ce désordre infâme en ma présence ?
Êtes-vous, en dix jours de guerre et de travaux,
Des barbares sans lois devenus les rivaux ?
Vous croyez-vous déjà des Turcs *? Quoi ! des querelles
Comme on n'en voit jamais parmi les infidèles !
De par la sainte Croix ! séparez-vous, ou bien
Qui croisera le fer rencontrera le mien.
La ville, à ce tocsin, d'épouvante est glacée ;
Faites taire au plus tôt cette cloche insensée. —

   Quelques soldats de la suite d'Othello se détachent et vont vers
   la ville en faisant signe de faire cesser le bruit des cloches. —
   Un moment de silence.

— Que l'on m'explique tout. — Yago, plein de douleur,
Consterné, dites-moi votre tort ou le leur ;
Au nom de l'amitié, parlez-moi, je l'exige.

      YAGO.
Hélas ! je ne sais rien, seigneur, c'est un prodige ;
Ils sont restés unis jusques à ce moment
Comme une fiancée avec son jeune amant,
Dans la salle de garde et dans celle où nous sommes ;
Puis tout à coup j'ai vu se battre ces deux hommes.
J'en ignore la cause encore ; mais je sais
Que j'ai cru voir deux fous l'un sur l'autre élancés.

      OTHELLO.
Cassio ! vous oublier ainsi !

      CASSIO.
    Faites-moi grâce !
Je ne saurais parler !

---

* *Are we turn'd Turks.*

 Voici le mot vrai et simple, le trait de mœurs et de circonstance. Othello ne doit pas perdre une occasion d'inspirer à Chypre le mépris des Turcs.

OTHELLO.
Ce silence me lasse.
Vous, digne Montano, que l'on dit juste et bon,
Vous dont personne ici ne prononce le nom
Sans y joindre un éloge et dont la vie est pure,
Comment avez-vous pu perdre toute mesure
Et mériter le nom de batailleur de nuit !

MONTANO, soutenu par deux soldats.
Noble Othello, je suis blessé ; je suis réduit
A garder malgré moi le plus profond silence.
Parler me fait souffrir. Lorsque la violence
Vient assaillir un homme et le frapper, il doit
Défendre sa personne et certe en a le droit.

OTHELLO, avec une chaleur croissante.
Ah ! par le Ciel, mon sang se révolte et s'enflamme
Au point que la fureur va gouverner mon âme !
Si je lève le bras, le plus fier de vous trois
Pourra bien se sentir écrasé de son poids ;
Je veux de tout ce bruit connaître l'origine ;
J'en punirai l'auteur, je jure sa ruine,
Fussions-nous tous les deux sortis du même sein.
Quoi ! réveiller au cri de meurtre et d'assassin
Une place de guerre agitée, une ville
Toute craintive et prête à l'émeute civile
Au poste de la garde ! au fort ! c'est monstrueux !
Yago, qui commença ? Nommez-le. Je le veux.

MONTANO.
Si par quelque amitié vous altérez la chose,
Vous n'êtes pas soldat.

YAGO.
Mon général, je n'ose
M'expliquer. Je voudrais dire la vérité,
Vous me serrez de près. Mais, d'un autre côté,
Je ne voudrais pas nuire à Cassio. Je préfère
Qu'on me rende muet. Pourtant voici l'affaire.
Comme avec Montano je causais : « Au secours ! »
Crie un homme en fuyant devant Cassio. Je cours
Pour empêcher ses cris ; mais il allait plus vite

Et m'échappe; arrivant de ma vaine poursuite,
Je vois, l'épée en main, ce digne cavalier
Résister à Cassio sans rompre et sans plier,
Et Cassio le poussait en jurant (car il jure
A m'étonner). Je crois quelque grave injure
L'irritait. Montano pourtant n'avait voulu
Qu'apaiser notre ami, qui de coups l'a moulu.
C'est tout ce que je sais. Mais l'homme le plus sage
Est homme, général. Pour un geste, un outrage...

OTHELLO.

Yago, votre bon cœur et votre honnêteté
Veulent tout adoucir, mais tout est arrêté.

A Cassio.

Je t'aimais bien, Cassio; cependant, pour l'exemple,
Tu ne resteras pas mon officier. Contemple
Ton œuvre. Il n'a fallu que ce bruit alarmant
Pour tout faire accourir.

DESDEMONA, avec ses femmes sortant de la citadelle, couverte à la hâte d'un voile à la manière des femmes orientales, et d'un burnous.

Mon ami, quel tourment!
Qu'est-il donc arrivé?

OTHELLO.

Tout est fini, ma chère.

A Montano.

Calmez-vous. Vous, seigneur, une seule prière :
Permettez que chez moi l'on vous fasse guérir.

A Yago.

Emmenez-le. Pour vous, il faudra parcourir
La ville et les remparts en rassurant la foule.

A Desdemona.

Chaque jour d'un soldat, de la sorte s'écoule.
Tu vois, le soir la paix, et la guerre au réveil.

Il rentre avec Desdemona et la suite.

SCÈNE XV

YAGO, CASSIO, appuyé sur son épée.

YAGO.

Quoi! seriez-vous blessé?

CASSIO.

Oui, mais un coup pareil
Est trop fort pour guérir par une main humaine!
Une profonde plaie, une incurable peine
M'accable.

YAGO.

Est-il possible? Ah! plaise au Ciel que non!
Ce n'est pas sérieux?

CASSIO.

Ma réputation!
Ma réputation! cette part immortelle
De moi-même, et la part autrefois la plus belle,
Finir en un instant, et dans une action!
J'ai perdu pour toujours ma réputation.

YAGO.

J'ai cru que vous aviez au corps quelque blessure;
C'est là qu'une douleur est réelle et bien sûre.
La réputation n'est qu'un mot suborneur,
Souvent acquis sans droit, perdu sans déshonneur.
Au reste, on ne vous a rien ôté de la vôtre.
Cette rigueur du More, il l'aurait pour tout autre;
Rigueur de discipline, et non d'inimitié,
Où le ressentiment n'entre pas pour moitié.
Il faudrait l'implorer.

CASSIO, avec violence.

Implorer l'infamie!
Plutôt que de tromper sa justice, endormie
Sur mes vices hideux une seconde fois,
Va, Cassio, mauvais chef, mauvais soldat, va, bois,

Divague, jure, et fais le rodomont, bavarde,
Avec l'ombre qui passe, en mots de corps de garde !
O vil esprit du vin ! si tu n'as pas de nom
Qui te désigne encor, je t'appelle démon.

YAGO.

Qui poursuiviez-vous donc?

CASSIO.
Je ne sais.

YAGO.
Votre vue
Ne l'a pas distingué?

CASSIO.
Non; l'attaque imprévue,
La querelle, et puis rien. Tout le reste à demi
Se peint dans ma mémoire. — Ah! honteux ennemi
Que l'homme dans lui-même introduit avec joie,
Afin que sa raison en devienne la proie!

YAGO.
Eh! vous voilà très-bien! comment avez-vous fait?

CASSIO.
Le démon de l'ivresse, amplement satisfait,
A celui de la rage abandonne mon âme;
Car il est dit qu'en moi quelque faiblesse infâme
Prend la place de l'autre et me fait mépriser.

YAGO.
Allons, cher lieutenant, c'est trop moraliser !
Mieux vous vaudrait songer à nous tirer d'affaire.
Le général auquel il est urgent de plaire,
C'est la femme du More. Il adore à présent
Ses grâces, son esprit et son cœur bienfaisant;
Allez lui confier librement votre peine;
Je serai bien trompé si l'entreprise est vaine,
Et si sa main ne sait renouer entre vous
Les liens d'amitié brisés par son époux.

CASSIO.
Votre conseil est bon.

YAGO.
Et dicté par mon zèle
Pour vous.

CASSIO.

Je le vois bien.

YAGO.

Vous trouverez en elle
Une femme qui croit manquer à son devoir
Si sa bonté ne fait plus qu'on ne peut prévoir.

CASSIO.

Eh bien, je m'y résous, et, dans la matinée,
J'irai demain. Ce coup règle ma destinée,
J'en suis bien sûr.

YAGO.

Allez. Je prends congé de vous
Pour cette ronde.

CASSIO.

Honnête Yago! Séparons-nous.

SCÈNE XVI

YAGO, seul.

Les mains derrière le dos ; satisfait de lui.

Eh bien, qui pourra dire à présent que je joue
Le rôle d'un trompeur? Voilà que je renoue
Une vieille amitié; rien n'est plus franc, plus vrai
Que mes conseils, sinon ceux que je donnerai ;
Rien ne s'accorde mieux avec ce que je pense,
C'est une ruse au moins qu'un franc avis compense;
Car Desdemona seule a ce pouvoir entier
Qu'il faut pour obtenir grâce à cet officier.
Elle enjôle le More avec des fariboles;
De la rédemption abjurer les symboles,
Renoncer au baptême, au signe de la croix,
Il ferait tout pour elle. Elle a sur lui ces droits
Que sur un vieux soldat prend une jeune femme :
J'ai parlé franchement. — Enfer! lorsqu'une trame
Aux forges des démons se rougit et se tord,
D'une forme céleste ils la couvrent d'abord.

Je le fais maintenant. Que ce jeune homme honnête
Avec la jeune belle obtienne un tête-à-tête,
Dans l'oreille du More un soupçon les perdra :
Elle voudra la grâce, et, plus elle voudra,
Plus Othello sera jaloux de l'étourdie.
Ainsi, faible alouette au miroir engourdie,
Elle prendra son aile à mon piége, et la glu
Dont je veux me servir, ce sera sa vertu.

SCÈNE XVII

YAGO, RODRIGO.

YAGO.

Qu'avez-vous, Rodrigo ?

RODRIGO, irrité contre Yago.

J'ai, qu'enfin je me lasse
De courir le pays comme un chien à la chasse.
Ma bourse est presque vide et j'ai reçu des coups.
Je crois bien qu'à Venise, et cela grâce à vous,
Je retournerai pauvre et plein d'expérience.

YAGO.

Les pauvres gens sont ceux qui vont sans patience
A travers champs. Voyons, tout ne va-t-il pas bien ?
Chaque chose a son jour. Suis-je magicien ?
Il faut toujours du temps, lorsque l'esprit opère.
Cassio vous a frappé, c'est vrai ; mais, je l'espère,
Il reçoit à son tour un coup assez profond !
Les hommes tels que moi savent bien ce qu'ils font :
Nous agissons toujours par des causes majeures.
Mais comme le plaisir a fait passer les heures !
* La nuit est toute sombre. — Adieu.

---

* Au dernier monologue d'Yago, j'ai substitué pour la scène cette sortie plus vive, et qui convient mieux peut-être au besoin d'action qu'éprouve toujours un parterre français. Cependant j'ai mal fait, et c'est un mauvais exemple. Ce second acte finit froidement, il est vrai ; mais cette fin concourt à prouver combien Yago

RODRIGO.

Non. — Dès ce soir,
Il faudra s'expliquer.

YAGO.

Comme le ciel est noir !
L'orage recommence.

RODRIGO.

Il faut...

YAGO.

Pas de querelle.

RODRIGO.

Compter...

YAGO.

Le général!...

RODRIGO.

L'argent...

est maître des événements; c'est un fil de trame qu'il est bon de laisser suivre au spectateur. Toutes les fois qu'un grand acteur croira que, dans le public qui l'écoutera, domineront les esprits patients, attentifs, qui savent suivre une forte combinaison, il fera bien de revenir à la première version. Ces petites scènes chaudes, dont on fait tant de cas ici, se trouvent tous les soirs au Vaudeville, et sont faciles à écrire au crayon sur le genou pendant une répétition. En général, ce qu'il y a de mieux à faire, pour montrer ce que fut Shakspeare, c'est de prendre Shakspeare.

Voici sa version : *Two things are to be done,* etc., etc.

Mais comme le plaisir a fait passer les heures!
La nuit est toute sombre. Allez vite, et bientôt
Je vous dirai le reste. Adieu.
Rodrigo sort.

SCÈNE XVIII

YAGO

Va, jeune sot.
Deux choses à conduire à présent. Que ma femme
Prépare sa maîtresse, et pour Cassio l'entame ;
Moi, j'emmène le More et le ramène après,
Pour les prendre tous deux quelque part, ici près.
C'est mon chemin. Marchons, et point de négligence.
Mon travail sans repos aura sa récompense.

YAGO.

La sentinelle!...
Si vous faites du bruit, on va nous arrêter

RODRIGO.

Pardieu ! je ne veux pas cette nuit vous quitter.

Il poursuit Yago.

ACTE TROISIÈME

SCÈNE PREMIÈRE

Un appartement dans le palais.

DESDEMONA, CASSIO, EMILIA.

DESDEMONA.
Soyez-en sûr, Cassio, malgré votre imprudence,
Il vous aime, il ignore une froide vengeance,
Il est bon et loyal ; il reviendra vers vous.
Il en a le désir peut-être autant que nous.

CASSIO.
Mais sa sévérité, madame, se prolonge ;
Le temps s'écoulera sans qu'à ma grâce il songe.

DESDEMONA.
Ne le redoutez pas. Nous obtiendrons merci.
Devant Emilia, je vous le jure ici,
A moins qu'il ne me cède et qu'il ne s'adoucisse,
Ne vous tende la main en vous rendant justice,
Mon Othello, seigneur, n'aura plus de repos,
Je le tourmenterai pour vous à tout propos.
Je veux que votre nom lui soit inévitable,
Je le répéterai le jour, le soir, à table,
Jusques à l'irriter. Je serai sans pitié.
Je ne promets jamais en vain mon amitié.
Je m'engage avec vous. C'est une œuvre de femme,
Certaine. Reprenez la gaîté de votre âme.
Je vous réponds de lui.

EMILIA.
J'aperçois monseigneur.
DESDEMONA.
Voulez-vous lui parler?

CASSIO.
Madame, j'aurais peur
De gâter votre ouvrage encor par ma présence.
DESDEMONA.
Eh bien, prenez conseil de votre prévoyance.

SCÈNE II

DESDEMONA, EMILIA, OTHELLO, YAGO.

YAGO, entrant avec Othello, qui lit des papiers.
Ah! ceci me déplaît.
OTHELLO.
Que dis-tu là?
YAGO.
Moi? Rien.
Ai-je parlé? Vraiment, je ne le sais pas bien
OTHELLO.
N'est-ce pas ce Cassio qui sort de chez ma femme?
YAGO.
Oh! non, seigneur, ayant encouru votre blâme,
Ayant à réparer beaucoup, son intérêt
Ne serait pas de fuir; sans doute il resterait.
OTHELLO.
Je crois que c'était lui cependant.
DESDEMONA, rentrant avec Emilia.
Tout à l'heure,
Mon ami, j'ai conduit hors de votre demeure
Un suppliant bien triste et dont le repentir
M'a touchée à tel point qu'il m'a fait consentir
A demander sa grâce. Une femme étrangère
Obtiendrait à l'instant cette faveur légère,
Rien qu'en disant son nom. Je le fais. Maintenant

19.

Il faut me l'accorder : c'est ce bon lieutenant
Cassio ; nous allons voir par là si votre femme
A quelque autorité, comme on croit, sur votre âme ;
Si ce qu'on dit est vrai, vous le rappellerez.
C'est un homme d'honneur dont les sens égarés
Ont un moment peut-être altéré la prudence ;
Mais moi, qui viens d'avoir ici sa confidence,
J'atteste qu'il vous aime et mérite un pardon.
Allons, mon chevalier, octroyez-moi ce don ;
Rappelez-le.

OTHELLO.

Quelle est, dites-moi, la personne
Qui sort d'ici ?

DESDEMONA

C'est lui.

OTHELLO.

Lui ?

DESDEMONA.

Cela vous étonne ?
C'est lui-même ; il venait, mais, hélas ! si chagrin,
Si honteux, qu'il faudrait vraiment un cœur d'airain
Pour lui garder encore la plus légère haine.
Il me faisait pitié ! j'ai souffert de sa peine.
Allons, mon bien-aimé, rappelle Cassio.

OTHELLO.

Non,
Pas encor, le moment pour cela n'est pas bon.

DESDEMONA.

Mais sera-ce bientôt ?

OTHELLO.

Dès que j'en serai maître ;
Pour vous ; mais à présent cela ne pourrait être.

DESDEMONA.

Ce sera donc ce soir au souper ?

OTHELLO.

Pas ce soir.

DESDEMONA.

Demain donc au dîner ?

OTHELLO.
Non, vous venez de voir
Qu'au festin général la garnison m'invite.

DESDEMONA.
Ah! si ce n'est demain, que ce soit donc bien vite*.
Demain soir, ou mardi matin, ou vers midi,
Ou mardi soir, ou bien, au plus tard, mercredi
Dès le matin! fixons le moment, je t'en prie,
Mais qu'il ne passe pas trois jours, ni ne varie.
Dis, quand reviendra-t-il? Je cherche vainement
En moi quelle promesse ou quel consentement
Je pourrais refuser à tes moindres instances.
Quoi! pas un mot encor? Si longtemps tu balances
Pour ce même Cassio qui venait autrefois
Chez mon père avec vous et vous prêtait sa voix,
Vous excusait toujours et le forçait d'entendre
Comme moi les raisons qui pouvaient vous défendre?
Car vous n'étiez pas sûr encor de mon amour,
Et l'on plaidait pour vous; aujourd'hui, c'est mon tour.
Pourtant, à votre place…

OTHELLO.
Assez, je t'en supplie!
A tes moindres désirs ma volonté se plie,
Qu'il revienne aujourd'hui, quand il voudra.

DESDEMONA.
Mais quoi!
Ce n'est point un bienfait que j'accepte pour moi
Ni pour lui, c'est agir selon votre avantage;
Comme si je venais, en voyant un orage,
Vous prier de rester, ou bien vous avertir
De prendre une fourrure et de vous mieux vêtir.
Oh! lorsqu'il me faudra quelque réelle preuve
Qui fasse en vous briller l'amour par une épreuve,
Je l'inventerai grande et plus digne de nous,

---

* Why then, to-morow-night : or Tuesday morn :
Or Tuesday noon, or night : or Wednesday morn
I pray thee, name thee time ; but let it not
Exceed three days.

Périlleuse, peut-être, et difficile à vous;
Je veux que cela soit vraiment un sacrifice.

OTHELLO.

Il n'est, pour t'obéir, rien que je n'accomplisse;
Mais souffre qu'à mon tour je demande merci,
Et pour un peu de temps, laisse-moi seul ici.

DESDEMONA.

Comment vous refuser! vous m'avez apaisée,
Et toute obéissance à présent m'est aisée.
Mais songez à Cassio, souvent j'y reviendrai,
J'en parlerai toujours.

OTHELLO.
Va, va, j'y penserai.

DESDEMONA.
Eh bien, adieu!

OTHELLO.
Bientôt je te rejoins moi-même.

SCÈNE III

OTHELLO, YAGO.

OTHELLO.

Me saisisse l'enfer s'il n'est vrai que je t'aime,
Créature adorable! et que, si ton amour
Dans mon cœur embrasé pouvait s'éteindre un jour,
Le chaos en prendrait la place.

YAGO.
Eh bien, ne puis-je
Vous parler?

OTHELLO.
Que veux-tu?

YAGO.
Quelque chose m'afflige,
M'occupe malgré moi; lorsqu'à Desdemona,

Vous demandiez ce cœur, qu'enfin on vous donna,
Cassio sut vos amours?

OTHELLO.

Oui, depuis leur naissance,
Jusqu'à notre union, il en eut connaissance.
Mais pourquoi demander ces détails?

YAGO.

Oh! sans but!
Mais je ne savais pas qu'alors il la connût.

OTHELLO.

Beaucoup, et très-souvent l'entretien le plus tendre
L'admit en tiers; il put nous voir et nous entendre.

YAGO.

Vraiment?

OTHELLO.

Vraiment, doit-on douter de sa vertu?

YAGO.

La vertu de Cassio?

OTHELLO.

Mais oui! qu'en penses-tu?

YAGO.

Ce que j'en pense?

OTHELLO.

Oui! oui! j'ai dit : ce que tu penses?
Par le ciel! quel secret, quelles noires offenses,
Quel soupçon monstrueux dans son cœur est entré,
Si hideux, qu'il ne puisse au jour être montré?
Il hésite! il se fait l'écho de mes paroles.
Tes réponses, Yago, ne sont jamais frivoles :
Je te connais, dis-moi le soupçon qui te prit
A l'instant sur Cassio! qu'avais-tu dans l'esprit
En me disant : *Ceci me déplaît.* Quelle chose
Te déplaisait? Ton front se ride et se compose :
Si tu m'es attaché, qu'enferme-t-il, dis-moi?

YAGO.

Je vous aime beaucoup, monseigneur.

OTHELLO.

Je le crois,

Et c'est une raison de craindre davantage.
Ces silences fréquents qui coupent ton langage,
Ces soupçons retenus ou formés à demi,
Ne m'étonneraient pas venant d'un ennemi ;
Mais, en toi, ce combat des cris et du silence,
C'est l'indignation qui se fait violence.

YAGO.

Plût à Dieu que toujours les hommes fussent tels
Qu'ils semblent ! ou, du moins, puissent tous les mortels
Paraître avec des traits qui découvrent leurs âmes !

OTHELLO.

Et quels sont, dis-le donc, ces hommes que tu blâmes ?

YAGO.

Ah ! ce n'est point Cassio, je le crois plein d'honneur.

OTHELLO.

Que cache tout cela ? parle-moi.

YAGO.

Non, seigneur,
Excusez-moi. Malgré ma grande obéissance,
Sur la face du globe il n'est pas de puissance
Faite pour me forcer d'exprimer hautement
Les motifs inconnus d'un secret sentiment.
De la discrétion rompre ainsi les entraves !
On ne l'exige pas même de ses esclaves !
Et, d'ailleurs, qui vous dit que ce grave soupçon
Soit légitime et juste en aucune façon ?
Hélas ! dans quel plaisir n'entre une chose impure !
Et quel homme à ce point de lui-même s'assure
Qu'il puisse dans son cœur toujours se dégager
Des pensers hasardeux qui viennent l'assiéger ?
C'est, je vous l'avoûrai, mon vice et ma faiblesse
De soupçonner le mal quand le dehors me blesse,
Et j'invente des torts. Tenez, de bonne foi,
Je vous en avertis, méfiez-vous de moi.
Il ne serait pas bon, pour mon bien, pour le vôtre,
D'en parler plus longtemps ; ménageons l'un et l'autre.
Mon honneur, mon état, tout serait engagé
Si mon secret par vous devenait partagé.

OTHELLO.

Quoi! rien?

YAGO.

Non, croyez-moi, seigneur, pour une femme,
Le premier des trésors, la richesse de l'âme,
C'est l'honneur.

OTHELLO.

Je saurai ta pensée. Il le faut!

YAGO.

Ah! gardez-vous, seigneur, d'un énorme défaut,
La jalousie. Hélas! c'est un monstre qui ronge
Le cœur infortuné dans lequel il se plonge.
Tel mari sans amour, bien certain de son sort,
Près de son infidèle en souriant s'endort;
Mais quel tourment d'enfer, quel chagrin empoisonne
Celui dont l'âme ardente idolâtre et soupçonne!

OTHELLO, à part.

Malheur!

YAGO.

Qu'à ce fléau jamais ne soient soumis,
Je t'en conjure, ô ciel, les cœurs de mes amis!

OTHELLO.

Que veut dire ceci? Me croirais-tu l'envie
D'user dans les soupçons ma pensée et ma vie,
Et de suivre les pas d'une femme, inconstants
Comme les pas légers de la lune et du temps?
Non! Le doute vaudrait pour moi la certitude.
Si jamais je m'attache à cette vile étude
De chimères d'enfant, de rêves d'écolier,
Je livre mes deux bras à qui veut les lier.
Je ne serai jamais mécontent qu'on m'apprenne
Que ma femme aime encor ce que son âge entraîne,
La danse et les concerts, le monde et sa gaîté,
Qu'elle aime les bijoux, parle avec liberté,
Que des grâces du chant sa voix est le modèle...
Où règne la vertu, tout est pur autour d'elle.
Je ne veux même pas qu'un secret sentiment
De ce que mon aspect donne d'éloignement

M'intimide et me cause aucune inquiétude.
De mes traits africains elle avait l'habitude ;
Peut-être, en me plaignant, elle m'en aima mieux.
Enfin c'est au grand jour que m'ont choisi ses yeux.
Non ! je veux voir avant de me livrer au doute :
Lorsque j'aurai douté, je veux, quoi qu'il m'en coûte,
La preuve ; et, si je l'ai, dès l'instant, sans retour
Meure ma jalousie, ou meure mon amour !

YAGO.

Eh bien, je suis ravi de vous trouver si sage :
Car, si j'avais reçu pour vous quelque message
D'un ami dévoué propre à vous avertir,
Je l'aurais refusé ; mais j'y peux consentir,
Vous saurez tout bientôt. En attendant cette heure
Écoutez mon avis. Fermez votre demeure
A double clef, veillez sur votre femme ;
Sans trop d'emportement ni trop peu de souci,
Observez ce Cassio. Moi, je n'ai pas de preuve ;
Mais je ne puis souffrir que de peine on abreuve
Un cœur noble, en dehors, ennemi du soupçon.
Veillez donc, profitez, seigneur, de la leçon.
Tout le monde le sait, nos belles de Venise
N'ont que cette vertu qui souvent s'humanise,
Et laissent sans rougir voir au ciel tous les jours
Des choses que la terre ignorera toujours.

OTHELLO.

Est-ce là ta pensée ?

YAGO.

Oui, quand je me rappelle
Que son père autrefois fut abusé par elle,
Et que chacun eût dit tous vos pas superflus
Au moment où son cœur vous chérissait le plus.

OTHELLO.

Il a raison.

YAGO.

Allez, celle qui, dès cet âge,
Put soutenir longtemps un pareil personnage,

Aveugler son vieux père au point... J'en ris encor...
Il éclate de rire malgré lui.
Qu'il crut à la magie.. Ah! pardon? cet essor
D'une franchise extrême et d'une amitié tendre
Pourrait vous fatiguer...

OTHELLO.

Non, non; j'aime à l'entendre.

YAGO.

Tout ceci, je le vois, a troublé vos esprits.

OTHELLO.

Point du tout! A cela je n'attache aucun prix.

YAGO.

Ne donnez à ces mots en l'air nulle étendue!
J'aime Cassio beaucoup.

OTHELLO.

Précaution perdue!
Je n'y veux plus penser.

YAGO.

Je ne veux nullement...
Mais vous êtes ému.

OTHELLO.

Non. Je crois seulement
Et toujours que ma femme est vertueuse.

YAGO.

Ivresse
Que donne le bonheur! ô paix enchanteresse!
Le ciel vous la conserve! Adieu.

OTHELLO.

Si tu savais
Quelque chose de plus... alors, bon ou mauvais,
J'espère qu'à l'instant tu viendrais me le dire;
Ta femme observerait aussi...

YAGO.

Je me retire.
Il salue et sort.

OTHELLO, à part.

Cœur probe! il a parlé parce que j'ai prié!
— Trois fois maudit le jour où je fus marié!

YAGO, rentrant.

Seigneur, ma mission fatale est accomplie ;
Mais je voudrais encore, et... je vous en supplie,
Que cette affaire-là fût oubliée... Il faut
Que le temps en découvre ou cache le défaut.
Si, par exemple, on voit que Desdemona tienne
A replacer Cassio, que sa voix le soutienne,
Vous importune et prie, on pourra mieux juger.
Alors, mon sentiment même pourra changer.
Mais qu'elle ait jusque-là liberté tout entière.

OTHELLO.

Va, je sais ménager cette âme tendre et fière.
Adieu.

YAGO.

Seigneur, enfin je prends congé de vous.

SCÈNE IV

OTHELLO, seul.

Examinons ceci maintenant. Calmons-nous.
Cet homme est plein d'honneur et plein d'expérience,
Cela donne un grand poids à tant de défiance.
Avec violence.
— Si je la trouve ingrate et rebelle à ma voix,
Moi, je la chasserai seule dès cette fois,
Comme l'oiseau léger qu'on voulait faire vivre,
Et qu'en ouvrant la main à tous les vents on livre.
Avec mélancolie.
— Tout est possible, hélas ; il ne faut que me voir,
Tout pourrait s'expliquer par un mot : je suis noir !
Je n'ai pas les regards, les manières civiles,
Les séduisants propos d'un élégant des villes.
Je commence à pencher vers le déclin des ans ;
Mais ma vieillesse encore reculera longtemps.
— Non. Je dois la haïr ! Allons ! elle est perdue !
Je suis trahi ! Douleur ! je vois ton étendue !

Fatalité maudite ! Il est donc arrêté
Que toujours nous serons maîtres de la beauté,
Jamais de ses désirs. Ainsi les grandes âmes
Seront plutôt en butte aux trahisons des femmes
Qu'un vulgaire toujours préféré. C'est un sort
Qu'on ne peut fuir, réglé, certain comme la mort.
Oui, la Fatalité nous connaît dès l'enfance
Et saisit au berceau notre âme sans défense.
Apercevant Desdemona.
Desdemona, tu viens ! J'en atteste tes yeux.
Si ton cœur est impur, n'en croyons plus les cieux,
Ils se seraient trompés dans leur plus bel ouvrage.
Non, de le croire encor je n'ai plus le courage.

SCÈNE V

OTHELLO, DESDEMONA et EMILIA, entrant.

DESDEMONA, s'appuyant sur son épaule.
Eh bien, cher Othello, ne viendrez-vous donc pas ?
Tout dans la citadelle est prêt pour le repas.
Pour répondre aux festins, aux fêtes de la ville,
Nous allons recevoir tous les nobles de l'île.
On vous attend.
OTHELLO, après l'avoir considérée un moment sans parler.
J'ai tort, vous seule avez raison.
DESDEMONA.
Qu'avez-vous ? voulez-vous rester à la maison ?
Votre voix est faible.
OTHELLO.
Oui. C'est mon cœur ! c'est ma tête !
Je souffre !
DESDEMONA.
Eh bien, venez, n'allons pas à leur fête.
Vous avez trop veillé. Tenez, mettez cela,
Attachez ce mouchoir.

OTHELLO, *repoussant et faisant tomber le mouchoir.*
Non. Le mal n'est pas là.
Laissez-le fermenter ou se guérir lui-même,
Et venez.

DESDEMONA.
Je m'afflige autant que je vous aime.

Ils rentrent à pas lents. Othello s'appuie sur l'épaule de Desdemona.

SCÈNE VI

EMILIA, *seule, ramassant le mouchoir.*

Ah! je l'ai donc trouvé! le voilà, ce mouchoir
Que mon bizarre époux voulait en son pouvoir.
Quel désir enfantin! Ce gage de tendresse,
Le premier que le More offrit à sa maîtresse,
Est précieux pour elle, et cent fois dans un jour
Je la vois le baiser et lui parler d'amour.
Mais Yago, que veut-il et que peut-il en faire?
Je ne sais! Mais au moins, si j'arrive à lui plaire,
A dissiper un peu son effrayant souci,
J'en bénirai le ciel...

SCÈNE VII

EMILIA, YAGO.

YAGO.
Que faites-vous ici?

EMILIA.
Ah! ne me grondez pas, j'ai pour vous quelque chose

YAGO.
Chose bien belle et rare, à ce que je suppose!
Vous peut-être?

####### EMILIA.

Ah! méchant! si vous aviez ceci!
Ce mouchoir précieux, me diriez-vous merci?

####### YAGO.

Quoi? quel mouchoir?

####### EMILIA.

Celui dont fit présent le More,
Qu'hier, que ce matin vous désiriez encore.

####### YAGO.

Eh bien, tu l'as pris?

####### EMILIA.

Non, mais j'ai su le trouver.

####### YAGO.

Donne-le-moi.

Il lui arrache le mouchoir.

####### EMILIA.

Pourquoi?

####### YAGO.

J'ai dessein d'éprouver
Quelque chose demain.

####### EMILIA.

Rien qui nous intéresse
Je crois; rendez-le-moi, car ma pauvre maîtresse
En perdra la raison.

####### YAGO.

Qu'on ne soupçonne pas
Que je l'ai. Laissez-moi; vous suivez tous mes pas.
J'ai besoin d'être seul; allez, je vous en prie.

Emilia sort.

SCÈNE VIII

####### YAGO, seul.

Oui, l'esprit du plus faible au gré du fort varie.
Une ombre, un mot léger, bagatelles pour nous,

Sont des textes sacrés aux regards d'un jaloux.
Que, trouvé chez Cassio, ceci soit un nuage
Aux autres ajouté pour accroître l'orage.
Mes poisons ont atteint le More. — Les soupçons,
A les analyser, sont vraiment des poisons.
D'abord sur tout notre être ils produisent à peine
Quelque faible dégoût, bientôt un peu de haine ;
Et puis leur action pénètre jusqu'au sang,
L'irrite, le travaille avec un feu puissant ;
Comme cent lourds marteaux qui tombent sur l'enclume,
Il frappe sur le cœur, et le volcan s'allume.
La preuve, la voilà qui vient... C'est Othello.

Il regarde dans la galerie Othello qui s'avance lentement.

Va, déchire ton cœur ! va, ni le feu, ni l'eau,
Les boissons de pavot, d'opium, de mandragore,
Ne pourront te guérir et te donner encore
Ce paisible sommeil que tu goûtas hier.

SCÈNE IX

OTHELLO, YAGO.

OTHELLO, *se croyant seul et rêvant.*
Envers moi ! moi ! perfide ! A qui donc se fier ?

YAGO.
Quoi ! vous pensez encor que de vous on se joue ?

OTHELLO.
Va-t'en, fuis ! va ! tu m'as attaché sur la roue !
J'en atteste mes maux, il vaut mieux, je le crois,
Être toujours trompé que de craindre une fois.

YAGO.
Comment ?

OTHELLO.
De ce malheur quel sentiment avais-je ?
Aucun. Si l'ignorance est un vrai privilége,
Ce fut alors. Hier, quel mal ai-je éprouvé ?
J'avais le cœur léger, libre, et n'ai pas trouvé

Les baisers de Cassio sur ses lèvres ; l'empreinte
En était invisible, et j'ai dormi sans crainte.

YAGO.

Vous m'affligez vraiment, je le dis devant Dieu.

OTHELLO, poursuivant sans l'entendre.

J'étais heureux hier. Et maintenant, adieu,
A tout jamais, adieu, le repos de mon âme !
Adieu, joie et bonheur détruit par une femme !
Adieu, beaux bataillons aux panaches flottants !
Adieu, guerre ! adieu, toi dont les jeux éclatants
Font de l'ambition une vertu sublime !
Adieu donc, le coursier que la trompette anime,
Et ses hennissements, et le bruit du tambour,
L'étendard qu'on déploie avec des cris d'amour !
Appareil, pompe, éclat, cortége de la gloire,
Et vous, nobles canons qui tonnez la victoire
Et qui semblez la voix formidable d'un dieu !

Avec un sourire amer.

Ma tâche est terminée ! à tout jamais, adieu !

YAGO.

Est-il possible, hélas ! que... ?

OTHELLO, avec une fureur subite.

Misérable, écoute !
Je ne souffrirai plus ni faux fuyants ni doute ;
Tu prétends que ma femme a profané son lit !
Songe bien qu'il me faut la preuve du délit,
Ou, par la dignité de mon âme, je jure
Que, si tu ne pouvais me prouver son parjure,
Il vaudrait mieux pour toi, malheureux, être né
Sans pain et sur les mers du Nord abandonné.

YAGO, effrayé d'être saisi au collet.

En êtes-vous donc là ?

OTHELLO.

Fais-moi voir tout son crime
Comme je vois le jour, ou bien si ta victime...

YAGO.

Seigneur !

OTHELLO.

... Si ta victime est ma Desdemona,
Si l'esprit délié que le ciel te donna
Te sert à méditer ma mort et ma torture,
Si tu mens; assassine, offense la nature,
Étouffe les remords et renonce à prier;
Qu'on entende les cieux et la terre crier
A l'aspect des horreurs par toi seul inventées;
Qu'à cette calomnie elles soient ajoutées;
Pour ta damnation que tout soit réuni :
Va, tu n'en seras pas plus ni plus tôt puni.

<small>Après l'avoir saisi et tenu, il le lâche brusquement et tombe abattu sur un siége.</small>

YAGO.

Ciel! grâce! qu'ai-je-fait? avez-vous votre tête?
Ah! reprenez ma charge! oui, ma retraite est prête.
Malheureux que je fus de m'attacher à lui,
Pour me voir accuser de mensonge aujourd'hui!
O des hommes du temps perversité profonde!
Jette les yeux sur moi, vois ma disgrâce, ô monde!
Vois l'honneur et le bien, le dévoûment perdus,
Avec la calomnie et le mal confondus;
Monde! vois le danger d'être honnête, et contemple
Quelle grande leçon dans un si grand exemple!

<small>A Othello.</small>

Seigneur, je vous rends grâce et j'en veux profiter :
Puisqu'un attachement si vrai peut susciter
Des outrages pareils, acceptez ma retraite,
Je pars.

<small>Il veut sortir.</small>

OTHELLO.

Non, reste ici. Tu devrais être honnête!

YAGO.

Je devrais fuir l'honneur, source des embarras,
Vertu des insensés qui produit des ingrats!

OTHELLO.

Eh bien, je ne sais plus juger de toi ni d'elle :
Je la crois vertueuse et la crois infidèle.

Je veux ou l'adorer ou lui donner la mort;
Cent fois en un instant elle a raison ou tort;
Qu'elle soit criminelle ou que tu sois coupable,
De choisir entre vous je me sens incapable.
Ses traits si beaux! si purs! depuis nos entretiens
M'apparaissent déjà plus hideux que les miens.
— Ah! s'il est des poisons destinés aux infâmes,
Des couteaux, des lacets, des poignards ou des flammes,
Je veux me satisfaire.

YAGO.

Hélas! faut-il, seigneur,
Poursuivre un entretien fâcheux pour votre honneur?
Le faut-il?

OTHELLO.

Oui. — Je veux des preuves de ta bouche.

YAGO.

Eh bien, puisqu'engagé dans tout ce qui vous touche,
Entraîné par mon cœur et mon zèle insensé,
Jusqu'au point que voilà je me suis avancé,
Je vais poursuivre encor : ce rôle m'humilie;
Mais il faut vous servir, vous sauver, je l'oublie.
— Vous le savez, il est des hommes si pervers,
Si délaissés de Dieu, que leurs projets divers
(Sitôt que le sommeil a chassé le mensonge)
S'échappent de leur bouche ouverte par un songe;
Tel est Cassio. Dans l'ombre, hier, je l'entendis
S'écrier en dormant : « Oh! que je la maudis,
Tendre Desdemona, la triste destinée
Qui, malgré nos amours, au More t'a donnée,
Au moins, pour le garder, cachons notre bonheur... »

OTHELLO.

Délire monstrueux!

YAGO.

Ce n'était que l'erreur
D'un songe.

OTHELLO.

Mais ce songe, impur comme leur âme,
Était le souvenir d'une journée infâme.

YAGO.
Peut-être.
OTHELLO.
Elle mourra de ma main.
YAGO.
     Un moment.
Rien n'est bien sûr encor. — Dites-moi seulement :
Ne vîtes-vous jamais entre ses mains pudiques
Un mouchoir jaune, orné de fleurs asiatiques?
OTHELLO.
Oui, mon premier présent fut un mouchoir pareil.
YAGO.
Moi, je n'en sais rien ; mais... je sais qu'à son réveil
Cassio s'en est hier essuyé le visage.
OTHELLO.
Si c'était celui-là !
YAGO.
    Pour ma part, je le gage.
Et contre elle, ma foi, cela dépose fort.
OTHELLO.
Que ne peut-on donner cent mille fois la mort!
Une seule est bien peu, trop peu pour qu'elle lave
Le crime infâme et bas de ce traître. — Oh! l'esclave
N'a-t-il donc qu'une vie à perdre sous mes coups! —
Tout est vrai, je le vois, tout s'explique pour nous.
Yago, regarde-moi ! — C'est ainsi que s'exhale
De cet amour d'enfant la démence fatale ;
Il est bien loin de moi. — Levez-vous à présent,
Haine, vengeance, horreur d'un amour malfaisant ;
Dédain juste et profond, légitimes colères,
Venez gonfler mon cœur du poison des vipères !
YAGO.
Seigneur ! contenez-vous.
OTHELLO.
    Du sang ! du sang ! du sang !
YAGO
Parlez plus bas ; j'entends vos cris en frémissant ;

Calmez-vous, écoutez, patience, vous dis-je?
Votre cœur peut changer...

OTHELLO.

Non... à moins d'un prodige...
A moins que de l'Euxin les courants remontés,
N'arrêtent tout à coup leurs flots précipités ;
Car c'est ainsi, vois-tu, qu'à la fois élancées
Roulent en se heurtant mes sanglantes pensées.
Dans ce débordement, pour eux point de recours ;
Rien ne peut ralentir l'inexorable cours
De la vengeance, Yago, vaste et profond abîme,
Où s'iront engloutir ma colère et leur crime.

Se jetant à genoux et levant la main au ciel.

Oui, je l'atteste encore, oui, j'en fais le serment
Par l'immuable éclat des feux du firmament.

YAGO, *se précipitant à genoux à côté d'Othello.*

Ne vous relevez pas. — Flambeaux inextinguibles,
De nos jours tourmentés guides purs et paisibles,
Astres, Feux, Éléments, je vous atteste aussi,
Soyez tous les témoins que je lui voue ici
Mon cœur, mon bras, mon âme, et qu'à ses pieds je jure
De sacrifier tout pour venger son injure.

OTHELLO.

Eh bien, qu'avant trois jours Cassio meure par toi.

YAGO.

C'est mon ami. — N'importe, il n'est plus rien pour moi;
Ce sera fait demain ; mais sauvons votre femme.

---

* Do not rise yet !
  Witness, ye ever-burning lights above!
  Ye elements, etc.

Cette prière, d'un damné profanateur, est en vers dans Shakspeare, ainsi que tous les monologues d'Yago, tandis que souvent, dans les mêmes scènes, on lui parle en prose, et lui-même parle en prose à Rodrigo dans les scènes familières. C'est là qu'est bien démontrée la différence du *récitatif* au *chant*. Dans cette prière, dans les adieux d'Othello à la guerre, et partout où l'exaltation de l'âme élève le personnage, j'ai cherché à élever aussi le style. Dans ces morceaux, plus d'enjambements, de césures rompues ; les vers marchent à plus grands pas, ce me semble, dans ma poésie ; dans celle de Shakspeare, ils volent.

OTHELLO.

L'exterminer, Yago, l'exterminer, l'infâme,
L'exterminer! — Suis-moi. Je veux sortir et voir
De quelle arme pour eux il faudra me pourvoir.
De ce vil séducteur choisissons le supplice!
Quel instrument de mort convient à sa complice?
Qu'en penses-tu? — Suis-moi, sois à moi, désormais
Je te fais lieutenant.

YAGO.
Tout à vous pour jamais.

SCÈNE X

DESDEMONA, EMILIA.

DESDEMONA.
Où donc ai-je perdu ce mouchoir?
EMILIA.
Eh! madame,
Je ne sais.
DESDEMONA.
S'il n'avait une grande et belle âme,
Étrangère aux soupçons vulgaires et jaloux,
Ce motif seul pourrait troubler mon noble époux.
EMILIA.
N'est-il point jaloux?
DESDEMONA.
Lui? — Le soleil pur d'Asie
A du cœur d'Othello chassé la jalousie,
Comme de l'horizon il chasse les vapeurs,
Les orages pesants et les brouillards trompeurs.
Pourtant j'aimerais mieux perdre mille cruzades *,

---

* I had rather lost my purse
Full of crusadoes.

La cruzade était une monnaie en usage du temps de Shakspeare; elle était d'or

Que ce mouchoir donné du temps des sérénades.

ÉMILIA.

Il vient.

DESDEMONA.

Tant mieux ! Cassio toujours est exilé ;
Je ne le quitte plus qu'il ne soit rappelé,
Et que notre projet enfin ne réussisse.
Bonjour, seigneur.

SCÈNE XI

DESDEMONA, OTHELLO, EMILIA.

OTHELLO.

A part.

Bonjour, noble dame. — O supplice !
Moi, dissimuler ! — Votre main, s'il vous plaît.

Il lui prend la main et l'examine.

Elle est douce... elle est blanche aussi comme du lait,
Madame.

DESDEMONA.

Elle n'a pas encor des tristes craintes,
Des chagrins ni de l'âge éprouvé les atteintes.

OTHELLO.

Ah ! brûlante et moelleuse ! — On m'a dit quelquefois
Comment cela s'explique : un cœur trop bon. Je crois
Qu'il vous faut à présent quelques jours de retraite,
Jeûnes, privations, liberté moins parfaite.
Quelque rusé démon vous mène en bon chemin !
Vous avez là, madame, une loyale main.

DESDEMONA.

Vous ne vous trompez point, seigneur, car ce fut elle
Qui vous donna mon cœur.

---

et pesait une monnaie anglaise *two penny-weights six grains*, ou *nine shillings*.
Un almanach anglais de l'an 1586 marque les différents poids de cette monnaie,
frappée et marquée d'une croix sous les rois Emmanuel et Jean, son fils.

OTHELLO.

Ah! ah! façon nouvelle!
C'était le cœur jadis dont on faisait présent ;
Mais on ne donne plus que la main à présent.

DESDEMONA.

Je ne vous comprends pas; mais parlons, je vous prie,
De votre promesse.

OTHELLO.

Ah! quelle plaisanterie!
Qu'ai-je promis?

DESDEMONA.

Cassio va venir pour vous voir.

OTHELLO.

Je souffre. Prêtez-moi, mon amie, un mouchoir.

DESDEMONA.

Voici le mien, seigneur.

OTHELLO.

Non, je voudrais, ma chère,
Celui qu'en vous quittant, je vous donnai naguère.

DESDEMONA.

Je ne l'ai pas sur moi.

OTHELLO.

Cela m'étonne fort.

DESDEMONA.

Je ne l'ai pas toujours.

OTHELLO.

Non?

DESDEMONA.

Non.

OTHELLO, avec sévérité.

Vous avez tort,
Madame; ce mouchoir, c'est d'une Égyptienne
Que le tenait ma mère. Une magicienne
Si profonde en savoir, que sa plume eût écrit
Tous les pensers secrets qui passent dans l'esprit.
Ma mère, avec ce don, eut l'assurance d'elle
Que son mari serait toujours bon et fidèle,

Que de plaire toujours elle aurait le secret
Tant que ce talisman chez elle resterait.
Ma mère en expirant me l'a laissé, madame,
M'a dit de le donner à mon tour à ma femme :
Je l'ai fait. Prenez soin du mouchoir précieux
Comme de la prunelle ardente de vos yeux ;
Le perdre ou le donner serait une infortune
Comme pour vous, madame, il n'en peut être aucune.

DESDEMONA.

Serait-il possible ?

OTHELLO.

Oui. Ce mouchoir a reçu
De magiques pouvoirs glissés dans son tissu.
Celle qui le broda, prêtresse surannée,
Avait vu deux cents fois naître et mourir l'année.
La soie en est sacrée, et filée en un lieu
Que dédie au soleil l'adorateur du feu ;
La brillante couleur de sa trame est formée
Des teintes que produit la momie embaumée.

DESDEMONA.

Est-il vrai ?

OTHELLO.

Oui, très-vrai. Prenez-y garde, ou...

DESDEMONA.

Moi ?

Je voudrais bien jamais ne l'avoir vu.

OTHELLO, avec emportement.

Pourquoi ?

DESDEMONA.

Ah ! ne me parlez pas si brusquement.

OTHELLO.

Qu'importe !

Est-il perdu ? comment ? Parlez ! de quelle sorte ?
Par quel accident ?

* I did so : and take heed of't,
Make it a darling like your precious eye,
To lose or give't away, were such perdition
As nothing else could match.

DESDEMONA.

Dieu!

OTHELLO.

Qu'avez-vous répondu?

DESDEMONA.

Moi, que je me trompais! Non, il n'est pas perdu;
Mais quand il le serait?...

OTHELLO.

Ah!

ESDEMONA.

Non, je l'ai, vous dis-je.

OTHELLO.

Allez donc le chercher.

DESDEMONA.

Oui, seigneur, je m'oblige
A vous le présenter, mais pas en ce moment .
Non, je ne le veux pas, seigneur. Je crois vraiment
Que c'est de votre part une légère ruse
Pour me faire oublier mon projet, une excuse
Pour ne pas accorder la grâce qu'il me faut.
Cassio ne fut trouvé qu'une fois en défaut.

Elle se rapproche d'Othello, qui recule avec dédain.

OTHELLO.

Montrez-moi ce mouchoir; j'augure mal...

DESDEMONA.

Venise
N'a pas un officier dont tout le monde dise
Tant de bien.

OTHELLO.

Le mouchoir!

DESDEMONA, *se rapprochant.*

De grâce, parlez-moi
De Cassio.

OTHELLO, *l'évitant encore.*

Le mouchoir!

DESDEMONA.

Il a fondé sur toi,
Sur toi seul, Othello, l'espoir de sa fortune;
Vos périls sont égaux, votre vie est commune.

OTHELLO, avec fureur.

Le mouchoir!

DESDEMONA.

Ah! vraiment, le ton dont vous parlez
Mériterait de moi des reproches.

OTHELLO.

Allez!

Il la repousse et se retire.

SCÈNE XII

EMILIA, DESDEMONA.

EMILIA.

Je le soutiens! — il est jaloux!

DESDEMONA.

O jour funeste!
Jamais il n'a paru jaloux, je te l'atteste.
Quel sortilége est donc renfermé dans les plis
De ce fatal mouchoir?

EMILIA.

Les temps sont accomplis
De l'amour nuptial. — Sa couronne est fanée
Quand vient le dernier jour de sa première année.
C'est la loi, c'est le sort. — Eh! qui de nous n'a fui
Ces querelles sans but que fait naître l'ennui? —
Mais c'est Cassio qui vient; mon mari nous l'amène.

SCÈNE XIII

Les Mêmes, YAGO et CASSIO.

YAGO, finissant à demi-voix une conversation.

... Elle y réussira, oui, la chose est certaine...
La voici! — C'est le jour des hasards fortunés.
N'hésitez pas! Parlez, priez, importunez.

DESDEMONA.

Est-ce encor vous, Cassio? — Quelle nouvelle affaire?

CASSIO.

C'est la seule, madame, et la même prière
Qui me ramène ici. — Votre intercession
Peut aider mon unique et juste ambition
D'exister dans un rang honorable à l'armée
Et de toucher encor cette main bien-aimée
Du More glorieux dont la vie et l'honneur
Me sont toujours sacrés jusques au fond du cœur.
Oui, pour rentrer en grâce et pour me faire entendre,
Je voudrais, par vos soins, ne pas longtemps attendre,
Et, si j'ai ce malheur que mon délit soit tel,
Qu'il demeure à ses yeux un crime si mortel
Que rien ne soit assez pour en laver la trace,
Ni services passés, ni présente disgrâce,
Ni repentir sincère et sincère amitié,
Ni souvenirs guerriers dont il eut la moitié,
Ni résolution, pour l'avenir bien prise,
De conduite sévère; et que rien ne suffise
Après cette publique et terrible leçon,
Pour racheter ma faute et payer ma rançon;
Que je le sache au moins de sa bouche, madame,
Et, reprenant alors mon épée et ma rame,
Sur d'autres mers ou bien sur quelque autre chemin
Aux charités du sort j'irai tendre la main.

DESDEMONA.

Hélas! mon cher Cassio, son cœur ni sa justice
N'écoutent aujourd'hui ma voix médiatrice.
Mon seigneur ne m'est plus Othello; j'en gémis,
Mais un nuage passe entre vos deux amis.
Son humeur, son discours, sa voix, sa contenance
Tout est changé pour moi; j'ai lassé sa clémence
Sans doute, et, pour vous seul le priant sans repos,
Je crois l'avoir blessé par mes libres propos;
Car puissent les Esprits du Seigneur m'être en aide,
Comme il est vrai, Cassio, que toujours j'intercède,

Que je me suis, sans trêve, exposée au courroux
Dont les feux violents sont dirigés sur vous.
A quelques jours encor remettons votre cause
Et pour vous je ferai plus que pour moi je n'ose;
Cela doit vous suffire.

Cassio salue et se retire de quelques pas.

YAGO.

Eh quoi donc ! monseigneur
Est en colère ?

EMILIA.

Il sort dans une sombre humeur.

YAGO.

Lui ! devenir si faible et montrer sa colère ?
Je l'ai vu calme au feu, quand, pareille au cratère
D'un volcan furieux, la poudre du canon
Vomissait la mitraille et, comme le démon,
Enleva dans ses bras, d'une seule bordée;
Son frère... et voir son âme à ce point possédée,
D'une fureur profonde ! Il faut assurément
Un bien grave sujet pour un tel changement.
Je l'irai voir. — Oui, certe, il faut quelques injures
Sans nom !

DESDEMONA, à Yago.

Allez le voir, Yago !

Yago salue et sort en réfléchissant d'un air sombre.

SCÈNE XIV

DESDEMONA, EMILIA, CASSIO.

DESDEMONA.

A Cassio.

Quelles blessures
Atteindraient sa belle âme et son cœur de soldat
Si ce n'était encore quelque raison d'État?
Ceci vient de Venise, à qui cette grande île
Veut peut être aujourd'hui se montrer indocile;

Quelque émeute nouvelle à Chypre ou des complots
Que voit son coup d'œil d'aigle avant qu'ils soient éclos.
En secret agité par de graves affaires,
Parfois on semble ému de piqûres légères ;
Voulons-nous que toujours les hommes soient des dieux,
Comme un premier amour les présente à nos yeux ?
Quel homme et quel époux surtout, avec constance,
Des promesses du cœur a gardé l'observance ?
Tiens, j'étais bien injuste, Emilia, maudis-moi.
J'avais, comme un guerrier déloyal et sans foi,
Percé, par un défaut, sa généreuse armure ;
Mais nous devons nous rendre à sa raison plus sûre ;
Nous mesurions sa force à notre esprit rusé,
Nous l'avions tous ici faussement accusé.

EMILIA.

Plaise à Dieu que ce soit quelque affaire publique
Et le tourment secret d'un travail politique,
Et non pas un soupçon injurieux pour vous !

DESDEMONA.

Hélas ! eut-il jamais sujet d'être jaloux ?

EMILIA.

Eh ! mon Dieu ! n'allons pas prendre un si vrai langage,
Car les esprits jaloux n'entendent rien de sage.
Ils sont jaloux, non pas pour tel ou tel objet,
Mais sont jaloux pour l'être et sans aucun sujet.
Tenez, la jalousie est un monstre crédule,
Nourri d'un mal secret qu'il aime et qui le brûle,
Aux piéges qu'il se tend toujours pris et repris,
Engendré par lui-même et de lui-même épris.

DESDEMONA.

Dieu veuille d'Othello détourner ces pensées !

EMILIA.

Ah ! qu'il en soit ainsi !

DESDEMONA, à Cassio.

Vous nous voyez forcées
De vous quitter. Restez ici, près du château.
Je vais voir monseigneur. — Qu'un prétexte nouveau

Se trouve sous mes pas, je reprends la parole
Sur cet événement dont l'éclat nous désole.

CASSIO.

Que votre grâce en ait d'avance tout l'honneur
Et les respects profonds que lui garde mon cœur.

Il salue et elle se retire en le saluant aussi cérémonieusement.

SCÈNE XV

CASSIO, BIANCA.

BIANCA.

Salut à mon ami Cassio!

CASSIO.

Comment! ma belle,
Vous quittez la maison en plein jour?

BIANCA.

Infidèle,
Je vous cherchais.

CASSIO.

J'allais chez vous, mon cher amour,
Je vous le jure.

BIANCA.

Et moi, jusqu'au fond de la tour
Où vous êtes juché comme un oiseau farouche,
J'allais vous déloger. Quoi donc! rien ne vous touche?
Vous me laissez chez moi, seule et dans mes ennuis,
Compter dix fois les jours et onze fois les nuits.
L'absence d'un amant a de si longues heures,
Qu'on prend en déplaisir les plus belles demeures.

CASSIO.

Pardonnez-moi, Bianca; j'ai sur l'âme un fardeau
De lourds pressentiments, noirs comme le tombeau,
Qui, depuis quelques jours, m'importune et m'obsède;
Mais cette sombre humeur s'est enfuie et vous cède,
Et celui qui jamais à l'appel ne manqua
Ce soir dira chez vous : « Pardonne-moi, Bianca! »
Jusqu'à cet instant-là, ma gracieuse amie,
Prenez donc le dessin de cette broderie;

Il me semble admirable et fait en Orient.
BIANCA.
Ah! ah! — D'où vient ceci? — Quoi! tout en souriant,
Vous mettez dans mes mains le don de quelque belle?
Est-ce une liaison, une intrigue nouvelle
Qui se trahit ainsi, malgré vous, par hasard?
CASSIO.
C'est un soupçon d'enfant! — Ce matin, à l'écart,
Ce mouchoir, parfumé de cinnamome et d'ambre,
Jeté sur un fauteuil s'est trouvé dans ma chambre.
Le dessin m'en a plu; comme, au premier moment,
On le réclamera très-vraisemblablement,
Copiez-le pour moi dans sa forme indienne,
Pour qu'à Venise, un jour, de Chypre il nous souvienne.
Ne soyez plus jalouse et surtout quittez-moi;
Il faut me laisser seul.
BIANCA.
Vous laisser? et pourquoi?
CASSIO.
J'attends mon général, et ta beauté légère
Ne me donnerait pas l'aspect assez sévère
Pour un homme investi d'un grand commandement.
Il est fort ombrageux sur ce point seulement.
BIANCA.
Vous n'aimez pas assez pour braver la consigne;
Je vous plains. Mais, du moins, si vous m'en croyez digne,
Sur la route un moment donnez-moi votre bras,
Jusqu'à ma porte.
CASSIO se laisse prendre le bras.
Eh bien, nous ferons quelques pas,
Mais je reviens ici.
BIANCA.
Venez donc, pauvre esclave!
Vous m'allez voir marcher très-posée et très-grave.

Ils sortent en se donnant le bras. Cassio est un peu embarrassé, mais lui parle bas en marchant.

ACTE QUATRIÈME

SCÈNE PREMIÈRE

Une galerie du palais.

OTHELLO, YAGO.

YAGO*.
Seigneur, y pensez-vous encore?
OTHELLO.
Si j'y pense!
YAGO.
Bah! donner un baiser en secret, en silence!
OTHELLO.
Baiser furtif!
YAGO.
Ou bien s'enfermer dans la nuit
Seule, avec un amant, sans péché ni sans bruit!
OTHELLO.
Quoi, seuls et sans péché! c'est tenter la nature
Qui, dès lors, livre au mal sa faible créature.
YAGO.
C'est peu de chose encor... Mais donner un mouchoir!

---

* Yago craint qu'Othello ne se souvienne plus de ses calomnies et ne cherche à s'en distraire; il les lui remet sous les yeux, en ayant l'air, comme c'est sa tactique, de leur chercher des excuses.

OTHELLO.

Donner!... je l'oubliais...* Ceci devient plus noir...
Ce souvenir sur moi retombe et m'importune
Comme vient un corbeau, prophète d'infortune,
Sur un château désert tristement se poser.

YAGO.

J'ai vu des gens tout dire, et d'autres tout oser ;
Il en est qui, vainqueurs, ne savent pas se taire,
Et vont, à tout venant, raconter sans mystère
Les faveurs qu'à la longue ils doivent à l'ennui.

OTHELLO.

Par l'enfer et le ciel! aurait-il parlé?

YAGO.

Lui?
Il n'a, ma foi, rien dit qu'au besoin il ne nie.

OTHELLO.

Et de quoi parlait-il?

YAGO.

D'une faute impunie.

OTHELLO.

Quoi?

YAGO.

De ce qu'il a fait; je ne le sais pas, moi;
Il dit avoir été reçu...

OTHELLO.

Que dit-il? quoi?

YAGO.

Dans son lit : — tout ce que... vous voudrez.

OTHELLO, hors de lui.

Avec elle!
Dans son lit! — Scélérat! le mouchoir! — Pêle-mêle
Les étrangler!... L'aveu! non... d'abord le mouchoir!
J'en frissonne du haut en bas! Le désespoir,

---

* Il est bien beau, à mon avis, qu'Othello ait oublié cette circonstance, légère en apparence, et qu'il faut lui rappeler souvent. Cela diminuera beaucoup le reproche que l'on fait à Shakspeare d'avoir construit toute l'intrigue sur un fondement aussi peu solide que le mouchoir perdu. La suppression de ces premières scènes a surtout donné naissance à cette critique.

Si tout n'était réel, pour des paroles vaines,
Ferait-il bouillonner tant de feu dans mes veines!
Quoi! sa joue et ses yeux!... Confesse-toi... Je veux
Le mouchoir! — Ses beaux yeux! — Ses lèvres! — Des aveux!
O démon!

Il tombe à la renverse sans connaissance.

YAGO, *étendant la main sur sa victime.*
Opérez, mes poisons, sur son âme!
Voilà comment on voit plus d'une honnête femme
Perdre pour un soupçon le cœur de son époux.

Il soulève Othello évanoui.

Allons, seigneur, allons.

SCÈNE II

OTHELLO, YAGO, CASSIO.

CASSIO, *arrivant.*
Général, qu'avez-vous?

YAGO.
Laissez-le; ce n'est là qu'une attaque imprévue
Qui vient souvent troubler sa raison et sa vue;
C'est l'épilepsie.

CASSIO.
Ah! secourons-le!

YAGO.
Laissez;
Je reste auprès de lui, laissez-nous, c'est assez;
Autrement, vous verriez l'écume dans sa bouche.
Il devient furieux aussitôt qu'on le touche.
Regardez!... il s'agite. Allez; dans un instant,
J'irai pour vous parler d'un fait très-important.

Cassio sort.

Comment vous trouvez-vous, général?

SCÈNE III

OTHELLO, YAGO.

OTHELLO.
                        Que dit-elle?

YAGO.
Soyez homme, seigneur! la savoir infidèle
Vaut mieux que vivre en paix sans s'en être douté,
Et dormir chaque nuit paisible à son côté.
Vous êtes plus heureux ainsi. La circonstance
Vient vous trouver; le sort vous sert avec constance.
Tandis que vous étiez (chose indigne de nous)
Renversé dans mes bras, le front sur mes genoux,
Cassio même est venu. J'ai déguisé la cause
De ce triste accident, prétextant autre chose;
Mais il va revenir. Cachez-vous, s'il vous plaît,
Dans cet enfoncement. Et, de là, s'il parlait,
S'il se laissait aller à l'insultant sourire
Qui d'un amant heureux trahit toujours l'empire,
Vous verriez tout vous-même. Oui, je vais sous vos yeux
L'amener à conter en quel temps, en quels lieux
Il fut avec faveur traité par votre femme.
Mais de votre fureur contenez bien la flamme,
Ou je serais forcé de croire que vos sens
Sont livrés au pouvoir des esprits malfaisants.

OTHELLO.
Écoute, amène-le, j'y consens, où nous sommes.
Je veux être, entends-tu? le plus prudent des hommes,
Mais le plus sanguinaire aussi.

YAGO.
                     C'est juste. — Allez,

Othello se retire et s'enfonce sous la voûte, à droite de la scène, entre les colonnes. On le voit paraître et se cacher tour à tour.

Et vous entendrez tout de là, si vous voulez. —

A part.

Maintenant sur Bianca j'interrogerai l'autre;
C'est une aventurière à qui ce bon apôtre
A dérangé l'esprit et qu'il traîne après lui.
Il rit quand on en parle, et je vais aujourd'hui
Me servir de son nom. Othello dans ce rire
Verra tous les aveux qu'il rêve en son délire,
Et chaque mot ainsi va leur être fatal.

A Cassio, qui rentre.

Comment vous portez-vous, lieutenant?

Othello est placé de façon à tout voir, mais ne peut entendre que lorsqu'on élève la voix.

SCÈNE IV

CASSIO, YAGO.

CASSIO.

Au plus mal!
Triste et dépossédé peut-être pour la vie
De la charge qu'hier le More m'a ravie,
Et dont vous me donnez encore le surnom,
Je ne sais trop pourquoi.

YAGO, très-haut.

Qu'elle vous plaise ou non,

Plus bas.

Voyez Desdemona souvent. Si cette grâce
Dépendait de Bianca, dont la faveur vous lasse,
Vous seriez satisfait bientôt.

CASSIO, riant.

La pauvre enfant!

OTHELLO, à part.

Comme il sourit déjà!

YAGO, haut.

Soyez donc triomphant,
Car je ne vis jamais plus amoureuse femme.

CASSIO, riant.

Oui, je crois qu'elle m'aime! Ah! c'est une bonne âme!

OTHELLO, à part.

Il a l'air de nier, mais faiblement. — Maudit!
Tu souris.

YAGO.

Parlez-moi.

OTHELLO, à part.

Yago presse. Bien dit,
Bien dit!

YAGO, plus bas.

Elle se vante à tout propos dans l'île
Que vous l'épouserez.

CASSIO, riant aux éclats.

Je quitterais la ville,
Plutôt. Ah! ah! ah! ah!

OTHELLO, à part.

Tu triomphes, Romain!

CASSIO.

Grâce pour ma raison! Moi, lui donner la main
Vous me croyez donc fou?

OTHELLO, à part.

Ris, après ta victoire!
Yago m'a fait un signe; il commence l'histoire,
Sans doute.

CASSIO.

L'autre jour, elle est venue à moi
Réclamer, en public, des preuves de ma foi,
Sur le bord de la mer. J'en rougis quand j'y pense.
Elle vient se jeter à mon cou, s'y balance...

Il fait le geste de se suspendre au cou d'Yago.

OTHELLO, à part.

Il décrit ses plaisirs sans doute et leurs propos.
Quand verrai-je les chiens qui rongeront leurs os!

CASSIO, poursuivant.

Elle était en fureur, en larmes, et la cause
Était ce beau mouchoir, voyez, pas autre chose;
Elle l'avait trouvé dans mon logis hier,
Disait-elle.

Il tire le mouchoir de sa poche.

OTHELLO, à part.
Voilà mon mouchoir. Qu'il est fier,
Le traître!

CASSIO.
J'en ai peur, je me cache et l'évite,
Et pour cela, mon cher, je m'esquive au plus vite.
Il sort.

YAGO.
Adieu.

SCÈNE V

OTHELLO, YAGO.

OTHELLO.
Procure-moi du poison pour ce soir.
Avec amour.
Je ne l'entendrai pas, c'est assez de la voir !
Je crains que sa douleur désarme ma vengeance.
Je ne lui dirai pas un mot.

YAGO.
Point d'indulgence!
Renoncez au poison, l'étouffer est plus prompt
Sous ces mêmes rideaux complices de l'affront.

OTHELLO.
Oui, cette mort est juste. Eh bien, je m'y décide.

YAGO.
Quant à Cassio, sur moi je prendrai l'homicide,
Je m'en charge; il ne va qu'où mon doigt le conduit!
Et vous en saurez plus ce soir même à minuit.

On entend des trompettes dans le lointain ; elles se rapprochent par degrés.

OTHELLO.
Qu'entends-je là?

YAGO.
Je vois le plumet et la toge
Qui distingue à Venise un envoyé du doge.
Ah! c'est Lodovico, votre femme avec lui.

SCÈNE VI

Les Mêmes, LODOVICO, DESDEMONA, Suite.

LODOVICO, à Othello.
Le doge et le sénat dont vous êtes l'appui
Vous offrent leurs saluts.
Il présente un paquet de lettres à Othello.
OTHELLO.
Avec respect je baise
Les ordres souverains.
Il baise les lettres et les lit.
LODOVICO.
J'attendrai qu'il vous plaise
A Desdemona, qu'il prend à part.
De répondre à cela. — Pendant qu'il lit, venez,
Ma cousine. — En entrant, nous fûmes étonnés
De ne pas rencontrer Cassio sur la jetée.
DESDEMONA.
Quelque division entre eux deux excitée
A semé la tristesse et le deuil parmi nous ;
Mais vous l'apaiserez aisément.
OTHELLO, l'entendant.
Croyez-vous ?
DESDEMONA.
Quoi ! seigneur !
OTHELLO, lisant.
« Partez donc sans tarder davantage... »
LODOVICO, à Desdemona.
Il ne vous parlait pas, mais lisait ce message.
Et n'est-il plus entre eux nul accommodement ?
DESDEMONA.
Hélas ! je le voudrais, quant à moi seulement
Par l'amitié que j'ai pour Cassio.
OTHELLO.
Feux ! tonnerre !

DESDEMONA, à Othello.

Seigneur!

OTHELLO.

Avez-vous bien votre sens ordinaire?
On ne le croirait pas.

DESDEMONA.

Monseigneur, pourquoi non?

OTHELLO, avec fureur

Pourquoi?...

DESDEMONA.

Mais oui, pourquoi?

OTHELLO.

Va, perfide! démon!
Il la frappe avec les papiers qu'il tient à la main.

DESDEMONA.

Avais-je mérité ce traitement infâme!

Elle pleure.

LODOVICO.

Seigneur, si je disais ce qu'a souffert madame,
Personne dans Venise entière n'y croirait.

OTHELLO, à Desdemona.

Sortez.

LODOVICO.

Elle est en pleurs. Qu'un regard d'intérêt
Fasse oublier ceci. Dites une parole
Qui calme son chagrin, seigneur, et la console.
J'admire sa douceur.

OTHELLO, à Desdemona.

A Lodovico.

Revenez. — La voilà.
Que lui voulez-vous?

LODOVICO.

Moi?

OTHELLO.

Oui, vous. — Regardez-la,

Avec ironie.

Vous aimez la beauté que la douceur décore.
Elle sait s'en aller, puis revenir encore,

A Desdemona avec colère.

Elle pleure ou sourit, elle est douce. — Oui pleurez,
Pleurez. — Elle dira tout ce que vous voudrez,

Il rit en parlant.   A Desdemona.

Elle est douce, oui, très-douce. — O perfidie infâme!

A lui-même.   A Desdemona.

On m'appelle à Venise. — Allez, sortez, madame.

A Lodovico.   A Desdemona.

Seigneur, j'obéirai... — Je vous dis de sortir...

A Lodovico.   Elle sort.

Aux ordres du sénat, seigneur, sans repentir;
Et je compte me rendre à Venise au plus vite.
A souper avec moi ce soir je vous invite.
Veuillez me pardonner quelque distraction.
Soyez le bienvenu.

En sortant.

Grand Dieu! corruption!

Corruption!

Il suit Desdemona, qui marche en pleurant devant lui, et cache sa tête sous son voile et dans ses mains.

SCÈNE VII

YAGO, LODOVICO.

LODOVICO, le regardant se retirer.

Eh quoi! c'est là ce noble More

Que dans tous ses revers la République implore,
Qu'illustre le sénat, qu'une commune voix
Appelle à décider des combats et des lois?
Est-ce donc là cette âme et ce grand caractère
Qu'on vit aux passions s'offrir toujours austère,
Et ce ferme courage où venaient se briser
Tous les coups du destin qu'il savait maîtriser?
Est-ce donc Othello?

YAGO, soupirant d'un air hypocrite.

Moi, je ne sais qu'en dire!

LODOVICO.
Sur lui-même autrefois il avait tant d'empire!
On croirait aujourd'hui son esprit dérangé.
Est-ce bien Othello?

YAGO.
    Certe, il est bien changé!

LODOVICO.
Frapper sa femme!

YAGO.
    Hélas! je voudrais, je vous jure,
Qu'il ne lui fît jamais de plus sanglante injure!

LODOVICO.
Les lettres du sénat, seigneur, assurément,
Ne le jetteraient pas dans cet emportement!

YAGO.
Hélas! je ferais mal de dire ce qu'on pense
Et tout ce que j'ai vu. Mais j'observe en silence;
Ayez bien l'œil sur lui. Moi, je suis alarmé.

LODOVICO.
J'ai regret à présent de l'avoir tant aimé.
   Ils sortent en parlant avec chaleur et plus bas.

SCÈNE VIII

OTHELLO, EMILIA.

OTHELLO, *sombre, mais calme et d'un air scrutateur.*
Vous n'avez donc rien vu qui témoignât contre elle?

EMILIA.
Rien.

OTHELLO.
Ni regard douteux, ni parole infidèle?

EMILIA.
Je n'ai rien entendu, ni rien soupçonné.

OTHELLO.
      Mais
Vous les vîtes souvent se parler bas?

EMILIA.
Jamais.
OTHELLO.
Jamais ils n'ont pu désirer votre absence?
EMILIA.
Jamais. J'attesterai cent fois son innocence.
Si quelque autre pensée abuse vos esprits,
Chassez-la. Si quelqu'un, seigneur, vous a surpris
Par ce zèle trompeur qui blesse en voulant plaire,
Puisse le juste Ciel accabler pour salaire
Ce perfide inconnu, cet infâme imposteur,
De la punition du serpent tentateur!
Je jure sur ma vie encor qu'elle est fidèle;
Nulle femme ne fut sage si ce n'est elle,
Nul mari ne doit être heureux si ce n'est vous.
OTHELLO.
Allez et dites-lui de venir près de nous.

Emilia s.rt.

SCÈNE IX

OTHELLO, seul, regardant aller Emilia.

C'est une femme adroite et dont le témoignage
Est nul. Eh! pourrait-elle en dire davantage?
Elle soutient son rôle effronté; son maintien
Cache un cœur plein de crime et d'infamie... Eh bien,
Ce soir, on la verra, que le Ciel lui pardonne!
A genoux, priant Dieu devant une Madone.
Je l'ai vue une fois.

SCÈNE X

OTHELLO, DESDEMONA, EMILIA.

DESDEMONA.
Seigneur, que voulez-vous?

OTHELLO, ironiquement.

Venez, ma bien-aimée; allons, regardez-nous!

DESDEMONA.

Vous voulez voir?

OTHELLO, durement.

Vos yeux; je veux les voir en face;
Regardez-moi!

DESDEMONA.

Seigneur, vous m'effrayez! De grâce
Quel horrible projet vous saisit?

OTHELLO, à Emilia, avec une ironie cruelle.

Deux amants
Ont besoin d'être seuls en de pareils moments;
Vous le savez, je crois, depuis longtemps, madame.
Quand on vient, vous frappez pour avertir ma femme;
N'est-il pas vrai? Sortez vite, allez, laissez-nous!

Emilia sort.

Othello reste longtemps la main sur la clef, qu'il a tournée deux fois, et regarde Desdemona avec des yeux terribles.

DESDEMONA, à genoux.

A vos genoux, seigneur! seigneur, à vos genoux,
Je demande en tremblant ce qui peut vous déplaire.
Au fond de vos discours je vois votre colère;
Et cependant, seigneur, je ne la comprends pas.

OTHELLO, d'un ton féroce.

Quelle es-tu?

DESDEMONA.

Votre femme, attachée à vos pas
Comme une esclave; oui, oui, votre fidèle femme.

OTHELLO.

Viens me jurer cela! Jure, et damne ton âme;
Car en voyant tes traits célestes, je le crois,
L'enfer hésiterait à s'emparer de toi.
Viens donc pour te damner, et par un double crime,
Dis que tu t'es conduite en femme légitime,
Fidèle à son serment.

DESDEMONA.

Le Ciel le sait, seigneur.

OTHELLO.
Le Ciel sait que l'Enfer est moins noir que ton cœur.
DESDEMONA.
Moi, qu'ai-je fait, seigneur, et par qui condamnée?
Envers qui criminelle? O fatale journée?

OTHELLO, s'appuyant contre le mur, puis tombant sur un fauteuil.
Ah! Desdemona! va loin de moi!
Il fond en larmes.
DESDEMONA.
Vous pleurez;
Et pourquoi pleurez-vous? qu'ai-je fait? Vous croirez,
Oui, vous croirez peut-être, hélas! que c'est mon père
Qui vous fait rappeler; il n'en est rien, j'espère:
Mais ne m'accusez pas; s'il vous poursuit ainsi,
Je ne dois plus le voir, et je le perds aussi.

OTHELLO, parlant sans la regarder.
Si le Ciel, me frappant d'une plaie inconnue,
D'une grêle de maux chargeant ma tête nue,
Eût fait pleuvoir sur moi chagrins et pauvreté,
M'enlevant à la fois l'honneur, la liberté,
L'espoir lui-même... alors, dans mon expérience,
Dans ma raison, j'aurais cherché la patience.
Mais en butte au mépris railleur, qui toujours là
Vous désigne du doigt... Eh bien, encor cela,
Oui, cela même encore, en frémissant de rage,
De l'endurer longtemps j'aurais eu le courage.
Mais l'asile adoré, le tabernacle d'or
Où j'avais de mon cœur déposé le trésor,
La source où je puisais et rapportais ma vie,
M'en arracher moi-même et me la voir ravie,
Ou bien la conserver lorsque son flot d'azur
Est tout empoisonné comme un marais impur!
Lequel de vous, Esprits de gloire et de lumière,
Lequel de vous quittant sa pureté première
Et, comme je le fais, s'armant d'un cœur de fer,
N'en deviendrait plus dur et plus noir que l'Enfer?

DESDEMONA.
Du moins, vous me croyez vertueuse?

OTHELLO, se levant et la contemplant avec une mélancolie profonde.
O misère!
Comment t'es-tu flétrie! ô toi, fleur solitaire!
O fleur si belle à voir et dont le pur encens
A ton approche seule enivrait tous les sens?
Je voudrais que le Ciel ne t'eût jamais fait naître!
DESDEMONA.
Hélas! j'ai donc fait mal sans le savoir peut-être?
OTHELLO.
Ce que vous avez fait, ô femme sans honneur,
Il faudrait pour le dire être aussi sans pudeur!
Le jour en le voyant se détourne de honte,
Et votre ange effrayé vous maudit et remonte.
DESDEMONA.
Ah! vous m'injuriez, seigneur, et par quel nom!
OTHELLO.
Eh quoi! n'êtes-vous pas une adultère?
DESDEMONA.
Non!
Comme je suis chrétienne!
Elle retombe à genoux en élevant les mains au ciel.
OTHELLO.
Est-il vrai?
DESDEMONA, toujours à genoux.
Sur mon âme!
Sur mon salut! si c'est être une honnête femme
Que chérir ses devoirs et les accomplir tous!
OTHELLO, ironiquement.
Vraiment?
DESDEMONA, effrayée.
Hélas! seigneur, que Dieu veille sur nous!
OTHELLO, avec le plus profond mépris en la relevant.
Pardon! je me trompais, et ma vue abusée
M'avait montré dans vous cette femme rusée,
Courtisane à Venise et fille sans raison,
Qui, pour suivre Othello, déserta sa maison.
A Emilia qui rentre.
Vous dont la mission est honnête et secrète,

Recevez cet argent et soyez bien discrète.
Il lui jette une bourse, rit amèrement en regardant Desdemona à demi évanouie, Emilia interdite, puis il sort.

SCÈNE XI

EMILIA, DESDEMONA.

EMILIA.
Qu'a donc rêvé cet homme, et que dit-il de nous ?
Dieu ! que vous êtes pâle ! Ah ! mon Dieu ! qu'avez-vous ?

DESDEMONA.
Moi, je crois que j'ai fait un songe.

EMILIA.
     Sa colère,
D'où vient-elle ?

DESDEMONA.
  Quoi donc ?

EMILIA.
    Qui vient de lui déplaire ?

DESDEMONA.
A qui ?

EMILIA.
 Qui ?... Monseigneur !... J'entendais en entrant...

DESDEMONA.
Elle fond en larmes et pleure longtemps.
Ah ! tais-toi... Je ne puis répondre qu'en pleurant.
Ce soir, tu placeras sur mon lit, déployée,
La robe que j'avais quand je fus mariée.
N'y manque pas, et cours appeler ton époux ;
Qu'il vienne me parler.
        Emilia sort.

Seule, et pleurant.
    Dieu nous a jugés tous.
J'avais bien mérité les dédains qu'une fille
Attire sur sa tête en fuyant sa famille ;

Mais ce reproche amer, ce honteux souvenir,
Était-ce d'Othello qu'il aurait dû venir?
Non. Me calomnier, soupçonner, méconnaître,
Pour tout autre que lui serait juste peut-être,
Oui, bien juste. Mais lui! Qu'ai-je dit, qu'ai-je fait
Qui me charge à ses yeux d'un aussi grand forfait?

SCÈNE XII

YAGO, EMILIA, DESDEMONA.

YAGO.
Qu'ordonnez-vous, madame, et qu'avez-vous?

DESDEMONA.
Que sais-je?
Le maître d'un enfant réprimande et protége,
Il adoucit sa voix, il caresse en grondant;
Car, s'il veut le punir, il l'aime cependant.
Othello devait faire ainsi; car, dans l'enfance,
On n'est pas plus que moi sans force et sans défense.

YAGO.
Qu'a-t-il fait?

EMILIA.
Ce cœur pur, dont il était épris,
Il vient de l'accabler d'outrage et de mépris,
Il oublie et son rang et celui de sa femme
Au point de la traiter de perfide et d'infâme.

YAGO.
Que Dieu nous soit en aide! Et d'où vient sa fureur?

DESDEMONA.
Dieu le sait!

EMILIA.
Plaise au Ciel que je sois dans l'erreur!
Mais, je le jurerais, c'est quelque traître encore
Qui par ambition vient d'abuser le More,

Quelque flatteur adroit qui s'attache à ses pas ;
Je consens à mourir si tout cela n'est pas.

YAGO.

Est-il homme pareil au monde? Est-ce possible?

DESDEMONA.

Que Dieu lui pardonne!

EMILIA.

Ah! moi, je suis moins sensible!
Pour un tel scélérat j'aurais un cœur de fer,
Et le voudrais passant du gibet à l'enfer!

A Yago.

Si je le connaissais! c'est le même peut-être
Qui vous fit voir aussi dans l'amiral un traître,
Quand vous le soupçonniez de jeter l'œil sur moi.
— Que ne peut-on livrer aux verges de la loi
Ces scélérats obscurs qui vont troubler vos âmes
En jetant des soupçons sur l'honneur de vos femmes!
Qui voit-on chez madame, et qui lui fait la cour?
En quel lieu, dans quel temps s'est formé cet amour?

YAGO.

Ne vous emportez pas ainsi, femme imprudente!

DESDEMONA.

Cher Yago, le chagrin d'Othello m'épouvante.
Je crois perdre son cœur et ne sais pas comment;
Allez, et dites-lui que, dans aucun moment,
Son amour n'a cessé de suivre ma pensée ;
Que même de ses torts je ne suis point blessée,
Que je l'aime et toujours l'aimai ; que, malgré lui,
Sa femme était encor son esclave aujourd'hui ;
Qu'il me verra sans cesse obéissante et douce,
Jusque dans le divorce où cet éclat nous pousse,
Et que sa dureté peut détruire en un jour
Ma vie et ne peut rien jamais sur mon amour.

YAGO.

Calmez-vous; ce sont là les chagrins ordinaires
Que jette en nos cerveaux le trouble des affaires.

C'est Venise qu'il gronde en vous, cela n'est rien.
L'ambassadeur attend. Rentrez, tout ira bien.

Il reconduit Desdemona jusqu'à la porte de la galerie, qui se trouve à droite de la scène ; au moment où il revient seul, il se rencontre nez à nez avec Rodrigo.

SCÈNE XIII

YAGO, RODRIGO.

YAGO.

Ah ! vous voilà !

RODRIGO.

Moi-même. Il faut, sans plus se taire,
De vos façons d'agir m'expliquer le mystère.
Vous me trompez.

YAGO, *effrontément*.

La preuve ?

RODRIGO.

Elle est simple à donner,
Vous n'avez pas le droit de vous en étonner,
Quand pour Desdemona, que vous disiez rebelle,
J'ai mangé tout mon bien. Pour fléchir notre belle,
Or, bijoux, diamants, rubis, colliers, parfums,
Des dons qu'il vous fallait je n'épargnais aucuns ;
Enfin j'en ai versé dans votre main fatale
Assez pour acheter l'honneur d'une vestale :
Vous me les avez dits reçus ; mais, en retour,
Moi, je n'obtiens jamais un seul regard d'amour.

YAGO.

Fort bien ! poursuivez !

RODRIGO.

Oui ! oui ! je veux bien poursuivre
Et je viens pour cela ! Je ne prétends pas vivre
En étourdi, jouet de votre trahison ;
Et de vous, aujourd'hui, je me ferai raison.

YAGO.

Vous avez dit ?

RODRIGO.
J'ai dit, et j'agirai peut-être.
YAGO.
Eh bien, je vois en vous un cœur ferme, mon maître!
Touchez là! c'est parler; j'ai suivi tous ses pas,
Tous dans votre intérêt.
RODRIGO.
Je ne m'en doutais pas!
YAGO.
Il y paraissait peu, je l'avoue, et vos doutes
Prouvent un esprit fin. Mais, de toutes les routes,
La plus sûre parfois est la plus longue. Ami,
Je n'ai pas adopté vôtre cause à demi;
Et, si dès cette nuit vous n'enlevez sa femme,
Tenez-moi pour un fourbe et qu'on m'arrache l'âme.
RODRIGO.
Quoi donc! ai-je vraiment quelque lueur d'espoir?
YAGO.
Des ordres sont venus de Venise, et ce soir
Cassio doit remplacer Othello.
RODRIGO.
Ma surprise
Est bien grande. Il va donc retourner à Venise?
YAGO.
Bien plus loin : en Afrique! à moins que son séjour
Ne soit, par un bon coup, prolongé plus d'un jour;
A moins que votre main diligente et jalouse
N'y veille, il vous prendra sa belle et jeune épouse.
Écartons ce Cassio.
RODRIGO.
Mais comment l'écarter?
YAGO.
Comment? Rien de plus simple : en lui faisant sauter
Ce reste de cerveau qui fait jaser sa tête.
RODRIGO.
Je dois faire cela?
YAGO.
Toute l'affaire est prête.

Après souper, ce soir, je vais vous l'envoyer
Entre une heure et minuit, nous irons l'épier
Au détour de la rue, et, prenant votre belle,
Vous pousserez la botte ; alors, s'il est rebelle,
Je vous seconderai ; je serai sur vos pas.

RODRIGO.

Cher Yago, c'est fort bien ; mais je ne voudrais pas
Assassiner un homme.

YAGO.

    Eh! mon Dieu! pour une heure
Venez en conférer dans ma propre demeure,
Et je vous montrerai si bien l'arrêt du sort
Sur le front de Cassio, que vous voudrez sa mort.

RODRIGO.

Mais pourtant...

YAGO.

  Taisez-vous...

RODRIGO.

   Un ami...

YAGO.

     Que m'importe!
Le souper va finir. — Allons, ouvrez la porte,
Sortez ; vous restez là tout ébahi!

RODRIGO.

     Mais quoi!
N'avais-je pas le droit de demander pourquoi?

YAGO.

Vous le saurez, je vais vous ôter tout vestige
De scrupule...

RODRIGO.

  Et comment?...

YAGO.

    A l'action, vous-dis-je!

Ils sortent par la gauche de la scène, Othello entre du côté opposé.

SCÈNE XIV

OTHELLO, avec DESDEMONA. EMILIA, reconduisan LODOVICO, envoyé du sénat.

LODOVICO.
Seigneur, de m'honorer vous prenez trop de soin ;
Vous me rendez confus ; ne venez pas plus loin

OTHELLO, d'une voix sombre.
L'air me fera du bien !

LODOVICO.
Madame, je souhaite
Que la nuit vous soit douce et calme. Je m'apprête
A vous quitter.

DESDEMONA, à Lodovico.
Je suis heureuse de l'honneur
Que vous nous avez fait.

OTHELLO, soupirant.
Desdemona !

DESDEMONA.
Seigneur !

OTHELLO.
Retirez-vous, allez. Couchez-vous tout de suite *.
Je reviens à l'instant. Renvoyez votre suite ;
N'y manquez pas !

DESDEMONA.
Seigneur, j'obéirai.

OTHELLO, à Lodovico.
Passez.

Ils sortent.

---

* Get you to bed on the instant. I will be
Return'd forth With. Dismiss your attendant there.

Cela est traduit littéralement et toute cette scène est évidemment faite pour qu'on entende Othello donner cet ordre.

SCÈNE XV

La scène change et représente un cabinet de toilette de Desdemona.

Pendant cette scène, Desdemona doit peu à peu se déshabiller.

DESDEMONA, EMILIA.

EMILIA.
Comment vous trouvez-vous? Ses discours moins glacés,
Moins durs que ce matin, sont d'un meilleur augure.

DESDEMONA.
Le cœur ne se lit pas toujours sur la figure.
Il m'a dit qu'il fallait (cela va t'effrayer)
Rentrer chez moi, l'attendre, et puis te renvoyer.

EMILIA.
Quoi! me renvoyer?

DESDEMONA.
        Oui! Comme il est en colère,
Ce n'est pas à présent qu'il faudrait lui déplaire.
Donne mes vêtements. Adieu. C'est convenu.

EMILIA.
Je voudrais que jamais vous ne l'eussiez connu!

DESDEMONA.
Je ne le voudrais pas, moi; car vraiment je l'aime
Jusqu'en son humeur brusque et dans ses dédains même.
Ils ont (délace-moi vite, je serai mieux)
Du charme pour mon cœur, de la grâce à mes yeux.

EMILIA.
Tout votre habit de noce est sur le lit.

DESDEMONA.
        N'importe!...
Mon père! hélas! j'ai fui le seuil de votre porte,
Mon bon père! Ah! combien nos cœurs sont insensés!
— Je veux qu'en ces habits mes restes soient placés.

Si je meurs avant toi, tu le feras, j'espère,
Dans mes robes de noce. — O mon père! ô mon père!
Elle pleure.

EMILIA.
Madame, au nom du Ciel, ne dites pas cela.

DESDEMONA.
Elle fait arranger lentement ses cheveux devant une glace; pendant ce temps, Emilia s'arrête, lorsqu'elle rêve et chante.

Ma mère avait près d'elle une esclave, et voilà
Que, malgré moi, j'y pense; elle était Africaine;
On la nommait Joël; une éternelle peine
L'accablait; son amant, devenu fou, je crois,
L'avait abandonnée; il semble que sa voix,
Comme je l'entendais, frappe encor mon oreille
Elle chanta longtemps une chanson bien vieille,
Une chanson de saule et de fatal amour*;
Elle mourut très-jeune, et jusqu'au dernier jour
Elle redit cet air, dont les vers et l'histoire
Ne peuvent aujourd'hui sortir de ma mémoire.
Peu s'en faut que mon front ne tombe malgré moi,
Comme le sien tombait en chantant. Hâte-toi,
Je t'en prie; à mes yeux la lampe se dérobe.

EMILIA.
Irai-je pour la nuit chercher une autre robe?

DESDEMONA.
Non, détache ces nœuds seulement. — J'ai trouvé
Lodovico fort bien, son langage élevé,
Gracieux.

EMILIA, cherchant à la distraire.
J'ai connu dans Venise une dame
Qui brûlait tellement de devenir sa femme,
Que, pour en obtenir un instant de pitié,
Elle eût fait un voyage en Palestine à pied.

---

* She had a song of willow...
   An old thing'twas, but it express'd her fortune;
   And she d'ed singing it : that song, to-night,
   Will not go from my mind. —

DESDEMONA, rêveuse, récite ou chante des vers. Emilia n'ose lui parler.

>La pauvre enfant était assise
>Sous un sycomore penché.
>Son front sur ses genoux caché,
>Sa main sur son cœur qui se brise.
>Chantez le saule, chantez tous,
>Le saule pleure comme nous.

EMILIA.

Je voudrais cette nuit rester auprès de vous.

DESDEMONA, poursuit sans l'écouter.

>Le ruisseau frais au pied de l'arbre,
>Coulait près d'elle en murmurant.
>Elle parlait en soupirant,
>Ses pleurs auraient usé le marbre.

Il va rentrer bientôt ; dépêche-toi ! *Chantez*
Le saule vert, le saule... Il revient ; écoutez.

>Que nul d'entre vous ne le blâme !
>Mieux que vous je connais son âme !
>J'aime et j'approuve ces dédains !

Non. Ce n'est pas ainsi que ce couplet commence,
Et je ne puis jamais achever la romance.
Qui frappe donc ? Écoute ! entends-tu ?

EMILIA.
C'est le vent.

DESDEMONA.
Ah ! c'est vrai. Bonne nuit. Va-t'en. Mon Dieu, souvent
Mes yeux me font bien mal. Brûlants comme une flamme !
Cela présage-t-il des pleurs ?

EMILIA.
Eh ! non, madame.

DESDEMONA.
On me l'a toujours dit. — Ah ! ces hommes ! — crois-tu,
Dis-le-moi, que parfois des femmes sans vertu,
Sans honneur, aient osé trahir la foi jurée ?...

EMILIA, souriant.

Mais, madame!
DESDEMONA.
Crois-tu qu'à ce point égarée,
Tu voudrais pour un monde entier y consentir?
EMILIA, cherchant.
Pour un monde, madame, un monde, sans mentir,
Ne voudriez-vous pas?
DESDEMONA.
Non! par cette lumière
Du ciel!
EMILIA.
Par la lumière? Ah! je suis la première
A dire non aussi, mais la nuit!
DESDEMONA.
Quoi! vraiment!
Oh! non! je ne veux pas l'écouter, elle ment.
EMILIA.
Bah! votre opinion de ce péché se fonde
Sur l'avis général établi dans le monde;
Mais, s'il était à moi, ce monde, on en ferait
Bien vite une vertu qu'on y respecterait.
DESDEMONA.
Et moi, je ne crois pas que ces femmes existent.
EMILIA.
Eh! madame, entre nous, s'il en est qui résistent,
C'est...
DESDEMONA.
Bonne nuit, va-t'en, il est bien tard; adieu.

Emilia sort.

Tous les jours de ma vie, inspirez-moi, grand Dieu!
Le mépris que je sens pour ces propos infâmes,
Et faites qu'en plaignant l'erreur des autres femmes,
Et dédaignant toujours leur exemple fatal,
Je me corrige encore en présence du mal.

Elle prend un chapelet et son livre de prières, le lit, rêve; et puis elle sort et passe dans sa chambre à coucher.

ACTE CINQUIÈME

SCÈNE PREMIÈRE

Une rue écartée et sombre de Chypre. — Il est nuit.

YAGO, RODRIGO.

YAGO.
Place-toi, mon ami, derrière la muraille.
Tire-moi bravement ta lame de bataille.
Cassio va revenir. L'épée au poing ! C'est bien.
Plonge-la dans son cœur. Sois ferme ! ne crains rien ;
Je serai là. Ce coup sauve ou perd notre affaire ;
Songes-y. Prends bien garde à ce que tu vas faire.

RODRIGO.
Mais tiens-toi près de moi ; je peux manquer mon coup.

YAGO.
Es-tu content, je suis sous ton bras ?

RODRIGO, à part.
       Pas beaucoup !
Il m'a bien donné là des raisons excellentes ;
Mais je hais tout ceci. Ces actions sanglantes...
Bah ! qu'importe ! Après tout, ce n'est qu'un homme mort.
Je ferai ce qu'il veut, mais je crois que j'ai tort.
       Il va à son poste.

YAGO, sur le devant de la scène.
J'ai tant envenimé sa récente blessure,
Que le voilà parti. Mon entreprise est sûre.

A présent, que Cassio meure ou le tue, ou bien *
Qu'ils meurent tous les deux, cela ne me fait rien ;
Si Rodrigo survit à l'affaire, il est homme
A venir réclamer les bijoux et la somme
Dont je l'ai dépouillé : cela ne sera pas.
D'autre part, si Cassio se dérobe au trépas,
Je demeure éclipsé par l'éclat de sa vie.
Le More et lui pourront s'entendre. Oh ! mon envie
De le voir disparaître est juste, et je prétends
Ne pas l'attendre au coin des bornes plus longtemps.
J'entends quelqu'un ; c'est lui.

RODRIGO, au coin de la rue.

Il s'élance de son poste, et porte une botte à Cassio.

C'est lui ! c'est lui ! Meurs, traître !

CASSIO.

Ma foi, sans mon manteau, c'était fait. Ah ! mon maître,
C'est moi qui vais percer le tien.

Il tire son épée et frappe Rodrigo.

RODRIGO.
Ah ! je suis mort !

Yago frappe Cassio à la jambe et s'en va.

CASSIO.

Au meurtre !

Yago achève Rodrigo.

RODRIGO, mourant, à Yago.

Scélérat !

OTHELLO traverse la scène dans la nuit, enveloppé d'un manteau.

Cassio se meurt. Le sort
Pas à pas s'accomplit. Yago tient sa promesse.

---

* Now ; whether he kill Cassio
Or Cassio him, or each do kill the other,
Every way makes my gain : Live Roderigo,
He calls me to a restitution large
Of gold, and jewels, that I bobb'd from him
As gifts to Desdemona :
It must not be : — if Cassio do remain,
He hath a daily beauty in his life
That makes me ugly.

Il a frappé l'amant, je marche à la maîtresse.
Femme, ton bien-aimé t'attend, et ton destin
Est de l'aller trouver avant demain matin.
En entendant ces cris, j'ai honte qu'elle vive!
Fidèle Yago, j'y vais! Attends, femme, j'arrive;
Ton sang bientôt versé par mon bras satisfait,
Va couler sur ce lit qu'a souillé ce forfait.

Il sort à grands pas, marchant vers son palais et mettant la main sur son poignard.

LODOVICO entre de l'autre côté avec ses gens sans flambeaux.

J'entends gémir deux voix. Mais la nuit est bien sombre.
Avancez prudemment et lentement dans l'ombre;
Ce pourrait être un piége. Approchons; j'aperçois
Un homme armé qui tient une lampe, je crois.

YAGO, accourant à demi déshabillé, avec une lampe.

Qui va là? Répondez. Quel blessé nous appelle?
Quoi! c'est vous, lieutenant? Était-une querelle?

CASSIO.

Ce sont des assassins; l'un d'eux est mort ici.

YAGO.

Les autres, où sont-ils? Je crois que les voici.

Il crie à Lodovico.

N'approchez pas de moi. Nommez-vous, parlez vite.

LODOVICO.

Jugez chacun de nous, seigneur, par sa conduite.
Nous restons à deux pas.

YAGO.

    Excusez-moi, seigneur!
Noble Lodovico; mais, dans un tel malheur,
Au milieu des brigands, de tous on se méfie.
C'est notre ami Cassio, déjà presque sans vie.
Si vous pouviez m'aider à l'emporter chez moi.

CASSIO, qu'on transporte.

Merci, mon brave Yago.

YAGO, à part.

    Je veillerai sur toi,

Car c'est dans cette nuit où va gronder l'orage,
Que ma barque doit vaincre ou subir le naufrage !

Ils entrent dans une maison.

SCÈNE II

Une chambre à coucher. — Desdemona endormie sur son lit, à moitié déshabillée en robe blanche, nu-pieds, ses cheveux noirs épars.

OTHELLO *entre, tenant dans sa main gauche une lampe, dans la droite une épée.*

. . . .
C'est la cause, ô mon âme ! et vous la connaissez *
La cause qui m'amène au meurtre ! c'est assez !
Étoiles qu'on adore en votre chaste empire,
La cause, sous vos yeux je n'oserais la dire !
Je ne verserai pas son sang, et mon dessein
Ne me conduira pas à déchirer ce sein
Si beau, que l'on croit voir, à la lampe bleuâtre
Sur un tombeau de marbre une image d'albâtre

Il pose son épée et sa lampe sur une table.

Cependant, il faut bien qu'elle meure, il le faut,
Car elle trahirait d'autres hommes bientôt.
— Éteignons ce flambeau, puis éteignons sa vie.
— Si la flamme une fois, par ma main, t'est ravie,
J'ai, pour la ranimer le temps du repentir,

En regardant Desdemona.

Lampe ardente ! mais toi qui vas t'anéantir,
Ouvrage le plus beau qu'ait formé la nature !

---

* It is the cause, it is the cause, my soul.

Ce brusque début doit être conçu comme la suite d'une profonde réflexion intérieure dont l'expression s'échappe de ses lèvres dans la violence de son désespoir. Le désordre de ses premières paroles sera mieux expliqué par tout homme dont le cœur a été blessé que par les commentaires de Johnson et Stevens, qui ajoutent froidement des paroles de rechange en marge de ce monologue pour lui servir de préface.

Où retrouver encor, divine créature,
Ce feu qui te donna la vie, et qu'autrefois
Dieu pour chacun de nous n'alluma qu'une fois?
Le destin l'a voulu : lorsqu'une main profane
Vient de cueillir la rose, il faut qu'elle se fane;
Mais celle-ci, du moins, je veux la respirer!

Il l'embrasse.

O souffle pur, qui viens encor de m'attirer!
— Ta lèvre de parfums et de baumes trempée
Forcerait la justice à briser son épée!
Encore ce baiser! — le dernier! — infernal!
Jamais on n'en aura donné de plus fatal.

Il fond en larmes.

Il faut que je pleure! Ah! c'est que ma fureur même
Est le courroux du ciel qui frappe ce qu'il aime.
Elle s'éveille!

DESDEMONA.
On vient! Othello! c'est donc vous?

OTHELLO.
Oui, Desdemona, moi.

DESDEMONA.
Monseigneur, allons-nous
Dormir?

OTHELLO, assis, sans la regarder, parlant doucement.
Avez-vous fait ce soir votre prière,
Desdemona?

DESDEMONA.
Oui.

OTHELLO.
Bien! Dans votre vie entière
Si vous vous rappelez un crime pour lequel
Vous n'ayez pas encor l'indulgence du Ciel,
Implorez-la sur l'heure.

DESDEMONA.
Eh! que voulez-vous dire,
Monseigneur?

OTHELLO.
Il marche à grands pas dans la chambre.
Allons, vite, allons, je me retire,
Je reste à quelques pas de vous en attendant.
— Préparez-vous ! ma cause est juste, et cependant
Le Ciel remet parfois même une faute infâme,
Et je ne voudrais pas aussi tuer votre âme.

DESDEMONA.
Quoi ! vous parlez de crime et de tuer aussi ?

OTHELLO.
Oui.

DESDEMONA.
Que le Ciel me sauve !

OTHELLO.
Amen ! qu'il soit ainsi* !
Je le désire.

> * OTHELLO.
> Oui.
> DESDEMONA.
> Que le ciel me sauve
> OTHELLO.
> *Amen !* qu'il soit ainsi !
> Je le désire.
>
> A la scène, on dit : « Ah ! qu'il en soit ainsi ! »
> Mais l'anglais porte : *Amen ! with all my heart !*
>
> J'espère qu'il viendra un temps où l'on osera dire à la scène cette parole sacramentelle que Shakspeare n'a pas mise sans intention dans la bouche du More. Othello est un chrétien fervent, comme l'annoncent beaucoup de traits dans toute la tragédie ; dans cette scène, il se regarde comme n'étant plus que l'exécuteur de son invariable résolution ; depuis son vers :
>
> > Yet the must die, else she'll betray more men !
> > ... Il faut bien qu'elle meure, il le faut,
> > Car elle trahirait d'autres hommes bientôt !
>
> de ce moment, il est devenu à ses propres yeux un pontife, un sacrificateur qui ne doit plus à la victime que le temps d'une prière. Othello a dans son cœur des trésors de foi et d'amour ; l'une lui fait dire : *Je ne voudrais pas tuer aussi votre âme ; I would not kill thy soul ;* l'autre, que son courroux est le courroux du Ciel qui frappe ce qu'il aime ; *This sorrow's heavenly, it strikes, where it doth love.*
>
> Il est tellement pénétré de sa foi et convaincu que son crime l'a damnée, qu'on l'entendra se réjouir de ce que Desdemona s'est damnée aussi par un mensonge, quoique ce mensonge soit un dernier soupir d'amour pour lui-même. Souvent il

DESDEMONA.

Au moins, ce n'est pas moi, j'espère,
Que vous tûrez?

OTHELLO.

Espère!

DESDEMONA.

Hélas! votre colère
Est à craindre toujours, seigneur, lorsque vos yeux
Roulent comme à présent, sombres et soucieux.
Je n'ai fait aucun mal; personne n'a de plainte
Contre moi; je ne vois aucun sujet de crainte,
Et cependant j'ai peur,

OTHELLO.

Pense à tes péchés.

DESDEMONA.

Moi?
Le seul est mon amour pour vous, seigneur.

OTHELLO.

Tais-toi
Pour ce crime tu meurs!

DESDEMONA.

C'est contre la justice.
Tuer pour trop aimer! Punir d'un sacrifice!
Ah! pourquoi mordez-vous vos lèvres en parlant?
Vous tremblez, agité d'un effort violent.
Ces présages sont tous sinistres; mais je pense
Ne pas être l'objet de votre violence.

OTHELLO.

Reste en repos, écoute.

DESDEMONA, assise sur le bord de son lit.

Eh bien, j'écoute en paix.

---

fait serment par la *sainte croix*; tout en lui est ferveur religieuse, cette flamme veille en lui aussi ardente que son amour. Tous ces traits préparent assez un public attentif et réfléchi, à entendre sortir comme un dernier vœu ce mot qui termine toute prière, et par lequel un chrétien s'unit aux prières d'un autre; dernière parole qu'il accorde à la criminelle; il ne croit plus pouvoir pardonner dans ce monde, mais il veut bien prier Dieu d'absoudre dans l'autre.

OTHELLO.

Ce mouchoir qui te fut si cher et que j'aimais
Tu viens de le donner à Cassio.

DESDEMONA.

Sur mon âme,
Cela n'est pas. Qu'il vienne, et devant votre femme
Interrogez-le donc.

OTHELLO.

N'ajoute pas le tort
Du parjure au péché, près de ton lit de mort!

DESDEMONA. Elle s'est levée un moment et retombe sur le lit.

Je n'y suis pas encor pour mourir?

OTHELLO.

Tout à l'heure.
En vain tu nîrais tout; fais un serment ou pleure,
Tu n'étoufferas pas tout ce que maintenant
Je nourris dans le fond du cœur en frissonnant.
Tu vas mourir!

DESDEMONA.

Dieu juste! ayez pitié!... Vous-même,
Ayez pitié de moi. Ce Cassio, je ne l'aime
Que de cette amitié bienveillante pour tous,
Qui ne peut exciter aucun soupçon jaloux.
Je ne vous offensai jamais par mon langage;
J'ai pris pitié de lui, mais jamais aucun gage...

OTHELLO.

Oh! par le Ciel! j'ai vu ce mouchoir dans ses mains.
Femme, ô femme parjure entre tous les humains!
Ce mot seul rend mon cœur de fer. Mon sacrifice
De ta vie, à présent je le nomme justice.
J'ai vu le mouchoir.

DESDEMONA.

Vous? Il l'avait donc trouvé?
Qu'il vienne, et par lui-même il vous sera prouvé...

OTHELLO.

Il a déclaré...

DESDEMONA.

Quoi?

OTHELLO.

Qu'il t'avait possédée.

DESDEMONA.

Il ne le dira pas!

OTHELLO.

Non, sa bouche est fermée;
Yago s'en est chargé.

DESDEMONA, épouvantée.

Ma crainte explique tout :
Il est mort!

OTHELLO.

Il est mort! Quand son ange debout
Aurait multiplié cent fois son existence,
Cent fois on l'aurait vu tomber sous ma vengeance.

DESDEMONA, pleurant.

Hélas! il est trahi! je suis perdue!

OTHELLO.

O dieux!
L'effrontée! elle vient le pleurer sous mes yeux!

DESDEMONA.

Oh! ne me tuez pas, bannissez-moi!

OTHELLO.

L'infâme!
A bas, prostituée!

DESDEMONA.

Oh! la nuit pour mon âme!
Et tuez-moi demain.

OTHELLO.

Non. Si vous résistez...

DESDEMONA.

Une heure seulement.

OTHELLO.

Point de grâce!

DESDEMONA.

Arrêtez!
Seulement pour le temps de dire une prière.

OTHELLO.

Il est trop tard!

Il l'étouffe avec un oreiller.

SCÈNE III*

Les Mêmes, EMILIA, du dehors.

Seigneur! seigneur! la ville entière
Est en rumeur.

OTHELLO.

Qui vient ici? J'entends des pas.
Est-elle morte? Non, non, la mort ne vient pas.
Moi, je suis né cruel; mais, l'action finie,
J'ai toujours eu pitié d'une longue agonie;
Je ne veux pas laisser durer votre douleur,
Non, non.

Il la poignarde sans la regarder.

EMILIA, en dehors.

Ouvrez! ouvrez! Monseigneur! monseigneur!

OTHELLO.

Oui! — C'est Emilia qui frappe à cette porte

Regardant Desdemona.

Pour la mort de Cassio. — Tout à l'heure. — Elle est morte.
Froide! ô mon enfant! froide! immobile! — Ah! je crois
Qu'elle respire encor. — Non. — Tout vient à la fois!
Que faire? On va parler à la femme du More.
Ma femme! — Quelle femme? Ai-je une femme encore?
O funeste pensée! Il me semble à présent
Que les astres devraient, dans ce jour malfaisant,
S'éclipser dans le ciel, s'enfoncer dans l'abîme.

Il ferme les rideaux et ouvre à Emilia.

---

* Il était important de montrer, par ce grand exemple de Shakspeare, que tout n'est pas fini après la mort de l'*héroïne*, et que le dénoûment d'une tragédie peut être l'accomplissement d'un caractère et d'une haute vue morale, et non la fin d'une petite aventure.

EMILIA.

Seigneur!

OTHELLO.

Qu'arrive-t-il?

EMILIA.

Seigneur, un double crime :
Cassio, puis Rodrigo sont assassinés.

DESDEMONA, sous les rideaux.

Ah!

EMILIA.

Quel est ce cri?

OTHELLO.

Quel cri?

EMILIA.

Dieu! c'est Desdemona!

DESDEMONA.

Tuée injustement... innocente, et je l'aime.

EMILIA.

Qui vous a fait mourir?

DESDEMONA, expirant.

Personne, c'est moi-même.
Recommande mon âme à mon Othello.

OTHELLO.

Quoi!
Elle vient d'affirmer que ce n'était pas moi?

EMILIA.

Oui, je l'avoue.

OTHELLO, avec une joie fanatique et insensée.

Eh bien, elle a dit un mensonge
Dont le poids éternel dans les enfers la plonge!
C'est moi qui l'ai tuée.

EMILIA.

O Ciel! tant de bonté
Double votre injustice et votre cruauté.

OTHELLO.

Elle tournait au mal; c'était une adultère.

EMILIA.

Vous la calomniez!

OTHELLO.
Non! Perfide et légère
Comme l'onde.

EMILIA,
Elle était un ange de candeur!

OTHELLO.
Une femme perdue.

EMILIA.
Un trésor de pudeur!

OTHELLO.
Ton mari me l'a dit.

EMILIA.
Il a dit cela d'elle,
Mon mari?

OTHELLO.
Ton mari.

EMILIA.
Qu'elle était infidèle?

OTHELLO.
C'est un homme d'honneur qui déteste et maudit
Le vice et le dénonce.

EMILIA.
O Ciel! il vous l'a dit,
Mon mari?

OTHELLO.
Ton mari, femme.

EMILIA.
Oh! Dieu! ma maîtresse,
Ton amour fut joué par sa scélératesse.

OTHELLO.
Il a tout découvert lui-même habilement;
L'honnête Yago sut tout et m'a tout dit.

EMILIA.
Il ment.
De son indigne choix elle était trop éprise.
Ah! ma colère enfin surmonte ma surprise!

Othello lève son épée.

Va, je ne te crains pas, homme ou monstre fatal!
Car tu n'as pas en toi, pour me faire du mal,
La moitié de l'honneur qui me rend intrépide.
Je te dénoncerai! More insensé, stupide!
Quand je devrais aussi succomber sous tes coups,
Je te ferai connaître! assassin! vil jaloux!
Sanguinaire jouet d'une envieuse adresse!
A mon secours! le More a tué ma maîtresse!

Elle frappe aux portes et ouvre une fenêtre où elle appelle.

SCÈNE IV

Les Mêmes, LODOVICO, MONTANO, YAGO.

EMILIA.

Vous voilà donc, Yago! soyez le bienvenu!
De tous les meurtriers vous semblez fort connu!
Dans ses assassinats chacun d'entre eux vous nomme.
Démentez celui-là, si vous êtes un homme.
Avez-vous dit sa femme infidèle? Parlez,
Parlez, mon cœur est plein.

YAGO.

    J'ai dit, si vous voulez,
Tout ce que je pensais, mais rien, je vous assure,
Qu'il n'ait vu par lui-même.

EMILIA.

    Eh bien, moi, je le jure,
C'est un mensonge infâme, exécrable, odieux!
Il faut bien que je parle. Elle est là sous vos yeux,
Seigneurs, et sur ce lit, assassinée!

TOUS.

    O crime!

EMILIA.

De vos rapports, Yago, ma maîtresse est victime.
C'est vous! la vérité va paraître à son tour.

YAGO.

Il met la main sur son épée.

Prenez garde, madame !

EMILIA.

Elle verra le jour ;
Que le Ciel, les démons, tous les hommes ensemble

A Othello.

S'élèvent contre moi, je parlerai. — Rassemble
Tous les faits, cruel More, et jure le premier.
Il conduisait ta main, aveugle meurtrier !
Et je suis bien trompée, ou dans un but perfide
Il me prit ce mouchoir dont il était avide,
Et que...

OTHELLO, *absorbé jusque-là dans son désespoir, se lève.*

Parle.

YAGO.

Tais-toi !

EMILIA *vient se mettre, en fuyant Yago, sous la protection d'Othello.*

Gardez ce réprouvé,
Seigneurs.

OTHELLO.

Parle, te dis-je !

EMILIA.

Et que j'avais trouvé.
Yago voulut l'avoir, il paraissait lui plaire ;
Cassio ne l'eut jamais.

OTHELLO.

Que fait donc le tonnerre !

On s'éloigne de lui avec méfiance.

N'ayez pas peur de moi, seigneurs ; je suis armé,
Mais personne à présent n'en doit être alarmé.
J'ai vu des temps meilleurs, jadis, où cette épée,
Dont la lame espagnole, et dans l'Èbre trempée,
Se serait bien fait jour au travers de vous tous ;
Mais qui peut du destin surmonter les grands coups ?
— Je suis au terme enfin du long pèlerinage,
C'est le dernier écueil de mon dernier voyage ;

Une femme pourrait me désarmer. — Pourquoi
La bravoure à l'honneur survivrait-elle en moi?

A Desdemona.

Ah! pauvre enfant! jouet d'une étoile fatale!
Froide comme une tombe et comme un linceul pâle!
Calme au sein de la mort, comme était ta vertu!
Vois-tu ton assassin qui pleure? le vois-tu?

Il se roule sur les pieds de Desdemona.

EMILIA.

Oui, rugis à présent, roule-toi, pour qu'on voie
Ce qu'un tigre africain sait faire de sa proie.

Elle se jette sur le corps de Desdemona, et y reste à pleurer jusqu'à la fin de l'acte.

LODOVICO, montrant Yago.

Gardez ce scélérat!

OTHELLO se relève et marche lentement vers Yago, qui parle bas à un groupe de soldats qui l'entoure.

Laissez-moi lui parler;

Est-ce un homme? oh! non, non, sa main doit vous brûler.
Je regarde ses pieds. Sa vie est une fable!
Mais, si c'est un démon, il est invulnérable.

Il le blesse.

YAGO.

Mon sang coule, messieurs, mais je ne suis pas mort.

OTHELLO.

Tant mieux; pouvoir mourir est un bienfait du sort,
Et vivre est un malheur; je souhaite qu'il vive.

LODOVICO

Désarmez Othello. Que cet homme nous suive.
On va l'interroger.

OTHELLO, avec une profonde tristesse.

Seigneur, un seul moment!

A ce monstre pour moi demandez seulement
Dans quel but il ourdit son infernale trame,
Et pourquoi ses filets ont enlacé mon âme?

YAGO.

Ne me demandez rien; ce qu'on sait, on le sait.
Je ne dis plus un mot.

LODOVICO.

Si le bourreau cessait
De lui briser le corps, j'aiderais la torture
Dont il sera bientôt la hideuse pâture.
Qu'il sorte! allez!

Yago sort, emmené par les gardes.

CASSIO, *qui est entré avec Lodovico, et s'est tenu jusque-là à l'écart, s'avance appuyé sur deux soldats et blessé à la jambe.*

Hélas! que vous avais-je fait,
Mon général?

OTHELLO.

Ami! nulle offense, en effet.
Et j'avais ordonné... Votre main et ma grâce...
Pardonnez-moi.

Cassio lui baise les mains en sanglotant.

CASSIO.

Seigneur, est-il rien que n'efface
Tant de malheur?

LODOVICO, à Othello.

O vous! vous! si grand et si doux
Autrefois! à présent, que dira-t-on de vous!

OTHELLO.

A présent? Que m'importe! Écrivez tout au doge,
Ou partez pour Venise, et, s'il vous interroge,
Dites : « C'est par honneur qu'il lui perça le sein. »
Nommez-moi hardiment honorable assassin*!
On lira dans ma vie un crime et non des vices.
J'ai peut-être à l'État rendu d'heureux services,
N'en parlons plus jamais : racontez seulement
Que je n'aimai que trop cette femme, et comment,
Dans un piége infernal lentement enlacée,
Jusqu'à l'assassinat mon âme fut poussée.
Racontez qu'un soldat qui ne pleura jamais
Vous a montré des yeux vaincus, et, désormais,

---

* An honorable murderer.

Versant des larmes, plus que les palmiers d'Asie
De leurs flancs parfumés ne versent d'ambroisie.

Il cherche à tirer son poignard sans être vu.

Parlez ainsi de moi ; puis racontez encor
Que dans Alep un jour, dérobant un trésor,
Un Turc au turban vert profanait une église,
Insultait un chrétien ; le More de Venise
L'arrêta ; vainement il demanda merci,
Il le prit à la gorge en le frappant ainsi *.

Il se poignarde et tombe à la renverse.

---

* J'ai recomposé et resserré ce dénoûment tout entier depuis la scène III ; il m'a fallu rassembler des traits épars, en ajouter quelques-unes et retrancher de trop lentes explications, parce que c'est aujourd'hui, pour la France surtout, une nécessité que la dernière émotion soit la plus vive et la plus profonde. J'ai tâché seulement de ne perdre aucun des grands traits de Shakspeare.

DOCUMENTS

J'ai traduit cette tragédie sur un exemplaire in-folio de la première édition complète des Œuvres de Shakspeare. Elle fut publiée en 1623, après sa mort, par deux acteurs, camarades du grand homme. Jusque-là, on n'avait imprimé que quelques livres informes et sans distribution d'actes ni de scènes. *John Hemmings* et *Henry Condell* firent paraître ce livre, précédé d'une préface naïve, adressée à tous les lecteurs, dans un style et une orthographe qui correspondent au langage de Rabelais, et où se trouve ceci : *His minde* * *and hand went together : and what he thougt he uttered with that easinesse that we have scarse received from him a blot in his papers.*

Reade him therefore and againe, and if then you do not like him, surely you are in some manifest danger not to understand him.

M. WILLIAM SHAKSPEARE'S COMEDIES, HISTORIES AND TRAGEDIES.

Warburton, Johnson, Stevens, sir J. Reynolds et Théobald, dans leurs commentaires *scolastiques*, qui ne sont guère que des disputes de mots, ne cessent de confronter cette édition avec un in-quarto du même temps que je n'ai pu me procurer.

---

* « Son esprit et sa main allaient ensemble, et ce qu'il pensa, il l'exprima avec telle aisance, que nous avons à peine trouvé une rature dans ses papiers.

» Lisez-le donc encore, et, si vous ne l'aimez pas, assurément vous êtes dan quelque manifeste danger de ne pas le comprendre. »

On voit que Shakspeare ne regardait ses *pièces* (plays) *historiques* ni comme comédies ni comme tragédies. Toutes sont nommées histoires, comme Henri VIII, qui s'intitule *the Famous History of Henry the eight*. Othello porte le titre de *the Moore of Venice*, que j'ai voulu lui rendre.

Il me reste à répéter ce que tout le monde sait, que Shakspeare puisa dans l'*Hecatomythi* de *Giraldi Cinthio* la fable du *More de Venise*. Quiconque la lira, ou en italien dans les *Cento Novelle*, ou en anglais dans le *Shakspeare illustrated*, et la comparera à l'œuvre de Shakspeare, verra comment le génie dit à la matière : « Lève-toi et marche ! »

SHYLOCK

— LE MARCHAND DE VENISE —

COMÉDIE EN TROIS ACTES

CETTE COMÉDIE, ÉCRITE EN 1828, N'A PAS ÉTÉ REPRÉSENTÉE.

PERSONNAGES

LE DOGE de Venise.
PORTIA, riche héritière.
ANTONIO, marchand de Venise.
BASSANIO, son ami, amant de Portia.
GRATIANO, amant de Nerissa.
LORENZO, amant de Jessica.
SHYLOCK, juif.

TUBAL, autre juif, ami de Shylock.
NERISSA, suivante de Portia.
JESSICA, fille de Shylock.
Sénateurs.
Officiers.
Un Geôlier.
Valets.

SHYLOCK

— LE MARCHAND DE VENISE —

ACTE PREMIER

VENISE

La scène représente le Rialto. A gauche, la maison du juif Shylock.

SCÈNE PREMIÈRE

ANTONIO, LORENZO, BASSANIO. — Antonio est assis sur un banc. Lorenzo et Bassanio sont debout à sa droite et à sa gauche, sur le devant de la scène, à droite.

ANTONIO.

Je suis triste aujourd'hui, sans en savoir la cause.
Ne me demandez pas, messieurs, ce qui compose
Ce chagrin puéril ; il n'est que trop certain
Qu'il me poursuit toujours, et surtout ce matin.

BASSANIO.

C'est que sur l'Océan votre esprit se promène
Avec tous vos vaisseaux, les suit et les ramène,
Et les voit dominant de leurs fiers pavillons
Les navires marchands qui, suivant leurs sillons,
Viennent vous saluer en abaissant leurs voiles.

LORENZO.

Si j'avais entre l'eau des mers et les étoiles

Tant d'argent et tant d'or, je n'en dormirais pas ;
Je marcherais courbé, cherchant à chaque pas
De quel côté le vent fait incliner les herbes,
Pour y voir le destin de mes vaisseaux superbes.
Je ne pourrais souffler sur un plat trop brûlant
Sans penser que le vent me ruine en soufflant,
Ni voir le haut clocher et le mur d'une église
Sans songer aux écueils où mon grand mât se brise.
Voilà, j'en suis bien sûr, ce qui vous rend pensif?

ANTONIO.
Non, j'en rends grâce à Dieu, ce n'est pas ce motif.
— Je n'ai pas joué tout sur une seule chance ;
Ainsi, pour chaque jour, j'ai plus d'une espérance.

BASSANIO.
Seriez-vous amoureux?

ANTONIO.
Fi donc!

LORENZO.
Vous dédaignez
Ces faiblesses d'enfant?

BASSANIO.
Ami, vous nous plaignez,
Et vous avez raison. Vous êtes bien plus sage
Que nous deux.

SCÈNE II

Les Mêmes, GRATIANO.

GRATIANO, entrant.
Que nous trois! — Fais donc meilleur visage,
Mon cousin! ta santé souffre visiblement.
La richesse est pour toi fatigue et noir tourment,
Je te trouve changé.

ANTONIO.
Le monde est une scène
Où chacun joue un rôle ; et c'est chose bien vaine,

Gratiano, que vouloir sortir de son emploi.
Le mien est d'être triste.

GRATIANO
Eh bien, mon rôle à moi
Sera celui du fou. — La vieillesse et ses rides
Me surprendront un jour entre vingt flacons vides.
Pourquoi donc l'homme jeune et d'amour enflammé
Serait-il aussi froid qu'un aïeul embaumé ?
Et pourquoi, si le sort nous fait une injustice,
A force de chagrin en avoir la jaunisse ?
— Tiens, mon ami, je veux te donner un avis.
Il est certaines gens qui, d'eux-mêmes ravis,
Se promènent, masqués d'une gravité feinte ;
La profondeur d'esprit sur leur visage est peinte ;
Leur regard dit : *Je vais parler, mais avant
Faites cesser le bruit des mouches et du vent!*
Et, parce qu'à les fuir personne ne balance,
Le vulgaire les croit penseurs à leur silence !
— Cette mélancolie est un appât trompeur
Qui fait d'un honnête homme un sot à faire peur;
Et cet air renfrogné, dont l'aspect seul m'irrite,
Marche bien rarement avec le vrai mérite.
Ne va pas t'en servir !

ANTONIO.
Me voudrais-tu bavard ?

GRATIANO.
A ce soir mon sermon ! A présent il est tard.

Bas, à Lorenzo.

On m'attend à Belmont. — Eh bien, ta belle juive,
Lorenzo ?

LORENZO.
Le moment du rendez-vous arrive,

Montrant la fenêtre du juif.

Et voilà sa fenêtre.

GRATIANO.
Ah ! conte-moi ceci.

Ils sortent.

SCÈNE II

ANTONIO, BASSANIO.

ANTONIO, souriant.
Jeune diseur de riens!
BASSANIO.
Je n'en sais pas ici
De plus fort. — Il raconte et dit plus en deux heures
Qu'il ne fait en deux ans.
ANTONIO, gravement.
Fort bien!
BASSANIO.
Sait les demeures
Des femmes.
ANTONIO.
C'est fort bien! Mais sachons, mon ami,
Cette histoire qu'hier vous fîtes à demi
Sur cette jeune femme et ce pèlerinage.
BASSANIO, s'asseyant à côté d'Antonio.
La voici. — Vous savez qu'à mon dernier voyage,
Pour faire bonne mine et briller un moment,
Je mis mon patrimoine en grand délabrement.
— Je ne m'afflige pas d'avoir peu de fortune;
Mais des dettes que j'ai la liste m'importune;
Vous êtes, Antonio, mon plus fort créancier,
Et pourtant je ne sais à qui me confier
Si ce n'est à vous-même.
ANTONIO.
Eh! faites-moi connaître,
Bassanio, votre dette et ce qu'elle peut être.
Si, comme j'en suis sûr, rien n'est contre l'honneur,
A tout engagement je souscris de grand cœur
Pour ma bourse, mes biens, ma vie et mon épée.
BASSANIO.
Je ne veux pas jouir d'une estime usurpée.

—Tenez, lorsque j'étais encore un écolier
Et lorsqu'au jeu de l'arc, venant à m'oublier,
J'avais perdu ma flèche en quelque bois sauvage,
J'en décochais une autre ; et, visant davantage,
Je la suivais dans l'air par le même chemin,
Et je les retrouvais toutes deux sous ma main.
A vous parler tout franc, c'est ici même affaire.
—Tout ce que je vous dois est perdu. Pour bien faire,
Il vous faudrait risquer, quoi qu'il vous ait coûté,
Une flèche nouvelle et du même côté.

ANTONIO, lui prenant l'oreille affectueusement.

Ne vous donnez donc pas avec moi tant de peine.
Pour nous, la périphrase est ennuyeuse et vaine.
Vous me faites du tort, mon cher, en hésitant,
Plus que par les périls d'un emprunt important ;
Dites ce qu'il vous faut, et j'y consens sur l'heure.

BASSANIO.

Près d'ici, sur la rive, en un palais demeure
Une riche héritière. — Elle est belle et ses yeux
Ont pour moi des discours muets et gracieux.
— Son doux nom est Portia. — Sur elle, ce nom brille
Non moins que le beau nom de cette illustre fille
Que Caton accorda pour épouse à Brutus
Et de qui l'univers admira les vertus.
Pour la voir, si parfaite en tout et si jolie,
Tous les princes d'Europe abordent l'Italie ;
D'Afrique même, hier, il en est venu deux.
J'ai voulu jusqu'ici, concourir avec eux,
Mais je suis épuisé par cette forte lutte ;
Ce soir, mes créanciers consommeront ma chute,
Et mon roman pourra s'achever en prison.
— Qu'on me soutienne un jour, et j'ai quelque raison
D'espoir. — Pour le succès tout me semble présage.

ANTONIO.

Ma fortune est en mer ; cependant je m'engage
A vous donner, en or, tout ce que vous voudrez ;
Mon crédit vous suffit, et vous l'épuiserez.

Allez, informez-vous, empruntez cette somme,
Et je signerai tout quand vous aurez votre homme.

BASSANIO.

Merci.

ANTONIO.

Point de ce mot ; je reviens sur le pont
Dans peu de temps. Adieu.

BASSANIO, seul.

Ma foi ! puisqu'il répond
De ma dette nouvelle, il faut que je m'assure
De Shylock, le vieux juif passé maître en usure.

Il frappe à la porte ; le juif regarde à sa fenêtre avec méfiance par une grille et lui ouvre ensuite la porte.

SCÈNE IV

SHYLOCK et BASSANIO, *sortant de la maison.*

SHYLOCK.

Trois mille ducats? Bien.

BASSANIO.

Pour trois jours.

SHYLOCK.

Trois jours? Bien.

BASSANIO.

A mon nom Antonio substituera le sien.

SHYLOCK.

Antonio? Bien.

BASSANIO.

Et puis-je en être sûr?

SHYLOCK.

Trois mille!

A part.

Pour trois jours! Antonio s'engage; il est facile!

BASSANIO.

Votre mot?

SHYLOCK.

Il est bon?

BASSANIO.

Vous a-t-on dit jamais.
Le contraire?

SHYLOCK.

Oh! non, non, non, vous dis-je! non! mais,
En disant qu'il est bon, je veux vous faire entendre
Qu'il suffit, qu'il est sûr. — Cependant, à tout prendre,
Ses moyens ne sont là qu'en supposition.
Je lui vois un vaisseau pour chaque nation,
L'un aux Indes et l'autre au Mexique, un troisième
En Angleterre; on parle aussi d'un quatrième
A Tripoli; du moins, au Rialto, l'on prétend
Que son commerce heureux de tous côtés s'étend.
Mais, avec leurs beaux mâts, avec leurs voiles blanches,
Avec leurs pavillons, vos vaisseaux sont des planches;
Et vos matelots sont des hommes en bateau.
On a des rats sur terre et vous des rats sur l'eau,
Et voleurs sur la mer, comme voleurs sur terre;
Pirates de qui l'eau toujours est tributaire :
Puis les courants, les vents, les rochers; mais pourtant
L'homme est suffisant. Donc, je donnerai comptant
Les trois mille ducats. — Je crois que je peux prendre
Son obligation.

BASSANIO.

Oui.

SHYLOCK.

Mais je veux l'entendre,
Le voir lui-même, — et puis réfléchir tout le jour,
Calculer son crédit, les chances de retour,
Tout enfin! — Le verrai-je?

BASSANIO.

Il faut le voir à table
Et dîner avec nous!

SHYLOCK.

Oui! Projet détestable!
Oui! pour manger du porc! oui! l'impur animal

Où le Nazaréen par son pouvoir fatal
A renfermé le diable. — Ah! je veux bien m'entendre
Avec chacun de vous pour acheter ou vendre,
Je veux bien avec vous parler, me promener,
Changer l'or ou l'argent, recevoir ou donner ;
— Mais prier avec vous, ou bien manger et boire !
Non. — Que dit-on ici qui soit possible à croire
Sur le Rialto ?

BASSANIO.
Rien. Mais Antonio vient à nous.

SCÈNE V

SHYLOCK, ANTONIO, BASSANIO.

SHYLOCK, à part.
Publicain hypocrite et traître ! voyez-vous
Comme d'un air paisible et sage il se décore !
Je hais comme chrétien cet homme, et plus encore
Parce que sa bassesse et sa simplicité
Font qu'il prête l'argent *gratis !* En vérité,
Il fait baisser le taux de l'usure à Venise.
Si je pouvais ourdir quelque adroite surprise,
J'assouvirais sur lui ma vieille aversion.
Il déteste des Juifs la sainte nation.
Partout où les marchands tiennent leurs assemblées,
Mes affaires par lui chaque jour sont troublées,
Il blâme mes marchés et mes contrats secrets,
Mes légitimes gains, il les nomme intérêts ;
Maudite ma tribu si Shylock lui pardonne !

BASSANIO.
Il ne répond pas.

Shylock ! — Entendez-vous ?

SHYLOCK.
Ah ! c'est que je raisonne
Et je voudrais compter en moi-même, à peu près,
Combien de ducats d'or je puis vous tenir prêts.

Si je ne complétais, à moi seul, cette somme,
Je puiserais pour vous au coffre d'un autre homme ;
Tubal, un riche Hébreu de ma tribu.

A Antonio, le saluant profondément.

                            Seigneur,
Dieu vous maintienne en joie, en fortune, en bonheur.
Nous parlions de vous-même.

ANTONIO.

                       Écoutez. — Ma coutume,
Je vous le dis encor, Shylock, sans amertume,
Est de me refuser aux emprunts dangereux
Que suit de vos marchés l'intérêt onéreux ;
Mais pour mon jeune ami, cette fois, j'y renonce.

A Bassanio.

Vous avez demandé la somme ? Qu'il prononce.

SHYLOCK.

Oui, *trois mille ducats.*

ANTONIO.

Pour trois jours ?

SHYLOCK.

                              Trois jours ? oui !
Faites votre billet, seigneur, dès aujourd'hui,
Et nous verrons. Pourtant, si j'ai cru bien entendre,
Vous paraissez haïr l'usure et vous défendre
Du prêt par intérêt ?

ANTONIO.

             Je n'y souscris jamais.

SHYLOCK.

Vous avez des raisons que je ne sais pas ; mais,
Quand Jacob autrefois chez Laban, faisait paître
Les brebis de son oncle et le choisit pour maître.
Or, ce Jacob était troisième possesseur.

Se découvrant en s'inclinant.

Des biens de notre saint Abraham par sa sœur.
Oui, ce fut le troisième...

ANTONIO.

                    Eh ! qu'en voulez-vous faire ?
Était-il usurier ?

SHYLOCK.

Non. — Voici son affaire.
Laban l'avait voulu : les moutons bigarrés
Qui seraient en naissant doublement colorés
Devaient appartenir à Jacob. — La nature
Ne pouvant varier à son gré leur teinture,
Il les peignit en rouge et gagna, oui, d'honneur!
Toujours un gain honnête est béni du Seigneur.

ANTONIO.

Pensez-vous que la Bible ait écrit cette histoire
Pous vous justifier et pour nous faire croire
Qu'il faut qu'en vos marchés un énorme intérêt
Enchaîne injustement les libertés du prêt?
Vos ducats ne sont pas des troupeaux qu'on allie.

SHYLOCK.

Aussi vite, du moins, Shylock les multiplie.

ANTONIO, à Bassanio.

Voyez comme le diable use des livres saints
Et fait servir leur texte à ses mauvais desseins.

A Shylock.

Eh bien, que voulez-vous enfin pour votre peine?

SHYLOCK.

Moi? — Seigneur Antonio, bien souvent votre haine
Me vint injurier sur mes humbles profits.
La réponse qu'alors aux insultes je fis,
Fut de plier l'épaule avec la patience
Qui toujours est d'un juif la première science.
Maintenant, il paraît qu'il vous faut mon secours.
C'est bien. — Vous m'abordez, vous changez de discours,
Vous dites : *Bon Shylock, je voudrais telle somme!*
Vous qui m'avez toujours mis au-dessous d'un homme,
Vous qui m'avez chassé du seuil et du chemin,
Qui m'avez repoussé du pied et de la main,
Comme un chien étranger venu sur votre porte,
Vous voulez de l'argent? Faut-il que j'en apporte
Et dise : *Bon seigneur, qu'on m'humilie encor;
Tenez, frappez ma joue, et prenez mon trésor?*

ANTONIO.

Oui, je suis prêt encore à te traiter de même.
Prête-moi cet argent; non parce que je t'aime,
Car la sainte amitié ne sert pas à demi
Et ne travaille pas l'or aux mains d'un ami;
Mais parce que je suis l'ennemi de ta race,
Tu pourras, si je manque, avoir meilleure grâce
A poursuivre tes droits et ma punition.

SHYLOCK.

Calmez-vous! Je prétends à votre affection
Et veux vous obliger.

ANTONIO.

Pourquoi? Je t'en dispense,
Point de service.

SHYLOCK, à part.

Ah! ah! — C'est là ma récompense?
Haut.
Je voudrais oublier vos injures.

ANTONIO.

Et moi
Je veux me souvenir de mon mépris pour toi.

SHYLOCK, à part, se mordant les lèvres.
Haut.
Ah! ah! — Mais, si le juif sans intérêt vous livre
Les ducats, avec vous désormais il peut vivre
En ami?

ANTONIO.

Non, jamais! — Garde bien ton trésor,
Car de chez moi mon pied te chasserait encor.

SHYLOCK.

Pourtant de vous servir je me mets en mesure,
Et je ne prendrai pas un seul denier d'usure.

ANTONIO, étonné.

Vraiment?

SHYLOCK.

Chez un notaire, avec moi, vous viendrez,
Et (pour nous divertir) chez lui vous écrirez

Que, si tel jour, la somme entre nous convenue
Manque, je pourrai prendre, à l'époque venue
(C'est un jeu, car Shylock n'est pas un assassin),
Une livre de chair autour de votre sein.

ANTONIO.

Par ma foi, je souscris à la plaisanterie
Et vous en saurai gré.

BASSANIO.

Mon ami, je vous prie,
Ne signez pas pour moi ce billet dangereux.

ANTONIO.

Bah! cet engagement n'est pas fort onéreux;
Car, ce soir, je reçois dix fois plus qu'il ne donne.

SHYLOCK.

Père Abraham! entends leur propos et pardonne!
Qu'est-ce que ces chrétiens! comme avec dureté
Ils cherchent des périls dans notre probité!

A Bassanio.

S'il ne me payait pas, où serait l'avantage
D'avoir choisi sa chair et son sang pour otage?
Qu'en ferais-je et pourquoi ce bizarre marché
Si de votre embarras mon cœur n'était touché?
C'est mal interpréter une offre très-louable.

A Antonio.

Signez donc ce billet s'il vous est agréable,
Ou quittons-nous.

ANTONIO.

Non! non! je signe.

SHYLOCK.

Dans ce cas,
J'irai souper et vais vous chercher vos ducats.

ANTONIO.

Va, très-aimable juif!

BASSANIO.

Je crains cette promesse.

ANTONIO, *riant*.

Non, c'est un saint; bientôt il entendra la messe.

Ils sortent tous deux.

SCÈNE VI

SHYLOCK, JESSICA.

La nuit tombe.

SHYLOCK, *appelant sa fille dans la maison.*
Hé! Jessica, dors-tu? Descends! tu n'auras pas
Tous les jours, comme ici, deux femmes sur tes pas;
Tu ne passeras plus à chanter la soirée,
Déchirant, comme hier, une robe dorée,
Chose bien chère! — Allons.

JESSICA.
     Eh bien, vous m'appelez?
Que voulez-vous?

SHYLOCK.
    Je sors, Jessica! — Prends mes clés.
A part.
On m'invite à souper. — Dois-je rester? irai-je?
Il me flatte et me hait. — Chacun me tend un piége.
J'irai pour épuiser un prodigue chrétien.
Haut.
Jessica, mon enfant, veille ici sur mon bien
Et ma maison. Je suis triste de cette absence;
Il se trame un complot contre moi; car, j'y pense,
J'ai rêvé cette nuit à des sacs pleins d'argent.
Écoute bien. — Je pars, mais c'est en exigeant
Que tu fasses fermer ce soir toutes mes portes;
Que, sous prétexte aucun, ma fille, tu ne sortes;
Et sitôt qu'en dehors le tambour entendu
Va venir escorté du fifre au col tordu,
Annonçant aux chrétiens leur mascarade impure,
Que notre serviteur par ton ordre s'assure
Que tout est bien fermé dans ma grave maison,
Et que de leur orgie on n'entend pas le son.
Mais ne va pas surtout aux fenêtres te pendre
Pour les voir, je ne puis assez te le défendre.

Bien des juifs, par Jacob! se sont trouvés punis
Pour avoir vu ces fous aux visages vernis.
Rentre et ferme la porte.

JESSICA, à part.
Et ce sera, j'espère,
Pour la rouvrir bientôt.

SHYLOCK.
Bonsoir.

JESSICA.
Adieu, mon père.

Shylock sort par la gauche.

SCÈNE VII

GRATIANO; LORENZO rentre par la droite; JESSICA rentre un moment, puis demeure dans la porte entr'ouverte, avec un chapeau d'homme sur sa tête et un manteau.

LORENZO.
Mon beau-père le juif est décampé. — Suis-moi.
Je promets, Gratiano, d'en faire autant pour toi,
Si d'un enlèvement il te prend fantaisie,
Et pour celle qu'alors ton cœur aura choisie
Je ferai sentinelle autant que l'on voudra,
Courte échelle, embuscade, et tout ce qu'il faudra.

GRATIANO.
Je ne tarderai guère à te mettre à l'épreuve;
Pour un Vénitien, ce n'est pas chose neuve
Qu'aventure de femme et propos de muguet,
Et près de la maison je vais faire le guet.

Il s'écarte de quelques pas, tandis que Lorenzo s'approche de la fenêtre.

LORENZO.
Est-ce vous?

JESSICA, derrière la porte.
Est-ce vous?

SHYLOCK

LORENZO.
Moi.

JESSICA.
Moi.

LORENZO.
Qui, vous?

JESSICA.
La juive
Qui vous aime toujours.

LORENZO.
Eh bien, qu'elle me suive,
Je suis son bien-aimé.

JESSICA.
Qui le prouve, seigneur,
Et quels sont vos témoins?

LORENZO.
Le ciel seul et ton cœur.

JESSICA. Elle lui donne sa main qu'il couvre de baisers.
Oui, c'est vous, quel autre en connaît le mystère?
Quel autre sait que j'aime un homme sur la terre,
Et que je viens ici me mettre en son pouvoir?
Heureuse qu'il soit nuit, et qu'on ne puisse voir
De quel déguisement je me couvre dans l'ombre!
Mais l'Amour est aveugle et le ciel est bien sombre :
Seule, je rougirai d'avoir pu m'oublier
Jusqu'à prendre pour vous l'habit d'un cavalier.
— Gardez cette cassette, elle en vaut bien la peine.

LORENZO la passe à Gratiano.
Qu'importe! viens! partons!

JESSICA.
Non. Elle n'est pas pleine,
Et j'y veux ajouter encore un diamant.

LORENZO.
Non; Jessica, venez.

JESSICA.
Attendez un moment.

Elle rentre.

GRATIANO.

Eh! par mon chaperon! cette charmante fille *
Est juive si l'on veut; moi, je la dis gentille.

LORENZO.

Ami, je la crois sage, et belle je la vois;
Je l'éprouve sincère, et l'adore trois fois.

A Jessica, qui revient.

Ah! te voilà! Partons vite.

JESSICA.

Je suis tremblante!

LORENZO.

Nous serons poursuivis si notre fuite est lente!

GRATIANO, criant.

Les masques vont venir, tu n'as plus qu'un instant.

LORENZO.

Viens la rue est déserte et la gondole attend.

Ils montent dans la gondole et elle part.

Fête vénitienne. — Les danses s'exécutent sur le pont. La mascarade passe sitôt qu'ils sont partis.

*Now, by my hood, a gentile, and no Jew.

ACTE DEUXIÈME

Une galerie du château de Portia et des colonnades italiennes donnant sur de beaux jardins.

SCÈNE PREMIÈRE

PORTIA, NERISSA.

PORTIA.

Oui, je déteste un monde où tout va de travers ;
Mon petit être est las de ce grand univers.

NERISSA.

D'où vous vient cet ennui dans des demeures telles,
Qu'un amant endormi n'en voit pas de plus belles
Quand il rêve aux trésors d'un palais enchanté ?
Avec tant de richesse, avec tant de beauté,
Des ennuis ! des soupirs ! Que feriez-vous, madame,
S'il vous fallait, ainsi qu'à telle honnête femme,
Subir tous les dégoûts d'une condition
Obscure et ce qui suit la basse extraction ?

PORTIA.

Mon Dieu ! qu'il est aisé de dire une sentence,
Et de se relever par des airs d'importance,
De fatiguer les gens par de fausses pitiés,
Ou de les égayer en leur disant : « Riez ! »
Quand on ne peut changer le fond d'un caractère,
On ferait beaucoup mieux, Nerissa, de se taire,
Que de dire au hasard et d'aller trop avant
Sur des afflictions qu'on ignore souvent.

NERISSA.

Mais...
        PORTIA, s'animant.
      Je pourrais aussi sermonner vingt personnes,
Et raisonner en l'air ainsi que tu raisonnes
Bien plus facilement que je n'accomplirais
Le quart des beaux conseils que je débiterais.
Un bon prédicateur va plus loin pour la forme,
Écoute son sermon lui-même et s'y conforme ;
Si celui que tu fais à tous les maux suffit,
Redis-le toute seule, et fais-en ton profit.
          NERISSA.
Mais je ne prétends pas que ma voix réussisse
A modérer l'effroi d'un si grand sacrifice
Que le vôtre ; il s'agit de chercher à loisir
Dans vingt maris charmants celui qu'on veut choisir.
          PORTIA.
Choisir ! hélas ! quel mot prononces-tu, cruelle ?
Il ajoute à ma peine une peine nouvelle.
Je ne puis ni choisir celui qui me plairait,
Ni refuser la main qui me répugnerait.
Ai-je lieu d'être en joie ?
          NERISSA.
         Eh ! cette loterie
N'était donc pas, madame, une plaisanterie ?
J'avais pris pour un jeu votre usage exigeant ;
Un choix dans ces coffrets d'or, de plomb et d'argent.
          PORTIA.
Ce choix est sérieux. Au lit de mort, mon père,
Que, sans l'avoir connu, cependant je révère,
Fit ce bizarre vœu que j'observe aujourd'hui,
Et que je maudirais sans mon respect pour lui.
Ce palais, tous mes biens, mes trésors et mes terres,
Jusqu'à mes diamants, bijoux héréditaires,
Tout à des étrangers appartiendrait demain,
Si j'allais par mon choix disposer de ma main.
Ce vœu triste et fantasque au hasard me confie,
Et sur un coup me sauve ou bien me sacrifie.

Juge si les joueurs me sont intéressants,
Et si j'ai dû trembler de leurs jeux menaçants.

NERISSA.

Lequel des trois coffrets vous donne pour la vie?

PORTIA.

Aucun ne l'a touché, mon âme en est ravie.
Sur les deux autres seuls s'est exercé leur choix.
Les voyant hésiter, j'ai pâli bien des fois;
Mais je sais à présent que la boîte qui reste
Renferme mon portrait, l'acte et la loi funeste.

NERISSA.

Lorsqu'ils tiraient au sort, madame, votre cœur
A-t-il toujours battu par crainte du vainqueur?

PORTIA.

Hélas! toujours je tremble, et jamais je n'espère
Aussitôt qu'il s'agit d'obéir à mon père;
Car de ces prétendants nommes-en, s'il te plaît,
Un seul qui soit séant seulement pour valet.

NERISSA.

C'est trop sévère aussi. Celui qui se ruine,
Le comte palatin, n'a-t-il pas bonne mine?

PORTIA.

Non. Il a l'air boudeur, hautain, contrariant,
Sans gaîté, sans plaisir aucun, même en riant.

NERISSA.

Et l'Anglais Falcombridge?

PORTIA.

Il est sans savoir-vivre;
Le matin, il s'ennuie, et, le soir, il s'enivre.
Il m'influence avant plus qu'après ses repas,
Car toujours il m'ennuie et ne m'enivre pas.

NERISSA.

Et don Pèdre?

PORTIA.

Ah! je hais cette figure brune,
Ce manteau brun, ces airs d'amant au clair de lune,
Ces propos rembrunis; et je le trouve plat
Autant que sa guitare et son brun chocolat.

NERISSA.

Et le marquis français, madame, que l'on nomme
D'Estrade ?

PORTIA.

   Dieu l'a fait ; qu'il passe pour un homme,
J'y consens. Mais je crus, lorsqu'à Belmont il vint,
Qu'en l'accueillant chez moi j'en avais reçu vingt,
Tant il se multiplie, et s'agite, et rassemble
Tous les traits de chacun dans un bizarre ensemble.
Il se bat contre une ombre, il pleure, chante et rit,
Changeant, comme d'habits, d'airs, de corps et d'esprit.

NERISSA.

Mais celui qui souvent pour vous voir se déguise
En gondolier sur mer, en moine dans l'église,
Et du page Luigi, par son or attiré,
Acheta cinq ducats votre gant déchiré,
Ce beau Vénitien, qu'en pensez-vous, madame ?

PORTIA.

Sans partialité, sur les autres, mon âme
Peut longtemps réfléchir, comparer, balancer
Sur celui-là j'ai peur de ne pouvoir penser.

NERISSA.

Il va tirer au sort.

PORTIA.

  Déjà !

NERISSA.

   Vous, étonnée !
L'heure précisément que vous aviez donnée
Sonne, et c'est Bassanio qui va se hasarder.

PORTIA.

Pour la première fois, je voudrais retarder.

SCÈNE II

NERISSA, PORTIA, BASSANIO, GRATIANO et des PAGES de leur suite entrent; et TROIS FEMMES vêtues de blanc, qui tiennent à la main chacune un coffret, l'un d'or, l'autre d'argent, le troisième de plomb. Un grand nombre de GENTILSHOMMES italiens et de FEMMES parentes de Portia.

On remet à Portia une baguette d'or.

BASSANIO *s'avance seul et salue Portia, tandis que Gratiano salue Nerissa et va lui parler d'un air d'intelligence.*

Enfin, je vais, madame, essayer ma fortune,
Et, pour vous, me soumettre à cette loi commune.
Ah! que j'aimerais mieux, dédaignant le hasard,
Vous gagner par l'épée ou bien par le poignard!
A ce jeu, contre tous, ma main serait hardie
Et digne de la vôtre; au lieu qu'abâtardie,
Sans guide que mon cœur (vos yeux le vont troubler),

Portia s'est voilée.

Je sens qu'elle est sans force et qu'elle va trembler.

PORTIA, *lui offrant la baguette sans le regarder :*

Tardez un jour encor; quelque chose m'attriste
Aujourd'hui...

BASSANIO.

Que vous fait d'ajouter à la liste
Le nom d'un étranger que vous ne verrez plus,
Et que n'ont point choisi vos yeux irrésolus?
Ne tardons pas.

PORTIA.

Mes yeux que vous pourriez maudire
Peuvent entendre tout, mais ne peuvent rien dire.
Si je me décidais, vous le savez, seigneur,
Il ne me resterait à donner que mon cœur.

BASSANIO.

Plût à Dieu!

PORTIA.

Telle ardeur en serait étouffée.

BASSANIO.

Savoir!...

PORTIA.

Tout s'en irait comme un songe de fée;
Plus de trésor; partant, plus d'amour.

BASSANIO.

Essayez.

Vous craignez?

PORTIA.

Pour nous deux.

BASSANIO.

Nous deux!

PORTIA.

Vous m'effrayez.
On vous écoute. Allez choisir avec prudence;
Pour moi, je dois attendre et prier en silence.

Elle lui remet la baguette et demeure à l'écart, voilée et recueillie.

BASSANIO, *tenant la baguette d'or dans sa main.*

Or, argent, plomb, choisir! Dans le choix d'un métal
Trouver un avenir bienheureux ou fatal!
Caprice d'un mourant, tu vas régler ma vie!
Hasard, viens donc régner! que ta loi soit suivie.
Viens d'un vol inégal, viens, je ne serai pas
Le premier dont ton aile aura sauvé les pas.

Il va examiner les coffres.

GRATIANO.

'il gagne, j'ai gagné.

NERISSA.

Oui.

GRATIANO.

J'ai votre promesse,

Votre main?

NERISSA.

Nous verrons.

GRATIANO.

Quand l'aurai-je?

NERISSA.

A leur messe.

BASSANIO, *sombre. Il revient se promener de long en large sur le devant de la scène.*

Par saint Paul! pas un signe, un mot n'y fut gravé
Qui conduise l'esprit vainement éprouvé;
Soulève-toi, mon cœur, et brise cette entrave!
Je trouve, en y songeant, ceci profond et grave;
Et ce qui là-dessus me passe dans l'esprit,
Je ne sais avant moi si personne l'a dit :
Lorsque pour nous guider la raison est sans flamme,
Que les sens aveuglés sont impuissants, que l'âme
Ne reçoit nul secours, nulle inspiration
De la foi, nul soutien de la religion,
Si l'homme dans son cœur descend et qu'il écoute
Un mouvement secret qui le pousse en sa route,
Conscience ou désir, instinct mystérieux,
Il trouve ce qu'en nous peut-être ont mis les cieux.
Oui, j'en croirai mon cœur, son penchant, son caprice,
Le premier mouvement par lequel il frémisse,
Qui l'éloigne ou l'attire, et je m'arrêterai
Sur cette émotion quand je l'éprouverai.
— Voyons, l'or ? Je le hais. Son aspect me repousse
Comme celui d'un traître à la figure douce,
Fardée, et je le hais non moins que cet argent.
De la dupe au fripon pâle et vulgaire agent.
Sans leur fatal usage et leur ignoble échange,
Je n'aurais pas subi cette torture étrange
De voir, à demi triste et joyeux à demi,
S'humilier pour moi le front pur d'un ami.
A toi donc, pauvre plomb, toi de forme commune,
Plomb simple et dédaigné, comme l'est ma fortune,
Triste et pesant comme elle! ô noir métal! qui fonds
Comme mon cœur au feu de ses amours profonds,
A toi donc mon destin bienheureux ou funeste;
Pour ce moment, le sort est jeté. Pour le reste,
Ce stylet suffira. Si d'un côté ma main
S'égare, elle ira droit dans un autre chemin.

Car je ne vivrai plus privé de ma maîtresse
Et chargeant mes amis du poids de ma détresse.

<small>Il touche le coffret de plomb avec sa baguette. Alors il regarde dans le coffret.</small>

J'ai choisi !

<small>Il met sa main sur ses yeux ; Portia accourt, regarde le coffret, ôte son voile et va lui prendre la main.</small>

Quel portrait ? Le vôtre ! Ai-je rêvé ?

PORTIA.

Votre rêve est heureux, et mon voile est levé ;
Levez aussi les yeux, et vous me verrez telle
Que je suis. A présent, je me voudrais plus belle,
Plus riche, plus parfaite, et je voudrais avoir
Pour vous l'offrir, grandeur, rang, famille et pouvoir ;
Mais je n'ai que moi seule avec mon héritage ;
Ils sont vôtres tous deux, et le sont sans partage.
Vous aurez à guider une femme sans art,
Qui, malgré cet éclat qu'elle doit au hasard,
Un peu lasse du monde, aime la solitude,
N'est pas même parfois incapable d'étude,
Vivra de votre vie, et, sûre du bonheur,
Vous reconnaît déjà pour son prince et seigneur.

BASSANIO.

Oh ! vous m'avez ôté le pouvoir de répondre.
L'épreuve et le succès, tout vient de me confondre ;
Tous mes sens et mon cœur, émus par votre voix,
N'ont qu'un cri de bonheur qu'ils jettent à la fois,
Et que n'exprimerait nulle parole humaine.

PORTIA.

Je veux vous imposer seulement une peine :
C'est celle de porter ma bague. Vous saurez
Que, si le moment vient où vous la quitterez,
Vous perdrez avec elle, à l'instant votre femme.

BASSANIO.

Si jamais je la perds, j'aurai perdu mon âme.

PORTIA.

Venez, et pour la sieste; après, séparons-nous;
J'ai besoin de repos peut-être plus que vous.

<small>Ils s'éloignent avec la suite sous les galeries, et restent à s'y promener pendant la scène suivante. Portia et Bassanio sortent de scène un moment, puis reviennent à grands pas avec Lorenzo.</small>

SCÈNE III

NERISSA, GRATIANO.

NERISSA.

A mes genoux!

GRATIANO.

J'y suis.

NERISSA.

Regardez!

GRATIANO.

Je regarde.

NERISSA.

Qu'est ceci?

GRATIANO.

Votre bague.

NERISSA.

Eh bien?

GRATIANO.

Quoi?

NERISSA.

Prenez garde;
Si vous faites semblant de ne la pas vouloir,
J'en sais bien qui feraient bassesse pour l'avoir.

GRATIANO.

A chercher mes discours comme lui je m'applique.

NERISSA.

Vous n'avez pas l'amour aussi mélancolique,

Mauvais sujet! pourtant, comme je l'ai promis,
Tenez.
Elle lui donne sa bague.

GRATIANO.

Je tiens.

NERISSA.

Soyez soumis...

GRATIANO.

Je suis soumis.

NERISSA.

A la condition que vous venez d'entendre,
Si vous donnez l'anneau, vous pouvez vous attendre
Que ma main...

GRATIANO, *lui baisant la main.*

Si belle et...

NERISSA.

Que mes doigts...

GRATIANO, *lui baisant les doigts.*

Gracieux

Signeront le contrat!

NERISSA.

Arracheront vos yeux.

SCÈNE IV

Les Mêmes, PORTIA, LORENZO, BASSANIO et les Pages *reviennent après s'être arrêtés dans la galerie pendant la scène III. L'arrivée très-vive de Lorenzo, que l'on voit au fond du théâtre, fait revenir tout le monde en scène.*

GRATIANO.

Merci. Mais, Dieu nous garde, on se trouble, on s'agite,
Là-bas! Je veux mourir si d'un pas je vous quitte;
Car, s'ils s'étaient brouillés, les nouveaux amoureux,
Vous seriez, je crois, femme à vous fâcher comme eux.

PORTIA, *à Lorenzo.*

Au nom du Ciel, monsieur, dites-moi la nouvelle
Que vous apportez.

LORENZO. Il donne une lettre à Bassanio.
Mais...

PORTIA.
La lettre, que dit-elle?
C'est la mort de quelqu'un, sinon, certainement,
Il ne deviendrait point si pâle en un moment.
Bassanio, qu'avez-vous? On parle à ceux qu'on aime!
Suis-je pas à présent la moitié de vous-même?

BASSANIO, lui serrant la main.
O ma belle Portia! bien triste en vérité,
Bien triste est le récit sur ce papier jeté.
Je vous ai franchement dit que de ma fortune
Il ne me reste rien; de mes terres, aucune;
Que j'ai, pour vous servir et vous plaire, achevé
Le peu d'or qu'en venant au jour j'avais trouvé;
Que l'unique trésor qui me reste est en somme
Dans mes veines, et c'est un sang de gentilhomme.
Mais je n'ai pas tout dit, et je dois ajouter
Que contre mes rivaux, lorsqu'il fallait lutter,
J'engageai d'un ami la fortune et la vie
Entre les mains d'un juif dont l'implacable envie
Profite d'un malheur. Lisez donc; en lisant,
Je crois voir chaque mot écrit avec du sang.

« Mon cher Bassanio, mes vaisseaux ont tous péri. Ce n'est encore qu'un bruit vague dans Venise, et déjà mes créanciers deviennent cruels. Je suis réduit à rien. Mon billet sur le juif va échoir dans quelques heures; les trois jours de délai vont expirer, et il ne sera plus temps de le payer; il ne voudra plus accepter d'argent, mais exigera l'accomplissement du billet. Puisqu'en remplissant ses conditions, il est impossible que je vive, toutes dettes seront acquittées entre vous et moi, si je puis vous voir seulement à ma mort. Cependant, faites ce qu'il vous plaira. Si votre amitié ne vous engage pas à venir, que ce ne soit pas ma lettre. »

Le plus cher des amis, l'âme la plus romaine
Qui reste en Italie et dans l'espèce humaine,
A ce procès sans nom se soumettre pour moi!

PORTIA.

Combien doit-il au juif?

BASSANIO.

Trois mille ducats.

PORTIA.

Quoi!
Pas plus? Donnez-en six, donnez-en douze mille;
Triplez-les s'il le faut, et partez pour la ville
Sur-le-champ. Votre ami, sans doute, vous suivra.

NERISSA, à Gratiano.

Allez!

GRATIANO.

C'est mon cousin.

PORTIA.

Tout ce qu'il vous faudra
De serviteurs et d'or, je le donne. Allez vite.
Qui d'un moment perdu peut calculer la suite?
Un bonheur plus parfait au retour vous attend.

BASSANIO.

Je pars, car j'en serais indigne en hésitant.

Il lui baise la main et part avec Gratiano, qui, avec une affectation comique, baise la main de Nerissa.

SCÈNE V

PORTIA, NERISSA, LORENZO.

PORTIA.

Vous, seigneur Lorenzo, demeurez.

LORENZO.

Ma présence
Vient de vous attrister; mais, madame, je pense
Que vous m'en sauriez gré si vous aviez connu
Ce vertueux ami pour qui je suis venu.

PORTIA.

Je sais bien qui l'oblige; à Venise, on renomme
Le seigneur Antonio pour un très-galant homme.

Ami de mon mari, je pense aussi qu'il faut
Qu'il lui ressemble, et soit comme lui sans défaut;
Et j'aurais tout risqué pour le sauver d'un piége
Où le fera tomber ce païen sacrilége.
J'espère en m'exprimant hautement sur ce juif,
Ne pas vous affliger. Je sais pour quel motif
Vous avez à la hâte abandonné Venise :
C'est une âme de plus qu'Amour donne à l'Église,
N'est-ce pas? Car je crois que Rachel ou Zarah
Est aujourd'hui chrétienne, ou demain le sera.

LORENZO.

Puisque vous savez tout, c'est Jessica, madame,
(Sachez encor cela) que se nomme ma femme.

PORTIA.

Vous devriez aussi parler de sa beauté;
Et, quant à moi, je veux éprouver sa bonté;
Dites-lui de ma part, monsieur, que je la prie
De demeurer ici. Lorsque l'on se marie,
Il faut se préparer à ce grand changement
Par un peu de prière et de recueillement.
Je vais me retirer au prochain monastère
Deux jours; — si vous voulez habiter cette terre,
Vous me rendrez service. On vous obéira
Comme à nous, à Belmont; — tout vous appartiendra.

LORENZO.

J'accepte de bon cœur cette offre gracieuse,
Sa forme délicate est pour moi précieuse;
J'en suis deux fois touché, madame, et, dès ce soir,
Jessica va se rendre à ce brillant manoir.

Il salue et sort.

SCÈNE VI

PORTIA, NERISSA.

PORTIA.

Nerissa, viens ici; je trame quelque chose.
Es-tu brave? il le faut pour ce que je propose.

NERISSA.

J'ai du courage assez pour monter l'escalier
Sans lumière, et c'est tout.

PORTIA.

L'habit d'un cavalier
Te ferait-il grand'peur à porter?

NERISSA.

Point.

PORTIA.

Sois prompte.
Et partons. Il ne faut jamais de fausse honte
Quand, pour faire le bien, on risque un peu pour soi.
Tu vas donc t'embarquer pour Venise, avec moi :
Du danger d'Antonio je veux savoir les suites ;
Si le juif près du doge entame ses poursuites,
Je puis le protéger sans effort apparent,
Par le vieux sénateur Bellario, mon parent.
Nos maris nous verront bientôt sans nous connaître.
— Je veux prendre le ton d'un joyeux petit-maître.
Je mettrai le manteau, la dague et l'éperon ;
Je parlerai bataille en jeune fanfaron ;
Je dirai les amours des femmes de Venise
Qui glissent des billets dans ma main, à l'église ;
Je gage qu'il me parle et ne me connaît pas.

NERISSA, marchant.

J'aurai bien de la peine à faire de grands pas.

PORTIA.

Tu t'accoutumeras à cette mascarade ;
De tes projets hardis tu fais toujours parade.
Eh bien, nous allons voir, sous l'habit d'un garçon,
Qui de nous deux, ma chère, a meilleure façon.

La scène change et représente Venise et le Rialto. Première décoration.

SCÈNE VII

SHYLOCK, TUBAL.

SHYLOCK, se jetant au-devant de Tubal.

Quoi de nouveau, Tubal? Dans Gêne a-t-on trouvé
Ma fille?

TUBAL.

Le chrétien autre part s'est sauvé;
Mais on y parle d'elle et de lui dans la ville.

SHYLOCK.

Ah! ah! mon diamant qui m'a couté deux mille
Et quatre cents ducats, à Francfort, est parti!

Il arrache sa barbe et ses cheveux.

La malédiction, je l'avais pressenti,
Sur notre nation plus que jamais retombe.

Avec fureur.

Je voudrais voir ma fille, à mes pieds, dans sa tombe,
Avec mes diamants à son cou, mes ducats
A mes pieds, dans sa bière*! Ah! j'ai perdu mes pas
Que d'argent en recherche! hélas! perte sur perte.

Comptant sur ses doigts.

Tant, pris par le voleur; tant, pour la découverte,
Et la manquer! et point de vengeance! Ah! mon front,
Cherche le sac de cendre où cacher ton affront.
Il n'est point de tourments autres que mes alarmes,
D'autres maux que mes maux, de larmes que mes larmes!

Il pleure de rage.

TUBAL.

D'autres marchands n'ont pas un sort beaucoup meilleur.
Antonio, m'a-t-on dit...

SHYLOCK, passant à la curiosité la plus ardente.

Un malheur? un malheur?
Lequel? quoi?

---

* I would my daughter were dead at my foot, and the jewels in her ear! Would she were hears'd at my foot, and the ducats in her coffin?

25.

TUBAL.

Ses vaisseaux, dans un mauvais parage,
Ont, presque en même temps, péri par un naufrage.

SHYLOCK.

Grâce à Dieu! grâce à Dieu! Mais est-ce bien certain?

TUBAL.

D'un marin échappé, je l'ai su ce matin.

SHYLOCK, transporté de joie.

Ah! merci, bon Tubal, merci! bonne nouvelle!
Ah! ah!

TUBAL.

Que votre fille a légère cervelle!
On m'a dit qu'elle avait dans un soir, dépensé
Quatre-vingts ducats.

SHYLOCK, profondément triste.

Oh! oh! tu m'as enfoncé
Le poignard dans le cœur. Oh! mes ducats! ma bourse!
Vous reverrai-je encor?

TUBAL, poursuivant.

Dans ma dernière course,
J'ai vu des créanciers d'Antonio, qui m'ont dit
Qu'il ferait banqueroute, et n'avait nul crédit.

SHYLOCK, passant à une joie excessive et se frottant les mains.

C'est bon! il souffrira, j'en ai l'âme ravie!
Je le torturerai, j'arracherai sa vie.

TUBAL, poursuivant.

Et l'un d'eux me montrait encore tout triomphant
L'anneau que pour un singe il eut de votre enfant.

SHYLOCK, désolé.

Pour un singe, ah! donner ma turquoise! C'est elle,
J'en suis sûr. Elle était d'une couleur si belle!
Je l'eus de Scah, jadis, étant garçon encor;
Elle valait trois fois, cent fois, ce que vaut d'or
Un désert tout rempli de singes.

TUBAL, poursuivant.

Et la perte.

D'Antonio paraît sûre

SHYLOCK, avec joie, entendant sonner l'horloge et regardant son
billet.

Elle est sûre! Oh! oui certe,
L'heure a sonné! Viens voir le commissaire! Il faut
Les prévenir d'avance, il est bien en défaut.
J'aurai son cœur! Vois-tu, toute usure est permise,
Tout négoce est permis si je purge Venise
De ce Nazaréen malveillant et moqueur.
Viens chez le commissaire, oh! viens! J'aurai son cœur!

Il court hors de la scène, entraînant Tubal.

SCÈNE VIII

BASSANIO entre inquiet et rencontre GRATIANO; tous deux
venaient par des rues opposées à celle où passe Shylock.

BASSANIO.

Je ne l'ai pas trouvé.

GRATIANO.

Ni moi.

BASSANIO.

Ni dans la ville,
Ni sur le Rialto

GRATIANO.

Moi, dans mon zèle inutile,
J'ai passé trois quarts d'heure, appelant et cherchant
Sur la place Saint-Marc notre royal marchand.

BASSANIO.

Pauvre Antonio! quel bruit semait-on sur la place?

GRATIANO.

Que le juif enragé ne lui fera pas grâce,
Et que tous ses vaisseaux sont à la fois perdus.
Shylock jette des cris de fureur, entendus
D'un bout du port à l'autre. Il a su que sa fille
Et Lorenzo d'accord avaient forcé la grille,
Et jamais hurlement si confus, si changeant,
Ne fut poussé : « Ma fille! on a pris mon argent!

Mes ducats! ô ma fille, un chrétien les emporte!
O mes ducats chrétiens! on a forcé ma porte!
Justice! lois! ma fille et deux sacs cachetés,
Deux gros sacs de ducats! des diamants montés
Tout en or! des bijoux rares! ma fille unique... »
Et les petits garçons sur la place publique
Le suivent en faisant un horrible fracas,
Et criant : « Ses bijoux, sa fille et ses ducats! »

BASSANIO.

Je crains que tout cela n'augmente encor sa haine
Contre mon pauvre ami.

GRATIANO.

    Nous n'aurons pas la peine
De chercher bien longtemps le vieux juif, le voici
Qui, tout gesticulant, vient de ce côté-ci.

SCÈNE IX

BASSANIO, GRATIANO, SHYLOCK.

GRATIANO, à Shylock.

Eh bien, quoi de nouveau sur la place?

SHYLOCK, qui, accourant, s'arrête tout à coup et reste appuyé
sur sa canne à considérer Gratiano.

      Personne
Ne le sait mieux que vous. Qu'Abraham me pardonne!
Vous savez le secret de ma fille, et comment,
Et quel Nazaréen a fait l'enlèvement?

GRATIANO.

Vrai-Dieu! l'ami, je sais qu'il est dans les coutumes
Des oiseaux de voler sitôt qu'ils ont des plumes.

SHYLOCK.

Elle sera damnée.

GRATIANO.

    Oui, si c'est le démon
Qui juge.

SHYLOCK.
Oh! Jessica! ma chair et mon sang!

GRATIANO.
            Non.
Ton sang n'est pas si pur, ta peau n'est pas si belle.

BASSANIO, bas.
Parle-lui d'Antonio.

SHYLOCK, poursuivant.
C'est une enfant rebelle!

GRATIANO.
Avez-vous ouï dire au port que les vaisseaux
D'Antonio le marchand ont péri sur les eaux?

SHYLOCK.
C'est encor sur mes bras une mauvaise affaire.
Que ce banqueroutier songe à ce qu'il va faire!
C'est un prodigue. Il ose à peine se montrer
A présent au Rialto, lui qu'on veut admirer!
Qu'il veille à son billet! Il avait la coutume
De me dire usurier. Le mépris, l'amertume
De ses propos joyeux à mes dépens brillait;
Même il prêtait gratis; qu'il veille à son billet!

BASSANIO.
Mais le feriez-vous suivre? Et si par quelque chance
Il perdait ses vaisseaux, ses biens, sans espérance,
Que feriez-vous avec sa chair?

SHYLOCK.
            Des hameçons
Peut-être pour servir à prendre des poissons.
Si rien ne se nourrit de cette chair humaine,
Elle me sera bonne à bien nourrir ma haine.

Croisant les deux mains en regardant fixement Bassanio.

Il m'a couvert de boue et couvert de mépris,
Et plus de la moitié d'un million me fut pris
Par le tort qu'il m'a fait. Il a ri de mes pertes,
Il a ri de mes gains, de mes offres, couvertes
Par lui pour m'écraser; il a su refroidir
Mes amis, réchauffer, animer, enhardir

Mes ennemis, flétrir notre nation sainte.
<small>Lentement et avec le ton d'une tristesse profonde</small>
Et pour quelle raison tant de fiel et d'absinthe?
Parce que je suis juif! Un juif n'a-t-il donc pas
Des yeux pour voir, des pieds pour former chaque pas,
Des organes, des sens, des passions, des peines?
Le sang n'est-il pas rouge en coulant de ses veines?
N'est-il pas réchauffé du même été, glacé
Du même hiver que vous? Son cœur est-il placé
Différemment? Celui de vous qu'un juif outrage
Se venge! et vous donnez des exemples de rage
A faire frissonner! Nous, pareils en tout point,
Si vous nous outragez, nous vengerons-nous point?
Ah! docteurs en insulte, en perfide manœuvre,
Vos chrétiennes leçons, je vais les mettre en œuvre,
Et j'aurais du malheur si mes maîtres, d'un coup,
Ne sont par l'écolier surpassés de beaucoup.

BASSANIO.

Je vous apporte ici la somme tout entière
Que vous doit Antonio.

SHYLOCK.

    Rien sur cette matière;
Lui seul devait payer, car lui seul m'est connu.
D'ailleurs, il est trop tard, et le temps est venu
D'exiger mon billet.

BASSANIO.

   Je le paye.

SHYLOCK, regardant à une horloge de la ville.

      Il n'importe!
Vous arrivez trop tard d'une heure!

BASSANIO.

      Mais j'apporte
Les ducats.

SHYLOCK.

Je devais plus tôt les recevoir.

BASSANIO.

Je viens pour Antonio, que je n'ai pas pu voir.

SHYLOCK.

Mauvais signe! tant pis!

BASSANIO.

En vérité, j'admire
Comment la cruauté discute!

UN VALET.

Je viens dire
Qu'au palais monseigneur Antonio vous attend.

BASSANIO.

Il est ici? Courons le voir! Le juif l'entend,
J'ai voulu le payer.

SHYLOCK.

Oui, oui, mais après l'heure;
Les trois jours expirés, je ferme ma demeure.

<small>Il rentre chez lui et les regarde en riant.</small>

GRATIANO.

Vois son regard cruel!

BASSANIO.

Vois son rire moqueur!
Hélas! nous arrivons trop tard!

SHYLOCK, <small>fermant la porte.</small>

J'aurai son cœur!

ACTE TROISIÈME

Le Rialto. (La même décoration qu'au premier acte.)

SCÈNE PREMIÈRE

ANTONIO, BASSANIO, avec un GROLIER, passent dans la rue;
SHYLOCK arrête par le bras le geôlier qui conduit Antonio.

SHYLOCK.

Geôlier! veillez sur lui; qu'on ne me parle pas
De pitié; veillez bien, suivez-le pas à pas.
La foule est grande ici, s'évader est facile;
Tenez-le par le bras. Voilà cet imbécile
Qui prêtait son argent *gratis*! veillez sur lui,
Geôlier!

ANTONIO.

Encore un mot, bon Shylock, j'ai l'appui...
D'un homme...

SHYLOCK.

A mon billet je veux qu'on satisfasse;
Il faut l'exécuter, à moins qu'on ne l'efface.
Ne me parle donc pas contre un billet : j'ai fait,
Sur le livre, un serment qu'il aurait son effet.
Avant qu'à t'irriter rien t'ait donné matière,
Tu m'as appelé *chien* devant la ville entière.
Puisque je suis un chien, prends donc garde à mes crocs;
J'aurai justice.

Au geôlier.

Et toi, mauvais gardeur d'escrocs,
Je suis bien étonné que par la ville on laisse
Sortir ce débiteur avec tant de faiblesse.

ANTONIO.

Laisse-moi te parler.

SHYLOCK.

Il fallait au billet

Il fait son geste favori, comptant du doigt sur son pouce gauche.

Satisfaire en trois jours. Moi, je puis, s'il me plaît,
Le faire exécuter. — Je ne veux plus t'entendre.
Crois-tu faire de moi quelque sot au cœur tendre
Aux yeux mouillés de pleurs, cédant d'un air contrit
A des yeux de chrétien? Mon billet est écrit,
J'en veux l'acquit; je vais réclamer mon partage.
Adieu, je ne veux pas en parler davantage.

Il sort.

SCÈNE II

ANTONIO, BASSANIO, LE Geôlier.

BASSANIO.

Voilà bien le coquin le plus dur qui jamais
Ait vécu parmi nous!

ANTONIO.

Laisse-le désormais,
Car le prier serait une inutile chose
Il veut avoir ma vie, et j'en sais bien la cause.
A ce persécuteur j'ai souvent arraché
Maint pauvre débiteur que je tenais caché,
Et pour qui je payais. De là me vient sa haine.

BASSANIO.

Le doge voudra-t-il que cette indigne chaîne...?

ANTONIO.

Le doge, mon ami, doit respecter la loi,
Et lui laisser son cours est son plus bel emploi.
Tout l'État souffrirait si nos mœurs inégales
Otaient aux étrangers leurs sûretés légales.
Son commerce est fondé sur le facile abord
De chaque nation dans notre vaste port.

Riant amèrement.

Ainsi donc, en prison. Mes désastres, ma peine,
Jusqu'à ce soir, je crois, me laisseront à peine
Cette livre de chair que veut mon créancier.
Je suis anéanti... Venez, partons, geôlier.

La scène change et représente le tribunal de Venise.

SCÈNE III

LE DOGE, les Magnifiques, les Juges, ANTONIO, BASSANIO, GRATIANO.

Bassanio serre la main d'Antonio et tombe dans ses bras; Antonio l'embrasse le soutient fermement. Ils restent l'un près de l'autre.

LE DOGE, appelant.

Antonio!

ANTONIO.
Me voici! qu'ordonne votre Altesse?

LE DOGE.
Antonio, je ressens une grande tristesse
A voir qu'un adversaire implacable, inhumain,
Persiste à vous poursuivre, et votre acte à la main.

ANTONIO, saluant.
J'ai su que votre Altesse avait pris grande peine
Pour apaiser cet homme et modérer sa haine.
Mais, puisqu'il est si dur et que par nul moyen
La loi ne peut d'un juif préserver un chrétien,
Je dois à ses fureurs opposer ma constance,
Et je n'aurai besoin d'aucune autre assistance
Que celle d'un ami; j'ai du courage.

LE DOGE.
                              Allez!
Faites venir le juif devant nous. Appelez!

UN OFFICIER.
Il était à la porte; il entre.

LE DOGE.
                Faites place!

SCÈNE IV

Les Mêmes, SHYLOCK.

Shylock entre par la gauche et reste debout sur le devant de la scène.

LE DOGE.

Shylock, nous pensons tous que, malgré ta menace,
Tu ne conduiras pas jusqu'au dernier excès
De ton invention l'effroyable succès ;
Tu montreras, je pense, alors, une clémence
Qui nous surprendra moins que l'acte de démence
Commis en écrivant les termes du marché.
Tu lui pardonneras, et j'en serai touché.
Non-seulement j'y crois, Shylock, et je désire
Que tu fasses pour lui ce que je viens de dire
Et renonces enfin à ce prix, par trop cher,
Qui consiste à lui prendre une livre de chair,
Mais je souhaite encor que ta bonté remette
A l'honnête Antonio la moitié de sa dette.
Jette sur ses malheurs un regard d'intérêt,
Le nombre en est si grand, juif, qu'il écraserait
Ce marchand-roi, sans nous qui demandons sa grâce.
Si tu n'y consens pas, ta dureté surpasse
Celle des Turcs cruels, qui jamais n'ont connu
A quelle urbanité le monde est parvenu.
Réponds-moi, juif; j'attends à présent ta promesse.

SHYLOCK.

J'ai dit mes volontés hier à Votre Altesse.
Par le sabbat, jour saint chez notre nation,
J'ai juré d'exiger son obligation.
Si vous me refusez, que de cette conduite
Votre gouvernement paye à jamais la suite
Si vous me refusez, que sur votre cité
Tombe ce crime, ainsi que sur sa liberté.
Vous me demanderez, vous, comment une livre
De la peau d'un corps mort me servira pour vivre ;

Vous me demanderez si je fais plus de cas
De sa chair que de l'or des trois mille ducats;
Je n'en donnerai pas de cause décidée;
Je réponds à cela que ce fut mon idée.
N'est-ce pas là répondre? Eh! supposons qu'un rat
Vienne dans ma maison causer un grand dégât;
Ne puis-je pas payer, afin qu'on l'empoisonne,
Douze mille ducats? De même je raisonne.
Poursuivons. Bien des gens se trouvent mal à voir
Un porc, d'autres un chat, d'autres un oiseau noir,
Un singe, un papillon; d'autres s'évanouissent
Aux sons de cornemuse, et d'autres gens pâlissent
Lorsqu'un chien a hurlé; c'est leur complexion
Qui créa de chacun l'indisposition.
Mais ils sont tous forcés de se mettre en défense,
Et rendre à l'animal offense pour offense;
De même, je ne puis expliquer ce procès
Tout à mon détriment, si ce n'est par l'excès
D'une haine secrète, inexplicable, intime,
Que j'ai pour Antonio. — Digne seigneur, j'estime
Que vous êtes content de ma réponse?

BASSANIO, s'avançant près de Shylock.
Tout cet aparté entre Bassanio et Shylock doit être dit très-rapidement.

O Ciel!
Est-ce justifier ton projet, juif cruel,
Homme insensible à tout, sanguinaire!

SHYLOCK, regardant son billet.

A ton aise;
Mon billet prescrit-il que mon billet te plaise?

BASSANIO.
Doit-on tuer toujours ceux que l'on n'aime pas?

SHYLOCK.
Peut-on haïr quelqu'un sans vouloir son trépas?

BASSANIO.
Toute offense d'abord n'engendre pas la haine.

SHYLOCK.
Voudrais-tu qu'un serpent ouvrît deux fois ta veine?

ANTONIO, s'avançant près de Bassanio et lui prenant le bras.

Bassanio, mon ami, cessez de raisonner
Avec ce juif, il n'a qu'un motif à donner.
Vous pourriez aussi bien supplier la marée
De retirer sa vague en nos ports égarée ;
Vous pourriez aussi bien interroger un loup,
Lui demander pourquoi, sans tuer d'un seul coup
La brebis, il la mord et tâche qu'elle bêle,
Pour que l'agneau la suive et que leur sang se mêle...
Vous pourriez... Mais comment trouver dans l'univers
Quelque chose aussi dur, aussi noir et pervers
Que son cœur ! Cessez donc, et je vous en conjure,
De le prier encor ; c'est me faire une injure.
Laissez-moi fermement, et comme il me convient,
Livrer moi-même au juif tout ce qu'il lui revient.

Il découvre son sein.

BASSANIO, au juif, à part.

Pour trois mille ducats, je t'en donne six mille.

SHYLOCK, à Bassanio.

Tu peux serrer ta bourse, elle est bien inutile ;
Tes six mille ducats, chacun fût-il brisé,
Et par le saint prophète en six parts divisé,
Et chaque part fût-elle un ducat, peu m'importe,
Moi, je veux recevoir ce que mon billet porte.

LE DOGE.

Comment, espères-tu miséricorde, ô toi
Qui ne sais pas la faire ?

SHYLOCK.

Et qu'ai-je à craindre, moi,
Au jour du jugement ? fais-je mal à personne ?
Je ne m'emporte pas comme eux, moi, je raisonne.
N'avez-vous pas ici, vous tous, dans vos palais,
Des esclaves traités comme sont vos mulets,
Vos ânes, vos chevaux ? Ces malheureux serviles,
Les employez-vous pas aux choses les plus viles ?
Si je venais vous dire : « Eh ! pourquoi ces fardeaux
De tant d'hommes courbés écrasent-ils le dos ?
Donnez-leur de bons lits, et que dans vos familles

Ils dînent en commun! qu'ils épousent vos filles! »
Vous me répondriez : « Ces hommes sont à nous,
Nous les avons payés. » J'en dis autant à vous.
— Ma livre de sa chair, je l'ai très-bien payée ;
J'exige qu'elle soit par vous-même octroyée.

Avec fureur, cris, emportement, en frappant sa canne.

Je la veux! Honte à vous! honte à vos faibles lois!
Si vous me refusez, je crîrai sur les toits
Que l'on n'a plus d'honneur au sénat de Venise!
Aurai-je la justice, enfin, qui m'est promise?
L'aurai-je?

LE DOGE, à la cour.

Mon pouvoir m'autorise, seigneurs,
A renvoyer la cour jusqu'à des temps meilleurs ;
J'attends que pour juger ce juif qui nous insulte,
Arrive Bellario, savant jurisconsulte ;
Je l'ai fait demander pour résoudre ceci.

UN OFFICIER.

Seigneur, un envoyé vient de Padoue ici,
Qui de Bellario apporte des nouvelles.

LE DOGE.

Donnez-les ; j'aime à voir des juges si fidèles
Aux promesses qu'ils font. Qu'il entre.

BASSANIO, à part, à Antonio.

Espère. Allons,
Courage en ces débats si sanglants et si longs ;
Le juif aura ma chair, mon sang, mes os, ma vie,
Bien avant qu'une goutte, à tes veines ravie,
Coule, à cause de moi, de ton sein généreux.

ANTONIO.

Tous veulent quelquefois qu'un seul meure pour eux,
Je suis l'agneau qu'on marque et le bouc émisssaire.
Quand le fruit est trop mûr, sa chute est nécessaire :
Laissez-moi donc tomber. — Je me confie en Dieu ;
Vivez et composez mon épitaphe. — Adieu.

SCÈNE V

Les Mêmes, NERISSA, déguisée en clerc d'avocat.

LE DOGE, à Nerissa.

Vous venez de Padoue ?

NERISSA.

Oui, seigneur, et je quitte
Bellario. J'ai pour vous un ordre, et m'en acquitte.

Elle remet ses lettres et parle bas au doge. Pendant ce temps sur le devant de la scène, Shylock repasse son couteau sur le cuir de son soulier, en mettant un genou en terre.

BASSANIO, s'approchant pour l'examiner.

Pourquoi donc d'aussi près aiguiser ton couteau ?

SHYLOCK.

Pour que de ce voleur il coupe mieux la peau.

GRATIANO.

Juif, si tu veux qu'il ouvre une large blessure,
Passe-le sur ton cœur et non sur ta chaussure ;
Car il n'est pas de pierre aussi dure que lui.
Quelle instance pourrait te fléchir aujourd'hui ?

SHYLOCK, continuant de repasser le couteau.

Rien. Dans les oraisons que ton espèce invente,
Tu ne pourras trouver prière assez fervente.

GRATIANO, le regardant à terre.

Sois damné dans l'enfer, inexorable juif !
Et, si tu vis longtemps, que ce soit un motif
Pour maudire les lois de te laisser la vie.
D'abandonner ma foi je me sens presque envie
En te voyant ; je crois que, pour changer de maux,
Les âmes de nos corps viennent des animaux.
Oui, la tienne (s'il faut qu'âme cela se nomme)
Sort d'un vieux loup pendu pour le meurtre d'un homme,
Et son esprit qu'en l'air une corde exhibait
N'est entré dans ton corps qu'échappé du gibet.

SHYLOCK, *s'interrompant un moment, rit et se remet à l'ouvrage.*
Tant qu'au bas du billet reste la signature,
Tes poumons seulement souffrent de cette injure.
Si tu l'égares trop, tu perdras ton esprit,
Jeune homme! Moi, j'attends; un écrit est écrit.

LE DOGE.

La lettre que voici, seigneurs, nous recommande
Un jeune et savant juge.

NERISSA.

Oui, s'il faut qu'il attende
Plus longtemps à Venise, il attendra.

LE DOGE, *à des juges.*

Seigneurs,
Qu'on aille le chercher; rendez-lui les honneurs
Que nous eussions rendus à Bellario lui-même.

Plusieurs juges sortent avec Nerissa.

En attendant qu'il vienne, en ce moment extrême
Je vous lirai la lettre :

« Votre Altesse soit informée qu'à la réception de sa lettre, j'étais fort malade; mais qu'à l'instant où son messager est arrivé, j'ai reçu la visite amicale d'un jeune docteur de Rome nommé Balthazar. Je l'ai mis au fait du procès entre le juif et Antonio le marchand. Nous avons feuilleté beaucoup de livres. Il est muni de mon opinion, à laquelle se joint son savoir que l'on ne peut trop vous vanter. Il va me remplacer, d'après mes instances, auprès de Votre Grandeur. Que les années qui lui manquent ne lui ôtent rien de votre estime, car jamais je ne connus un esprit si mûr dans une tête aussi jeune. Je vous supplie de l'accueillir avec bonté; vous connaîtrez son mérite à l'essai. »

Or, d'après ce, je crois
Que ce jeune savant interprète des lois,
Doit être consulté. Son renom le devance :
S'il est ici déjà, dites-lui qu'il s'avance.

SCÈNE VI

Les Mêmes, PORTIA, vêtue en homme de loi.

LE DOGE.

Donnez-moi votre main, soyez le bienvenu ;
Votre rare savoir nous est déjà connu ;
Prenez place, et voyons, avant toute autre chose,
Jusques à quel degré vous connaissez la cause.

PORTIA, s'asseyant devant le doge, à ses pieds.

Je connais chaque point, chaque détail, touchant
Ce fait. Quel est le juif et quel est le marchand ?

LE DOGE.

Antonio, vieux Shylock, venez.

Ils se placent à gauche et à droite de Portia.

PORTIA.

On vous appelle
Shylock ?

SHYLOCK.

Oui, c'est mon nom, Shylock.

PORTIA, au juif.

Votre querelle
Est d'étrange nature, et cependant il faut
L'avouer, nul ne peut vous trouver en défaut ;
La loi sur lui vous donne un pouvoir légitime.

A Antonio, avec pitié.

Vous allez, s'il le veut, devenir sa victime,
N'est-ce pas ?

ANTONIO.

Il le dit.

PORTIA.

Niez-vous sous nos yeux
Son billet ?

ANTONIO.

Non.

PORTIA, s'inclinant avec tristesse.

Qu'il soit miséricordieux !

SHYLOCK.

Qui pourrait m'y forcer ?

PORTIA, se levant.

Le plus beau caractère
De la chaste clémence est d'être volontaire.
Non moins douce pour nous que le lait et le miel,
Ainsi que la rosée elle tombe du ciel,
Et bénit, en disant le saint nom qui pardonne,
Celui qui le reçoit et celui qui le donne.
C'est le plus puissant droit venu du Tout-Puissant,
Et sur son trône assis, un roi compatissant,
Plus que par la couronne, est beau par la clémence,
Car il emprunte d'elle une grandeur immense.
Attributs du Très-Haut, les pouvoirs d'ici-bas
Sont nuls, lorsqu'avec eux elle ne marche pas ;
Il n'est rien parmi nous qui ne s'anéantisse
Sans elle aux yeux de Dieu, pas même la justice.
Si la justice donc est ton seul argument,
Juif, considère aussi sa faiblesse, et comment
A tout homme à genoux, chaque jour la prière
Dit qu'en demandant grâce il faut aussi la faire.
Je me suis étendu longtemps sur ce sujet
Dans l'espoir d'arrêter ton rigoureux projet,
Qui peut forcer la cour, d'après nos lois, à rendre
Un arrêt bien cruel, si tu ne veux m'entendre.

SHYLOCK, frappant sa canne.

S'amassent sur ma tête et retombent sur moi
Toutes mes actions ! je réclame la loi ;
Je me renferme en elle, et je connais ma cause,
Je veux que du billet on remplisse la clause.

PORTIA.

Antonio donc est-il à ce point indigent,
Qu'il ne soit en état de rendre cet argent ?

BASSANIO, à Portia.

Sous les yeux de la cour j'offre ici double somme,
J'offre de la payer douze fois à cet homme
Sous peine de livrer ma tête à son couteau.
Juge, si tout cela n'apaise ce bourreau,
Sa fausseté devient de tout point manifeste.
Que votre autorité, seul recours qui nous reste,
Fasse plier la loi, seulement pour ce jour,
Et qu'enfin l'innocence une fois ait son tour.

PORTIA.

Cela ne doit pas être, et rien ne m'autorise
A changer un seul mot dans les lois de Venise.
De cet antécédent chacun se servirait
Si l'État une fois détruisait un décret ;
Cela ne se peut pas.

SHYLOCK.

Un Daniel ! un prophète !
Un Daniel jeune et sage ! Ah ! justice m'est faite !
C'est un Damiel !

PORTIA.

Viens donc, approche et montre-moi
Ton billet.

SHYLOCK.

Le voilà ! saint docteur de la loi,
Très-révérend docteur.

PORTIA.

On t'offre, prends-y garde,
Le triple des ducats...

SHYLOCK.

Malheur à qui hasarde
Un serment dans le ciel, et sur le livre ment !
Puis-je me rétracter ? J'ai là-haut un serment

PORTIA.

Je dois donc déclarer que, d'après la lecture
Du billet, le juif peut, suivant cette écriture,
Satisfaire à sa clause, en pesant et tranchant
Une livre de chair près du cœur du marchand.
Mais, encore une fois, sois clément et retire

Cette condition; dis-moi : « Oui! » je déchire
Ton billet, et trois fois ton argent t'est payé.

SHYLOCK.

Puisque par cette loi je me trouve étayé,
Vous qui la connaissez et l'appliquez en homme
Savant, judicieux, grave, expert, je vous somme
De donner jugement, jurant que jamais rien
Ne me fera brûler ce billet que je tien.

ANTONIO, s'avançant.

Je supplie instamment la cour qu'elle prononce.

PORTIA, à Antonio.

Puisqu'il en est ainsi, voilà notre réponse :
Préparez votre sein au couteau de ce juif.

SHYLOCK, ravi de joie.

Oui, son sein! le billet est exact, positif;
Son sein! tout près du cœur.

PORTIA.

     Doucement! tu t'élances
Sans avoir tout prévu : tu n'as pas tes balances.

SHYLOCK, vivement.

J'en ai là.

PORTIA.

  Mais il faut quelque chirurgien
Qui soigne sa blessure, et qui pose un lien
Pour arrêter le sang.

SHYLOCK.

  Est-ce dans l'écriture
Du billet?

PORTIA.

  Non, Shylock; mais une créature
Semblable à vous a droit à votre charité.

SHYLOCK.

Moi, je ne le crois pas, si cela n'est porté
Dans le billet?

PORTIA, à Antonio.

  Marchand, qu'avez-vous à répondre?

ANTONIO.

Rien, sinon que les maux que Venise a vus fondre

Depuis deux jours sur moi m'ont à tout disposé;
<small>A Bassanio, qui pleure.</small>

Je suis préparé. — Non, vous n'avez rien causé.
La fortune me traite avec moins d'amertume
Et de dérision que ce n'est sa coutume;
Car presque tous les jours on voit des malheureux
Survivant à leurs biens, fantômes aux yeux creux,
Qu'elle condamne à voir la vieillesse engourdie,
Avec la pauvreté, honteuse maladie,
Arriver tristement, remplaçant leurs beaux jours;
Elle m'a délivré de ce mal pour toujours.
Vous parlerez de moi, vous, votre jeune femme
Et ses amis; je sais la bonté de son âme.
Racontez-lui ma mort, et qu'elle juge, après,
Si vous fûtes aimé. N'ayez point de regrets
Des causes de ceci plus que je n'en éprouve.
<small>Avec un sourire amer.</small>

Ce juif saura bientôt si dans mon cœur se trouve
Quelque autre sentiment qui ne soit pas à vous.

BASSANIO.

Antonio, tout heureux que je suis comme époux,
Je donnerais le monde, et ma vie et ma femme,
Afin que de ce traître on puisse toucher l'âme;
Oui, je consentirais à la sacrifier.

PORTIA, à demi-voix.

Ah! que n'est-elle ici pour vous remercier!

GRATIANO.

Quoique j'aime la mienne aussi, je vous assure,
Je la voudrais au ciel pour qu'elle fût plus sûre
De convertir le juif et son cœur endurci.

NERISSA, à Gratiano.

Vous êtes bien heureux qu'elle ignore ceci!

SHYLOCK, à part.

Voilà bien nos maris chrétiens! race infidèle!
Ma fille en avoir un! J'aimerais mieux pour elle
Un impur rejeton du sang de Barabas.

Haut.

Vous perdez votre temps à discourir là-bas ;
La sentence !

PORTIA, après avoir consulté le doge.

La cour adjuge et la loi donne
Cette livre de chair au juif.

SHYLOCK.

Loi juste et bonne !
Bon juge !

PORTIA.

Vous devez la couper sur son sein,
La cour vous le permet.

SHYLOCK.

Savant juge !

BASSANIO, à part.

Assassin !

SHYLOCK, se précipitant le couteau à la main sur Antonio.

Quelle sentence ! Allons ! votre poitrine est prête ?
Allons ! préparez-vous ! allons ! allons !

PORTIA, mettant la main entre eux.

Arrête !
Ce n'est pas tout ; relis ce billet tout-puissant,
Il ne t'accorde pas une goutte de sang ;
Une livre de chair ! Prends de chair une livre,
C'est bien ; tu peux la prendre, et la loi te la livre.
Mais, si tu fais couler un peu de sang chrétien,
Au profit de Venise on confisque ton bien.

GRATIANO.

Grand juge ! vois-le donc, juif ! le juge équitable !

SHYLOCK, laissant tomber ses balances et son couteau.

Est-ce la loi ?

PORTIA.

Tu peux la voir sur cette table
Et la lire. Ah ! tu veux qu'on soit juste avec toi !
Plus que tu ne le voulais nous le serons, crois-moi.

SHYLOCK.

J'accepte donc ton offre, et veux que l'on me compte

Au moins trois fois la somme où le billet se monte.
Relâchez ce chrétien.

BASSANIO.

Prends, voici ton argent.

PORTIA.

Non, le juif eut raison, seigneur, en exigeant
Justice ; mais il faut qu'il n'ait pas autre chose
Que ce qui fut écrit. Ainsi, qu'il se dispose
A couper cette chair ; mais, en coupant, s'il sort
Une goutte de sang, une goutte ! il est mort,
Et ses biens confisqués.

GRATIANO, riant et se moquant du juif.

Un Daniel ! un grand juge !
Juif ! un second Daniel ! reçois ce qu'on t'adjuge,
Infidèle. Es-tu pris maintenant, juif subtil ?

PORTIA.

Eh bien, que fait Shylock ? pourquoi balance-t-il ?

SHYLOCK.

Donnez mon principal, et puis que l'on me laisse
Sortir.

BASSANIO.

Le voici prêt.

PORTIA.

Non, c'est une faiblesse,
Il l'a refusé ; donc, il ne peut obtenir
Que sa dette.

GRATIANO.

Un Daniel ! ah ! je veux retenir
Cet éloge de juif.

SHYLOCK.

Ne puis-je avoir la somme
Pure et simple ?

PORTIA.

Non.

SHYLOCK.

Non ? Eh bien donc, que cet homme
Aille chercher l'argent au diable ; moi, je sors.

PORTIA.

Non. Arrêtez ce juif. Ah! tu n'es pas dehors!
Elle prend le livre de la loi.
Regarde. Il est porté dans les lois de Venise
Que lorsqu'un étranger aura fait entreprise,
Par indirecte voie ou par quelque moyen,
Quelque projet direct au jour d'un citoyen,
La moitié de ses biens doit être abandonnée
A ce Vénitien, l'autre à l'État donnée;
C'est ta position. Comme, en outre la loi,
Prescrit la mort, approche ici, prosterne-toi
Viens aux pieds de la cour crier miséricorde.

GRATIANO.

Va donc t'agenouiller et demande une corde!
Pour en acheter une, il ne te reste rien.

LE DOGE.

Afin de te montrer quel est l'esprit chrétien,
Et de combien nos mœurs l'emportent sur les tienne
Je suis libre, d'après nos coutumes anciennes,
De t'accorder la vie, et je le fais avant
Ta prière à la cour de te laisser vivant.
J'ajoute que tu peux nous faire la demande
De restreindre ta perte au montant d'une amende.

SHYLOCK.

Eh bien, prenez ma vie, et tout, car puis-je encor
Soutenir ma famille, ayant perdu mon or?
Et puis-je vivre encor, perdant ce qui fait vivre?

PORTIA.

Que votre ordre, Antonio, l'accable ou le délivre;
Ses biens vont être tous par vous seul départis:
Que lui laisserez-vous?

GRATIANO.
Une corde gratis,
Et rien de plus!

ANTONIO.
Seigneur, pour moi, nulle exigence
Ne retiendra son or; je borne ma vengeance,

Et je désire aussi borner votre pouvoir
A retrancher moitié de son immense avoir,
Pour le rendre demain au mari de sa fille,
Sous les conditions qu'en père de famille
Il lui donne à l'instant cette part de son bien,
Et que, dès ce jour même, il se fasse chrétien.

LE DOGE, au juif.

Tu souscriras, ou bien je révoque ta grâce.

PORTIA.

Est-tu content, Shylock, de l'acte qui se passe?

SHYLOCK.

Je suis content; oui, oui, mais laissez-moi partir,
Je ne me sens pas bien, j'ai besoin de sortir;
Vous enverrez chez moi pour signer votre pacte.

LE DOGE.

Va-t'en, je le veux bien; mais tu signeras l'acte.

GRATIANO.

Demain, pour ton baptême, il te faut deux parrains :
Je n'y manquerais pas pour deux mille florins,
Choisis-moi; si ma main eût écrit la sentence,
On t'en eût donné dix autour d'une potence.

Shylock, qui s'en allait lentement, se retourne, le regarde fixement avec rage ainsi que l'assemblée, croise les bras, soupire profondément et sort.

SCÈNE VII

Les Mêmes, hors SHYLOCK.

LE DOGE, à Portia.

Pouvez-vous accepter, comme remerciment,
Un dîner?

PORTIA.

  Monseigneur, je vous prie humblement
D'excuser le refus où mon départ m'oblige.
On m'attend à Padoue.

LE DOGE.

  Allez donc; mais j'exige

Que du moins Antonio vous puisse recevoir ;
Ce doit être un bonheur pour lui comme un devoir.

<small>Le doge sort avec les juges.</small>

SCÈNE VIII

ANTONIO, BASSANIO, GRATIANO, PORTIA, NERISSA.

BASSANIO, à Portia, qui se cache à demi.
Vous nous avez sauvés d'une infortune telle,
Moi surtout, que, honteux de cette bagatelle,
Je voudrais vous offrir les trois mille ducats
Dus au juif.
ANTONIO.
Qui de nous peut faire assez de cas
De vos rares talents et de votre éloquence
Que ne vous dois-je pas pour ce bienfait immense !
PORTIA.
Le plaisir que j'éprouve en voyant nos succès
Me paye entièrement des peines du procès ;
Jamais plus que cela je ne fus mercenaire.
BASSANIO.
Quittez pour cette fois votre usage ordinaire,
Acceptez quelque chose.
PORTIA.
Eh bien, je veux céder !
Je cherche ce qu'ici je puis vous demander...
Vos gants... Je veux souvent les porter en mémoire
<small>Bassanio les ôte et les donne.</small>
De notre grand combat et de notre victoire ;
Je prendrai même aussi cette bague... Eh bien, quoi !
Ne retirez-vous pas votre main ?
BASSANIO.
Non. Pour moi,
Je n'oserais jamais offrir si peu de chose ;
Prenez plutôt, monsieur, ce que je vous propose.

PORTIA.

Je ne veux rien de plus, et je sens, à la voir,
Grand désir qu'elle passe et reste en mon pouvoir.

BASSANIO.

Elle vaut pour moi plus, monsieur, qu'elle ne semble !
J'en ferai chercher une aujourd'hui qui rassemble
Autant de diamants et d'or ; mais celle-ci...

PORTIA.

C'est bon, ne restons pas un temps plus long ici...

BASSANIO.

Je dois vous l'avouer, je la tiens de ma femme,
Qui...

PORTIA.

   Cette excuse-là vient d'une fort belle âme :
Mais, vous permettrez bien que, de mon côté, moi,
A ce prétexte, au moins, j'ajoute peu de foi.

BASSANIO.

Elle m'a fait jurer...

PORTIA.

    A moins que d'être folle,
Se peut-elle irriter pour une babiole
Qui ne pourrait valoir ce que pour vous j'ai fait !
Adieu, sortons d'ici.

Elle sort avec Nerissa.

SCÈNE IX

ANTONIO, BASSANIO, GRATIANO.

ANTONIO.

   Moi, je pense, en effet,
Que pour lui c'est bien peu que son désir l'emporte
Sur vos vœux !

BASSANIO.

   L'amitié sera donc la plus forte.

A Gratiano.

Vous le voulez. Va, cours, donne-lui cet anneau.

Gratiano sort.

Nous, volons à Belmont m'excuser d'un cadeau
Que je n'ai pu, malgré la voie qui nous convie,
Accorder qu'à celui qui vous sauva la vie.

La scène change et représente le palais de Portia, à Belmont. On aperçoit ce palais au fond d'une avenue. Bâtiment italien. Il fait nuit.

SCÈNE X

LORENZO et JESSICA entrent se tenant sous le bras et viennent s'asseoir sur un banc de gazon. Lorenzo tient un livre à la main.

LORENZO.

Vois, que la lune est belle, et que son disque est pur !
Ce fut dans un tel soir, avec ce ciel d'azur,
Tandis qu'un vent léger caressait la feuillée,
Des larmes de la nuit encore toute mouillée,
Que Troïlus de Troie escalada les murs,
Pous venir doucement, par des chemins obscurs,
Adresser les soupirs de son âme brûlante
A Cressida la Grecque et la voir dans sa tente.

JESSICA.

Ce fut un soir pareil que vint, d'un pied léger,
Thisbé, prête à mourir pour le moindre danger,
Et qui, d'un grand lion, ayant aperçu l'ombre,
Se sauva.

LORENZO.

   Oui, ce fut par un soir non moins sombre,
Que Jessica la juive, à travers pleine et mont,
De Venise, avec moi, courut jusqu'à Belmont.

JESSICA.

Et ce fut, m'a-t-on dit, dans une nuit pareille
Que le beau Lorenzo lui glissa dans l'oreille
Des contes de jeune homme et des serments d'un jour.

LORENZO.
Et dans un soir pareil, calomniant l'amour,
De son ami fidèle elle fut pardonnée,
Quoiqu'elle ait mérité d'en être abandonnée.
Il lui baise les deux mains.

JESSICA, lui montrant le doigt.
Je vous ferais passer cette nuit même ici
Pour me venger de vous, si vous m'aimiez, et si...
Mais on vient.

SCÈNE XI

LORENZO, JESSICA, un Domestique.

UN DOMESTIQUE.
    J'accours seul en avant, et m'empresse
D'annoncer qu'à l'instant va venir ma maîtresse;
Elle vient lentement et s'arrête, je crois,
Pour prier sur la route au pied de chaque croix.

LORENZO.
Allez dire au château qu'il faut, dans l'avenue,
Que les musiciens accueillent sa venue
Avec ce qui lui plaît, des accords en plein air.

SCÈNE XII

LORENZO, JESSICA.

LORENZO.
Attendons-les ici. Vois ce jour pâle et clair
Sur les bancs de gazon dormir avec mollesse;
Sieds-toi. — Des instruments la grâce et la souplesse
Entreront dans nos cœurs par l'ivresse des sens :
Le silence et la nuit conviennent aux accents
Des voix et des accords, double et pure harmonie!
Sur le dôme sans fin vois la foule infinie

Des diamants du ciel dans l'air même incrustés;
De ces globes suivant leurs chemins veloutés,
Il n'en est pas un seul dont l'invisible roue
Ne produise un concert qui se mêle et se joue
Parmi les chants divins des anges aux yeux bleus;
Mais cet enchantement des sons miraculeux
Ne se peut révéler qu'aux âmes délivrées
Des corps, et pour toujours de bonheurs enivrées.

Aux musiciens qui entrent et vont se placer au fond.

Allons, musiciens, par un joyeux concert,
Ramenez Portia vers son palais désert.

La musique exécute un air doux.

JESSICA, *tenant ses mains dans celles de Lorenzo.*

D'où vient que la musique en me plaisant m'attriste,
Et qu'aux chants les plus gais mon cœur ému résiste?

LORENZO, *d'un ton plus grave.*

C'est que tous vos esprits, fortement attentifs,
Ne font qu'un sentiment des chants gais ou plaintifs;
C'est que votre belle âme est puissamment saisie;
Car voyez les troupeaux, suivant leur fantaisie,
Se jouant et courant par les champs diaprés,
Et de jeunes chevaux bondissant sur les prés;
Si par hasard, au loin, le moindre écho répète
Le bruit du cor de chasse ou bien de la trompette
Ils s'arrêtent, baissant leurs têtes et leurs yeux,
Attristés, attentifs, domptés, silencieux,
De là, ces vieux récits que je vous ai fait lire,
D'Orphée et des travaux, miracles de sa lyre,
Enseignant qu'il n'est rien, arbre, fleuve ou rocher,
Que la musique, un jour, ne puisse enfin toucher.
L'homme qui n'a dans lui nulle musique, a l'âme
Froide, âpre et sans ressort, sans généreuse flamme,
Capables de méfaits, de viles trahisons :
Il faut s'en défier. — Écoutons ces beaux sons,
Écoutons la musique.

SCÈNE XIII

Les Mêmes, PORTIA, NERISSA.

PORTIA.

Est-ce bien sous un arbre,
Ou dans le palais même, au pavillon de marbre?
Ce flambeau dans la nuit jette un faible rayon
Comme en un monde impur une belle action.

NERISSA.

Je ne le voyais pas lorsque brillait la lune.

PORTIA.

Auprès des grands pâlit la petite fortune;
A côté d'une gloire, une célébrité.

LORENZO.

Mais, Jessica, j'entends parler; en vérité,
C'est la voix de Portia.

PORTIA.

Quoi! m'ont-ils reconnue
A ma voix?

LORENZO.

Oui; chez vous, soyez la bienvenue:
Vos époux sont encore à voyager.

PORTIA.

Eh bien,
Comme ils vont revenir, ne leur racontez rien
De notre courte absence. On les voit sur la route,
Je le sais... Mais le cor...

On entend un cor de chasse.

LORENZO.

Ah! ce sont eux, sans doute.

SCÈNE XIV

Les Mêmes, BASSANIO, ANTONIO, GRATIANO.

PORTIA.

C'est donc vous, voyageur?

BASSANIO.

Moi-même, ou plutôt nous!
Car, ma belle Portia, j'amène à vos genoux
Antonio, mon ami : celui de qui la vie
Était, et pour moi seul, par le juif poursuivie,
Celui qui succombait pour un heureux absent,
Celui qui rachetait mon bonheur de son sang.
Le voilà!

PORTIA.

Votre dette est au moins acquittée
Envers votre ami?

BASSANIO.

Oui, car je vous ai quittée.

PORTIA.

Sacrifice bien grand!

BASSANIO.

Plus que vous ne pensez!
Il me rend mieux justice et dit...

PORTIA.

Assez! assez!
Cette comparaison est vraiment un blasphème.
Vous n'êtes pas ici chez moi, mais chez vous-même,
Monsieur; racontez-nous du moins votre procès.

GRATIANO, se querellant avec Nerissa.

Non, l'accusation est injuste à l'excès;
C'est à ce jeune clerc que j'ai donné...

PORTIA, continuant.

Quels hommes
Vous troubleraient encore dans l'asile où nous sommes?

ANTONIO, *lui baisant la main.*

Vous l'ouvrez au malheur.

JESSICA.

Et même aux bienheureux!

LORENZO, *à Jessica.*

Grâce à toi, douce enfant du plus dur des Hébreux...

PORTIA.

Antonio, lisez-moi ces lettres, je vous prie;
Je les reçois pour vous à l'instant. Je parie
Qu'elles n'annoncent rien qui vous doive affliger.

ANTONIO, *les ouvrant.*

Eh quoi! madame, eh quoi! savez-vous diriger
La tempête, les vents, la Méditerranée?
Réglez-vous la saison et hâtez-vous l'année?
Quatre de mes vaisseaux sont entrés dans le port!
Après l'homme éloquent qui m'épargna la mort,
C'est à vous que je dois toute ma gratitude.

GRATIANO, *continuant sa querelle avec Nerissa.*

O querelle de femme! ô folle inquiétude!
Reproche ridicule et petit! sot tourment!
Débat d'enfant! soupçon de mégère!

PORTIA.

Eh! comment!
Là-bas une querelle?

GRATIANO.

Oui, déjà, oui, madame,
Me voilà querellé par ma future femme,
Pour une pauvre bague, un malheureux bijou
Qui ne vaut pas le quart d'une obole ou d'un sou,
Avec une devise, en vérité, moins forte
Que celle des couteaux qu'aux enfants on apporte;
C'était *Pensez à moi, souvenez-vous de moi!*
Deux cœurs brûlants percés d'un trait! je ne sais quoi!...
Et c'est pour cela...

NERISSA.

Non, c'est une bagatelle;
Mais vous aviez juré jusqu'à l'heure mortelle
De conserver ce gage, et vous l'avez donné.

GRATIANO.

Mais à qui donc? Un clerc sans barbe, un nouveau-né
Une espèce d'enfant, pas plus haut que vous-même,
Un petit bavard blond, d'une finesse extrême,
Qui m'a tant demandé cet anneau, que, ma foi...

PORTIA.

Franchement, Gratiano, c'est un manque de foi,
Une atteinte au serment de l'amour conjugale.
Je perdrais la raison pour une offense égale!
Demandez à celui que j'aime s'il voudrait
Renoncer à ma bague, et s'il la donnerait.

BASSANIO, cachant sa main derrière le dos de Portia, comme pour la caresser.

Je voudrais à présent que ma main fût coupée,
Ce serait une excuse.

PORTIA, prenant la main de Bassanio malgré lui.

Eh! me suis-je trompée?
Ne l'avez-vous plus?

BASSANIO.

Non. Si vous pouviez savoir
Quel homme a votre bague, et voulut recevoir
La bague seulement, et quelle fut ma peine
A lui céder ma bague, et combien était vaine
Ma lutte pour garder ma bague, vous verriez
Que ce n'est pas ma faute, et vous vous calmeriez.

PORTIA.

Si vous eussiez connu la valeur de la bague,
Vous sentiriez l'excuse insuffisante et vague;
Si la bague pour vous confirmait le bonheur,
Vous porteriez la bague, et cela par honneur...
Nerissa, nous verrons ma bague à quelque femme.

NERISSA.

C'est certain.

BASSANIO.

Non, vraiment, sur l'honneur, non, madame;
Il l'a fallu donner, c'est un juge qui l'a.

PORTIA.

C'est un juge, monsieur? Eh bien, ce juge-là,

Croyez que ce n'est point une vaine menace,
Puisqu'il a votre anneau, va prendre votre place.

NERISSA, se tournant vers Gratiano.

Son clerc prendra la tienne, et ce sera bien fait.

GRATIANO.

Si je l'y vois jamais, je lui dirai son fait.

PORTIA, à Bassanio.

Je l'invite ce soir à m'apporter ma bague.

BASSANIO.

Je l'invite ce soir à rencontrer ma dague.

NERISSA, à Gratiano.

J'ai pour lui donner l'heure un billet de bon ton.

GRATIANO.

Moi, pour papier son dos, et pour plume un bâton.

ANTONIO.

Que je suis malheureux de causer ces querelles!

PORTIA.

Ne vous affligez pas trop gravement pour elles;
Vous qui savez si bien servir de caution,
Donnez-lui cet anneau. Plus de précaution
Et plus d'art à juger les traits de mon visage,
C'est à quoi maintenant cette bague l'engage.

BASSANIO.

C'est la mienne!

ANTONIO.

    Eh quoi!

PORTIA.

    Oui, la vôtre; car je fu
Le juge, et Nerissa le clerc.

BASSANIO, lui baisant la main droite.

    Je suis confus!
C'était vous, Portia?

ANTONIO, lui baisant la main gauche.

    Trompeuse bienfaisance!

JESSICA.

Absence bienheureuse!

GRATIANO.

    Adorable présence!

LORENZO.

Céleste ruse!

NERISSA.

Ange sauveur!

PORTIA.

Quel embarras!
Chacun dit son injure, où les fuir?

BASSANIO.

Dans mes bras!

Elle se penche sur son épaule.

FIN

TABLE

CHATTERTON, drame.	1
Dernière nuit de travail.	3
Caractères et costumes des rôles principaux.	15
Sur les représentations du drame.	83
Sur les œuvres de Chatterton.	87
LA MARÉCHALE D'ANCRE, drame.	103
Avant-Propos.	105
Notes sur le temps et l'action.	220
QUITTE POUR LA PEUR, comédie.	221
Argument.	223
OTHELLO (LE MORE DE VENISE), tragédie	255
Avant-Propos.	259
Lettre à lord ***.	262
Documents et variantes.	407
SHYLOCK (LE MARCHAND DE VENISE), comédie.	409

FIN DE LA TABLE.

www.ingramcontent.com/pod-product-compliance
Lightning Source LLC
Chambersburg PA
CBHW072104220426
43664CB00013B/1993